全面发展检测丛书

E EVALUATION SERIES ON
THE OVERALL DEVELOPMENT OF CHINA

中国经济发展结构优化检测报告
（2019）

ANNUAL EVALUATION REPORT ON THE STRUCTURE OPTIMIZATION
OF THE ECONOMIC DEVELOPMENT OF CHINA（2019）

主　编／王亚南
副主编／段　涛　魏海燕

社会科学文献出版社
SOCIAL SCIENCES ACADEMIC PRESS (CHINA)

本项研究获得以下机构及其项目支持

云南省人民政府发展研究重大课题

中共云南省委宣传部云南省哲学社会科学创新工程

云南省社会科学院中国人文发展研究与评价重点实验室

发布机制　中国人文发展研究与评价实验室

主编单位　云南省社会科学院

合作单位　中国社会科学院中国文化研究中心

国家行政学院社会和文化教研部

北京大学文化产业研究院

社会科学文献出版社

光明日报文化产业研究中心

主　　编　王亚南

副 主 编　段　涛　魏海燕

编　　委　（以姓氏笔画为序）

方　彧（执行）　刘　婷（执行）

李　璇（执行）　李恒杰（执行）

吴　敏　张　超　赵　娟（执行）

撰著

总 报 告　王亚南　段　涛　魏海燕

技术报告　王亚南　方　彧　李恒杰

排行报告　王亚南　刘　婷　李　璇

预测报告　王亚南　赵　娟　魏海燕

子 报 告　（以文序排列）

王亚南　方　彧　刘　婷　赵　娟　范　刚

肖云鑫　付丙峰　马建宇　王国爱　蒋坤洋

宁发金　杨媛媛　刘　兵　代　丽　秦瑞婧

范　华

主要编撰者简介

王亚南　云南省社会科学院研究员，文化发展研究中心主任，中国人文发展研究与评价实验室首席科学家，云南省中青年社会科学工作者协会会长，主要研究方向为民俗学、民族学及文化理论、文化战略和文化产业研究，主要学术贡献有：①1985年首次界定“口承文化”概念，随后完成系统研究，提出口承文化传统为人类社会的文明渊薮，成文史并非文明史起点；②1988年解析人生仪礼中“亲长身份晋升仪式”，指出中国传统“政亲合一”社会结构体制和“天赋亲权”社会权力观念；③1996年开始从事文化战略和文化产业研究，提出“高文化含量”的“人文经济”论述，概括出中心城市以外文化产业发展的“云南模式”；④1999年提出“现代中华民族是56个国内民族平等组成的国民共同体”和“中国是国内多民族的统一国家”论点，完成国家社会科学基金项目“中华统一国民共同体论”；⑤2006年以来致力于人文发展量化分析检测评价体系研创，相继主编撰著连年出版《中国文化消费需求景气评价报告》（2011年起）、《中国文化产业供需协调检测报告》（2013年起）、《中国公共文化投入增长测评报告》（2015年起）、《中国人民生活发展指数检测报告》（2016年起）、《中国民生消费需求景气评价报告》（2018年起）、《中国健康消费与公共卫生投入双检报告》（2018年起），近年来应有关方面要求新增《中国经济发展结构优化检测报告》（2019年）、《中国社会建设均衡发展检测报告》（2019年）。

方　彧　中国老龄科学研究中心副研究员，中国社会科学院博士。主要研究方向为口头传统、老龄文化和文化产业研究。全程参与研创“中国人文发展量化分析检测评价系列”，合作发表《中国文化产业新十年路向——基于文化需求和共享的考量》《中国文化产业发展空间：4万亿消费需求透析》《深化文化体制改革机制创新的若干现实问题透析》等论文和研究报告，参与组织撰著“中国人文发展量化分析检测评价系列”年度报告，负责文稿统改及英译审校。

刘　婷　云南省社会科学院民族文学研究所研究员，博士，美国威斯康星大学访问学者，云南省中青年学术与技术带头人后备人才，云南省社会科学院“民族文化保护与发展”研究创新团队首席专家，云南省社会科学院文化发展研究中心秘书长，云南省中青年社会科学工作者协会秘书长，中国西南民族研究学会灾害研究专业委员会秘书长，《云南文化发展蓝皮书》副主编。主要研究方向为文化人类学，代表作《民俗休闲文化论》（专著）、《休闲民俗与文化传承》（专著）、《中国西部民族文化通志·礼仪卷》（主编主撰），主持国家社会科学基金一般项目“韧性理论视角下的哈尼族异地搬迁与社区重构研究”、西部项目“云南少数民族民俗文化保护的新思路”，在《民族文学研究》、《西南民族大学学报》、《云南社会科学》、*International Journal of Business Anthropology* 等刊物发表论文数十篇。全程参与研创“中国人文发展量化分析检测评价系列”，合作发表《面向协调增长的中国文化消费需求——“十五”以来分析与“十二五”测算》《中国文化产业未来十年发展空间——以扩大文化消费需求与共享为目标》《各省域文化产业未来十年增长空间——基于需求与共享的测算排行》等论文和研究报告，参与组织撰著“中国人文发展量化分析检测评价系列”年度报告，负责人员组织和撰稿统筹。

赵　娟　云南省社会科学院民族文学研究所副研究员，《云南文化发展蓝皮书》副主编，云南省中青年社会科学工作者协会秘书处主任。主要研究方向为古典文学、民族文化和文化产业研究，合著出版《经典阅读与现代生活》。全程参与研创“中国人文发展量化分析检测评价系列”，合作发表《以国家统计标准分析各地文化产业发展成效》《中国文化产业未来十年发展空间——以扩大文化消费需求与共享为目标》《各省域文化产业未来十年增长空间——基于需求与共享的测算排行》等论文和研究报告，参与组织撰著“中国人文发展量化分析检测评价系列”年度报告，负责文稿统改。

摘　要

2000 ~ 2017 年，全国国内生产总值构成中第二产业从 45.54% 下降为 40.46%，第三产业从 39.79% 上升至 51.63%；收入法产值构成中“居民部门”劳动者报酬从 51.38% 下降为 47.51%，“政府部门”生产税净额从 15.40% 下降为 14.19%，“企业部门”营业盈余从 19.06% 上升至 24.74%；支出法产值构成中最终消费率从 63.30% 下降为 53.62%，资本形成率从 34.33% 上升至 44.41%；初次分配收支中财政收入比从 13.36% 上升至 20.87%，居民收入比从 46.37% 下降为 44.82%，居民消费率从 35.91% 下降为 31.46%。产值、财政收入、支出、居民收入、总消费人均值地区差均缩小，居民收入、总消费人均值城乡比也均缩小，“不平衡不充分的发展”多有改善。全国经济增长结构优化评价：城乡、地区无差距理想值横向测评为 92.21；2000 年、2005 年、2010 年和 2015 年自身基数值纵向测评分别为 230.10、161.72、117.96 和 103.81。横向看距离理想值存在差距，纵向看各五年期以来进展明显。

中国经济增长通用指标检测体系综合演算中，三次产业产值构成子系统占权重 40%，收入法产值构成子系统占权重 30%，支出法产值构成子系统占权重 20%，初次分配收支综合子系统占权重 10%。四个子系统独立预测评综合加权演算得出经济增长结构优化最终评价排行：江苏、上海、北京、天津、福建为“2017 年经济发展指数排名”前 5 位；贵州、西藏、陕西、重庆、内蒙古为“2000 ~ 2017 年经济发展指数提升”前 5 位；贵州、陕西、重庆、湖北、宁夏为“2005 ~ 2017 年经济发展指数提升”前 5 位；贵州、重庆、西藏、云南、湖北为“2010 ~ 2017 年经济发展指数提升”前 5 位；贵州、西藏、四川、重庆、安徽为“2015 ~ 2017 年经济发展指数提升”前

5位。

基于独创和首倡检测指标逆向推演测算合理性现实差距和预期目标：①假定当前全国收入法产值构成之劳动者报酬人均值弥合地区差，支出法产值构成之居民消费人均值弥合城乡比，分别应为现有值113.70%、135.50%，带动收入法、支出法产值相应变化分别应为现有值113.42%、125.98%；假定当前全国居民收入比、居民消费率达到历年最佳比值，居民收入、总消费分别应为现有值105.20%、115.17%。②假定2020年全国三次产业产值实现历年人均值最小地区差，至2020年年均增长应达12.80%，带动第一、第二、第三产业构成比相应变化分别应为7.10%、38.84%和54.06%；假定2020年全国财政收入、支出实现历年人均值最小地区差，至2020年年均增长分别应达19.40%、15.37%。③假定2035年全国各地居民收入比、居民消费率达到历年最佳比值，至2035年年均增长分别应达12.92%、13.49%；假定2035年全国劳动者报酬、居民消费人均值弥合地区差，至2035年收入法、支出法产值年均增长分别应达12.05%、13.19%。四大区域、31个省域现实差距和预期目标同步测算。

目　录

Ⅰ　总报告

Ⅱ　技术报告与综合分析

Ⅲ　省域报告

总 报 告

General Report

E.1
"全面小康"进程经济增长结构优化总体检测
——2000~2017年动态趋向分析

王亚南　段 涛　魏海燕*

摘　要： 2000~2017年，全国国内生产总值构成中第二产业从45.54%下降为40.46%，第三产业从39.79%上升至51.63%；收入法产值构成中"居民部门"劳动者报酬从51.38%下降为47.51%，"政府部门"生产税净额从15.40%下降为14.19%，"企业部门"营业盈余从19.06%上升至24.74%；支出法产值构成中最终消费率从63.30%

* 王亚南，云南省社会科学院研究员，文化发展研究中心主任，主要研究方向为民俗学、民族学及文化理论、文化战略和文化产业研究；段涛，云南省商务研究院院长、副研究员，主要从事市场监测与分析相关研究；魏海燕，云南省政协信息中心主任编辑，主要从事传媒信息分析研究。

下降为53.62%，资本形成率从34.33%上升至44.41%；初次分配收支中财政收入比从13.36%上升至20.87%，居民收入比从46.37%下降为44.82%，居民消费率从35.91%下降为31.46%。产值、财政收入、支出、居民收入、总消费人均值地区差均缩小，居民收入、总消费人均值城乡比也均缩小，“不平衡不充分的发展”多有改善。全国经济增长结构优化评价：城乡、地区无差距理想值横向测评为92.21；2000年、2005年、2010年和2015年自身基数值纵向测评分别为230.10、161.72、117.96和103.81。横向看距离理想值存在差距，纵向看各五年期以来进展明显。

关键词： 全国　经济增长　结构优化　检测评价

中国经济增长通用指标检测体系包含国家现行统计制度下三次产业产值结构体系一个主体子系统，国际通行的收入法产值结构体系、支出法产值结构体系两个辅助子系统，面向公共经济生活、人民经济生活的初次分配收支综合一个附加子系统。限于篇幅，各子系统分别设置为一图，难以充分展开。全国数据检测更多细节可参看技术报告、排行报告由不同侧面展开的纵向历时动态、横向共时静态对比分析。

一　三次产业产值构成子系统检测

2000年以来全国三次产业产值构成子系统结构性检测见图1。

（一）三次产业结构产值

2000～2017年，全国三次产业结构产值总量由100280.10亿元增长至

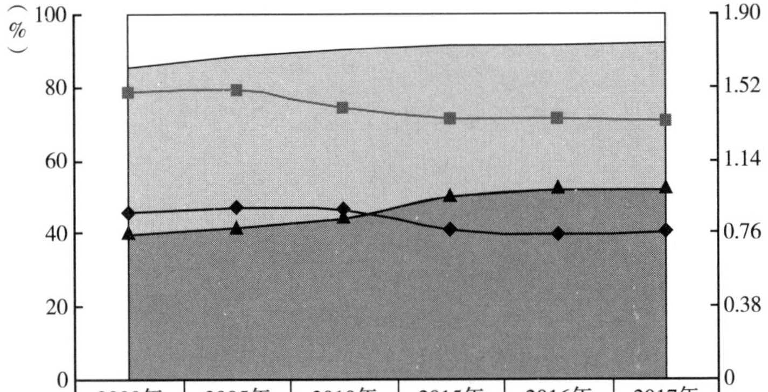

	2000年	2005年	2010年	2015年	2016年	2017年
一产人均值	1165.59	1672.65	2942.54	4438.53	4618.42	4722.16
二产人均值	3616.57	6756.37	14325.25	20568.56	21509.70	24136.21
三产人均值	3159.84	5938.98	13608.22	25243.91	27806.88	30801.63
二产构成比	45.54	47.02	46.40	40.93	39.88	40.46
三产构成比	39.79	41.33	44.07	50.24	51.56	51.63
产值人均地区差	1.4929	1.5008	1.4109	1.3555	1.3566	1.3491

图1　三次产业产值构成子系统结构性检测

左轴面积：一、二、三产产值人均值（元转换为%），其间呈直观比例，其和为三次产业产值人均值。左轴曲线：二、三产产值构成比（%）。右轴曲线：三次产业产值人均值地区差（无差距=1）。限于制图空间，总量置于后台数据库同步演算，后同。图中省略若干年度，文中描述历年变化包括省略年度，后同。

827121.70亿元，2017年为2000年的8.25倍。2000年以来年均增长13.21%，其中2005年以来年均增长13.17%，2010年以来年均增长10.43%，2015年以来年均增长9.56%，上年以来年度增长11.23%。①

三次产业产值人均值由7942.00元增长至59660.00元，2017年为2000年的7.51倍。2000年以来年均增长12.59%（由于人口增长，人均值演算增长率略低于总量演算增长率），其中2005年以来年均增长12.60%，2010年以来年均增长9.87%，2015年以来年均增长8.96%，上年以来年度增长10.61%。

① 本项检测数据库运算无限保留小数，难免与按稿面整数或常规两位小数演算产生小数出入，此属机器比人工精细之处，并非误差。全书同。

在此期间，全国产值人均值地区差指数由 1.4929 缩小为 1.3491，缩减 9.63%，其中“十五”期间（2000～2005 年，以“九五”末年 2000 年为基数，以下类推）扩增 0.53%，“十一五”期间（2005～2010 年）缩减 5.99%，“十二五”以来（以“十一五”末年 2010 年为基数）缩减 4.38%。这意味着经济增长、社会财富增多之后的区域“均衡发展”策略已经取得实际成效。

（二）三次产业构成成分

1. 第一产业增长及构成比动态

同期，全国第一产业产值总量由 14717.40 亿元增长至 65467.60 亿元，2017 年为 2000 年的 4.45 倍。2000 年以来年均增长 9.18%，其中 2005 年以来年均增长 9.59%，2010 年以来年均增长 7.54%，2015 年以来年均增长 3.71%，上年以来年度增长 2.82%。

第一产业产值人均值由 1165.59 元增长至 4722.16 元，2017 年为 2000 年的 4.05 倍。2000 年以来年均增长 8.58%，其中 2005 年以来年均增长 9.03%，2010 年以来年均增长 6.99%，2015 年以来年均增长 3.15%，上年以来年度增长 2.25%。

在此期间，全国第一产业产值人均值地区差指数由 1.2558 扩大为 1.3004，扩增 3.55%，其中“十五”期间扩增 2.93%，“十一五”期间扩增 1.23%，“十二五”以来缩减 0.62%。这体现国内第一产业区域分工战略的现实进展。

第一产业构成比从 14.68% 明显下降到 7.92%，降低 6.76 个百分点，其中“十五”期间降低 3.04 个百分点，“十一五”期间降低 2.11 个百分点，“十二五”以来降低 1.61 个百分点。这意味着第一产业主要功能由参与经济发展转向保证基本民生。

2. 第二产业增长及构成比动态

同期，全国第二产业产值总量由 45664.80 亿元增长至 334622.60 亿元，2017 年为 2000 年的 7.33 倍。2000 年以来年均增长 12.43%，其中 2005 年以来年均增长 11.76%，2010 年以来年均增长 8.29%，2015 年以来年均增长 8.92%，上年以来年度增长 12.84%。

第二产业产值人均值由 3616.57 元增长至 24136.21 元，2017 年为 2000 年的 6.67 倍。2000 年以来年均增长 11.81%，其中 2005 年以来年均增长 11.19%，2010 年以来年均增长 7.74%，2015 年以来年均增长 8.33%，上年以来年度增长 12.21%。

在此期间，全国第二产业产值人均值地区差指数由 1.5503 缩小为 1.3310，缩减 14.14%，其中“十五”期间扩增 0.93%，“十一五”期间缩减 10.00%，“十二五”以来缩减 5.48%。这表明我国工业化进程在区域间“均衡发展”已经取得实际成效。

第二产业构成比从 45.54% 明显下降到 40.46%，降低 5.08 个百分点，其中“十五”期间增高 1.48 个百分点，“十一五”期间降低 0.62 个百分点，“十二五”以来降低 5.94 个百分点。这体现工业化进程与“后工业化”进程在我国双重叠加的发展效应。

3. 第三产业增长及构成比动态

同期，全国第三产业产值总量由 39897.90 亿元增长至 427031.50 亿元，2017 年为 2000 年的 10.70 倍。2000 年以来年均增长 14.96%，其中 2005 年以来年均增长 15.29%，2010 年以来年均增长 12.95%，2015 年以来年均增长 11.07%，上年以来年度增长 11.39%。

第三产业产值人均值由 3159.84 元增长至 30801.63 元，2017 年为 2000 年的 9.75 倍。2000 年以来年均增长 14.33%，其中 2005 年以来年均增长 14.70%，2010 年以来年均增长 12.38%，2015 年以来年均增长 10.46%，上年以来年度增长 10.77%。

在此期间，全国第三产业产值人均值地区差指数由 1.5641 缩小为 1.4488，缩减 7.37%，其中“十五”期间扩增 2.22%，“十一五”期间缩减 3.81%，“十二五”以来缩减 5.79%。这表明国内产业结构升级在区域间“均衡推进”已经取得实际成效。

第三产业构成比从 39.79% 显著上升到 51.63%，增高 11.84 个百分点，其中“十五”期间增高 1.54 个百分点，“十一五”期间增高 2.74 个百分点，“十二五”以来增高 7.56 个百分点。这体现“后工业化”进程发展成效已经超越工业化进程发展成效。

二　收入法产值构成子系统检测

2000 年以来全国收入法产值构成子系统结构性检测见图 2。

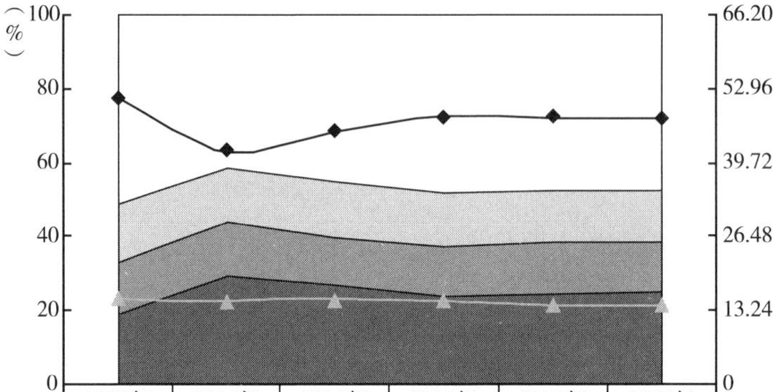

	2000年	2005年	2010年	2015年	2016年	2017年
劳动报酬人均	4027.12	5948.60	13897.39	24067.01	25597.77	28341.83
生产净税人均	1207.17	2144.57	4705.75	7470.13	7658.25	8466.28
资产折旧人均	1109.44	2028.14	3972.35	6617.51	7398.19	8091.56
营业盈余人均	1493.89	4246.70	8298.04	12096.35	13280.79	14760.33
报酬构成比	51.38	41.40	45.01	47.89	47.46	47.51
净税构成比	15.40	14.93	15.24	14.87	14.20	14.19

图 2　收入法产值构成子系统结构性检测

左轴面积：劳动者报酬、生产税净额、固定资产折旧、营业盈余人均值（元转换为%），其间呈直观比例，其和为收入法产值人均值。右轴曲线：劳动者报酬、生产税净额构成比（%）。

（一）收入法结构产值

2000～2017 年，全国收入法结构产值总量由 98961.98 亿元增长至 827121.70 亿元，2017 年为 2000 年的 8.36 倍。2000 年以来年均增长

13.30%，其中2005年以来年均增长13.17%，2010年以来年均增长10.43%，2015年以来年均增长9.56%，上年以来年度增长11.23%。

收入法产值人均值由7837.61元增长至59660.00元，2017年为2000年的7.61倍。2000年以来年均增长12.68%，其中2005年以来年均增长12.60%，2010年以来年均增长9.87%，2015年以来年均增长8.96%，上年以来年度增长10.61%。

在此期间，收入法产值人均值地区差指数由1.4686缩小为1.3491，缩减8.14%，其中“十五”期间扩增2.20%，“十一五”期间缩减5.99%，“十二五”以来缩减4.38%。这意味着经济增长、社会财富增多之后的区域“均衡发展”策略已经取得实际成效。

（二）收入法产值构成成分

1. 劳动者报酬增长及构成比动态

同期，全国收入法产值构成之劳动者报酬总量由50848.60亿元增长至392929.01亿元，2017年为2000年的7.73倍。2000年以来年均增长12.78%，其中2005年以来年均增长14.48%，2010年以来年均增长11.28%，2015年以来年均增长9.12%，上年以来年度增长11.34%。

劳动者报酬人均值由4027.12元增长至28341.83元，2017年为2000年的7.04倍。2000年以来年均增长12.16%，其中2005年以来年均增长13.89%，2010年以来年均增长10.72%，2015年以来年均增长8.52%，上年以来年度增长10.72%。

在此期间，全国劳动者报酬人均值地区差指数由1.3497缩小为1.3208，缩减2.14%，其中“十五”期间扩增6.26%，“十一五”期间缩减4.99%，“十二五”以来缩减3.06%。这表明全国区域间劳动者报酬的地区差异减小。

劳动者报酬构成比从51.38%明显下降到47.51%，降低3.87个百分点，其中“十五”期间降低9.98个百分点，“十一五”期间增高3.61个百分点，“十二五”以来增高2.50个百分点。这意味着国内（居民部门）全体劳动者报酬在以产值为表征的社会财富分配中所得份额降低。

这就是国家“十二五”规划明确“努力实现居民收入增长与经济发展同步”此项“约束性指标”的现实依据。图 2 相应曲线分明可见，“十一五”以来劳动者报酬构成比有所回升，不过近两年却又略有回降。本项检测坚持以人民为中心，尤其是以劳动者为中心的发展理念，展开收入法产值结构分析，首先注重检测劳动者报酬构成比变化。

2. 生产税净额增长及构成比动态

同期，全国收入法产值构成之生产税净额总量由 15242.36 亿元增长至 117375.88 亿元，2017 年为 2000 年的 7.70 倍。2000 年以来年均增长 12.76%，其中 2005 年以来年均增长 12.70%，2010 年以来年均增长 9.31%，2015 年以来年均增长 7.05%，上年以来年度增长 11.17%。

生产税净额人均值由 1207.17 元增长至 8466.28 元，2017 年为 2000 年的 7.01 倍。2000 年以来年均增长 12.14%，其中 2005 年以来年均增长 12.12%，2010 年以来年均增长 8.75%，2015 年以来年均增长 6.46%，上年以来年度增长 10.55%。

在此期间，全国生产税净额人均值地区差指数由 1.4525 缩小为 1.3973，缩减 3.80%，其中“十五”期间扩增 4.28%，“十一五”期间缩减 4.81%，“十二五”以来缩减 3.09%。这表明全国区域间生产税净额的地区差异减小。

生产税净额构成比从 15.40% 较明显下降到 14.19%，降低 1.21 个百分点，其中“十五”期间降低 0.47 个百分点，“十一五”期间增高 0.31 个百分点，“十二五”以来降低 1.05 个百分点。这意味着国内（政府部门）公共财政在以产值为表征的社会财富分配中所得份额也有所降低，此即国家近几年间推进“减税让利”各种政策的实际结果。

3. 固定资产折旧增长及构成比动态

同期，全国收入法产值构成之固定资产折旧总量由 14008.36 亿元增长至 112180.78 亿元，2017 年为 2000 年的 8.01 倍。2000 年以来年均增长 13.02%，其中 2005 年以来年均增长 12.80%，2010 年以来年均增长 11.27%，2015 年以来年均增长 11.19%，上年以来年度增长 9.98%。

资产折旧人均值由 1109.44 元增长至 8091.56 元，2017 年为 2000 年的 7.29 倍。2000 年以来年均增长 12.40%，其中 2005 年以来年均增长 12.22%，2010 年以来年均增长 10.70%，2015 年以来年均增长 10.58%，上年以来年度增长 9.37%。

在此期间，全国资产折旧人均值地区差指数由 1.6178 缩小为 1.3240，缩减 18.16%，其中“十五”期间缩减 3.31%，“十一五”期间缩减 8.91%，“十二五”以来缩减 7.08%。这表明全国区域间资产折旧的地区差异减小。

资产折旧构成比从 14.16% 略微下降到 13.56%，降低 0.60 个百分点，其中“十五”期间降低 0.04 个百分点，“十一五”期间降低 1.25 个百分点，“十二五”以来增高 0.69 个百分点。固定资产主要集中于第二产业领域，资产折旧地区差异缩小也可以对应印证国内第二产业发展的地区差距缩小。

4. 营业盈余增长及构成比动态

同期，全国收入法产值构成之营业盈余总量由 18862.67 亿元增长至 204636.04 亿元，2017 年为 2000 年的 10.85 倍。2000 年以来年均增长 15.05%，其中 2005 年以来年均增长 11.51%，2010 年以来年均增长 9.13%，2015 年以来年均增长 11.07%，上年以来年度增长 11.76%。

营业盈余人均值由 1493.89 元增长至 14760.33 元，2017 年为 2000 年的 9.88 倍。2000 年以来年均增长 14.42%，其中 2005 年以来年均增长 10.94%，2010 年以来年均增长 8.58%，2015 年以来年均增长 10.46%，上年以来年度增长 11.14%。

在此期间，全国营业盈余人均值地区差指数由 1.7574 缩小为 1.4322，缩减 18.51%，其中“十五”期间缩减 9.45%，“十一五”期间缩减 4.91%，“十二五”以来缩减 5.35%。这表明全国区域间企业营业盈余的地区差异减小。

营业盈余构成比从 19.06% 明显上升到 24.74%，增高 5.68 个百分点，其中“十五”期间增高 10.50 个百分点，“十一五”期间降低 2.68 个百分点，“十二五”以来降低 2.14 个百分点。这意味着国内（企业部门）各类企业在以产值为表征的社会财富分配中所得份额增高。

三　支出法产值构成子系统检测

2000 年以来全国支出法产值构成子系统结构性检测见图 3。

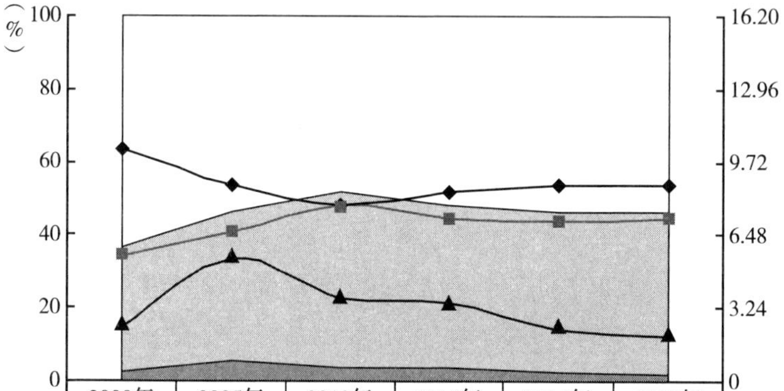

	2000年	2005年	2010年	2015年	2016年	2017年
最终消费人均	5042.37	7781.39	14876.06	26419.27	29006.96	31409.09
资本形成人均	2734.40	5947.09	14700.76	22814.40	23873.56	26011.89
净出口人均	188.73	783.07	1125.59	1750.79	1202.95	1151.04
最终消费率	63.30	53.62	48.45	51.82	53.63	53.62
资本形成率	34.33	40.98	47.88	44.75	44.14	44.41
净出口拉动率	2.37	5.40	3.67	3.43	2.22	1.97

图 3　支出法产值构成子系统结构性检测

左轴面积：最终消费支出、资本形成、净出口人均值（元转换为%），其间呈直观比例，其和为支出法产值人均值。左轴曲线：最终消费率、资本形成率（%）。右轴曲线：净出口拉动率（%）。

（一）支出法结构产值

2000～2017 年，全国支出法结构产值总量由 100576.83 亿元增长至 812038.10 亿元，2017 年为 2000 年的 8.07 倍。2000 年以来年均增长 13.07%，其中 2005 年以来年均增长 12.91%，2010 年以来年均增长 10.23%，2015 年以来年均增长 7.77%，上年以来年度增长 8.91%。

支出法产值人均值由 7965.50 元增长至 58572.03 元，2017 年为 2000 年的 7.35 倍。2000 年以来年均增长 12.45%，其中 2005 年以来年均增长

12.33%，2010年以来年均增长9.67%，2015年以来年均增长7.18%，上年以来年度增长8.30%。

在此期间，支出法产值人均值地区差指数由1.4666缩小为1.3502，缩减7.94%，其中“十五”期间扩增2.13%，“十一五”期间缩减5.65%，“十二五”以来缩减4.45%。这意味着经济增长、社会财富增多之后的区域“均衡发展”策略已经取得实际成效。

（二）支出法产值构成成分

1. 最终消费支出增长及构成比动态

同期，全国支出法产值构成之最终消费支出总量由63667.72亿元增长至435453.20亿元，2017年为2000年的6.84倍。2000年以来年均增长11.97%，其中2005年以来年均增长12.91%，2010年以来年均增长11.84%，2015年以来年均增长9.64%，上年以来年度增长8.89%。

最终消费人均值由5042.37元增长至31409.09元，2017年为2000年的6.23倍。2000年以来年均增长11.36%，其中2005年以来年均增长12.33%，2010年以来年均增长11.27%，2015年以来年均增长9.04%，上年以来年度增长8.28%。

在此期间，全国最终消费人均值地区差指数由1.3623缩小为1.2980，缩减4.71%，其中“十五”期间扩增2.94%，“十一五”期间缩减2.65%，“十二五”以来缩减4.91%。这表明全国区域间最终消费支出的地区差异减小。

最终消费率（消费率）从63.30%明显下降到53.62%，降低9.68个百分点，其中“十五”期间降低9.68个百分点，“十一五”期间降低5.17个百分点，“十二五”以来增高5.17个百分点。这意味着我国真正实现主要依靠“消费拉动”经济增长尚有一段距离，好在近些年已出现最终消费率持续回升趋向。

2. 资本形成增长及构成比动态

同期，全国支出法产值构成之资本形成总额由34526.10亿元增长至360626.80亿元，2017年为2000年的10.45倍。2000年以来年均增长

14.80%，其中2005年以来年均增长13.67%，2010年以来年均增长9.05%，2015年以来年均增长7.37%，上年以来年度增长9.57%。

资本形成人均值由2734.40元增长至26011.89元，2017年为2000年的9.51倍。2000年以来年均增长14.17%，其中2005年以来年均增长13.09%，2010年以来年均增长8.49%，2015年以来年均增长6.78%，上年以来年度增长8.96%。

在此期间，全国资本形成人均值地区差指数由1.6095缩小为1.4757，缩减8.31%，其中“十五”期间缩减0.81%，“十一五”期间缩减6.80%，“十二五”以来缩减0.82%。这表明全国区域间资本形成的地区差异减小。

资本形成率（投资率）从34.33%显著上升到44.41%，增高10.08个百分点，其中“十五”期间增高6.65个百分点，“十一五”期间增高6.90个百分点，“十二五”以来降低3.47个百分点。这意味着国内各级各地依旧主要借助“投资拉动”保持经济增长速度，距离真正的“消费拉动”还有较长路程，好在近一些年已出现资本形成率持续回降趋向。

3. 货物与服务净出口增长及构成比动态

同期，全国支出法产值构成之货物与服务净出口总量由2383.01亿元增长至15958.00亿元，2017年为2000年的6.70倍。2000年以来年均增长11.84%，其中2005年以来年均增长3.79%，2010年以来年均增长0.83%，2015年以来年均负增长18.47%，上年以来年度负增长3.78%。

净出口人均值由188.73元增长至1151.04元，2017年为2000年的6.10倍。2000年以来年均增长11.22%，其中2005年以来年均增长3.26%，2010年以来年均增长0.32%，2015年以来年均负增长18.92%，上年以来年度负增长4.31%。

由于国内统一市场，各省域货物与服务净流出大多为负值，无法综合演算全国人均值地区差指数。全国净出口拉动率从2.37%略微下降到1.97%，降低0.40个百分点，其中“十五”期间增高3.03个百分点，“十一五”期间降低1.73个百分点，“十二五”以来降低1.70个百分点。由此不难看出，在我国产值构成及其增长结构当中，出口所占比重可谓越来越小。

四　初次分配收支综合子系统检测

2000 年以来全国初次分配收支综合子系统结构性检测见图 4。

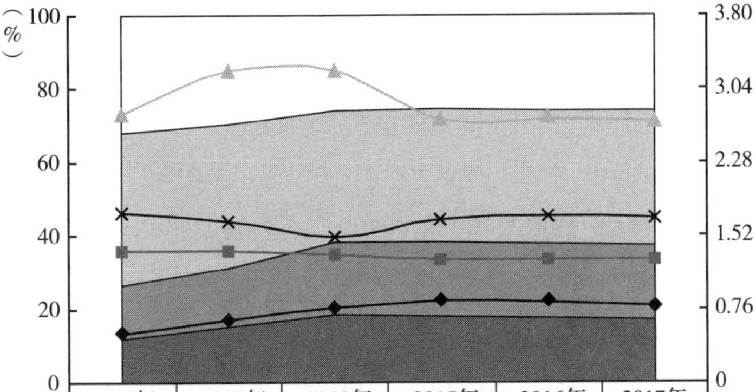

	2000年	2005年	2010年	2015年	2016年	2017年
居民总消费人均	2851.61	4838.44	8769.74	15969.13	17475.40	18770.39
居民收入人均	3682.95	6322.21	12286.54	22383.30	24419.47	26736.80
财政支出人均	1258.19	2602.57	6717.93	12826.37	13618.62	14648.46
财政收入人均	1060.89	2427.61	6211.69	11104.65	11576.78	12449.03
财政收入比	13.36	16.90	20.12	22.10	21.46	20.87
居民收入比	46.37	44.00	39.80	44.54	45.28	44.82
居民收入地区差	1.3606	1.3649	1.3312	1.2798	1.2760	1.2720
居民收入城乡比	2.7869	3.2237	3.2285	2.7312	2.7190	2.7096

图 4　初次分配收支综合子系统结构性检测

左轴面积：居民总消费、居民收入、财政支出、财政收入人均值（元转换为%），其间呈直观比例。左轴曲线：居民收入比、财政收入比（%）。右轴曲线：居民收入人均值地区差（无差距 =1）、城乡比（城镇对乡村倍数比，乡村 =1）。

（一）公共经济生活

1. 财政收入增长及相对比值动态

2000～2017 年，全国财政收入总量由 13395.23 亿元增长至 172592.77 亿元，2017 年为 2000 年的 12.88 倍。2000 年以来年均增长 16.22%，其中 2005 年以来年均增长 15.18%，2010 年以来年均增长 11.01%，2015 年以来年均增长 6.46%，上年以来年度增长 8.14%。

财政收入人均值由1060.89元增长至12449.03元，2017年为2000年的11.73倍。2000年以来年均增长15.59%，其中2005年以来年均增长14.59%，2010年以来年均增长10.44%，2015年以来年均增长5.88%，上年以来年度增长7.53%。

财政收入比（与国民总收入极度近似值产值比）从13.36%上升到20.87%，明显增高7.51个百分点，其中“十五”期间增高3.54个百分点，“十一五”期间增高3.22个百分点，“十二五”以来增高0.75个百分点。这意味着“政府部门”在初次分配中的收益份额升高。

2. 财政支出增长及相对比值动态

2000~2017年，全国财政支出总量由15886.50亿元增长至203085.49亿元，2017年为2000年的12.78倍。2000年以来年均增长16.17%，其中2005年以来年均增长16.08%，2010年以来年均增长12.35%，2015年以来年均增长7.46%，上年以来年度增长8.17%。

财政支出人均值由1258.19元增长至14648.46元，2017年为2000年的11.64倍。2000年以来年均增长15.53%，其中2005年以来年均增长15.49%，2010年以来年均增长11.78%，2015年以来年均增长6.87%，上年以来年度增长7.56%。

财政支出比（与产值比）从15.84%上升到24.55%，明显增高8.71个百分点，其中“十五”期间增高2.27个百分点，“十一五”期间增高3.65个百分点，“十二五”以来增高2.79个百分点。这意味着“政府部门”在社会财富支配中的用度份额升高。

3. 财政收入、财政支出地区差变化

在此期间，全国财政收入人均值地区差指数由1.6706缩小为1.5741，缩减5.78%，其中“十五”期间扩增1.53%，“十一五”期间缩减4.98%，“十二五”以来缩减2.32%，体现经济增长、公共财政收入随之增加的地区差异已经逐步减小。

全国财政支出人均值地区差指数由1.4835缩小为1.3730，缩减7.45%，其中“十五”期间缩减0.80%，“十一五”期间缩减5.56%，“十二五"以来缩减1.22%，体现经济增长、公共财政支出随之增高的地区差异已经逐步减小。

（二）人民经济生活

1. 居民收入增长及相对比值动态

2000~2017年，全国居民收入总量由46502.56亿元增长至370677.69亿元，2017年为2000年的7.97倍。2000年以来年均增长12.99%，其中2005年以来年均增长13.35%，2010年以来年均增长12.32%，2015年以来年均增长9.90%，上年以来年度增长10.10%。

城乡综合演算的居民收入人均值由3682.95元增长至26736.80元，2017年为2000年的7.26倍。2000年以来年均增长12.37%，其中2005年以来年均增长12.77%，2010年以来年均增长11.75%，2015年以来年均增长9.29%，上年以来年度增长9.49%。

特别需要注意，居民收入比（与国民总收入极度近似值产值比）从46.37%下降为44.82%，较明显降低1.55个百分点，其中"十五"期间降低2.37个百分点，"十一五"期间降低4.20个百分点，"十二五"以来增高5.02个百分点。这意味着"居民部门"在初次分配中的收益份额降低，好在进入"十二五"之后略有回升。

2. 居民总消费增长及相对比值动态

2000~2017年，全国居民总消费总量由36005.66亿元增长至260231.79亿元，2017年为2000年的7.23倍。2000年以来年均增长12.34%，其中2005年以来年均增长12.54%，2010年以来年均增长12.05%，2015年以来年均增长9.01%，上年以来年度增长8.01%。

城乡综合演算的居民总消费人均值由2851.61元增长至18770.39元，2017年为2000年的6.58倍。2000年以来年均增长11.72%，其中2005年以来年均增长11.96%，2010年以来年均增长11.48%，2015年以来年均增长8.42%，上年以来年度增长7.41%。

特别需要注意，居民消费率（与产值比）从35.91%下降为31.46%，明显降低4.45个百分点，其中“十五”期间降低2.23个百分点，“十一五”期间降低5.27个百分点，“十二五”以来增高3.05个百分点。这意味着“居民部门”在社会财富支配中的用度份额降低，好在进入“十二五”之后略有回升。

3.居民收入、总消费地区差、城乡比变化

在此期间，全国居民收入人均值地区差指数由1.3606缩小为1.2720，缩减6.51%，其中“十五”期间扩增0.31%，“十一五”期间缩减2.47%，“十二五”以来缩减4.45%。这表明基于经济增长、社会财富普遍增加，居民收入随之增多的地区差异已逐步缩小。

居民收入人均值城乡比指数由2.7869缩小为2.7096，缩减2.77%，其中“十五”期间扩增15.68%，“十一五”期间扩增0.15%，“十二五”以来缩减16.07%。这意味着基于经济增长、社会财富普遍增加，居民收入随之增多的城乡差异已逐步缩小，但缩减的幅度和速度显得过低。

全国居民总消费人均值地区差指数由1.3476缩小为1.2530，缩减7.02%，其中“十五”期间缩减0.16%，“十一五”期间缩减2.27%，“十二五”以来缩减4.72%。这表明基于经济增长、社会财富普遍增加，人民日常生活消费需求随之增高的地区差异已逐步缩小。

居民总消费人均值城乡比指数由2.9926缩小为2.2315，缩减25.43%，其中“十五”期间扩增3.87%，“十一五”期间缩减1.09%，“十二五”以来缩减27.42%。这意味着基于经济增长、社会财富普遍增加，民生消费需求随之增高的城乡差异已逐步缩小。这是民生主要数据相关性分析中看到表现最为良好的一个侧面。

五　经济增长通用指标动态测评

2000～2017年全国经济增长结构优化综合检测结果见图5。

1.2017年理想值横向检测

以假定全国及各地各类数据全面消除城乡差距、地区差距为理想值

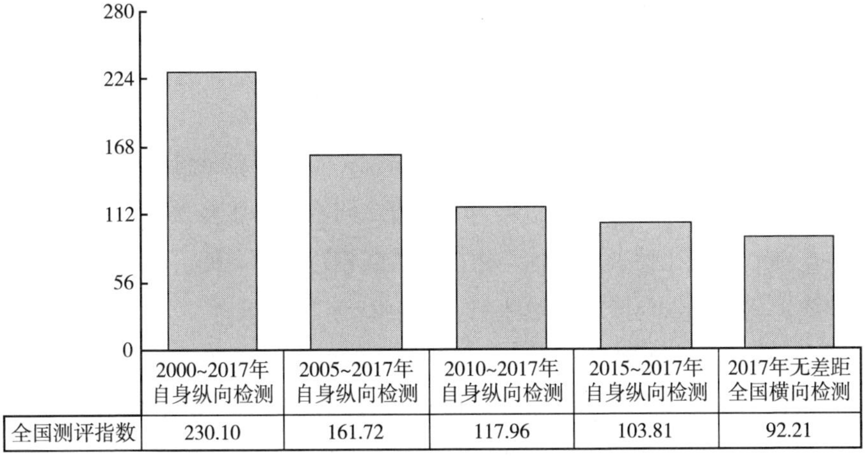

图5　2000～2017年全国经济增长结构优化综合检测结果

数轴：共时性年度横向测评（全国城乡、地区无差距理想值=100）；历时性阶段纵向测评（起点年自身基数值=100），从左至右：（1）以2000年为起点，（2）以2005年为起点，（3）以2010年为起点，（4）以2015年为起点，多向度测评对应省域排行，检验不同阶段进展状况。

100，2017年无差距全国横向检测排行，全国此项指数为92.21。这表明与全国及各地城乡、地区无差距理想值100相比，全国经济增长结构优化全量化检测结果达到92.21%，低于理想值7.79%。

各年度理想值横向检测方法的基本设置：①各类总量份额以上年为基准衡量升降变化（全国份额100%自为基准），②各类人均绝对值以全国平均值为基准衡量增减变动（全国自为基准），③各类总量、人均值之间增长率比差以上年为基准衡量高低程度（全国亦然），④各类人均值地区差、城乡比以假定实现无差距理想值衡量现实差距（全国亦然），⑤各类构成比值或相对比值以全国比值为基准衡量大小差异（全国自为基准）。由于共时性检验多类指标加权演算以全国为基准（除了增长率协调性比差和地区差、城乡比均衡性逆指标），可能会出现全国总体最后“得分”超越四大区域“得分”之外的情况（全国总体数值一般应在各地数值之间）。

2. 2000年以来基数值纵向检测

以“全面小康”进程起点年“九五”末年2000年各类数据演算指标为

基数值100，2000～2017年自身纵向检测排行，全国此项指数为230.10。这表明与2000年自身基数值100相比，全国经济增长结构优化全量化检测结果达到230.10%，高于基数值130.10%。

各时段基数值纵向检测方法的基本设置：①各类总量份额值升降，②各类人均绝对值增减，③各类总量、人均值之间增长率比差大小，④各类人均值地区差、城乡比扩减，⑤各类构成比值或相对比值高低，所有这些指标的检测演算均以起点年度为基数进行测算，优于起点年“加分”而逊于起点年“减分”，其中地区差、城乡比两项逆指标以小为佳（改进“不平衡不充分的发展”缺陷最具代表性实际体现），地区差、城乡比缩小“加分”而地区差、城乡比扩大“减分”（发达地区“率先发展”、中心城市“突进发展”往往带来地区差、城乡比扩大），全国总体失去“豁免”与各地一视同仁经受历时性检验。各时段纵向检测同理，区别仅在于起始年度及历时长短不同。

3. 2005年以来基数值纵向检测

以“全面小康”进程第一个五年期“十五”末年2005年各类数据演算指标为基数值100，2005～2017年自身纵向检测排行，全国此项指数为161.72。这表明与2005年自身基数值100相比，全国经济增长结构优化全量化检测结果达到161.72%，高于基数值61.72%。

4. 2010年以来基数值纵向检测

以“全面小康”进程第二个五年期“十一五”末年2010年各类数据演算指标为基数值100，2010～2017年自身纵向检测排行，全国此项指数为117.96。这表明与2010年自身基数值100相比，全国经济增长结构优化全量化检测结果达到117.96%，高于基数值17.96%。

5. 2015年以来基数值纵向检测

以“全面小康”进程第三个五年期“十二五”末年2015年各类数据演算指标为基数值100，2015～2017年自身纵向检测排行，全国此项指数为103.81。这表明与2015年自身基数值100相比，全国经济增长结构优化全量化检测结果达到103.81%，高于基数值3.81%。

技术报告与综合分析

Technical Report and Comprehensive Analysis

E.2

中国经济增长通用指标检测体系阐释

——技术报告兼历年增长结构化相关性分析

王亚南　方 彧　李恒杰*

摘　要： 中国经济增长通用指标检测体系包含国家现行统计制度下三次产业产值结构体系一个主体子系统，国际通行的收入法产值结构体系、支出法产值结构体系两个辅助子系统，面向公共经济生活、人民经济生活的初次分配收支综合一个附加子系统。整个检测体系共有一级指标（子系统）4项、二级指标（类别项）40项、三级指标（演算项）196项，包括各类数据之间增长相关度加权检测指标、同类城

* 王亚南，云南省社会科学院研究员，文化发展研究中心主任，主要研究方向为民俗学、民族学及文化理论、文化战略和文化产业研究；方彧，中国老龄科学研究中心副研究员，主要研究方向为口头传统、老龄文化和文化产业研究；李恒杰，云南省商务研究院院长助理、助理研究员，主要从事市场流通与商务政策相关研究。

乡数据之间增长相关度加权检测指标，不包括地区差变动相关度检验监测指标。全系统综合演算中，三次产业产值构成子系统占权重40%，收入法产值构成子系统占权重30%，支出法产值构成子系统占权重20%，初次分配收支综合子系统占权重10%。

关键词： 经济增长　结构优化　通用指标　相关分析

各类统计年鉴提供的各种数据并非拿来就用，必须运用数学抽象推演公理建立一切可能的演算关系，对数据关系展开全结构列联分析，最大限度对基础数据进行加工，从而产生大量衍生测算数据，便能超越基础数据局限。基础数据更不能都直接作为所谓检测指标，譬如人所共知总量数据体现宏观规模，但在差异极大的各地之间不具可比性，可以演算为占全国份额，份额升降变化具有通约演算可比性。人均值数据具有一定可比性，但相关性数据之间的相对比值、特殊算法得出的指数值更具通约可比性。所谓可比性绝非简单对比绝对数值高低大小，还应当在全国及地方各层级之间实现通约演算，这样检测得出的各类测算值方具有通约可比性。

中国社会结构体制存在“非均衡性”，正是“不平衡不充分的发展”缺陷的深层渊源。对此，最关键的分析检测在于通约测算全国及各地各类数据之间增长的协调性，城乡之间、地区之间各类数据增长的均衡性。本系列研究早年首创城乡比倒数权衡系数作为指数值逆指标，独创地区差演算及其倒数权衡系数作为指数值逆指标，对于全国，东、中、西部和东北四大区域、省域，以至地级市、县域均可实现全面通约演算。最终检测检测结果首先反映普遍现实，其次揭示潜在趋向，最后印证古今历史。这是十余年前本系列研究起步之初便确定的基本要求。

一　基础数据采集与通用指标系统设计

中国经济增长通用指标检测体系数据来源及相关演算见表1。

1. 人口背景数据

人口数据是对各类统计年鉴基础数据进行加工演算的基础，本系列研究十余年以来的诸多检测指标体系历来把人口数据置于第一重要位置。不过，统计年鉴提供人口数据只有城乡、城镇、乡村分类的“年末人口数”，在各类数据的总量与人均值之间转换演算，必须先行把历年的年末人口数演算为各个年度的年平均人口数方能使用。

表1　中国经济增长通用指标检测体系基础数据及相关演算

序号	数据内容	全国数据具体出处	省域数据具体出处
1	城乡、城镇、乡村年末人口	《中国统计年鉴》2018年卷　二、人口，2~8分地区人口的城乡构成和出生率、死亡率、自然增长率	
2	产值总量及人均值	三、国民经济核算，3~1国内生产总值	三、国民经济核算，3~9地区生产总值
3	第一产业产值		
4	第二产业产值		
5	第三产业产值		
6	收入法产值总量	无，根据数据关系推算	三、国民经济核算，3~10地区生产总值收入法构成项目
7	劳动者报酬		
8	生产税净额		
9	固定资产折旧		
10	营业盈余		
11	支出法产值总量	三、国民经济核算，3~11支出法国内生产总值	三、国民经济核算，3~13支出法地区生产总值
12	最终消费支出		
13	资本形成总额		
14	货物与服务净出口（流出）		
15	财政收入总量	七、财政，7~2中央和地方一般公共预算主要收入项目	七、财政，7~5分地区一般公共预算收入
16	财政支出总量	七、财政，7~3中央和地方一般公共预算主要支出项目	七、财政，7~6分地区一般公共预算支出

续表

<table>
<tr><th>序号</th><th>数据内容</th><th>全国数据具体出处</th><th>省域数据具体出处</th></tr>
<tr><td>17</td><td>城乡居民人均收入</td><td>六、人民生活,6～18 分地区居民人均可支配收入来源（对应城、乡总量演算之和存在误差。全国与省域同表,下同）</td><td rowspan="6">说明:引入人口参数（城乡、城镇、乡村历年年末人口数据均换算为年平均人口数）演算衍生数据:
(1)第 3～16 类人均值;
(2)第 17～18 类城乡总量;
(3)第 19～22 类城镇、乡村总量,其和为城乡总量本源;
(4)第 19～22 类城乡综合人均值;
(5)第 2～22 类人均值地区差;
(6)第 19～22 类人均值城乡比;
(7)第 1～22 类东、中、西部和东北整体数据</td></tr>
<tr><td>18</td><td>城乡居民人均消费</td><td>六、人民生活,6～20 分地区居民人均消费支出（对应城、乡总量演算之和存在误差）</td></tr>
<tr><td>19</td><td>城镇居民人均收入</td><td>六、人民生活,6～24 分地区城镇居民人均可支配收入来源</td></tr>
<tr><td>20</td><td>城镇居民人均消费</td><td>六、人民生活,6～26 分地区城镇居民人均消费支出</td></tr>
<tr><td>21</td><td>乡村居民人均收入</td><td>六、人民生活,6～30 分地区农村居民人均可支配收入来源</td></tr>
<tr><td>22</td><td>乡村居民人均消费</td><td>六、人民生活,6～32 分地区农村居民人均消费支出</td></tr>
</table>

注：①数据来源于国家统计局《中国统计年鉴》历年卷，数据具体出处章号章名、表号表名、统计项名称各年卷多有变化，以 2018 年卷（发布 2017 年数据）为准；②本系列研究多年前率先展开民生数据城乡综合演算，引来国家统计制度及其数据发布改进，2015 年卷始提供城乡综合人均收入、总消费及分类消费数据，但此类人均值与总量之间存在演算误差，居民收入、消费人均值和总量对应产值人均值和总量（同为年鉴发布）分别演算居民收入比、居民消费率有出入，因而本项检测回归自行演算城乡人均值，以保证数据库测算模型的规范性及其历年通行测评的标准化。

2. 产值结构多维度分析

我国现行的国家统计制度采用三次产业结构体系，三次产业构成分析当然成为本项检测指标系统的主体部分。国际通行的收入法产值结构体系、支出法产值结构体系另有独到之处，譬如收入法产值构成的劳动者报酬、支出法产值构成的最终消费支出，直接对应本系列研究业已开展的人民生活发展量化分析检测评价。本项检测指标系统自然把收入法产值构成、支出法产值构成分析作为极其重要的辅助部分。统计年鉴同时直接提供三次产业产值总量和人均值基础数据，但三次产业产值构成成分和收入法、支出法产值及其构成成分基础数据则只有总量数据，需要另行演算出人均值数据备用。

本系列研究于2008年推出全国各地文化发展量化分析检测评价成果，随后相继出版《中国文化消费需求景气评价报告》《中国文化产业供需协调检测报告》《中国公共文化投入增长测评报告》①，向来将全国及各地产值数据作为最为重要的背景数据之首，测算分析城乡居民文化消费率、公共文化投入与产值的相对比值历年变化动态。

近年来应云南省人民政府发展研究重大课题要求完成“中国经济增长通用指标检测体系”，自然把全国及各地产值数据作为中心数据，由后台移至前台，并充分展开全方位分析测算多维度的产值构成成分。只有全面实现全国及各地历年发展动态通约演算检测，方能真正适用于地方发展状态的共时性横向测评和历时性纵向测评，各地自定指标无可比意义。

3. 公共经济生活

公共社会经济生活显然属于经济活动领域，本项检测以全国及各地公共财政收入、财政支出数据作为代表，成为本项检测指标系统的附加部分。财政统计基础数据历来只有总量数据，用以各类数据之间的协调性检测尚可，用以各地之间的均衡性检测则需要演算为人均值数据。

本系列研究上述《中国公共文化投入增长测评报告》，以及《中国健康消费与公共卫生投入双检报告》《中国教育消费与公共教育投入双检报告》②，均将全国及各地公共财政收入、支出数据作为极为重要的背景数据，测算分析公共文化、卫生、教育投入与财政收入、支出的相对比值历年变化动态，充分开展全国及各地公共文化、卫生、教育投入分析检测

---

① 《中国文化消费需求景气评价报告》（2011年以来每年出版）、《中国文化产业供需协调检测报告》（2013年以来每年出版）、《中国公共文化投入增长测评报告》（2015年以来每年出版），属于“文化蓝皮书”系列，社会科学文献出版社出版。其中《中国文化消费需求景气评价报告》四度进入“中国社会科学院创新工程学术出版项目”，这三本书2019年版同时进入“中国社会科学院创新工程学术出版项目”。

② 《中国健康消费与公共卫生投入双检报告》（民生指数报告，2018年以来每年出版），社会科学文献出版社出版。《中国教育消费与公共教育投入双检报告》已发表核心数据检测成果，全书待出版。

评价。

相关内参文稿《基本公共服务目标倒逼文化投入均等化》《基本公共服务均等化检验及2020年以远预测》经国务院发展研究中心《经济要参》等转发，促成《基本公共服务领域中央与地方共同财政事权和支出责任划分改革方案》（国办发〔2018〕6号）、《医疗卫生领域中央与地方财政事权和支出责任划分改革方案》（国办发〔2018〕67号）出台，随之中共中央、国务院《关于建立健全基本公共服务标准体系的指导意见》出台。

此次推出“中国经济增长通用指标检测体系”，自然把全国及各地公共财政收入、支出数据作为公共经济生活中心数据，由后台移至前台，不过仍为经济增长分析检测中的配角。

4. 人民经济生活

全体国民日常经济生活显然属于经济活动领域，本项检测以全国及各地城镇、乡村居民收入、居民总消费数据作为代表，成为本项检测指标系统的附加部分。人民生活统计基础数据历来只有人均值数据，可直接用以全国及各地之间的微观均衡性（地区差）检测，全国及各地城镇、乡村之间的微观均衡性（城乡比）检测，而用以各类数据之间的宏观协调性检测则需要演算为总量数据。

本系列研究于2015年推出全国各地民生发展量化分析检测评价成果，随后相继出版《中国人民生活发展指数检测报告》《中国民生消费需求景气评价报告》①，均将全国及各地城乡居民收入、总消费数据作为最主要核心数据，并在此基础上深入展开城乡居民物质生活消费、非物质生活消费、居民积蓄增长历年变化动态，揭示“人民美好生活需要”的真实细节生动表现。

此次推出“中国经济增长通用指标检测体系”，自然把全国及各地城乡居民收入、总消费数据作为人民经济生活中心数据，只不过由民生发展分析

---

① 《中国人民生活发展指数检测报告》（2016年以来每年出版）、《中国民生消费需求景气评价报告》（民生指数报告，2018年以来每年出版），社会科学文献出版社出版。

检测中的主角转变为经济增长分析检测中的配角。

有必要说明，自 2019 年版开始，《中国人民生活发展指数检测报告》与《中国经济发展结构优化检测报告》《中国社会建设均衡发展检测报告》集合为“全面发展检测丛书”，成为“全面小康”进程经济、社会、民生发展三个主要检测系列，直接面向为期临近的 2020 年“全面建成小康社会”目标年及现代化国家建设。

二　三次产业产值构成子系统

中国经济增长通用指标检测体系基于“国民经济行业分类”国家标准的三次产业产值构成子系统，见表 2a、表 2b。

表 2a　中国经济增长通用指标检测体系三次产业产值构成子系统

一级指标（子系统）	二级指标（类别项）	三级指标（演算项）		年度横向检测演算	时段纵向检测演算
		序号、取值及演算方式	演算权重		
国家现行统计制度国内生产总值三次产业结构体系作为主体子系统，独立测评结果占全系统演算权重 40%	总量（数量规模指标）	1. 总产值 2. 一产产值 3. 二产产值 4. 三产产值	2.25 2.25 2.25 2.25	占全国份额年度动态	占全国份额历年动态
	总量增长率（增长速度指标）	5. 总产值增长率 6. 一产增长率 7. 二产增长率 8. 三产增长率	1.25 1.25 1.25 1.25	取年度增长率	取相应时段年均增长率
	人均值（数量均衡性指标）	9. 产值人均值 10. 一产人均值 11. 二产人均值 12. 三产人均值	2.5 2.5 2.5 2.5	全国人均值为基准权衡	起点年数值为基准权衡
	人均值增长（增长均衡性指标）	13. 产值人均值增长 14. 一产人均值增长 15. 二产人均值增长 16. 三产人均值增长	1.25 1.25 1.25 1.25	取年度增长率	取相应时段年均增长率

续表

一级指标（子系统）	二级指标（类别项）	三级指标（演算项）		年度横向检测演算	时段纵向检测演算
		序号、取值及演算方式	演算权重		
	地区差指数（分布均衡性逆指标）	17. 产值人均值地区差 18. 一产人均值地区差 19. 二产人均值地区差 20. 三产人均值地区差	3 3 3 3	假定无差距理想值权衡现实差距	取起点年度值为基准衡量扩减程度
	构成比值（结构协调性指标）	21. 一产产值构成比 22. 二产产值构成比 23. 三产产值构成比	2.75 2.75 2.75	以全国构成比为基准衡量比值高低	取起点年度值为基准衡量比值升降

注：①产值总量仅具规模效应而无可比较性，转换取值占全国份额（全国自身即100%）兼具规模变化可比性；②“地区差指数”为本系列研究专用于检测中国经济、社会、民生诸方面发展“非均衡性”的独创逆指标，各地取任意项人均值与全国相应人均值（作为演算基准值1）的商数绝对偏差值（无论正负）加基准值1，全国及东、中、西部和东北四大区域取相应省域绝对偏差值的平均值加基准值1；③鉴于全国各地产业发展殊异，第一、二、三产业不分高低，尤其对人类生存优先必需的一产“实行保护”，亦即对二、三产发展不予“优越”看待，各地各尽所长，各得其所，不过全国增长相关系数揭示总产值增长与二、三产增长相关度更高。

本项检测体系各个子系统各类数据总量、人均值增长率重叠演算并非无意义的“同义反复”，而是多年量化分析经验形成的一种平衡技法，尽量增加数值差异极小的测算项，使各地最终测评“计分”保持距离但差距不大。基于公共知识乃至各项指标设置与其通过言词加以解说，不如透过数据检测予以揭示。

以下利用技术报告构思设计本身带有的探究性质，充分展开相应指标设置背后的全结构化相关性检测，同步进行全国及各地历年纵向检测与全国各地之间横向检测，尽可能全面分析测算通常不大在意却颇有意味的各类数据关系。这些数据关系每年都在发生微妙改变，从中不难观察到种种结构性变动态势。

2000～2017年，全国三次产业结构产值总量从100280.10亿元增长至827121.70亿元，年均增长13.21%；其间2005年以来年均增长13.17%，2010年以来年均增长10.43%，2015年以来年均增长9.56%，2016年以来年度增长11.23%。

东部三次产业产值总量增长高于全国，年均增长 13.41%；东北增长低于全国，年均增长 10.61%；中部增长高于全国，年均增长 14.04%；西部增长高于全国，年均增长 14.41%。

23 个省域总量增长高于全国，按增幅高低依次为贵州、陕西、重庆、宁夏、西藏、天津、内蒙古、江苏、湖北、江西、青海、湖南、四川、安徽、广西、北京、河南、山东、福建、海南、浙江、山西、广东；8 个省域总量增长低于全国，按增幅高低依次为云南、新疆、吉林、甘肃、河北、上海、黑龙江、辽宁。其中，贵州增长最高，年均增长 16.36%；辽宁增长最低，年均增长 9.95%。

表 2b　中国经济增长通用指标检测体系三次产业产值构成子系统

一级指标（子系统）	二级指标（类别项）	三级指标（演算项）序号、取值及演算方式	三级指标（演算项）演算权重	增长相关系数作为演算权重
2000 年以来全程检测	相关系数（增长相关度指标）	24. 产值与一产总量增长	0.7766	至 2017 年历年相关系数，以全国为例，各地亦然。1 为正相关性绝对同步，0 为完全无相关性，-1 为负相关性绝对逆反
		25. 产值与二产总量增长	0.9490	
		26. 产值与三产总量增长	0.9020	
		27. 产值与一产人均增长	0.7803	
		28. 产值与二产人均增长	0.9485	
		29. 产值与三产人均增长	0.9030	
2005 年以来历年检测		30. 产值与一产总量增长	0.7950	增长相关系数为权重直接带入相应时段增长相关度测算，系数值越高同步性越好测算结果打折扣越小
		31. 产值与二产总量增长	0.9602	
		32. 产值与三产总量增长	0.9411	
		33. 产值与一产人均增长	0.7963	
		34. 产值与二产人均增长	0.9599	
		35. 产值与三产人均增长	0.9410	
2010 年以来历年检测		36. 产值与一产总量增长	0.8863	重点监测二、三产相关系数：2005 年来二产相关度增强，2010 年来相关度继续增强；2005 年来三产相关度增强，2010 年来相关度转而减弱
		37. 产值与二产总量增长	0.9688	
		38. 产值与三产总量增长	0.9289	
		39. 产值与一产人均增长	0.8877	
		40. 产值与二产人均增长	0.9686	
		41. 产值与三产人均增长	0.9290	
2000 年以来全程检测	相关系数（地区差相关度指标）	42. 产值与一产地区差 43. 产值与二产地区差 44. 产值与三产地区差	-0.6353 0.9874 0.9239	不直接带入相关度测算，提供监测相关领域地区差距关联变动

1. 第一产业增长及构成比动态

同期，全国第一产业产值总量从 14717. 40 亿元增长至 65467. 60 亿元，年均增长 9. 18%；其间 2005 年以来年均增长 9. 59%，2010 年以来年均增长 7. 54%，2015 年以来年均增长 3. 71%，2016 年以来年度增长 2. 82%。第一产业构成比从 14. 68% 明显下降到 7. 92%，降低 6. 76 个百分点；其中，“十五”期间降低 3. 04 个百分点，“十一五”期间降低 2. 11 个百分点，“十二五”以来降低 1. 61 个百分点。用百分比表示更具通约演算可比性，2000 年以来全国第一产业构成比降低 46. 07%。

东部增长低于全国，年均增长 7. 82%，此项构成比降低 57. 62%；东北增长高于全国，年均增长 9. 58%，此项构成比降低 14. 71%；中部增长低于全国，年均增长 8. 41%，此项构成比降低 57. 75%；西部增长高于全国，年均增长 10. 16%，此项构成比降低 47. 48%。

13 个省域增长高于全国，按增幅高低依次为黑龙江、贵州、陕西、青海、宁夏、新疆、云南、广西、湖北、海南、内蒙古、重庆、四川；18 个省域增长低于全国，按增幅高低依次为甘肃、山西、江苏、湖南、山东、河北、江西、辽宁、广东、河南、安徽、福建、西藏、浙江、吉林、天津、北京、上海。其中，黑龙江增长最高，年均增长 13. 26%；上海增长最低，年均增长 1. 70%。

10 个省域此项构成比升幅大于全国或降幅小于全国，按升幅高低至降幅从低到高依次为黑龙江、辽宁、新疆、云南、甘肃、青海、广西、海南、贵州、河北；21 个省域此项构成比降幅大于全国，按降幅从低到高依次为湖北、陕西、四川、山西、宁夏、内蒙古、山东、广东、福建、河南、湖南、江苏、安徽、江西、重庆、吉林、浙江、西藏、天津、上海、北京。其中，黑龙江构成比升幅最大，升高 64. 60%；北京构成比降幅最大，降低 84. 90%。

2. 第二产业增长及构成比动态

同期，全国第二产业产值总量从 45664. 80 亿元增长至 334622. 60 亿元，年均增长 12. 43%；其间 2005 年以来年均增长 11. 76%，2010 年以来年均增长 8.29%，2015 年以来年均增长 8.92%，2016 年以来年度增长 12.84%。第二产业构成比从 45.54% 明显下降到 40.46%，降低 5.08 个百分点；其中，“十五”期间增高 1.48 个百分点，“十一五”期间降低 0.62 个百分点，“十二五”以来降低 5.94 个百分点。用百分比表示更具通约演算可比性，2000 年以来全国第二产业构成比降低 11.16%。

东部增长高于全国，年均增长 12.53%，此项构成比降低 12.36%；东北增长低于全国，年均增长 8.56%，此项构成比降低 27.22%；中部增长高于全国，年均增长 13.84%，此项构成比降低 2.98%；西部增长高于全国，年均增长 14.53%，此项构成比升高 1.81%。

23 个省域增长高于全国，按增幅高低依次为西藏、陕西、贵州、江西、宁夏、重庆、内蒙古、青海、广西、安徽、海南、湖南、天津、福建、吉林、河南、江苏、四川、山西、广东、山东、新疆、云南；8 个省域增长低于全国，按增幅高低依次为湖北、浙江、河北、甘肃、北京、上海、辽宁、黑龙江。其中，西藏增长最高，年均增长 18.86%；黑龙江增长最低，年均增长 4.67%。

22 个省域此项构成比升幅大于全国或降幅小于全国，按升幅高低至降幅从低到高依次为西藏、江西、陕西、海南、吉林、宁夏、广西、内蒙古、重庆、贵州、安徽、福建、青海、湖南、河南、山西、广东、新疆、河北、云南、四川、山东；9 个省域此项构成比降幅大于全国，按降幅从低到高依次为江苏、天津、浙江、甘肃、辽宁、湖北、上海、北京、黑龙江。其中，西藏构成比升幅最大，升高 69.61%；黑龙江构成比降幅最大，降低 56.94%。

3. 第三产业增长及构成比动态

同期，全国第三产业产值总量从 39897.90 亿元增长至 427031.50 亿元，年均增长 14.96%；其间 2005 年以来年均增长 15.29%，2010 年以来年均增长 12.95%，2015 年以来年均增长 11.07%，2016 年以来年度增长 11.39%。第三产业构成比从 39.79% 显著上升到 51.63%，增高 11.84 个百分点；其中，“十五”期间增高 1.54 个百分点，“十一五”期间增高 2.74 个百分点，

“十二五”以来增高 7. 56 个百分点。用百分比表示更具通约演算可比性，2000 年以来全国第三产业构成比升高 29. 76%。

东部增长高于全国，年均增长 15. 71%，此项构成比升高 40. 77%；东北增长低于全国，年均增长 13. 08%，此项构成比升高 45. 48%；中部增长高于全国，年均增长 15. 51%，此项构成比升高 24. 23%；西部增长高于全国，年均增长 16. 41%，此项构成比升高 34. 28%。

24 个省域增长高于全国，按增幅高低依次为贵州、内蒙古、宁夏、北京、重庆、天津、陕西、江苏、四川、广东、山西、浙江、西藏、河南、湖南、云南、甘肃、山东、安徽、海南、湖北、青海、吉林、广西；7 个省域增长低于全国，按增幅高低依次为江西、新疆、福建、上海、河北、黑龙江、辽宁。其中，贵州增长最高，年均增长 18. 60%；辽宁增长最低，年均增长 11. 90%。

20 个省域此项构成比升幅大于全国，按升幅高低依次为北京、黑龙江、甘肃、内蒙古、广东、山西、浙江、吉林、上海、四川、云南、河南、宁夏、贵州、江苏、辽宁、海南、天津、山东、河北；11 个省域此项构成比升幅小于全国，按升幅高低依次为新疆、安徽、重庆、湖南、广西、陕西、西藏、青海、湖北、福建、江西。其中，北京构成比升幅最大，升高 76. 19%；江西构成比升幅最小，升高 4. 67%。

4. 构成成分增长相关度分析

在此期间，全国产值与第一、第二、第三产业产值总量年度增长指数（历年以上年为基数，下同）之间的相关系数分别为 0. 7766、0. 9490 和 0. 9020，不妨简化理解为同步程度分别为 77. 66%、94. 90% 和 90. 20%。由此不难看出，全国产值增长主要由第二、第三产业驱动。

东部同步程度分别为 72. 89%、96. 74% 和 62. 30%；东北同步程度分别为 75. 06%、94. 31% 和 78. 23%；中部同步程度分别为 82. 66%、96. 33% 和 56. 56%；西部同步程度分别为 83. 86%、97. 12% 和 45. 72%。由此还可以看出，在此时期内，四大区域产值增长最主要是第二产业驱动，甚至第一产业并不弱于第三产业。这背后的意味在于，产业迭代更替并不是以平均速度历年平稳推进，而是近期加速越来越快，因而既往多年主要推动力还是第二产业乃至第一产业。

6 个省域第一产业增长相关系数高于全国，按系数值高低依次为广西、云南、安徽、陕西、湖北、山东；25 个省域增长相关系数低于全国，按系数值高低依次为湖南、四川、河南、内蒙古、河北、海南、甘肃、宁夏、青海、吉林、福建、辽宁、江西、黑龙江、江苏、天津、重庆、新疆、浙江、贵州、广东、北京、上海、山西、西藏。其中，广西系数值最高，同步程度为 90. 08%；西藏系数值最低，呈现为负相关。

8 个省域第二产业增长相关系数高于全国，按系数值高低依次为浙江、内蒙古、吉林、辽宁、广西、青海、河北、山西；23 个省域增长相关系数低于全国，按系数值高低依次为广东、湖南、甘肃、新疆、河南、山东、安徽、四川、云南、重庆、陕西、宁夏、江苏、天津、福建、江西、黑龙江、上海、海南、湖北、北京、贵州、西藏。其中，浙江系数值最高，同步程度为 97. 82%；西藏系数值最低，同步程度为 23. 21%。

31 个省域第三产业增长相关系数低于全国，按系数值高低依次为江苏、河北、浙江、辽宁、福建、山东、云南、湖北、海南、内蒙古、湖南、天津、广西、江西、贵州、河南、西藏、吉林、上海、黑龙江、广东、新疆、甘肃、重庆、陕西、宁夏、山西、青海、安徽、北京、四川。其中，江苏系数值最高，同步程度为 84. 98%；四川系数值最低，呈现为负相关。

在此尝试解析各地三次产业增长相关系数对比分析显露出来的若干“疑点”。

（1）各类数据增长无论高低，长时间保持一定同步波动关系，相关系数值就高，传统优势产业必定如此；一段时期存在反向波动关系，相关系数值则低，甚至有可能呈负值。这就是各地传统第二产业增长相关系数都很高，很多地区传统第一产业增长相关系数也较高，而新兴第三产业增长相关系数却不高的原因。

（2）第三产业增长相关系数各地均低于全国不足为奇，在全国汇集各地数据的统一市场统计里，三次产业长久并存皆可谓传统产业，构成比变化并不显剧烈，各地区域市场小范围却不尽然，不少地区第三产业蓬勃高涨主要还在近些年以来。

（3）前面看到西藏第二产业增长最快，后面却见西藏第二产业增长相关系数极低，原因大概在于第二产业显然并非西藏传统优势产业，短时期出现高增长反而打乱原有“增长关系”。北京第三产业构成比提升最快，增长相关系数却极低，大体出于同样的原因，第二产业大量迁离京城并没有多长时间。

这意味着，不论目前有多大变化，长期增长相关度检测可以揭示既往底蕴。全国及各地产业迭代更替尚未完成，甚至才开始不久，方兴未艾，来日可期。

三　收入法产值构成子系统

中国经济增长通用指标检测体系参用国际通行的收入法产值构成子系统，见表3a、表3b。

2000～2017年，全国收入法结构产值总量从98961.98亿元增长至827121.70亿元，年均增长13.30%；其间2005年以来年均增长13.17%，2010年以来年均增长10.43%，2015年以来年均增长9.56%，2016年以来年度增长11.23%。

东部收入法产值总量增长高于全国，年均增长13.63%；东北增长低于全国，年均增长10.63%；中部增长高于全国，年均增长13.74%；西部增长高于全国，年均增长14.59%。

22个省域总量增长高于全国，按增幅高低依次为贵州、陕西、宁夏、重庆、内蒙古、天津、北京、西藏、江苏、江西、青海、山西、广东、四川、湖南、广西、安徽、河南、海南、浙江、山东、云南；9个省域总量增长低于全国，按增幅高低依次为湖北、福建、吉林、新疆、甘肃、上海、河北、辽宁、黑龙江。其中，贵州增长最高，年均增长16.61%；黑龙江增长最低，年均增长9.78%。

表 3a　中国经济增长通用指标检测体系收入法产值构成子系统

一级指标（子系统）	二级指标（类别项）	三级指标（演算项）序号、取值及演算方式	演算权重	年度横向检测演算	时段纵向检测演算
国家现行统计制度附列国际通行国内生产总值收入法结构体系作为辅助子系统之一，独立测评结果占全系统演算权重 30%	总量（数量规模指标）	1. 总产值	2. 25	占全国份额年度动态	占全国份额历年动态
		2. 劳动者报酬总量	2. 25		
		3. 生产税净额总量	2. 25		
		4. 固定资产折旧总量	2. 25		
		5. 营业盈余总量	2. 25		
	总量增长率（增长速度指标）	6. 总产值增长率	1. 25	取年度增长率	取相应时段年均增长率
		7. 劳动者报酬总量增长率	1. 25		
		8. 生产税净额总量增长率	1. 25		
		9. 资产折旧总量增长率	1. 25		
		10. 营业盈余总量增长率	1. 25		
	人均值（数量均衡性指标）	11. 产值人均值	2. 5	全国人均值为基准权衡	起点年数值为基准权衡
		12. 劳动者报酬人均值	2. 5		
		13. 生产税净额人均值	2. 5		
		14. 资产折旧人均值	2. 5		
		15. 营业盈余人均值	2. 5		
	人均值增长（增长均衡性指标）	16. 产值人均值增长	1. 25	取年度增长率	取相应时段年均增长率
		17. 劳动者报酬人均值增长	1. 25		
		18. 生产税净额人均值增长	1. 25		
		19. 资产折旧人均值增长	1. 25		
		20. 营业盈余人均值增长	1. 25		
	地区差指数（分布均衡性逆指标）	21. 产值人均值地区差	3	假定无差距理想值权衡现实差距	取起点年度值为基准衡量扩减程度
		22. 劳动者报酬人均值地区差	3		
		23. 生产税净额人均值地区差	3		
		24. 资产折旧人均值地区差	3		
		25. 营业盈余人均值地区差	3		
	构成比值（结构协调性指标）	26. 劳动者报酬构成比	2. 75	以全国构成比为基准衡量比值高低	取起点年度值为基准衡量比值升降
		27. 生产税净额构成比	2. 75		
		28. 资产折旧构成比	2. 75		
		29. 营业盈余构成比	2. 75		

注：鉴于收入法产值构成体系揭示劳动者报酬（居民部门）、生产税净额（政府部门）、营业盈余（企业部门）等重要结构要素，作为综合平衡测评的有益补充。国家“十二五”规划确定“努力实现居民收入增长与经济发展同步”的“约束性指标”，由此可以得到很好的检验。以民生收入增长检验经济发展具有合理性、规范性、必要性和可行性，然而全国增长相关系数揭示产值与生产净税、资产折旧增长相关度远高于劳动报酬增长，产值与营业盈余增长相关度也高于劳动报酬增长，同时全国地区差相关系数揭示收入法产值与相关构成部分的地区差距具有很高或较高的相关度，均属“不平衡不充分的发展”缺陷之列。

表 3b　中国经济增长通用指标检测体系收入法产值构成子系统

一级指标（子系统）	二级指标（类别项）	三级指标（演算项）序号、取值及演算方式	三级指标（演算项）演算权重	增长相关系数作为演算权重
2000 年以来全程检测	相关系数（增长相关度指标）	30. 产值与报酬总量增长	0.7528	至 2017 年历年相关系数，以全国为例，各地亦然。1 为正相关性绝对同步，0 为完全无相关性，-1 为负相关性绝对逆反
		31. 产值与净税总量增长	0.9431	
		32. 产值与折旧总量增长	0.9638	
		33. 产值与盈余总量增长	0.7856	
		34. 产值与报酬人均增长	0.7538	
		35. 产值与净税人均增长	0.9432	
		36. 产值与折旧人均增长	0.9640	
		37. 产值与盈余人均增长	0.7848	
2005 年以来历年检测		38. 产值与报酬总量增长	0.7071	增长相关系数为权重直接带入相应时段增长相关度测算，系数值越高同步性越好测算结果打折扣越小
		39. 产值与净税总量增长	0.9394	
		40. 产值与折旧总量增长	0.9665	
		41. 产值与盈余总量增长	0.7806	
		42. 产值与报酬人均增长	0.7071	
		43. 产值与净税人均增长	0.9393	
		44. 产值与折旧人均增长	0.9664	
		45. 产值与盈余人均增长	0.7795	
2010 年以来历年检测		46. 产值与报酬总量增长	0.9426	重点监测报酬相关系数：2000 年来报酬相关度较低，2005 年来报酬相关度减弱，2010 年来相关度转而增强
		47. 产值与净税总量增长	0.9406	
		48. 产值与折旧总量增长	0.9002	
		49. 产值与盈余总量增长	0.8583	
		50. 产值与报酬人均增长	0.9427	
		51. 产值与净税人均增长	0.9409	
		52. 产值与折旧人均增长	0.9005	
		53. 产值与盈余人均增长	0.8586	
2000 年以来全程检测	相关系数（地区差相关度指标）	54. 产值与报酬地区差	0.7927	不直接带入相关度测算，提供监测相关领域地区差距关联变动
		55. 产值与净税地区差	0.8858	
		56. 产值与折旧地区差	0.8872	
		57. 产值与盈余地区差	0.7353	

1. 劳动者报酬增长及构成比动态

同期，全国劳动者报酬总量从 50848.60 亿元增长至 392929.01 亿元，年均增长 12.78%；其间 2005 年以来年均增长 14.48%，2010 年以来年均增长 11.28%，2015 年以来年均增长 9.12%，2016 年以来年度增长 11.34%。劳动者报酬构成比从 51.38% 明显下降到 47.51%，降低 3.87 个百分点；其中，“十五”期间降低 9.98 个百分点，“十一五”期间增高 3.61 个百分点，“十二五”以来增高 2.50 个百分点。用百分比表示更具通约演算可比性，2000 年以来全国劳动者报酬构成比降低 7.54%。

东部增长高于全国，年均增长 13.55%，此项构成比降低 1.21%；东北增长低于全国，年均增长 10.31%，此项构成比降低 4.78%；中部增长低于全国，年均增长 12.37%，此项构成比降低 18.61%；西部增长高于全国，年均增长 13.63%，此项构成比降低 13.24%。

20 个省域增长高于全国，按增幅高低依次为北京、贵州、宁夏、西藏、天津、云南、重庆、广东、陕西、新疆、福建、内蒙古、江苏、山西、上海、青海、海南、山东、浙江、四川；11 个省域增长低于全国，按增幅高低依次为安徽、广西、湖南、河南、江西、甘肃、湖北、河北、吉林、黑龙江、辽宁。其中，北京增长最高，年均增长 16.31%；辽宁增长最低，年均增长 9.60%。

12 个省域此项构成比升幅大于全国或降幅小于全国，按升幅高低至降幅从低到高依次为上海、云南、北京、新疆、黑龙江、福建、广东、河北、山东、辽宁、浙江、海南；19 个省域此项构成比降幅大于全国，按降幅从低到高依次为西藏、山西、贵州、甘肃、宁夏、江苏、天津、安徽、四川、广西、青海、河南、湖北、湖南、内蒙古、重庆、吉林、陕西、江西。其中，上海构成比升幅最大，升高 26.94%；江西构成比降幅最大，降低 30.89%。

2. 生产税净额增长及构成比动态

同期，全国生产税净额总量从 15242.36 亿元增长至 117375.88 亿元，年均增长 12.76%；其间 2005 年以来年均增长 12.70%，2010 年以来年均增长 9.31%，2015 年以来年均增长 7.05%，2016 年以来年度增长 11.17%。生产税净额构成比从 15.40% 较明显下降到 14.19%，降低 1.21 个百分点；其中，“十五”期间降低 0.47 个百分点，“十一五”期间增高 0.31 个百分点，“十二五”以来降低 1.05 个百分点。用百分比表示更具通约演算可比性，2000 年以来全国生产税净额构成比降低 7.86%。

东部增长高于全国，年均增长 12.76%，此项构成比降低 12.18%；东北增长低于全国，年均增长 9.67%，此项构成比降低 13.81%；中部增长高于全国，年均增长 13.55%，此项构成比降低 2.76%；西部增长高于全国，年均增长 14.66%，此项构成比升高 1.13%。

19 个省域增长高于全国，按增幅高低依次为贵州、内蒙古、陕西、天津、山西、重庆、云南、浙江、安徽、湖南、江西、四川、宁夏、湖北、江苏、北京、上海、福建、广西；12 个省域增长低于全国，按增幅高低依次为广东、海南、吉林、河南、甘肃、山东、新疆、青海、河北、辽宁、黑龙江、西藏。其中，贵州增长最高，年均增长 18.39%；西藏增长最低，年均增长 7.81%。

14 个省域此项构成比升幅大于全国或降幅小于全国，按升幅高低至降幅从低到高依次为内蒙古、云南、贵州、山西、上海、天津、浙江、安徽、陕西、湖北、湖南、福建、重庆、四川；17 个省域此项构成比降幅大于全国，按降幅从低到高依次为江西、广西、辽宁、江苏、河北、甘肃、吉林、黑龙江、海南、广东、河南、北京、新疆、山东、宁夏、青海、西藏。其中，内蒙古构成比升幅最大，升高 37.17%；西藏构成比降幅最大，降低 67.84%。

3. 固定资产折旧增长及构成比动态

同期，全国固定资产折旧总量从 14008.36 亿元增长至 112180.78 亿元，年均增长 13.02%；其间 2005 年以来年均增长 12.80%，2010 年以来年均增长 11.27%，2015 年以来年均增长 11.19%，2016 年以来年度增长 9.98%。资产折旧构成比从 14.16% 略微下降到 13.56%，降低 0.60 个百分点；其中，“十五”期间降低 0.04 个百分点，“十一五”期间降低 1.25 个百分点，“十二五”以来增高 0.69 个百分点。用百分比表示更具通约演算可比性，2000 年以来全国资产折旧构成比降低 4.19%。

东部增长高于全国，年均增长 13.03%，此项构成比降低 8.55%；东北增长低于全国，年均增长 11.39%，此项构成比升高 12.29%；中部增长高于全国，年均增长 13.41%，此项构成比降低 4.73%；西部增长高于全国，年均增长 14.80%，此项构成比升高 3.30%。

22 个省域增长高于全国，按增幅高低依次为西藏、青海、宁夏、吉林、山西、陕西、内蒙古、广西、江西、重庆、北京、海南、四川、江苏、河北、新疆、甘肃、天津、贵州、福建、山东、安徽；9 个省域增长低于全国，按增幅高低依次为河南、湖南、浙江、广东、湖北、辽宁、黑龙江、云南、上海。其中，西藏增长最高，年均增长 21.51%；上海增长最低，年均增长 6.95%。

20 个省域此项构成比升幅大于全国，按升幅高低依次为西藏、青海、吉林、河北、山西、广西、海南、甘肃、新疆、江西、四川、内蒙古、宁夏、江苏、辽宁、福建、北京、陕西、重庆、山东；11 个省域此项构成比降幅大于全国，按降幅从低到高依次为安徽、河南、天津、浙江、黑龙江、湖北、湖南、广东、贵州、上海、云南。其中，西藏构成比升幅最大，升高 145.94%；云南构成比降幅最大，降低 56.61%。

4. 营业盈余增长及构成比动态

同期，全国营业盈余总量从 18862.67 亿元增长至 204636.04 亿元，年均增长 15.05%；其间 2005 年以来年均增长 11.51%，2010 年以来年均增长 9.13%，2015 年以来年均增长 11.07%，2016 年以来年度增长 11.76%。营业盈余构成比从 19.06% 明显上升到 24.74%，增高 5.68 个百分点；其中，“十五”期间增高 10.50 个百分点，“十一五”期间降低 2.68 个百分点，“十二五”以来降低 2.14 个百分点。用百分比表示更具通约演算可比性，2000 年以来全国营业盈余构成比升高 29.80%。

东部增长低于全国，年均增长 14.68%，此项构成比升高 16.85%；东北增长低于全国，年均增长 11.32%，此项构成比升高 11.22%；中部增长高于全国，年均增长 18.20%，此项构成比升高 92.30%；西部增长高于全国，年均增长 17.28%，此项构成比升高 48.41%。

19 个省域增长高于全国，按增幅高低依次为西藏、陕西、宁夏、贵州、青海、江西、湖南、重庆、湖北、河南、内蒙古、天津、吉林、广东、广西、四川、江苏、安徽、山东；12 个省域增长低于全国，按增幅高低依次为甘肃、浙江、北京、海南、云南、山西、福建、上海、河北、辽宁、新疆、黑龙江。其中，西藏增长最高，年均增长 29.49%；黑龙江增长最低，年均增长 9.49%。

18 个省域此项构成比升幅大于全国，按升幅高低依次为西藏、陕西、青海、江西、湖南、湖北、宁夏、河南、贵州、重庆、吉林、内蒙古、广东、广西、甘肃、山东、安徽、四川；13 个省域此项构成比升幅小于全国或降幅大于全国，按升幅高低至降幅从低到高依次为江苏、天津、辽宁、浙江、海南、云南、上海、黑龙江、河北、北京、福建、山西、新疆。其中，西藏构成比升幅最大，升高 624.79%；新疆构成比降幅最大，降低 32.79%。

5. 构成成分增长相关度分析

在此期间，全国收入法产值与劳动者报酬、生产税净额、固定资产折旧、营业盈余历年总量年度增长指数之间的相关系数分别为 0.7528、0.9431、0.9638 和 0.7856，不妨简化理解为同步程度分别为 75.28%、94.31%、96.38% 和 78.56%。东部同步程度分别为 76.56%、95.13%、94.79% 和 85.52%；东北同步程度分别为 81.34%、87.80%、85.90% 和 72.84%；中部同步程度分别为 74.05%、82.53%、93.86% 和 67.80%；西部同步程度分别为 80.27%、93.62%、91.05% 和 71.93%。

16 个省域劳动者报酬增长相关系数高于全国，按系数值高低依次为北京、上海、云南、重庆、辽宁、宁夏、安徽、广东、贵州、湖北、福建、江西、四川、海南、浙江、江苏；15 个省域增长相关系数低于全国，按系数值高低依次为湖南、新疆、青海、天津、陕西、西藏、内蒙古、广西、山西、河北、河南、吉林、山东、甘肃、黑龙江。其中，北京系数值最高，同步程度为 97.19%；黑龙江系数值最低，同步程度为 42.57%。

4 个省域生产税净额增长相关系数高于全国，按系数值高低依次为北京、山西、广东、江苏；27 个省域增长相关系数低于全国，按系数值高低依次为上海、浙江、吉林、安徽、贵州、陕西、内蒙古、重庆、辽宁、福建、湖南、四川、宁夏、湖北、广西、黑龙江、河北、新疆、青海、海南、云南、天津、西藏、河南、江西、山东、甘肃。其中，北京系数值最高，同步程度为97.65%；甘肃系数值最低，同步程度为23.78%。

31个省域资产折旧增长相关系数低于全国，按系数值高低依次为北京、山东、江苏、贵州、河北、河南、重庆、山西、安徽、湖南、辽宁、浙江、内蒙古、吉林、湖北、广东、福建、四川、天津、江西、甘肃、宁夏、黑龙江、云南、新疆、青海、陕西、海南、广西、西藏、上海。其中，北京系数值最高，同步程度为94.97%；上海系数值最低，呈现为负相关。

7个省域营业盈余增长相关系数高于全国，按系数值高低依次为广东、上海、浙江、江苏、内蒙古、天津、山西；24个省域增长相关系数低于全国，按系数值高低依次为河南、山东、宁夏、重庆、云南、吉林、甘肃、四川、安徽、江西、新疆、河北、黑龙江、陕西、广西、湖南、辽宁、北京、海南、青海、福建、湖北、贵州、西藏。其中，广东系数值最高，同步程度为88.24%；西藏系数值最低，同步程度为21.28%。

在收入法产值结构体系考察中，“居民部门”的劳动者报酬、“政府部门”的生产税净额构成比降低，“企业部门”的营业盈余构成比升高，这一事实显而易见。固定资产折旧属于“企业部门”再生产范围，构成比略有降低可能与第二产业构成比下降相关。资产折旧、营业盈余合并计算，“企业部门”所占份额明显上升仍为既定事实。就收入法产值构成成分而论，“以人民为中心”自然体现为“以劳动者为中心”，国家有必要加以调节保证劳动者报酬所占份额回升。

四 支出法产值构成子系统

中国经济增长通用指标检测体系参用国际通行的支出法产值构成子系统，见表4a、表4b。

2000~2017年，全国支出法结构产值总量从100576.83亿元增长至

812038.10 亿元，年均增长 13.07%；其间 2005 年以来年均增长 12.91%，2010 年以来年均增长 10.23%，2015 年以来年均增长 7.77%，2016 年以来年度增长 8.91%。

东部支出法产值总量增长高于全国，年均增长 13.65%；东北增长低于全国，年均增长 10.64%；中部增长高于全国，年均增长 13.79%；西部增长高于全国，年均增长 14.59%。

24 个省域总量增长高于全国，按增幅高低依次为贵州、陕西、宁夏、重庆、内蒙古、天津、北京、西藏、青海、江苏、江西、山西、广东、四川、湖南、广西、安徽、河南、海南、浙江、湖北、山东、云南、福建；7 个省域总量增长低于全国，按增幅高低依次为吉林、新疆、甘肃、上海、河北、辽宁、黑龙江。其中，贵州增长最高，年均增长 16.61%；黑龙江增长最低，年均增长 9.87%。

1. 最终消费支出增长及构成比动态

同期，全国最终消费支出总量从 63667.72 亿元增长至 435453.20 亿元，年均增长 11.97%；其间 2005 年以来年均增长 12.91%，2010 年以来年均增长 11.84%，2015 年以来年均增长 9.64%，2016 年以来年度增长 8.89%。最终消费率（消费率）从 63.30% 明显下降到 53.62%，降低 9.68 个百分点；其中，“十五”期间降低 9.68 个百分点，“十一五”期间降低 5.17 个百分点，“十二五”以来增高 5.17 个百分点。用百分比表示更具通约演算可比性，2000 年以来全国最终消费率降低 15.29%。

东部增长高于全国，年均增长 13.90%，最终消费率升高 3.85%；东北增长低于全国，年均增长 10.27%，最终消费率降低 5.43%；中部增长高于全国，年均增长 12.96%，最终消费率降低 11.69%；西部增长高于全国，年均增长 13.44%，最终消费率降低 15.69%。

27 个省域增长高于全国，按增幅高低依次为西藏、北京、江苏、宁夏、青海、内蒙古、天津、陕西、海南、贵州、重庆、山西、浙江、上海、甘肃、山东、广东、河南、新疆、江西、湖北、四川、湖南、广西、河北、云南、安徽；4 个省域增长低于全国，按增幅高低依次为福建、黑龙江、辽宁、吉林。其中，西藏增长最高，年均增长 17. 63%；吉林增长最低，年均增长 9. 85%。

表 4a　中国经济增长通用指标检测体系支出法产值构成子系统

一级指标（子系统）	二级指标（类别项）	三级指标（演算项）序号、取值及演算方式	演算权重	年度横向检测演算	时段纵向检测演算
国家现行统计制度附列国际通行国内生产总值支出法结构体系作为辅助子系统之二，独立测评结果占全系统演算权重 20%（因少量指标技术性减省而减权重）	总量（数量规模指标）	1. 总产值 2. 最终消费支出总量 3. 资本形成总额 4. 货物和服务净出口总量	2. 25 2. 25 2. 25 2. 25	占全国份额年度动态	占全国份额历年动态
	总量增长率（增长速度指标）	5. 总产值增长率 6. 最终消费总量增长率 7. 资本形成总额增长率 8. 净出口总量增长率	1. 25 1. 25 1. 25 1. 25	取年度增长率	取相应时段年均增长率
	人均值（数量均衡性指标）	9. 产值人均值 10. 最终消费支出人均值 11. 资本形成人均值 12. 货物和服务净出口人均值	2. 5 2. 5 2. 5 2. 5	全国人均值为基准权衡	起点年数值为基准权衡
	人均值增长（增长均衡性指标）	13. 产值人均值增长 14. 最终消费人均值增长 15. 资本形成人均值增长 16. 净出口人均值增长	1. 25 1. 25 1. 25 1. 25	取年度增长率	取相应时段年均增长率
	地区差指数（分布均衡性逆指标）	17. 产值人均值地区差 18. 最终消费人均值地区差 19. 资本形成人均值地区差 20. 净出口人均值地区差	3 3 3 3	假定无差距理想值权衡现实差距	取起点年度值为基准衡量扩减程度
	构成比值（结构协调性指标）	21. 最终消费率（消费率） 22. 资本形成率（投资率） 23. 净出口拉动率	2. 75 2. 75 2. 75	以全国构成比为基准衡量比值高低	取起点年度值为基准衡量比值升降

注：①鉴于支出法产值构成体系揭示最终消费率（消费率）、资本形成率（投资率）、货物和服务净出口拉动率等重要结构要素，作为综合平衡测评的有益补充。国家反复强调“拉动内需，扩大消费”，“增强居民消费对于经济发展的拉动作用”，由此可以得到很好的检验。居民消费占最终消费 70% 上下，以民生消费增长检验经济发展具有合理性、规范性、必要性和可行性。然而，全国历年增长相关系数揭示产值与资本形成增长相关度仍高于最终消费增长，我国“投资驱动型增长模式”尚未完全转变；产值与净出口增长相关度极低，“出口拉动型增长模式”似成为鸡肋。②由于国内统一市场，支出法产值构成中各地“货物和服务净流出”大多为负值，进入演算过程会产生非合理性而减省，因而全国“货物和服务净出口”（实际构成比极小）相关各项指标亦不纳入实际演算，以保证整个系统从全国到各地检测指标、方法、程序一致，具有全结构化严格对应的通约可比性。③全国地区差相关系数揭示支出法产值与相关构成部分的地区差距具有极高或很高的相关度，均属“不平衡不充分的发展”缺陷之列。

表 4b　中国经济增长通用指标检测体系支出法产值构成子系统

一级指标（子系统）	二级指标（类别项）	三级指标（演算项）序号、取值及演算方式	三级指标（演算项）演算权重	增长相关系数作为演算权重
2000 年以来全程检测	相关系数（增长相关度指标）	24. 产值与消费总量增长 25. 产值与资本总量增长 26. 产值与净出口总量增长	0.7851 0.7903 0.3453	至 2017 年历年相关系数，以全国为例，各地亦然。1 为正相关性绝对同步，0 为完全无相关性，-1 为负相关性绝对逆反
		27. 产值与消费人均增长 28. 产值与资本人均增长 29. 产值与净出口人均增长	0.7874 0.7904 0.3427	
2005 年以来历年检测		30. 产值与消费总量增长 31. 产值与资本总量增长 32. 产值与净出口总量增长	0.8867 0.8590 0.3247	增长相关系数为权重直接带入相应时段增长相关度测算，系数值愈高同步性愈好测算结果打折扣愈小
		33. 产值与消费人均增长 34. 产值与资本人均增长 35. 产值与净出口人均增长	0.8863 0.8596 0.3200	
2010 年以来历年检测		36. 产值与消费总量增长 37. 产值与资本总量增长 38. 产值与净出口总量增长	0.9075 0.9537 -0.2461	重点监测最终消费系数：2000 年来消费相关度较低，2005 年来消费相关度增强，2010 年来相关度继续增强
		39. 产值与消费人均增长 40. 产值与资本人均增长 41. 产值与净出口人均增长	0.9085 0.9538 -0.2427	
2000 年以来全程检测	相关系数（地区差相关度指标）	42. 产值与消费地区差 43. 产值与资本地区差 44. 产值与净出口地区差	0.9273 0.8263 -0.8972	不直接带入相关度测算，提供监测相关领域地区差距关联变动

20 个省域最终消费率升幅大于全国或降幅小于全国，按升幅高低至降幅从低到高依次为西藏、上海、北京、甘肃、江苏、海南、黑龙江、河北、浙江、辽宁、青海、新疆、山东、山西、河南、湖北、内蒙古、天津、广东、宁夏；11 个省域最终消费率降幅大于全国，按降幅从低到高依次为云南、四川、湖南、广西、江西、安徽、福建、重庆、陕西、贵州、吉林。其中，西藏最终消费率升幅最大，升高 44.21%；吉林最终消费率降幅最大，降低 38.74%。

2. 资本形成增长及构成比动态

同期，全国资本形成总额从 34526.10 亿元增长至 360626.80 亿元，年均增长14.80%；其间2005年以来年均增长13.67%，2010年以来年均增长9.05%，2015年以来年均增长7.37%，2016年以来年度增长9.57%。资本形成率（投资率）从34.33%显著上升到44.41%，增高10.08个百分点；其中，“十五”期间增高6.65个百分点，“十一五”期间增高6.90个百分点，“十二五”以来降低3.47个百分点。用百分比表示更具通约演算可比性，2000年以来全国资本形成率升高29.37%。

东部增长低于全国，年均增长13.85%，资本形成率升高3.14%；东北增长低于全国，年均增长14.14%，资本形成率升高69.86%；中部增长高于全国，年均增长16.08%，资本形成率升高40.46%；西部增长高于全国，年均增长17.71%，资本形成率升高58.02%。

20个省域增长高于全国，按增幅高低依次为西藏、青海、宁夏、云南、贵州、新疆、陕西、内蒙古、重庆、吉林、河南、江西、广西、湖南、天津、安徽、四川、海南、广东、湖北；11个省域增长低于全国，按增幅高低依次为福建、黑龙江、山西、江苏、山东、甘肃、浙江、河北、北京、辽宁、上海。其中，西藏增长最高，年均增长22.21%；上海增长最低，年均增长10.85%。

17个省域资本形成率升幅大于全国，按升幅高低依次为西藏、云南、青海、新疆、黑龙江、吉林、宁夏、河南、广西、湖南、内蒙古、安徽、贵州、江西、辽宁、海南、四川；14个省域资本形成率升幅小于全国或降幅大于全国，按升幅高低至降幅从低到高依次为陕西、湖北、福建、重庆、广东、河北、甘肃、天津、山东、山西、浙江、江苏、上海、北京。其中，西藏资本形成率升幅最大，升高176.03%；北京资本形成率降幅最大，降低36.17%。

3. 净出口增长及构成比动态

同期，全国货物与服务净出口总量从2383.01亿元增长至15958.00亿元，年均增长11.84%；其间2005年以来年均增长3.79%，2010年以来年均增长0.83%，2015年以来年均负增长18.47%，2016年以来年度负增长3.78%。净出口拉动率从2.37%略微下降到1.97%，降低0.40个百分点；

其中，“十五”期间增高 3.03 个百分点，“十一五”期间降低 1.73 个百分点，“十二五”以来降低 1.70 个百分点。用百分比表示更具通约演算可比性，2000 年以来全国净出口拉动率降低 17.06%。

在国内统一市场之中，各省域货物与服务净流出大多为负值，不展开对比分析。

4. 构成成分增长相关度分析

在此期间，全国支出法产值与最终消费支出、资本形成、货物与服务净出口历年总量年度增长指数之间的相关系数分别为 0.7851、0.7903 和 0.3453，不妨简化理解为同步程度分别为 78.51%、79.03% 和 34.53%。东部（净流出略而不计）同步程度分别为 92.33%、87.01%；东北同步程度分别为 77.08%、90.96%；中部同步程度分别为 87.41%、90.61%；西部同步程度分别为 87.65%、87.12%。

13 个省域最终消费增长相关系数高于全国，按系数值高低依次为重庆、北京、上海、广东、山西、四川、河北、湖北、安徽、福建、云南、江西、甘肃；18 个省域增长相关系数低于全国，按系数值高低依次为内蒙古、广西、天津、江苏、辽宁、新疆、贵州、山东、湖南、黑龙江、陕西、吉林、浙江、河南、宁夏、海南、青海、西藏。其中，重庆系数值最高，同步程度为 95.67%；西藏系数值最低，呈现为负相关。

14 个省域资本形成增长相关系数高于全国，按系数值高低依次为河北、福建、湖南、江苏、辽宁、湖北、重庆、吉林、河南、四川、山东、浙江、陕西、广东；17 个省域增长相关系数低于全国，按系数值高低依次为内蒙古、安徽、江西、海南、上海、天津、云南、甘肃、北京、广西、贵州、山西、黑龙江、青海、新疆、宁夏、西藏。其中，河北系数值最高，同步程度为 94.85%；西藏系数值最低，呈现为负相关。

在支出法产值结构体系考察中，最终消费率降低，资本形成率升高，净出口拉动率降低，这一系列既成事实显而易见。就支出法产值构成成分而论，“以人民为中心”应该以最终消费当中的城乡居民消费为主要关注点，让“人民美好生活需求”得到充分体现。国家应当适时推出更加有效的措施进行调节，切实增强最终消费、特别是城乡居民消费对于经济增长的拉动作用。依据正式出版发布的统计数据进行检测具有一定的滞后性，但愿此后年度统计数据能够真正显示最终消费率提升，特别是居民消费率提升。

五　初次分配收支综合子系统

中国经济增长通用指标检测体系面向公共经济生活和人民经济生活的初次分配收支综合子系统，见表5a、表5b。

表5a　中国经济增长通用指标检测体系初次分配收支综合子系统

一级指标（子系统）	二级指标（类别项）	三级指标（演算项）序号、取值及演算方式	三级指标（演算项）演算权重	年度横向检测演算	时段纵向检测演算
以国内生产总值（国民总收入极度近似值）为表征的社会财富初次分配（面向公共经济生活和人民经济生活）收支综合作为附加子系统，独立测评结果占全系统演算权重10%	总量（数量规模指标）	1. 总产值 2. 财政收入总量 3. 财政支出总量 4. 居民收入总量 5. 居民消费总量	2.25 2.25 2.25 2.25 2.25	占全国份额年度动态	占全国份额历年动态
	总量增长率（增长速度指标）	6. 总产值增长率 7. 财政收入总量增长率 8. 财政支出总量增长率 9. 居民收入总量增长率 10. 居民消费总量增长率	1.25 1.25 1.25 1.25 1.25	取年度增长率	取相应时段年均增长率
	人均值（数量均衡性指标）	11. 产值人均值 12. 财政收入人均值 13. 财政支出人均值 14. 居民收入人均值 15. 居民消费人均值	2.5 2.5 2.5 2.5 2.5	全国人均值为基准权衡	起点年数值为基准权衡
	人均值增长（增长均衡性指标）	16. 产值人均值增长 17. 财政收入人均值增长 18. 财政支出人均值增长 19. 居民收入人均值增长 20. 居民消费人均值增长	1.25 1.25 1.25 1.25 1.25	取年度增长率	取相应时段年均增长率

续表

一级指标（子系统）	二级指标（类别项）	三级指标（演算项）		年度横向检测演算	时段纵向检测演算
		序号、取值及演算方式	演算权重		
以国内生产总值（国民总收入极度近似值）为表征的社会财富初次分配（面向公共经济生活和人民经济生活）收支综合作为附加子系统，独立测评结果占全系统演算权重10%	地区差、城乡比指数（分布均衡性逆指标）	21. 产值人均值地区差 22. 财政收入人均值地区差 23. 财政支出人均值地区差 24. 居民收入人均值地区差 25. 居民消费人均值地区差 26. 居民收入人均值城乡比 27. 居民消费人均值城乡比	3 3 3 3 3 3.5 3.5	假定无差距理想值权衡现实差距	取起点年度值为基准衡量扩减程度
	相关性比值（结构协调性指标）	28. 财政收入比（与产值比） 29. 财政用度比（与产值比） 30. 居民收入比（与产值比） 31. 居民消费率（与产值比）	2.75 2.75 2.75 2.75	以全国比值为基准衡量比值高低	取起点年度值为基准衡量比值升降

注：①经济活动并不限于生产过程，缺失全社会、全民经济生活则不完整、不全面，特地增补初次分配收支综合辅助子系统，正好与收入法、支出法产值构成之第一要素准确对应，面向公共经济生活和人民经济生活，所赋综合演算权重较低。为此产值、财政收入增长高涨而居民收入比、居民消费率继续下降的各地会受一定影响，权当对单纯“GDP 崇拜”和“财政收入追逐”必要提醒。②居民收入比本应为与国民总收入（原称“国民生产总值”，即 GNP）之比，国民总收入为国内生产总值（即 GDP，可简称“产值”）与国外净要素收入（《中国统计年鉴》2018 年卷改称“来自国外的初次分配收入净额”）之和。因国民总收入无分地区统计数据，且其间国外净要素收入占比极低，故产值可作为国民总收入极度近似值，取产值测算居民收入比可推延至各地通约演算；与之相应，财政收入比亦为与产值比。③居民消费率则本来就是与产值比，相应财政支出比亦为与产值比。

表 5b　中国经济增长通用指标检测体系初次分配收支综合子系统

一级指标（子系统）	二级指标（类别项）	三级指标（演算项）		增长相关系数作为演算权重
		序号、取值及演算方式	演算权重	
2000 年以来全程检测	相关系数（增长相关度指标）	32. 城镇与乡村居民收入增长 33. 城镇与乡村居民消费增长	0.4798 0.4396	至 2017 年历年相关系数，以全国为例，各地亦然。1 为正相关性绝对同步，0 为完全无相关性，-1 为负相关性绝对逆反
		34. 产值与财政收入总量增长 35. 产值与财政支出总量增长 36. 产值与居民收入总量增长 37. 产值与居民消费总量增长	0.8751 0.5843 0.8276 0.5884	

续表

一级指标（子系统）	二级指标（类别项）	三级指标（演算项）序号、取值及演算方式	演算权重	增长相关系数作为演算权重
2000 年以来全程检测	相关系数（增长相关度指标）	38. 产值与财政收入人均增长 39. 产值与财政支出人均增长 40. 产值与居民收入人均增长 41. 产值与居民消费人均增长	0. 8736 0. 5854 0. 8276 0. 5930	增长相关系数为权重直接带入相应时段增长相关度测算，系数值越高同步性越好测算结果打折扣越小
2005 年以来历年检测		42. 城镇与乡村居民收入增长 43. 城镇与乡村居民消费增长	0. 4982 0. 5154	
		44. 产值与财政收入总量增长 45. 产值与财政支出总量增长 46. 产值与居民收入总量增长 47. 产值与居民消费总量增长	0. 9594 0. 7058 0. 8809 0. 6117	各时段城乡之间居民收入增长相关度极低；2000 年来消费相关度极低，2005 年来消费相关度增强，2010 年来相关度继续增强
		48. 产值与财政收入人均增长 49. 产值与财政支出人均增长 50. 产值与居民收入人均增长 51. 产值与居民消费人均增长	0. 9596 0. 7064 0. 8796 0. 6113	
2010 年以来历年检测		52. 城镇与乡村居民收入增长 53. 城镇与乡村居民消费增长	0. 4890 0. 7256	重点监测产值与财政、居民收入增长相关系数：2000 年来财政相关度较高，2005 年来财政相关度增强，2010 年来相关度转而减弱；2000 年来居民相关度偏低，2005 年来居民相关度增强，2010 年来相关度转而减弱
		54. 产值与财政收入总量增长 55. 产值与财政支出总量增长 56. 产值与居民收入总量增长 57. 产值与居民消费总量增长	0. 9410 0. 7084 0. 8521 0. 4824	
		58. 产值与财政收入人均增长 59. 产值与财政支出人均增长 60. 产值与居民收入人均增长 61. 产值与居民消费人均增长	0. 9420 0. 7113 0. 8530 0. 4878	
		62. 产值与财政收入地区差 63. 产值与财政支出地区差 64. 产值与居民收入地区差 65. 产值与居民消费地区差	0. 9812 0. 9140 0. 9569 0. 9680	不直接带入相关度测算，提供监测相关领域地区差距关联变动

以上检测产值各类构成成分的增长协调性基于总量数据演算即可；以下检测公共经济生活、人民经济生活的发展均衡性改用人均值数据演算，以便延伸测算对比全国及各地财政收入和支出地区差、居民收入和总消费地区差

及城乡比变化动态。

首先分析测算产值背景数据增长。2000～2017年，全国产值人均值从7942.00元增长至59660.00元，年均增长12.59%；其间2005年以来年均增长12.60%，2010年以来年均增长9.87%，2015年以来年均增长8.96%，2016年以来年度增长10.61%。东部增长低于全国，年均增长11.98%；东北增长低于全国，年均增长10.46%；中部增长高于全国，年均增长13.82%；西部增长高于全国，年均增长14.13%。

16个省域增长高于全国，按增幅高低依次为贵州、陕西、重庆、内蒙古、湖北、宁夏、湖南、江苏、安徽、四川、江西、西藏、青海、河南、广西、山东；15个省域增长低于全国，按增幅高低依次为吉林、福建、山西、云南、海南、甘肃、浙江、天津、广东、新疆、河北、北京、黑龙江、辽宁、上海。其中，贵州增长最高，年均增长16.67%；上海增长最低，年均增长8.91%。

（一）公共经济生活

1.财政收入增长及相对比值动态

同期，全国财政收入人均值从1060.89元增长至12449.03元，年均增长15.59%；其间2005年以来年均增长14.59%，2010年以来年均增长10.44%，2015年以来年均增长5.88%，2016年以来年度增长7.53%。财政收入比（与国民总收入极度近似值产值比）从13.36%上升到20.87%，明显增高7.51个百分点；其中，“十五”期间增高3.54个百分点，“十一五”期间增高3.22个百分点，“十二五”以来增高0.75个百分点。用百分比表示更具通约演算可比性，2000年以来全国财政收入比升高56.21%。

东部增长低于全国，年均增长15.50%，此项比值升高69.32%；东北增长低于全国，年均增长13.10%，此项比值升高49.28%；中部增长高于全国，年均增长17.34%，此项比值升高67.84%；西部增长高于全国，年均增长17.33%，此项比值升高59.96%。

20个省域增长高于全国，按增幅高低依次为西藏、重庆、贵州、江西、内蒙古、陕西、江苏、宁夏、四川、安徽、湖北、湖南、海南、山西、新疆、河南、浙江、甘肃、青海、山东；11个省域增长低于全国，按增幅高低依次为河北、吉林、天津、广西、福建、北京、云南、上海、广东、辽宁、黑龙江。其中，西藏增长最高，年均增长21.28%；黑龙江增长最低，年均增长11.86%。

20个省域此项比值升幅大于全国，按升幅高低依次为西藏、新疆、上海、重庆、海南、江西、浙江、山西、河北、甘肃、江苏、北京、宁夏、内蒙古、安徽、湖南、四川、辽宁、天津、河南；11个省域此项比值升幅小于全国，按升幅高低依次为吉林、湖北、山东、青海、广东、贵州、陕西、福建、黑龙江、云南、广西。其中，西藏比值升幅最大，升高210.12%；广西比值升幅最小，升高23.33%。

2. 财政支出增长及相对比值动态

同期，全国财政支出人均值从1258.19元增长至14648.46元，年均增长15.53%；其间2005年以来年均增长15.49%，2010年以来年均增长11.78%，2015年以来年均增长6.87%，2016年以来年度增长7.56%。财政支出比（与产值比）从15.84%上升到24.55%，明显增高8.71个百分点；其中，“十五”期间增高2.27个百分点，“十一五”期间增高3.65个百分点，“十二五”以来增高2.79个百分点。用百分比表示更具通约演算可比性，2000年以来全国财政支出比升高54.99%。

东部增长高于全国，年均增长15.93%，此项比值升高80.35%；东北增长低于全国，年均增长15.24%，此项比值升高105.56%；中部增长高于全国，年均增长18.72%，此项比值升高104.64%；西部增长高于全国，年均增长18.72%，此项比值升高95.48%。

26个省域增长高于全国，按增幅高低依次为贵州、重庆、西藏、江西、四川、青海、安徽、海南、湖南、湖北、广西、宁夏、河南、新疆、内蒙古、甘肃、陕西、江苏、山西、河北、浙江、吉林、山东、福建、黑龙江、云南；5个省域增长低于全国，按增幅高低依次为天津、广东、北京、辽宁、上海。其中，贵州增长最高，年均增长20.54%；上海增长最低，年均增长 13. 00% 。

30 个省域此项比值升幅大于全国，按升幅高低依次为新疆、海南、西藏、甘肃、黑龙江、河北、江西、青海、广西、河南、浙江、湖南、安徽、四川、山西、宁夏、上海、重庆、辽宁、吉林、湖北、江苏、内蒙古、贵州、北京、山东、云南、福建、广东、天津；1 个省域此项比值升幅小于全国，按升幅高低依次为陕西。其中，新疆比值升幅最大，升高 204. 30% ；陕西比值升幅最小，升高 46. 51% 。

3. 财政收入、财政支出地区差变化

与此同时，全国财政收入人均值地区差指数由 1. 6706 缩小为 1. 5741，缩减 5. 78% ；其中，“十五”期间扩增 1. 53% ，“十一五”期间缩减 4. 98% ，“十二五”以来缩减 2. 32% ，体现经济增长、公共财政收入随之增加的地区差异已经逐步减小。东部地区差缩减 9. 99% ；东北地区差扩增 9. 62% ；中部地区差缩减 5. 04% ；西部地区差缩减 6. 12% 。

14 个省域地区差缩减大于全国，按减幅大小依次为上海、北京、重庆、江苏、西藏、内蒙古、浙江、宁夏、贵州、江西、天津、海南、陕西、湖北；17 个省域地区差缩减大于全国或扩增小于全国，按减幅大小至增幅从小到大依次为安徽、四川、新疆、山西、湖南、河南、青海、甘肃、山东、河北、吉林、广西、广东、云南、福建、黑龙江、辽宁。其中，上海地区差缩减最大，缩小 24. 91% ；辽宁地区差扩增最大，扩大 17. 07% 。

全国财政支出人均值地区差指数由 1. 4835 缩小为 1. 3730，缩减 7. 45% ；其中，“十五”期间缩减 0. 80% ，“十一五”期间缩减 5. 56% ，“十二五”以来缩减 1. 22% ，体现经济增长、公共财政支出随之增高的地区差异已经逐步减小。东部地区差缩减 15. 78% ；东北地区差扩增 0. 88% ；中部地区差缩减 16. 24% ；西部地区差扩增 4. 07% 。

18 个省域地区差缩减大于全国，按减幅大小依次为重庆、上海、贵州、江西、北京、海南、湖北、甘肃、江苏、陕西、四川、安徽、湖南、广西、河南、吉林、浙江、山西；13 个省域地区差缩减大于全国或扩增小于全国，按减幅大小至增幅从小到大依次为河北、广东、山东、天津、福建、黑龙江、云南、内蒙古、新疆、辽宁、宁夏、青海、西藏。其中，重庆地区差缩减最大，缩小 31. 87%；西藏地区差扩增最大，扩大 85. 36%。

4. 产值与财政数据增长相关度分析

在此期间，全国产值与财政收入、财政支出历年人均值年度增长指数之间的相关系数分别为 0. 8736、0. 5854，不妨简化理解为同步程度分别为 87. 36%、58. 54%。东部同步程度分别为 58. 72%、44. 53%；东北同步程度分别为 78. 95%、75. 59%；中部同步程度分别为 84. 99%、70. 34%；西部同步程度分别为 93. 21%、64. 19%。

1 个省域财政收入增长相关系数高于全国，即为内蒙古；30 个省域增长相关系数低于全国，按系数值高低依次为安徽、云南、四川、吉林、河北、湖南、海南、青海、黑龙江、河南、广西、陕西、甘肃、贵州、天津、福建、新疆、湖北、宁夏、山东、江苏、江西、辽宁、重庆、上海、北京、山西、西藏、浙江、广东。其中，内蒙古系数值最高，同步程度为 94. 75%；广东系数值最低，同步程度为 9. 79%。

12 个省域财政支出增长相关系数高于全国，按系数值高低依次为内蒙古、湖南、江苏、吉林、辽宁、天津、陕西、安徽、青海、福建、山东、重庆；19 个省域增长相关系数低于全国，按系数值高低依次为江西、上海、河南、河北、广西、云南、山西、黑龙江、海南、贵州、湖北、北京、四川、甘肃、宁夏、西藏、新疆、浙江、广东。其中，内蒙古系数值最高，同步程度为 79. 62%；广东系数值最低，呈现为负相关。

（二）人民经济生活

1. 居民收入增长及相对比值动态

同期，全国城乡居民收入人均值从 3682. 95 元增长至 26736. 80 元，年均增长 12. 37%；其间 2005 年以来年均增长 12. 77%，2010 年以来年均增长 11. 75%，2015 年以来年均增长 9. 29%，2016 年以来年度增长 9. 49%。居民收入比（与国民总收入极度近似值产值比）从 46. 37% 下降为 44. 82%，较明显降低 1. 55 个百分点；其中，“十五”期间降低 2. 37 个百分点，“十一五”期间降低 4.20 个百分点，“十二五”以来增高 5.02 个百分点。用百分比表示更具通约演算可比性，2000 年以来全国居民收入比降低 3.36%。

东部增长低于全国，年均增长 11.46%，此项比值降低 7.58%；东北增长低于全国，年均增长 11.71%，此项比值升高 20.97%；中部增长高于全国，年均增长 12.62%，此项比值降低 16.53%；西部增长高于全国，年均增长 12.60%，此项比值降低 20.48%。

13 个省域增长高于全国，按增幅高低依次为陕西、河南、内蒙古、贵州、安徽、宁夏、江西、甘肃、云南、重庆、山西、江苏、四川；18 个省域增长低于全国，按增幅高低依次为湖南、青海、辽宁、广西、新疆、山东、湖北、河北、海南、西藏、浙江、吉林、北京、福建、黑龙江、天津、上海、广东。其中，陕西增长最高，年均增长 13.30%；广东增长最低，年均增长 9.67%。

9 个省域此项比值升幅大于全国，按升幅高低依次为辽宁、上海、黑龙江、北京、新疆、河北、甘肃、云南、山西；22 个省域此项比值降幅大于全国，按降幅从低到高依次为海南、浙江、河南、山东、江西、安徽、广东、吉林、福建、青海、宁夏、内蒙古、广西、江苏、天津、湖南、西藏、四川、陕西、湖北、重庆、贵州。其中，辽宁比值升幅最大，升高 47.76%；贵州比值降幅最大，降低 41.87%。

2. 居民总消费增长及相对比值动态

同期，全国城乡居民总消费人均值从 2851.61 元增长至 18770.39 元，年均增长 11.72%；其间 2005 年以来年均增长 11.96%，2010 年以来年均增长 11.48%，2015 年以来年均增长 8.42%，2016 年以来年度增长 7.41%。居民消费率（与产值比）从 35.91% 下降为 31.46%，明显降低 4.45 个百分点；其中，“十五”期间降低 2.23 个百分点，“十一五”期间降低 5.27 个百分点，“十二五”以来增高 3.05 个百分点。用百分比表示更具通约演算可比性，2000 年以来全国居民消费率降低 12.37%。

东部增长低于全国，年均增长 10.90%，此项比值降低 15.23%；东北增长低于全国，年均增长 11.24%，此项比值升高 12.67%；中部增长高于全国，年均增长 11.96%，此项比值降低 24.43%；西部增长高于全国，年均增长 11.93%，此项比值降低 28.23%。

15 个省域增长高于全国，按增幅高低依次为安徽、甘肃、河南、河北、贵州、内蒙古、青海、四川、陕西、宁夏、江西、新疆、江苏、重庆、山西；16 个省域增长低于全国，按增幅高低依次为辽宁、海南、湖北、云南、湖南、山东、福建、黑龙江、广西、吉林、西藏、天津、浙江、北京、上海、广东。其中，安徽增长最高，年均增长 12.73%；广东增长最低，年均增长 9.29%。

9 个省域此项比值升幅大于全国或降幅小于全国，按升幅高低至降幅从低到高依次为辽宁、河北、黑龙江、上海、新疆、甘肃、北京、山西、海南；22 个省域此项比值降幅大于全国，按降幅从低到高依次为河南、云南、青海、天津、安徽、浙江、广东、福建、山东、吉林、内蒙古、江西、江苏、宁夏、四川、湖南、西藏、广西、湖北、陕西、重庆、贵州。其中，辽宁比值升幅最大，升高 36.71%；贵州比值降幅最大，降低 45.72%。

3. 居民收入、总消费地区差、城乡比变化

与此同时，全国居民收入人均值地区差指数由 1.3606 缩小为 1.2720，缩减 6.51%；其中，“十五”期间扩增 0.31%，“十一五”期间缩减 2.47%，“十二五”以来缩减 4.45%。东部地区差缩减 14.97%；东北地区差扩增 7.85%；中部地区差缩减 2.38%；西部地区差缩减 1.97%。

8 个省域地区差缩减大于全国，按减幅大小依次为广东、上海、天津、福建、北京、浙江、陕西、内蒙古；23 个省域地区差缩减小于全国或扩增大于全国，按减幅大小至增幅从小到大依次为安徽、河南、山东、江西、宁夏、贵州、重庆、辽宁、云南、甘肃、山西、四川、青海、湖南、江苏、广西、新疆、西藏、湖北、河北、海南、吉林、黑龙江。其中，广东地区差缩减最大，缩小 33.82%；黑龙江地区差扩增最大，扩大 15.92%。

全国居民收入人均值城乡比指数由 2.7869 缩小为 2.7096，缩减 2.77%；其中，“十五”期间扩增 15.68%，“十一五”期间扩增 0.15%，“十二五”以来缩减 16.07%。东部地区差缩减 1.46%；东北地区差扩增

2.06%；中部地区差缩减5.15%；西部地区差缩减14.29%。

19个省域城乡比缩减大于全国，按减幅大小依次为西藏、云南、重庆、新疆、四川、天津、陕西、广西、贵州、青海、安徽、吉林、湖南、浙江、黑龙江、湖北、宁夏、河南、广东；12个省域城乡比缩减小于全国或扩增大于全国，按减幅大小至增幅从小到大依次为海南、江西、山东、甘肃、福建、河北、上海、山西、辽宁、内蒙古、北京、江苏。其中，西藏城乡比缩减最大，缩小46.79%；江苏城乡比扩增最大，扩大20.38%。

与此同时，全国居民总消费人均值地区差指数由1.3476缩小为1.2530，缩减7.02%；其中，“十五”期间缩减0.16%，“十一五”期间缩减2.27%，“十二五”以来缩减4.72%。东部地区差缩减16.19%；东北地区差扩增7.37%；中部地区差缩减2.45%；西部地区差缩减1.79%。

10个省域地区差缩减大于全国，按减幅大小依次为广东、上海、北京、浙江、天津、福建、安徽、河北、甘肃、河南；21个省域地区差缩减小于全国或扩增大于全国，按减幅大小至增幅从小到大依次为贵州、内蒙古、青海、四川、陕西、宁夏、江西、新疆、重庆、山西、辽宁、山东、江苏、海南、湖南、云南、湖北、西藏、广西、黑龙江、吉林。其中，广东地区差缩减最大，缩小31.24%；吉林地区差扩增最大，扩大12.52%。

全国居民总消费人均值城乡比指数由2.9926缩小为2.2315，缩减25.43%；其中，“十五”期间扩增3.87%，“十一五”期间缩减1.09%，“十二五”以来缩减27.42%。东部地区差缩减26.96%；东北地区差缩减16.67%；中部地区差缩减31.40%；西部地区差缩减36.76%。

18个省域城乡比缩减大于全国，按减幅大小依次为重庆、安徽、四川、广西、云南、天津、湖北、河北、贵州、青海、西藏、山西、陕西、甘肃、宁夏、河南、新疆、黑龙江；13个省域城乡比缩减小于全国或扩增大于全国，按减幅大小至增幅从小到大依次为湖南、吉林、广东、海南、江苏、山东、福建、内蒙古、浙江、北京、江西、辽宁、上海。其中，重庆城乡比缩减最大，缩小47.86%；上海城乡比扩增最大，扩大9.11%。

4. 产值与民生数据增长相关度分析

在此期间，全国产值与居民收入、居民总消费历年人均值年度增长指数之间的相关系数分别为 0.8276、0.5930，不妨简化理解为同步程度分别为 82.76%、59.30%。东部同步程度分别为 65.17%、52.74%；东北同步程度分别为 71.96%、48.12%；中部同步程度分别为 72.08%、60.38%；西部同步程度分别为 70.31%、60.94%。

1 个省域居民收入增长相关系数高于全国，即为云南；30 个省域增长相关系数低于全国，按系数值高低依次为安徽、江苏、四川、贵州、辽宁、海南、山东、陕西、内蒙古、黑龙江、福建、吉林、重庆、河南、宁夏、河北、天津、湖北、浙江、湖南、广西、江西、山西、青海、广东、甘肃、新疆、上海、西藏、北京。其中，云南系数值最高，同步程度为 89.50%；北京系数值最低，呈现为负相关。

7 个省域居民总消费增长相关系数高于全国，按系数值高低依次为内蒙古、吉林、云南、安徽、山东、陕西、重庆；24 个省域增长相关系数低于全国，按系数值高低依次为贵州、江苏、河南、广西、福建、黑龙江、湖北、广东、海南、宁夏、江西、天津、四川、湖南、山西、河北、上海、浙江、辽宁、青海、甘肃、新疆、北京、西藏。其中，内蒙古系数值最高，同步程度为 74.46%；西藏系数值最低，呈现为负相关。

财政收入与居民收入，财政支出与居民总消费，两相形成“政府部门”和“居民部门”之间（“企业部门”暂不关注）社会财富份额分配、支配用度对应关系。就其间全国范围增长相关系数看来，以产值为表征的社会财富分配、用度大体显示不出明显差距，然而深入各个省域之间考察，其间明显差距便显现出来，这就是绝大部分省域增长相关系数低于全国的内在原因。于是很容易精确测算出，全国 31 个省域财政收入比极普遍上升，31 个省域财政支出比极普遍上升，与此同时，22 个省域居民收入比、25 个省域居民消费率却反向普遍下降。这正是多年以来国家力求拉动（国民）内需、扩大（居民）消费而效果不佳的背景影响因素。

六 各子系统分别独立预检测

中国经济增长通用指标检测体系各子系统独立预测评见表6，分区域以三次产业产值构成子系统当前横向检测位次排列。全国检测结果作为基准置于首行，省域（除台港澳外的省级行政区划，包括省、自治区和直辖市）排列以“1、2、3……”为序，四大区域排列以［1］、［2］、［3］、［4］为序，后同。

表6 中国经济增长通用指标检测体系各子系统独立预测评

地区	三次产业产值构成子系统				收入法/支出法产值构成、初次分配收支综合子系统					
	2000～2017年纵向检测（2000年=100）		最新数据年度横向检测（理想值=100）		收入法产值子系统横向检测（理想值=100）		支出法产值子系统横向检测（理想值=100）		初次分配收支子系统横向检测（理想值=100）	
	测评指数	排序	测评指数	排序	测评指数	排序	测评指数	排序	测评指数	排序
全国	**222.53**	—	**94.51**	—	**94.51**	—	**87.49**	—	**85.52**	—
江苏	244.68	13	102.27	1	106.78	4	98.64	8	84.77	4
海南	227.49	16	101.66	2	90.59	19	94.23	14	84.41	6
福建	210.37	22	100.01	3	99.27	9	98.04	9	80.53	15
山东	221.84	19	98.10	5	97.46	11	93.14	17	78.78	23
浙江	204.14	23	95.83	7	102.36	5	94.18	15	82.86	10
上海	150.72	31	94.34	11	109.17	2	103.23	5	96.16	1
广东	201.07	24	93.67	13	101.09	6	95.23	11	81.31	13
北京	169.76	30	92.65	18	109.01	3	104.58	2	91.39	3
河北	187.85	28	90.99	23	87.08	24	87.37	25	78.15	28
天津	192.87	27	90.71	25	109.91	1	101.44	6	84.15	7
东部	**207.38**	［3］	**93.48**	［1］	**99.25**	［1］	**93.95**	［1］	**82.02**	［1］
辽宁	171.38	29	93.54	14	95.48	12	90.24	21	81.16	14
黑龙江	196.38	25	93.11	15	83.06	28	88.69	23	79.28	20
吉林	226.48	17	90.15	26	94.75	13	87.68	24	77.95	29
东北	**186.29**	［4］	**93.00**	［2］	**91.95**	［2］	**89.42**	［4］	**80.48**	［2］
陕西	322.37	2	97.16	6	99.41	8	93.87	16	79.47	19
重庆	295.56	3	95.53	8	100.14	7	95.02	12	81.88	12
内蒙古	293.91	4	95.10	9	93.71	15	91.56	18	83.21	8
新疆	193.14	26	94.65	10	89.64	21	103.35	4	82.89	9
贵州	374.39	1	93.77	12	87.06	25	90.32	20	80.23	18
四川	251.88	8	92.88	16	90.98	17	87.31	26	79.18	22

续表

地区	三次产业产值构成子系统				收入法/支出法产值构成、初次分配收支综合子系统					
	2000～2017年纵向检测（2000年=100）		最新数据年度横向检测（理想值=100）		收入法产值子系统横向检测（理想值=100）		支出法产值子系统横向检测（理想值=100）		初次分配收支子系统横向检测（理想值=100）	
	测评指数	排序	测评指数	排序	测评指数	排序	测评指数	排序	测评指数	排序
宁夏	280.41	5	91.58	20	92.60	16	103.56	3	82.27	11
云南	225.58	18	91.49	21	83.70	27	94.75	13	80.42	17
广西	244.63	14	90.99	24	80.89	29	78.56	30	75.17	30
青海	244.87	11	88.02	28	86.81	26	110.32	1	84.50	5
西藏	259.66	6	84.97	29	80.30	30	98.77	7	95.19	2
甘肃	218.74	21	80.53	31	75.99	31	76.84	31	78.30	27
西部	**270.99**	[1]	**92.56**	[3]	**89.54**	[4]	**90.00**	[2]	**80.06**	[3]
湖北	239.73	15	98.88	4	98.32	10	95.62	10	78.33	25
河南	244.70	12	92.75	17	88.23	23	91.34	19	74.96	31
湖南	248.15	9	91.65	19	90.85	18	89.83	22	80.46	16
安徽	247.78	10	91.05	22	89.99	20	85.97	27	79.20	21
江西	254.10	7	89.22	27	88.85	22	84.81	28	78.62	24
山西	219.98	20	83.41	30	93.76	14	82.58	29	78.30	26
中部	**246.33**	[2]	**92.37**	[4]	**91.83**	[3]	**89.94**	[3]	**79.23**	[4]

最后归结起来，中国经济增长通用指标检测体系包含国家现行统计制度下三次产业产值结构体系一个主体子系统，国际通行的收入法产值结构体系、支出法产值结构体系两个辅助子系统，面向公共经济生活、人民经济生活的初次分配收支综合一个附加子系统。整个检测体系共有一级指标（子系统）4项，二级指标（类别项）40项，三级指标（演算项）196项，包括各类数据之间增长相关度加权检测指标、同类城乡数据之间增长相关度加权检测指标，不包括地区差变动相关度检验监测指标。

鉴于此处只是简单展示各子系统独立预测评结果，暂时不展开分析，留待全系统综合加权演算之后一并进行。

全系统综合演算中，三次产业产值构成子系统占权重40%，收入法产值构成子系统占权重30%，支出法产值构成子系统占权重20%，初次分配收支综合子系统占权重10%。本文以表6各子系统分别独立测评结果赋予各自权重，可以对应重复验证E.3排行报告表6最终综合测评结果排行。

E.3

全国省域经济增长态势通用指标测评

——2000年以来测算与2017年排行

王亚南　刘婷　李璇*

摘　要： 中国经济增长通用指标检测体系综合演算中，三次产业产值构成子系统占权重40%，收入法产值构成子系统占权重30%，支出法产值构成子系统占权重20%，初次分配收支综合子系统占权重10%。四个子系统独立预测评综合加权演算得出经济增长结构优化最终评价排行：江苏、上海、北京、天津、福建为"2017年经济发展指数排名"前5位；贵州、西藏、陕西、重庆、内蒙古为"2000～2017年经济发展指数提升"前5位；贵州、陕西、重庆、湖北、宁夏为"2005～2017年经济发展指数提升"前5位；贵州、重庆、西藏、云南、湖北为"2010～2017年经济发展指数提升"前5位；贵州、西藏、四川、重庆、安徽为"2015～2017年经济发展指数提升"前5位。

关键词： 全国省域　经济增长　结构优化　测评排行

* 王亚南，云南省社会科学院研究员，文化发展研究中心主任，主要研究方向为民俗学、民族学及文化理论、文化战略和文化产业研究；刘婷，云南省社会科学院民族文学研究所研究员，博士，主要研究方向为文化人类学；李璇，云南省国际贸易学会消费市场监测与研究中心副主任，主要从事市场监测与分析相关研究。

中国经济增长通用指标检测体系包含国家现行统计制度三次产业产值结构体系一个主体子系统，收入法产值结构体系、支出法产值结构体系两个辅助子系统，初次分配（面向公共经济生活、人民经济生活）收支综合一个附加子系统。

一　三次产业产值构成子系统分析测算

根据国家统计局正式出版发布的最新年度统计数据，按照本项检测体系的构思设计进行演算，2017 年全国各地三次产业产值构成子系统简况见表 1，分区域以第三产业构成比高低位次排列。全国统计数据作为基准置于首行，省域（除台港澳外的省级行政区划，包括省、自治区和直辖市）排列以 1、2、3……为序，四大区域排列以［1］、［2］、［3］、［4］为序，后同。

（一）三次产业结构产值增长态势

2000 ~ 2017 年，全国三次产业结构产值总量从 100280.10 亿元增长至 827121.70 亿元，年均增长 13.21%；其间 2005 年以来年均增长 13.17%，2010 年以来年均增长 10.43%，2015 年以来年均增长 9.56%，2016 年以来年度增长 11.23%。

全国三次产业产值人均值从 7942.00 元增长至 59660.00 元，年均增长 12.59%（由于人口增长，人均值演算增长率略低于总量演算增长率）；其间 2005 年以来年均增长 12.60%，2010 年以来年均增长 9.87%，2015 年以来年均增长 8.96%，2016 年以来年度增长 10.61%。

2017 年东部产值人均值高于全国，为全国人均值的 141.21%；东北人均值低于全国，为全国人均值的 83.49%；中部人均值低于全国，为全国人均值的 80.38%；西部人均值低于全国，为全国人均值的 75.23%。

11 个省域产值人均值高于全国，按人均值高低依次为北京、上海、天津、江苏、浙江、福建、广东、山东、内蒙古、重庆、湖北；20 个省域人均值低于全国，按人均值高低依次为陕西、吉林、辽宁、宁夏、湖南、海南、河南、河北、新疆、四川、青海、江西、安徽、山西、黑龙江、西藏、广西、贵州、云南、甘肃。其中，北京人均值占据首位，为全国人均值的216.22%；甘肃人均值处于末位，为全国人均值的47.76%。

表1　2017年全国各地三次产业产值构成子系统简况

地区	三次产业产值		第一产业产值		第二产业产值		第三产业产值		
	人均值（元）	地区差	人均值（元）	构成比（%）	人均值（元）	构成比（%）	人均值（元）	构成比（%）	排序
全国	**59660.00**	**1.3491**	**4722.16**	**7.92**	**24136.21**	**40.46**	**30801.63**	**51.63**	**—**
北京	128994.11	2.1622	554.47	0.43	24526.94	19.01	103912.70	80.56	1
上海	126634.15	2.1226	457.96	0.36	38572.19	30.46	87604.01	69.18	2
天津	118943.57	1.9937	1083.43	0.91	48692.64	40.94	69167.50	58.15	3
海南	48430.00	1.1882	10449.28	21.58	10812.95	22.33	27167.77	56.10	4
广东	80932.00	1.3566	3258.24	4.03	34290.85	42.37	43382.91	53.60	7
浙江	92057.01	1.5430	3439.00	3.74	39534.24	42.95	49083.77	53.32	8
江苏	107150.00	1.7960	5047.63	4.71	48234.32	45.02	53868.05	50.27	12
山东	72807.14	1.2204	4844.22	6.65	33021.30	45.35	34941.62	47.99	17
福建	82677.00	1.3858	5690.75	6.88	39445.75	47.71	37540.50	45.41	24
河北	45387.00	1.2392	4176.24	9.20	21143.14	46.58	20067.61	44.21	27
东部	**84247.42**	**1.6008**	**3975.26**	**4.72**	**35044.32**	**41.60**	**45227.84**	**53.68**	**[1]**
黑龙江	41916.00	1.2974	7815.75	18.65	10702.86	25.53	23397.39	55.82	5
辽宁	53526.65	1.1028	4349.68	8.13	21035.90	39.30	28141.07	52.57	9
吉林	54838.00	1.0808	4019.35	7.33	25680.59	46.83	25138.06	45.84	23
东北	**49811.52**	**1.1603**	**5474.38**	**10.99**	**18599.21**	**37.34**	**25737.93**	**51.67**	**[2]**
甘肃	28496.50	1.5224	3284.22	11.52	9785.94	34.34	15426.35	54.13	6
西藏	39267.00	1.3418	3675.93	9.36	15385.76	39.18	20205.32	51.46	11
内蒙古	63764.00	1.0688	6535.45	10.25	25351.88	39.76	31876.67	49.99	13
四川	44651.32	1.2516	5146.52	11.53	17300.33	38.75	22204.47	49.73	14
重庆	63442.00	1.0634	4167.76	6.57	28037.70	44.19	31236.53	49.24	16
云南	34221.00	1.4264	4886.40	14.28	12966.28	37.89	16368.32	47.83	18
宁夏	50765.00	1.1491	3694.64	7.28	23300.78	45.90	23769.58	46.82	19
青海	44047.00	1.2617	4000.73	9.08	19506.28	44.29	20539.98	46.63	20
新疆	44941.00	1.2467	6408.89	14.26	17885.98	39.80	20646.13	45.94	22
贵州	37956.06	1.3638	5696.63	15.01	15215.53	40.09	17043.92	44.90	25
广西	38102.00	1.3613	5920.61	15.54	15326.26	40.22	16855.13	44.24	26
陕西	57266.31	1.0401	4553.97	7.95	28459.19	49.70	24253.16	42.35	31
西部	**44884.72**	**1.2581**	**5113.11**	**11.39**	**18487.50**	**41.19**	**21284.11**	**47.42**	**[3]**

续表

地区	三次产业产值		第一产业产值		第二产业产值		第三产业产值		
	人均值（元）	地区差	人均值（元）	构成比（%）	人均值（元）	构成比（%）	人均值（元）	构成比（%）	排序
山西	42060.00	1.2950	1947.90	4.63	18361.18	43.65	21750.92	51.71	10
湖南	49558.00	1.1693	4382.94	8.84	20677.32	41.72	24497.74	49.43	15
湖北	60199.00	1.0090	5987.92	9.95	26201.46	43.52	28009.62	46.53	21
河南	46674.00	1.2177	4336.36	9.29	22110.36	47.37	20227.28	43.34	28
安徽	43401.36	1.2725	4148.12	9.56	20623.24	47.52	18629.99	42.92	29
江西	43424.37	1.2721	3983.49	9.17	20897.86	48.12	18543.02	42.70	30
中部	**47952.27**	**1.2059**	**4293.84**	**8.95**	**21719.52**	**45.29**	**21938.91**	**45.75**	**[4]**

注：①限于制表空间，总量置于后台数据库，构成比以总量和人均值演算相同，后同。②数据演算屡经四舍五入，可能出现细微出入，属于演算常规无误。后同。

在此期间，全国产值人均值地区差指数由 1.4929 缩小为 1.3491，缩减 9.63%；其中，“十五”期间扩增 0.53%，“十一五”期间缩减 5.99%，“十二五”以来缩减 4.38%。这意味着经济增长、社会财富增多之后的区域“均衡发展”策略已经取得实际成效。

2017 年东部产值人均值地区差大于全国，为全国地区差的 118.66%；东北地区差小于全国，为全国地区差的 86.01%；中部地区差小于全国，为全国地区差的 89.39%；西部地区差小于全国，为全国地区差的 93.26%。

20 个省域产值人均值地区差小于全国，按地区差从小到大依次为湖北、陕西、重庆、内蒙古、吉林、辽宁、宁夏、湖南、海南、河南、山东、河北、新疆、四川、青海、江西、安徽、山西、黑龙江、西藏；11 个省域地区差大于全国，按地区差从小到大依次为广东、广西、贵州、福建、云南、甘肃、浙江、江苏、天津、上海、北京。其中，湖北地区差占据首位，为全国地区差的 74.79%；北京地区差处于末位，为全国地区差的 160.27%。

（二）三次产业构成成分变化态势

1. 第一产业增长及构成比动态

同期，全国第一产业产值总量从 14717.40 亿元增长至 65467.60 亿元，年均增长 9.18%；其间 2005 年以来年均增长 9.59%，2010 年以来年均增长 7.54%，2015 年以来年均增长 3.71%，2016 年以来年度增长 2.82%。

全国第一产业产值人均值从 1165.59 元增长至 4722.16 元，年均增长 8.58%；其间 2005 年以来年均增长 9.03%，2010 年以来年均增长 6.99%，2015 年以来年均增长 3.15%，2016 年以来年度增长 2.25%。

2017 年东部第一产业产值人均值低于全国，为全国人均值的 84.18%；东北人均值高于全国，为全国人均值的 115.93%；中部人均值低于全国，为全国人均值的 90.93%；西部人均值高于全国，为全国人均值的 108.28%。

12 个省域第一产业产值人均值高于全国，按人均值高低依次为海南、黑龙江、内蒙古、新疆、湖北、广西、贵州、福建、四川、江苏、云南、山东；19 个省域人均值低于全国，按人均值高低依次为陕西、湖南、辽宁、河南、河北、重庆、安徽、吉林、青海、江西、宁夏、西藏、浙江、甘肃、广东、山西、天津、北京、上海。其中，海南人均值占据首位，为全国人均值的 221.28%；上海人均值处于末位，为全国人均值的 9.70%。

在此期间，全国第一产业产值人均值地区差指数由 1.2558 扩大为 1.3004，扩增 3.55%；其中，“十五”期间扩增 2.93%，“十一五”期间扩增 1.23%，“十二五”以来缩减 0.62%。这体现国内第一产业区域分工战略的现实进展。

与此同时，全国第一产业构成比从 14.68% 明显下降到 7.92%，降低 6.76 个百分点；其中，“十五”期间降低 3.04 个百分点，“十一五”期间降低 2.11 个百分点，“十二五”以来降低 1.61 个百分点。这意味着第一产业主要功能由参与经济发展转向保证基本民生。

2017 年东部第一产业构成比低于全国，为全国构成比的 59.61%；东北构成比高于全国，为全国构成比的 138.85%；中部构成比高于全国，为全国构成比的 113.13%；西部构成比高于全国，为全国构成比的 143.92%。

19 个省域第一产业构成比高于全国，按比值高低依次为海南、黑龙江、广西、贵州、云南、新疆、四川、甘肃、内蒙古、湖北、安徽、西藏、河南、河北、江西、青海、湖南、辽宁、陕西；12个省域构成比低于全国，按比值高低依次为吉林、宁夏、福建、山东、重庆、江苏、山西、广东、浙江、天津、北京、上海。其中，海南构成比占据首位，为全国构成比的272.59%；上海构成比处于末位，为全国构成比的4.57%。

2. 第二产业增长及构成比动态

同期，全国第二产业产值总量从45664.80亿元增长至334622.60亿元，年均增长12.43%；其间2005年以来年均增长11.76%，2010年以来年均增长8.29%，2015年以来年均增长8.92%，2016年以来年度增长12.84%。

全国第二产业产值人均值从3616.57元增长至24136.21元，年均增长11.81%；其间2005年以来年均增长11.19%，2010年以来年均增长7.74%，2015年以来年均增长8.33%，2016年以来年度增长12.21%。

2017年东部第二产业产值人均值高于全国，为全国人均值的145.19%；东北人均值低于全国，为全国人均值的77.06%；中部人均值低于全国，为全国人均值的89.99%；西部人均值低于全国，为全国人均值的76.60%。

13个省域第二产业产值人均值高于全国，按人均值高低依次为天津、江苏、浙江、福建、上海、广东、山东、陕西、重庆、湖北、吉林、内蒙古、北京；18个省域人均值低于全国，按人均值高低依次为宁夏、河南、河北、辽宁、江西、湖南、安徽、青海、山西、新疆、四川、西藏、广西、贵州、云南、海南、黑龙江、甘肃。其中，天津人均值占据首位，为全国人均值的201.74%；甘肃人均值处于末位，为全国人均值的40.54%。

在此期间，全国第二产业产值人均值地区差指数由1.5503缩小为1.3310，缩减14.14%；其中，"十五"期间扩增0.93%，"十一五"期间缩减10.00%，"十二五"以来缩减5.48%。这表明我国工业化进程在区域间"均衡发展"已经取得实际成效。

与此同时，全国第二产业构成比从45.54%明显下降到40.46%，降低5.08个百分点；其中，"十五"期间增高1.48个百分点，"十一五"期间降低0.62个百分点，"十二五"以来降低5.94个百分点。这体现工业化进程与"后工业化"进程在我国双重叠加的发展效应。

2017 年东部第二产业构成比高于全国，为全国构成比的 102.82%；东北构成比低于全国，为全国构成比的 92.30%；中部构成比高于全国，为全国构成比的 111.96%；西部构成比高于全国，为全国构成比的 101.81%。

18 个省域第二产业构成比高于全国，按比值高低依次为陕西、江西、福建、安徽、河南、吉林、河北、宁夏、山东、江苏、青海、重庆、山西、湖北、浙江、广东、湖南、天津；13 个省域构成比低于全国，按比值高低依次为广西、贵州、新疆、内蒙古、辽宁、西藏、四川、云南、甘肃、上海、黑龙江、海南、北京。其中，陕西构成比占据首位，为全国构成比的 122.84%；北京构成比处于末位，为全国构成比的 47.00%。

3. 第三产业增长及构成比动态

同期，全国第三产业产值总量从 39897.90 亿元增长至 427031.50 亿元，年均增长 14.96%；其间 2005 年以来年均增长 15.29%，2010 年以来年均增长 12.95%，2015 年以来年均增长 11.07%，2016 年以来年度增长 11.39%。

全国第三产业产值人均值从 3159.84 元增长至 30801.63 元，年均增长 14.33%；其间 2005 年以来年均增长 14.70%，2010 年以来年均增长 12.38%，2015 年以来年均增长 10.46%，2016 年以来年度增长 10.77%。

2017 年东部第三产业产值人均值高于全国，为全国人均值的 146.84%；东北人均值低于全国，为全国人均值的 83.56%；中部人均值低于全国，为全国人均值的 71.23%；西部人均值低于全国，为全国人均值的 69.10%。

10 个省域第三产业产值人均值高于全国，按人均值高低依次为北京、上海、天津、江苏、浙江、广东、福建、山东、内蒙古、重庆；21 个省域人均值低于全国，按人均值高低依次为辽宁、湖北、海南、吉林、湖南、陕西、宁夏、黑龙江、四川、山西、新疆、青海、河南、西藏、河北、安徽、江西、贵州、广西、云南、甘肃。其中，北京人均值占据首位，为全国人均值的 337.36%；甘肃人均值处于末位，为全国人均值的 50.08%。

在此期间，全国第三产业产值人均值地区差指数由 1.5641 缩小为 1.4488，缩减 7.37%；其中，“十五”期间扩增 2.22%，“十一五”期间缩减 3.81%，“十二五”以来缩减 5.79%。这表明国内产业结构升级在区域间

“均衡推进”已经取得实际成效。

与此同时，全国第三产业构成比从39.79%显著上升到51.63%，增高11.84个百分点；其中，“十五”期间增高1.54个百分点，“十一五”期间增高2.74个百分点，“十二五”以来增高7.56个百分点。这体现“后工业化”进程发展成效已经超越工业化进程发展成效。

2017年东部第三产业构成比高于全国，为全国构成比的103.98%；东北构成比高于全国，为全国构成比的100.08%；中部构成比低于全国，为全国构成比的88.62%；西部构成比低于全国，为全国构成比的91.85%。

10个省域第三产业构成比高于全国，按比值高低依次为北京、上海、天津、海南、黑龙江、甘肃、广东、浙江、辽宁、山西；21个省域构成比低于全国，按比值高低依次为西藏、江苏、内蒙古、四川、湖南、重庆、山东、云南、宁夏、青海、湖北、新疆、吉林、福建、贵州、广西、河北、河南、安徽、江西、陕西。其中，北京构成比占据首位，为全国构成比的156.03%；陕西构成比处于末位，为全国构成比的82.03%。

二　收入法产值构成子系统分析测算

2017年全国各地收入法产值构成子系统简况见表2，分区域以劳动者报酬构成比高低位次排列。

表2　2017年全国各地收入法产值构成子系统简况

地区	劳动者报酬			生产税净额		固定资产折旧		营业盈余	
	人均值（元）	地区差	构成比（%）	人均值（元）	构成比（%）	人均值（元）	构成比（%）	人均值（元）	构成比（%）
全国	**28341.83**	**1.3208**	**47.51**	**8466.28**	**14.19**	**8091.56**	**13.56**	**14760.33**	**24.74**
西藏	24647.76	1.1303	62.77	3102.01	7.90	5048.11	12.86	6469.12	16.47
新疆	25805.20	1.0895	57.42	5611.95	12.49	7215.45	16.06	6308.41	14.04
贵州	20765.07	1.2673	54.71	6364.18	16.77	4909.60	12.93	5917.24	15.59
广西	20652.83	1.2713	54.20	3541.22	9.29	6122.13	16.07	7785.82	20.43
甘肃	15091.46	1.4675	52.96	4559.81	16.00	3960.73	13.90	4884.52	17.14

续表

地区	劳动者报酬			生产税净额		固定资产折旧		营业盈余	
	人均值（元）	地区差	构成比（%）	人均值（元）	构成比（%）	人均值（元）	构成比（%）	人均值（元）	构成比（%）
云南	17784.35	1.3725	51.97	6859.48	20.04	3661.50	10.70	5915.66	17.29
宁夏	26277.05	1.0729	51.76	6400.10	12.61	8344.27	16.44	9743.58	19.19
青海	22308.02	1.2129	50.65	5804.85	13.18	9574.84	21.74	6359.29	14.44
内蒙古	30638.13	1.0810	48.05	10797.51	16.93	8512.68	13.35	13815.68	21.67
四川	21378.50	1.2457	47.88	6843.40	15.33	6502.13	14.56	9927.30	22.23
陕西	24347.58	1.1409	42.52	9651.18	16.85	9001.34	15.72	14266.21	24.91
重庆	26433.46	1.0673	41.67	10158.86	16.01	8608.73	13.57	18240.95	28.75
西部	**22084.42**	**1.2016**	**49.20**	**6898.05**	**15.37**	**6438.94**	**14.35**	**9463.31**	**21.08**
湖南	24721.01	1.1278	49.88	7764.84	15.67	5147.44	10.39	11924.70	24.06
河南	23198.03	1.1815	49.70	4931.54	10.57	5570.52	11.93	12973.91	27.80
湖北	28794.69	1.0160	47.83	9746.71	16.19	7877.43	13.09	13780.17	22.89
山西	20085.92	1.2913	47.76	7034.97	16.73	7213.14	17.15	7725.96	18.37
安徽	20074.19	1.2917	46.25	6540.48	15.07	5838.12	13.45	10948.57	25.23
江西	18262.05	1.3557	42.05	6916.77	15.93	5874.72	13.53	12370.83	28.49
中部	**22918.69**	**1.2106**	**47.79**	**6960.83**	**14.52**	**6109.36**	**12.74**	**11963.40**	**24.95**
海南	26390.83	1.0688	54.49	6389.45	13.19	7897.09	16.31	7752.64	16.01
北京	67989.82	2.3989	52.71	16831.61	13.05	17132.38	13.28	27040.29	20.96
福建	43235.70	1.5255	52.29	10267.36	12.42	9127.64	11.04	20046.30	24.25
河北	23215.49	1.1809	51.15	5418.24	11.94	6535.35	14.40	10217.92	22.51
广东	39354.07	1.3886	48.63	10944.20	13.52	10816.76	13.37	19816.97	24.49
浙江	43086.05	1.5202	46.80	13288.63	14.44	11545.59	12.54	24136.75	26.22
山东	33258.75	1.1735	45.68	9602.68	13.19	10351.46	14.22	19594.24	26.91
上海	56245.42	1.9845	44.42	21975.14	17.35	14337.74	11.32	34075.85	26.91
江苏	46690.62	1.6474	43.58	13813.95	12.89	14596.40	13.62	32049.04	29.91
天津	48749.28	1.7200	40.99	22460.71	18.88	18261.06	15.35	29472.51	24.78
东部	**39709.04**	**1.5608**	**47.13**	**11545.76**	**13.70**	**11234.98**	**13.34**	**21757.64**	**25.83**
黑龙江	20350.82	1.2820	48.55	4512.75	10.77	5714.09	13.63	11338.35	27.05
吉林	23402.34	1.1743	42.68	8248.93	15.04	9451.22	17.23	13735.51	25.05
辽宁	22797.61	1.1956	42.59	7678.96	14.35	8606.66	16.08	14443.43	26.98
东北	**22097.05**	**1.2173**	**44.36**	**6718.86**	**13.49**	**7810.59**	**15.68**	**13185.02**	**26.47**

注：四项构成人均值之和即为收入法产值人均值。

（一）收入法结构产值增长态势

2000～2017 年，全国收入法结构产值总量从 98961.98 亿元增长至 827121.70 亿元，年均增长 13.30%；其间 2005 年以来年均增长 13.17%，2010 年以来年均增长 10.43%，2015 年以来年均增长 9.56%，2016 年以来年度增长 11.23%。

全国收入法产值人均值从 7837.61 元增长至 59660.00 元，年均增长 12.68%；其间 2005 年以来年均增长 12.60%，2010 年以来年均增长 9.87%，2015 年以来年均增长 8.96%，2016 年以来年度增长 10.61%。

在此期间，收入法产值人均值地区差指数由 1.4686 缩小为 1.3491，缩减 8.14%；其中，"十五"期间扩增 2.20%，"十一五"期间缩减 5.99%，"十二五"以来缩减 4.38%。这意味着经济增长、社会财富增多之后的区域"均衡发展"策略已经取得实际成效。

以上分析检测表明，全国收入法构成产值与三次产业产值大体一致，仅有 2000 年总量、人均值存在微小出入，鉴于此不展开各地相应分析检测。

（二）收入法产值构成成分变化态势

1. 劳动者报酬增长及构成比动态

同期，全国收入法产值构成之劳动者报酬总量从 50848.60 亿元增长至 392929.01 亿元，年均增长 12.78%；其间 2005 年以来年均增长 14.48%，2010 年以来年均增长 11.28%，2015 年以来年均增长 9.12%，2016 年以来年度增长 11.34%。

全国劳动者报酬人均值从 4027.12 元增长至 28341.83 元，年均增长 12.16%；其间 2005 年以来年均增长 13.89%，2010 年以来年均增长 10.72%，2015 年以来年均增长 8.52%，2016 年以来年度增长 10.72%。

2017 年东部劳动者报酬人均值高于全国，为全国人均值的 140.11%；东北人均值低于全国，为全国人均值的 77.97%；中部人均值低于全国，为全国人均值的 80.87%；西部人均值低于全国，为全国人均值的 77.92%。

10 个省域劳动者报酬人均值高于全国，按人均值高低依次为北京、上海、天津、江苏、福建、浙江、广东、山东、内蒙古、湖北；21 个省域人均值低于全国，按人均值高低依次为重庆、海南、宁夏、新疆、湖南、西藏、陕西、吉林、河北、河南、辽宁、青海、四川、贵州、广西、黑龙江、山西、安徽、江西、云南、甘肃。其中，北京人均值占据首位，为全国人均值的 239.89%；甘肃人均值处于末位，为全国人均值的 53.25%。

在此期间，全国劳动者报酬人均值地区差指数由 1.3497 缩小为 1.3208，缩减 2.14%；其中，“十五”期间扩增 6.26%，“十一五”期间缩减 4.99%，“十二五”以来缩减 3.06%。这表明全国区域间劳动者报酬的地区差异减小。

2017 年东部劳动者报酬人均值地区差大于全国，为全国地区差的 118.18%；东北地区差小于全国，为全国地区差的 92.17%；中部地区差小于全国，为全国地区差的 91.66%；西部地区差小于全国，为全国地区差的 90.98%。

21 个省域劳动者报酬人均值地区差小于全国，按地区差从小到大依次为湖北、重庆、海南、宁夏、内蒙古、新疆、湖南、西藏、陕西、山东、吉林、河北、河南、辽宁、青海、四川、贵州、广西、黑龙江、山西、安徽；10 个省域地区差大于全国，按地区差从小到大依次为江西、云南、广东、甘肃、浙江、福建、江苏、天津、上海、北京。其中，湖北地区差占据首位，为全国地区差的 76.92%；北京地区差处于末位，为全国地区差的 181.63%。

与此同时，全国劳动者报酬构成比从 51.38% 明显下降到 47.51%，降低 3.87 个百分点；其中，“十五”期间降低 9.98 个百分点，“十一五”期间增高 3.61 个百分点，“十二五”以来增高 2.50 个百分点。这意味着国内（居民部门）全体劳动者报酬在以产值为表征的社会财富分配中所得份额降低。

2017 年东部劳动者报酬构成比低于全国，为全国构成比的 99.22%；东北构成比低于全国，为全国构成比的 93.38%；中部构成比高于全国，为全国构成比的 100.61%；西部构成比高于全国，为全国构成比的 103.57%。

20 个省域劳动者报酬构成比高于全国，按比值高低依次为西藏、新疆、贵州、海南、广西、甘肃、北京、福建、云南、宁夏、河北、青海、湖南、河南、广东、黑龙江、内蒙古、四川、湖北、山西；11 个省域构成比低于全国，按比值高低依次为浙江、安徽、山东、上海、江苏、吉林、辽宁、陕西、江西、重庆、天津。其中，西藏构成比占据首位，为全国构成比的 132.13%；天津构成比处于末位，为全国构成比的 86.27%。

这就是国家“十二五”规划明确“努力实现居民收入增长与经济发展同步”此项“约束性指标”的现实依据。“十一五”以来劳动者报酬构成比有所回升，不过近两年却又略有回降。本项检测坚持以人民为中心，尤其是以劳动者为中心的发展理念，特地展开收入法产值结构分析，首先注重检测劳动者报酬构成比变化。

2. 生产税净额增长及构成比动态

同期，全国收入法产值构成之生产税净额总量从 15242.36 亿元增长至 117375.88 亿元，年均增长 12.76%；其间 2005 年以来年均增长 12.70%，2010 年以来年均增长 9.31%，2015 年以来年均增长 7.05%，2016 年以来年度增长 11.17%。

全国生产税净额人均值从 1207.17 元增长至 8466.28 元，年均增长 12.14%；其间 2005 年以来年均增长 12.12%，2010 年以来年均增长 8.75%，2015 年以来年均增长 6.46%，2016 年以来年度增长 10.55%。

2017 年东部生产税净额人均值高于全国，为全国人均值的 136.37%；东北人均值低于全国，为全国人均值的 79.36%；中部人均值低于全国，为全国人均值的 82.22%；西部人均值低于全国，为全国人均值的 81.48%。

12 个省域生产税净额人均值高于全国，按人均值高低依次为天津、上海、北京、江苏、浙江、广东、内蒙古、福建、重庆、湖北、陕西、山东；19 个省域人均值低于全国，按人均值高低依次为吉林、湖南、辽宁、山西、江西、云南、四川、安徽、宁夏、海南、贵州、青海、新疆、河北、河南、甘肃、黑龙江、广西、西藏。其中，天津人均值占据首位，为全国人均值的265.30%；西藏人均值处于末位，为全国人均值的36.64%。

在此期间，全国生产税净额人均值地区差指数由1.4525缩小为1.3973，缩减3.80%；其中，“十五”期间扩增4.28%，“十一五”期间缩减4.81%，“十二五”以来缩减3.09%。这表明全国区域间生产税净额的地区差异减小。各地此项地区差检测对比省略。

与此同时，全国生产税净额构成比从15.40%较明显下降到14.19%，降低1.21个百分点；其中，“十五”期间降低0.47个百分点，“十一五”期间增高0.31个百分点，“十二五”以来降低1.05个百分点。这意味着国内（政府部门）公共财政在以产值为表征的社会财富分配中所得份额也有所降低，此即国家近几年间推进“减税让利”各种政策的实际结果。

2017年东部生产税净额构成比低于全国，为全国构成比的96.57%；东北构成比低于全国，为全国构成比的95.05%；中部构成比高于全国，为全国构成比的102.29%；西部构成比高于全国，为全国构成比的108.30%。

17个省域生产税净额构成比高于全国，按比值高低依次为云南、天津、上海、内蒙古、陕西、贵州、山西、湖北、重庆、甘肃、江西、湖南、四川、安徽、吉林、浙江、辽宁；14个省域构成比低于全国，按比值高低依次为广东、海南、山东、青海、北京、江苏、宁夏、新疆、福建、河北、黑龙江、河南、广西、西藏。其中，云南构成比占据首位，为全国构成比的141.25%；西藏构成比处于末位，为全国构成比的55.67%。

3. 固定资产折旧增长及构成比动态

同期，全国收入法产值构成之固定资产折旧总量从14008.36亿元增长至112180.78亿元，年均增长13.02%；其间2005年以来年均增长12.80%，2010年以来年均增长11.27%，2015年以来年均增长11.19%，2016年以来年度增长9.98%。

全国资产折旧人均值从1109.44元增长至8091.56元，年均增长

12.40%；其间2005年以来年均增长12.22%，2010年以来年均增长10.70%，2015年以来年均增长10.58%，2016年以来年度增长9.37%。

2017年东部资产折旧人均值高于全国，为全国人均值的138.85%；东北人均值低于全国，为全国人均值的96.53%；中部人均值低于全国，为全国人均值的75.50%；西部人均值低于全国，为全国人均值的79.58%。

15个省域资产折旧人均值高于全国，按人均值高低依次为天津、北京、江苏、上海、浙江、广东、山东、青海、吉林、福建、陕西、重庆、辽宁、内蒙古、宁夏；16个省域人均值低于全国，按人均值高低依次为海南、湖北、新疆、山西、河北、四川、广西、江西、安徽、黑龙江、河南、湖南、西藏、贵州、甘肃、云南。其中，天津人均值占据首位，为全国人均值的225.68%；云南人均值处于末位，为全国人均值的45.25%。

在此期间，全国资产折旧人均值地区差指数由1.6178缩小为1.3240，缩减18.16%；其中，“十五”期间缩减3.31%，“十一五”期间缩减8.91%，“十二五”以来缩减7.08%。这表明全国区域间资产折旧的地区差异减小。各地此项地区差检测对比省略。

与此同时，全国资产折旧构成比从14.16%略微下降到13.56%，降低0.60个百分点；其中，“十五”期间降低0.04个百分点，“十一五”期间降低1.25个百分点，“十二五”以来增高0.69个百分点。固定资产主要集中于第二产业领域，资产折旧地区差异减小也可以对应印证国内第二产业发展的地区差距缩小。

2017年东部资产折旧构成比低于全国，为全国构成比的98.33%；东北构成比高于全国，为全国构成比的115.61%；中部构成比低于全国，为全国构成比的93.94%；西部构成比高于全国，为全国构成比的105.77%。

17个省域资产折旧构成比高于全国，按比值高低依次为青海、吉林、山西、宁夏、海南、辽宁、广西、新疆、陕西、天津、四川、河北、山东、甘肃、黑龙江、江苏、重庆；14个省域构成比低于全国，按比值高低依次为江西、安徽、广东、内蒙古、北京、湖北、贵州、西藏、浙江、河南、上海、福建、云南、湖南。其中，青海构成比占据首位，为全国构成比的

160.28%；湖南构成比处于末位，为全国构成比的76.58%。

4. 营业盈余增长及构成比动态

同期，全国收入法产值构成之营业盈余总量从18862.67亿元增长至204636.04亿元，年均增长15.05%；其间2005年以来年均增长11.51%，2010年以来年均增长9.13%，2015年以来年均增长11.07%，2016年以来年度增长11.76%。

全国营业盈余人均值从1493.89元增长至14760.33元，年均增长14.42%；其间2005年以来年均增长10.94%，2010年以来年均增长8.58%，2015年以来年均增长10.46%，2016年以来年度增长11.14%。

2017年东部营业盈余人均值高于全国，为全国人均值的147.41%；东北人均值低于全国，为全国人均值的89.33%；中部人均值低于全国，为全国人均值的81.05%；西部人均值低于全国，为全国人均值的64.11%。

9个省域营业盈余人均值高于全国，按人均值高低依次为上海、江苏、天津、北京、浙江、福建、广东、山东、重庆；22个省域人均值低于全国，按人均值高低依次为辽宁、陕西、内蒙古、湖北、吉林、河南、江西、湖南、黑龙江、安徽、河北、四川、宁夏、广西、海南、山西、西藏、青海、新疆、贵州、云南、甘肃。其中，上海人均值占据首位，为全国人均值的230.86%；甘肃人均值处于末位，为全国人均值的33.09%。

在此期间，全国营业盈余人均值地区差指数由1.7574缩小为1.4322，缩减18.51%；其中，“十五”期间缩减9.45%，“十一五”期间缩减4.91%，“十二五”以来缩减5.35%。这表明全国区域间企业营业盈余的地区差异减小。各地此项地区差检测对比省略。

与此同时，全国营业盈余构成比从19.06%明显上升到24.74%，增高5.68个百分点；其中，“十五”期间增高10.50个百分点，“十一五”期间降低2.68个百分点，“十二五”以来降低2.14个百分点。这意味着国内（企业部门）各类企业在以产值为表征的社会财富分配中所得份额增高。

2017年东部营业盈余构成比高于全国，为全国构成比的104.39%；东北构成比高于全国，为全国构成比的106.99%；中部构成比高于全国，为全国构成比的100.84%；西部构成比低于全国，为全国构成比的85.22%。

13个省域营业盈余构成比高于全国，按比值高低依次为江苏、重庆、江西、河南、黑龙江、辽宁、山东、上海、浙江、安徽、吉林、陕西、天津；18个省域构成比低于全国，按比值高低依次为广东、福建、湖南、湖北、河北、四川、内蒙古、北京、广西、宁夏、山西、云南、甘肃、西藏、海南、贵州、青海、新疆。其中，江苏构成比占据首位，为全国构成比的120.90%；新疆构成比处于末位，为全国构成比的56.74%。

三　支出法产值构成子系统分析测算

2017年全国各地支出法产值构成子系统简况见表3，分区域以最终消费率高低位次排列。

（一）支出法结构产值增长态势

2000~2017年，全国支出法结构产值总量从100576.83亿元增长至812038.10亿元，年均增长13.07%；其间2005年以来年均增长12.91%，2010年以来年均增长10.23%，2015年以来年均增长7.77%，2016年以来年度增长8.91%。

全国支出法产值人均值从7965.50元增长至58572.03元，年均增长12.45%；其间2005年以来年均增长12.33%，2010年以来年均增长9.67%，2015年以来年均增长7.18%，2016年以来年度增长8.30%。

在此期间，支出法产值人均值地区差指数由1.4666缩小为1.3502，缩减7.94%；其中，“十五”期间扩增2.13%，“十一五”期间缩减5.65%，“十二五”以来缩减4.45%。这意味着经济增长、社会财富增多之后的区域“均衡发展”策略已经取得实际成效。

由于演算统计口径不同，支出法构成产值在与三次产业产值有一定出入，不过总量、人均值出入仍可谓微小，鉴于此不展开各地相应分析检测。

（二）支出法产值构成成分变化态势

1. 最终消费支出增长及构成比动态

同期，全国支出法产值构成之最终消费支出总量从63667.72亿元增长至435453.20亿元，年均增长11.97%；其间2005年以来年均增长12.91%，2010年以来年均增长11.84%，2015年以来年均增长9.64%，2016年以来年度增长8.89%。

全国最终消费人均值从5042.37元增长至31409.09元，年均增长11.36%；其间2005年以来年均增长12.33%，2010年以来年均增长11.27%，2015年以来年均增长9.04%，2016年以来年度增长8.28%。

2017年东部最终消费人均值高于全国，为全国人均值的133.93%；东北人均值低于全国，为全国人均值的86.81%；中部人均值低于全国，为全国人均值的78.59%；西部人均值低于全国，为全国人均值的78.60%。

10个省域最终消费人均值高于全国，按人均值高低依次为北京、上海、天津、江苏、浙江、广东、山东、福建、内蒙古、辽宁；21个省域人均值低于全国，按人均值高低依次为西藏、宁夏、青海、重庆、海南、新疆、湖北、黑龙江、湖南、陕西、河南、山西、四川、江西、云南、安徽、广西、河北、吉林、贵州、甘肃。其中，北京人均值占据首位，为全国人均值的246.90%；甘肃人均值处于末位，为全国人均值的62.61%。

在此期间，全国最终消费人均值地区差指数由1.3623缩小为1.2980，缩减4.71%；其中，“十五”期间扩增2.94%，“十一五”期间缩减2.65%，“十二五”以来缩减4.91%。这表明全国区域间最终消费支出的地区差异减小。

与此同时，全国最终消费率（消费率）从63.30%明显下降到53.62%，降低9.68个百分点；其中，“十五”期间降低9.68个百分点，“十一五”期间降低5.17个百分点，“十二五”以来增高5.17个百分点。这意味着我国真正实现主要依靠“消费拉动”经济增长尚有一段距离，好在近些年已出现最终消费率持续回升趋向。

表 3　2017 年全国各地支出法产值构成子系统简况

地区	最终消费支出及其中居民消费、最终消费率					资本形成		货物与服务净出口（流出）	
	最终消费人均值（元）	居民消费人均值（元）	地区差	最终消费率（%）	排序	人均值（元）	资本形成率（%）	人均值（元）	净出口拉动率（%）
全国	**31409.09**	**22901.86**	**1.3296**	**53.62**	**—**	**26011.89**	**44.41**	**1151.04**	**1.97**
西藏	31305.89	11098.47	1.5154	79.73	1	41220.29	104.97	-33259.17	-84.70
青海	30464.37	18020.50	1.2131	69.16	2	65395.32	148.47	-51812.70	-117.63
甘肃	19666.40	14203.48	1.3798	69.01	3	14533.22	51.00	-5703.12	-20.01
新疆	30032.77	16735.69	1.2692	66.83	4	44817.60	99.73	-29909.37	-66.55
云南	21954.08	15880.96	1.3066	64.15	5	32362.48	94.57	-20095.56	-58.72
宁夏	31152.23	21058.96	1.0805	61.37	8	56120.92	110.55	-36508.15	-71.92
广西	21609.49	16141.28	1.2952	56.71	12	19262.52	50.56	-2770.01	-7.27
贵州	21041.12	16349.32	1.2861	55.44	14	26226.91	69.10	-9311.96	-24.53
内蒙古	33527.16	23909.80	1.0440	52.58	16	40796.07	63.98	-10559.23	-16.56
四川	23382.87	17919.82	1.2175	52.37	17	21759.46	48.73	-491.00	-1.10
重庆	30343.50	22926.71	1.0011	47.83	26	33903.75	53.44	-805.24	-1.27
陕西	25301.19	18484.87	1.1929	44.18	29	37695.41	65.82	-5730.29	-10.01
西部	**24686.10**	**17811.04**	**1.2335**	**55.00**	**[1]**	**29573.03**	**65.89**	**-9374.41**	**-20.89**
黑龙江	26680.73	18859.36	1.1765	63.65	6	25659.42	61.22	-10424.15	-24.87
辽宁	31502.64	24865.96	1.0858	58.85	10	23157.10	43.26	-1133.08	-2.12
吉林	21282.40	15040.32	1.3433	38.81	31	36621.38	66.78	-3065.78	-5.59
东北	**27266.59**	**20315.88**	**1.2018**	**54.74**	**[2]**	**27397.78**	**55.00**	**-4852.85**	**-9.74**
山西	23717.35	18132.25	1.2083	56.39	13	19379.09	46.07	-1036.44	-2.46
湖南	26422.75	19417.85	1.1521	53.32	15	25705.70	51.87	-2570.87	-5.19
河南	24230.83	17840.52	1.2210	51.92	18	32525.91	69.69	-10082.74	-21.60
江西	22189.84	17289.86	1.2450	51.10	19	21759.90	50.11	-525.38	-1.21
安徽	21684.39	17140.74	1.2516	49.96	22	22045.16	50.79	-328.18	-0.76
湖北	29136.95	21641.72	1.0550	48.40	25	35384.21	58.78	-4322.16	-7.18
中部	**24685.97**	**18584.22**	**1.1888**	**51.48**	**[3]**	**27276.45**	**56.88**	**-4010.23**	**-8.36**
海南	30189.88	20939.26	1.0857	62.34	7	30557.24	63.10	-12317.12	-25.43
北京	77549.22	52912.47	2.3104	60.12	9	50401.97	39.07	1042.91	0.81
上海	72554.20	53617.28	2.3412	57.29	11	50405.27	39.80	3674.68	2.90
广东	40715.31	30762.34	1.3432	50.31	20	35778.99	44.21	4437.70	5.48
江苏	53682.15	39795.92	1.7377	50.10	21	46610.26	43.50	6857.59	6.40

续表

地区	最终消费支出及其中居民消费、最终消费率					资本形成		货物与服务净出口（流出）	
	最终消费人均值（元）	居民消费人均值（元）	地区差	最终消费率（%）	排序	人均值（元）	资本形成率（%）	人均值（元）	净出口拉动率（%）
浙江	45307.99	33851.34	1.4781	49.22	23	40480.98	43.97	6268.04	6.81
山东	35269.71	28352.83	1.2380	48.44	24	36499.29	50.13	1038.14	1.43
河北	21422.66	15892.96	1.3060	47.20	27	25462.11	56.10	-1497.77	-3.30
天津	54018.58	38975.12	1.7018	45.42	28	67119.04	56.43	-2194.04	-1.84
福建	33785.18	25968.83	1.1339	40.86	30	47551.11	57.51	1340.70	1.62
东部	**42067.75**	**31566.78**	**1.5676**	**49.93**	**[4]**	**39543.61**	**46.94**	**2636.06**	**3.13**

注：①三项构成人均值之和即为支出法产值人均值。②由于国内统一市场，支出法产值构成中各地“货物和服务净流出”大多为负值。

在全国支出法产值构成之最终消费当中，2017年居民消费人均值为22901.86元。东部居民消费人均值高于全国，为全国人均值的137.84%；东北人均值低于全国，为全国人均值的88.71%；中部人均值低于全国，为全国人均值的81.15%；西部人均值低于全国，为全国人均值的77.77%。

11个省域居民消费人均值高于全国，按人均值高低依次为上海、北京、江苏、天津、浙江、广东、山东、福建、辽宁、内蒙古、重庆；20个省域人均值低于全国，按人均值高低依次为湖北、宁夏、海南、湖南、黑龙江、陕西、山西、青海、四川、河南、江西、安徽、新疆、贵州、广西、河北、云南、吉林、甘肃、西藏。其中，上海人均值占据首位，为全国人均值的234.12%；西藏人均值处于末位，为全国人均值的48.46%。

同年，全国支出法产值构成之最终消费中居民消费人均值地区差指数为1.3296。东部居民消费人均值地区差大于全国，为全国地区差的117.91%；东北地区差小于全国，为全国地区差的90.40%；中部地区差小于全国，为全国地区差的89.42%；西部地区差小于全国，为全国地区差的92.77%。

22个省域居民消费人均值地区差小于全国，按地区差从小到大依次为重庆、内蒙古、湖北、宁夏、海南、辽宁、福建、湖南、黑龙江、陕西、山西、青海、四川、河南、山东、江西、安徽、新疆、贵州、广西、河北、云南；9个省域地区差大于全国，按地区差从小到大依次为广东、吉林、甘肃、浙江、西藏、天津、江苏、北京、上海。其中，重庆地区差占据首位，为全国地区差的75.29%；上海地区差处于末位，为全国地区差的176.09%。

2017年东部最终消费率低于全国，为全国消费率的93.12%；东北最终消费率高于全国，为全国消费率的102.08%；中部最终消费率低于全国，为全国消费率的96.00%；西部最终消费率高于全国，为全国消费率的102.56%。

14个省域最终消费率高于全国，按比值高低依次为西藏、青海、甘肃、新疆、云南、黑龙江、海南、宁夏、北京、辽宁、上海、广西、山西、贵州；17个省域最终消费率低于全国，按比值高低依次为湖南、内蒙古、四川、河南、江西、广东、江苏、安徽、浙江、山东、湖北、重庆、河北、天津、陕西、福建、吉林。其中，西藏最终消费率占据首位，为全国消费率的148.67%；吉林最终消费率处于末位，为全国消费率的72.37%。

2. 资本形成增长及构成比动态

同期，全国支出法产值构成之资本形成总额从34526.10亿元增长至360626.80亿元，年均增长14.80%；其间2005年以来年均增长13.67%，2010年以来年均增长9.05%，2015年以来年均增长7.37%，2016年以来年度增长9.57%。

全国资本形成人均值从2734.40元增长至26011.89元，年均增长14.17%；其间2005年以来年均增长13.09%，2010年以来年均增长8.49%，2015年以来年均增长6.78%，2016年以来年度增长8.96%。

2017年东部资本形成人均值高于全国，为全国人均值的152.02%；东北人均值高于全国，为全国人均值的105.33%；中部人均值高于全国，为全国人均值的104.86%；西部人均值高于全国，为全国人均值的113.69%。

21个省域资本形成人均值高于全国，按人均值高低依次为天津、青海、宁夏、上海、北京、福建、江苏、新疆、西藏、内蒙古、浙江、陕西、吉林、山东、广东、湖北、重庆、河南、云南、海南、贵州；10 个省域人均值低于全国，按人均值高低依次为湖南、黑龙江、河北、辽宁、安徽、江西、四川、山西、广西、甘肃。其中，天津人均值占据首位，为全国人均值的 258.03%；甘肃人均值处于末位，为全国人均值的 55.87%。

在此期间，全国资本形成人均值地区差指数由 1.6095 缩小为 1.4757，缩减 8.31%；其中，“十五”期间缩减 0.81%，“十一五”期间缩减 6.80%，“十二五”以来缩减 0.82%。这表明全国区域间资本形成的地区差异减小。

与此同时，全国资本形成率（投资率）从 34.33% 显著上升到 44.41%，增高 10.08 个百分点；其中，“十五”期间增高 6.65 个百分点，“十一五”期间增高 6.90 个百分点，“十二五”以来降低 3.47 个百分点。这意味着国内各级各地依旧主要借助“投资拉动”保持经济增长速度，距离真正的“消费拉动”还有较长路程，好在近一些年已出现资本形成率持续回降趋向。

2017 年东部资本形成率高于全国，为全国投资率的 105.69%；东北资本形成率高于全国，为全国投资率的 123.85%；中部资本形成率高于全国，为全国投资率的 128.08%；西部资本形成率高于全国，为全国投资率的 148.36%。四大区域整体看来，欠发达地区“投资拉动”经济增长惯性既存。

25 个省域资本形成率高于全国，按比值高低依次为青海、宁夏、西藏、新疆、云南、河南、贵州、吉林、陕西、内蒙古、海南、黑龙江、湖北、福建、天津、河北、重庆、湖南、甘肃、安徽、广西、山东、江西、四川、山西；6 个省域资本形成率低于全国，按比值高低依次为广东、浙江、江苏、辽宁、上海、北京。其中，青海资本形成率占据首位，为全国投资率的 334.31%；北京资本形成率处于末位，为全国投资率的 87.98%。

3. 货物与服务净出口增长态势

同期，全国支出法产值构成之货物与服务净出口总量从 2383.01 亿元增长至 15958.00 亿元，年均增长 11.84%；其间 2005 年以来年均增长 3.79%，2010 年以来年均增长 0.83%，2015 年以来年均负增长 18.47%，2016 年以来年度负增长 3.78%。

全国净出口人均值从188.73元增长至1151.04元，年均增长11.22%；其间2005年以来年均增长3.26%，2010年以来年均增长0.32%，2015年以来年均负增长18.92%，2016年以来年度负增长4.31%。

由于国内统一市场，各省域货物与服务净流出大多为负值，无法综合演算全国人均值地区差指数。全国净出口拉动率从2.37%略微下降到1.97%，降低0.40个百分点；其中，“十五”期间增高3.03个百分点，“十一五”期间降低1.73个百分点，“十二五”以来降低1.70个百分点。由此不难看出，在我国产值构成及其增长结构当中，出口所占比重可谓越来越微小。

各地货物与服务净流出多为负值，在此表中存而不叙。

四　初次分配收支综合子系统分析测算

（一）公共经济生活发展态势

2017年全国各地初次分配收支综合子系统简况（一）见表4，分区域以财政支出人均值地区差从小到大位次排列。

1. 财政收入增长及相对比值动态

2000~2017年，全国财政收入总量从13395.23亿元增长至172592.77亿元，年均增长16.22%；其间2005年以来年均增长15.18%，2010年以来年均增长11.01%，2015年以来年均增长6.46%，2016年以来年度增长8.14%。

全国财政收入人均值从1060.89元增长至12449.03元，年均增长15.59%；其间2005年以来年均增长14.59%，2010年以来年均增长10.44%，2015年以来年均增长5.88%，2016年以来年度增长7.53%。

2017年东部财政收入人均值低于全国，为全国人均值的94.85%；东北人均值高于全国，为全国人均值的104.61%；中部人均值高于全国，为全国人均值的103.61%；西部人均值高于全国，为全国人均值的101.33%。

17个省域财政收入人均值高于全国，按人均值高低依次为上海、北京、甘肃、黑龙江、广西、河南、云南、湖南、青海、河北、四川、吉林、安徽、贵州、江西、山西、陕西；14 个省域人均值低于全国，按人均值高低依次为辽宁、湖北、西藏、新疆、山东、宁夏、内蒙古、福建、海南、重庆、天津、江苏、广东、浙江。其中，上海人均值占据首位，为全国人均值的 140.12%；浙江人均值处于末位，为全国人均值的 74.38%。

同期，全国财政收入比（与国民总收入极度近似值产值比）从 13.36% 上升到 20.87%，明显增高 7.51 个百分点；其中，“十五”期间增高 3.54 个百分点，“十一五”期间增高 3.22 个百分点，“十二五”以来增高 0.75 个百分点。这意味着“政府部门”在初次分配中的收益份额升高。

2017 年东部财政收入比低于全国，为全国比值的 56.18%；东北财政收入比低于全国，为全国比值的 42.81%；中部财政收入比低于全国，为全国比值的 44.37%；西部财政收入比低于全国，为全国比值的 50.57%。全国财政收入比高于四大区域，在于另有中央财政收入部分，合并计算势必高出一截。

1 个省域财政收入比高于全国，即为上海；30 个省域财政收入比低于全国，按比值高低依次为北京、海南、西藏、新疆、广东、天津、宁夏、山西、贵州、重庆、云南、江西、浙江、甘肃、内蒙古、安徽、辽宁、四川、江苏、河北、青海、陕西、湖北、福建、广西、山东、湖南、吉林、黑龙江、河南。其中，上海财政收入比占据首位，为全国比值的 103.91%；河南财政收入比处于末位，为全国比值的 36.65%。

表 4　2017 年全国各地初次分配收支综合子系统简况（一）

地区	财政收入				财政支出				
	总量（亿元）	财政收入比（%）	人均值（元）	地区差	总量（亿元）	财政用度比（%）	人均值（元）	地区差	排序（倒序）
全国	**172592.77**	**20.87**	**12449.03**	**1.5741**	**203085.49**	**24.55**	**14648.46**	**1.3730**	—
吉林	1210.91	8.10	4443.70	1.6430	3725.72	24.93	13672.37	1.0666	2
黑龙江	1243.31	7.82	3277.18	1.7368	4641.08	29.18	12233.16	1.1649	10
辽宁	2392.77	10.22	5471.05	1.5605	4879.42	20.84	11156.79	1.2384	15
东北	**4846.99**	**8.93**	**4449.90**	**1.6468**	**13246.22**	**24.41**	**12161.03**	**1.1566**	［1］

续表

地区	财政收入				财政支出				
	总量（亿元）	财政收入比（%）	人均值（元）	地区差	总量（亿元）	财政用度比（%）	人均值（元）	地区差	排序（倒序）
湖北	3248. 32	9. 16	5511. 69	1. 5573	6801. 26	19. 17	11540. 27	1. 2122	13
江西	2247. 06	11. 23	4877. 50	1. 6082	5111. 47	25. 55	11095. 00	1. 2426	16
山西	1867. 00	12. 02	5056. 89	1. 5938	3756. 42	24. 19	10174. 49	1. 3054	18
湖南	2757. 82	8. 13	4031. 27	1. 6762	6869. 39	20. 26	10041. 38	1. 3145	21
安徽	2812. 45	10. 41	4517. 63	1. 6371	6203. 81	22. 96	9965. 16	1. 3197	22
河南	3407. 22	7. 65	3569. 43	1. 7133	8215. 52	18. 44	8606. 63	1. 4125	26
中部	**16339. 87**	**9. 26**	**4439. 62**	**1. 6310**	**36957. 86**	**20. 94**	**10041. 63**	**1. 3011**	[2]
海南	674. 11	15. 11	7315. 30	1. 4124	1443. 97	32. 36	15669. 80	1. 0697	3
广东	11320. 35	12. 62	10213. 24	1. 1796	15037. 48	16. 76	13566. 83	1. 0738	4
浙江	5804. 38	11. 21	10321. 66	1. 1709	7530. 32	14. 55	13390. 80	1. 0859	5
江苏	8171. 53	9. 52	10196. 38	1. 1810	10621. 03	12. 37	13252. 84	1. 0953	6
福建	2809. 03	8. 73	7216. 53	1. 4203	4684. 15	14. 56	12033. 79	1. 1785	11
山东	6098. 63	8. 40	6113. 05	1. 5090	9258. 40	12. 75	9280. 29	1. 3665	23
河北	3233. 83	9. 51	4314. 79	1. 6534	6639. 18	19. 52	8858. 43	1. 3953	25
天津	2310. 36	12. 46	14814. 72	1. 1900	3282. 54	17. 70	21048. 67	1. 4369	27
上海	6642. 26	21. 68	27458. 72	2. 2057	7547. 62	24. 64	31201. 41	2. 1300	29
北京	5430. 79	19. 39	25005. 35	2. 0086	6824. 53	24. 36	31422. 65	2. 1451	30
东部	**52495. 28**	**11. 72**	**9875. 48**	**1. 4931**	**72869. 22**	**16. 27**	**13708. 26**	**1. 3977**	[3]
重庆	2252. 38	11. 60	7356. 92	1. 4090	4336. 28	22. 32	14163. 54	1. 0331	1
贵州	1613. 84	11. 92	4523. 72	1. 6366	4612. 52	34. 06	12929. 27	1. 1174	7
陕西	2006. 69	9. 16	5247. 63	1. 5785	4833. 19	22. 07	12639. 08	1. 1372	8
甘肃	815. 73	10. 93	3115. 86	1. 7497	3304. 44	44. 30	12622. 01	1. 1383	9
云南	1886. 17	11. 52	3941. 22	1. 6834	5712. 97	34. 89	11937. 46	1. 1851	12
内蒙古	1703. 21	10. 58	6746. 72	1. 4581	4529. 93	28. 14	17943. 85	1. 2250	14
四川	3577. 99	9. 68	4320. 20	1. 6530	8694. 76	23. 51	10498. 38	1. 2833	17
新疆	1466. 52	13. 48	6056. 24	1. 5135	4637. 24	42. 61	19150. 29	1. 3073	19
广西	1615. 13	8. 72	3322. 28	1. 7331	4908. 55	26. 50	10096. 78	1. 3107	20
宁夏	417. 59	12. 13	6154. 59	1. 5056	1372. 78	39. 87	20232. 63	1. 3812	24
青海	246. 20	9. 38	4134. 28	1. 6679	1530. 44	58. 31	25700. 04	1. 7545	28
西藏	185. 83	14. 18	5563. 90	1. 5531	1681. 94	128. 30	50357. 62	3. 4377	31
西部	**17787. 27**	**10. 55**	**4736. 41**	**1. 5951**	**50155. 04**	**29. 75**	**13355. 33**	**1. 4426**	[4]

注：全国及各省域分别演算未予平衡，省域总量之和不等于全国总量，后同。

2. 财政支出增长及相对比值动态

2000～2017 年，全国财政支出总量从 15886. 50 亿元增长至 203085. 49 亿元，年均增长 16. 17%；其间 2005 年以来年均增长 16. 08%，2010 年以来年均增长 12. 35%，2015 年以来年均增长 7. 46%，2016 年以来年度增长 8. 17%。

全国财政支出人均值从 1258. 19 元增长至 14648. 46 元，年均增长 15. 53%；其间 2005 年以来年均增长 15. 49%，2010 年以来年均增长 11. 78%，2015 年以来年均增长 6. 87%，2016 年以来年度增长 7. 56%。

2017 年东部财政支出人均值低于全国，为全国人均值的 93. 58%；东北人均值低于全国，为全国人均值的 83. 02%；中部人均值低于全国，为全国人均值的 68. 55%；西部人均值低于全国，为全国人均值的 91. 17%。这显然是因为中央财政另有本级开支（全国性开支譬如国防、外交）的缘故，加上地方财政开支，汇总演算为全国人均值，于是高于四大区域整体人均值，对于省域却不尽然。

9 个省域财政支出人均值高于全国，按人均值高低依次为西藏、北京、上海、青海、天津、宁夏、新疆、内蒙古、海南；22 个省域人均值低于全国，按人均值高低依次为重庆、吉林、广东、浙江、江苏、贵州、陕西、甘肃、黑龙江、福建、云南、湖北、辽宁、江西、四川、山西、广西、湖南、安徽、山东、河北、河南。其中，西藏人均值占据首位，为全国人均值的 343. 77%；河南人均值处于末位，为全国人均值的 58. 75%。

同期，全国财政支出比（与产值比）从 15. 84% 上升到 24. 55%，明显增高 8. 71 个百分点；其中，“十五”期间增高 2. 27 个百分点，“十一五”期间增高 3. 65 个百分点，“十二五”以来增高 2. 79 个百分点。这意味着“政府部门”在社会财富支配中的用度份额升高。

2017 年东部财政支出比低于全国，为全国比值的 66. 27%；东北财政支出比低于全国，为全国比值的 99. 43%；中部财政支出比低于全国，为全国比值的 85. 29%；西部财政支出比高于全国，为全国比值的 121. 18%。

14 个省域财政支出比高于全国，按比值高低依次为西藏、青海、甘肃、新疆、宁夏、云南、贵州、海南、黑龙江、内蒙古、广西、江西、吉林、上海；17 个省域财政支出比低于全国，按比值高低依次为北京、山西、四川、安徽、重庆、陕西、辽宁、湖南、河北、湖北、河南、天津、广东、福建、浙江、山东、江苏。其中，西藏财政支出比占据首位，为全国比值的 522. 55%；江苏财政支出比处于末位，为全国比值的 50. 38%。

3. 财政收入、财政支出地区差变化

在此期间，全国财政收入人均值地区差指数由 1. 6706 缩小为 1. 5741，缩减 5. 78%；其中，“十五”期间扩增 1. 53%，“十一五”期间缩减 4. 98%，“十二五”以来缩减 2. 32%，体现经济增长、公共财政收入随之增加的地区差异已经逐步减小。

2017 年东部财政收入人均值地区差小于全国，为全国地区差的 94. 85%；东北地区差大于全国，为全国地区差的 104. 61%；中部地区差大于全国，为全国地区差的 103. 61%；西部地区差大于全国，为全国地区差的 101. 33%。

14 个省域财政收入人均值地区差小于全国，按地区差从小到大依次为浙江、广东、江苏、天津、重庆、海南、福建、内蒙古、宁夏、山东、新疆、西藏、湖北、辽宁；17 个省域地区差大于全国，按地区差从小到大依次为陕西、山西、江西、贵州、安徽、吉林、四川、河北、青海、湖南、云南、河南、广西、黑龙江、甘肃、北京、上海。其中，浙江地区差占据首位，为全国地区差的 74. 38%；上海地区差处于末位，为全国地区差的 140. 12%。

全国财政支出人均值地区差指数由 1. 4835 缩小为 1. 3730，缩减 7. 45%；其中，“十五”期间缩减 0. 80%，“十一五”期间缩减 5. 56%，“十二五”以来缩减 1. 22%，体现经济增长、公共财政支出随之增高的地区差异已经逐步减小。

2017 年东部财政支出人均值地区差大于全国，为全国地区差的 101. 80%；东北地区差小于全国，为全国地区差的 84. 24%；中部地区差小于全国，为全国地区差的 94. 76%；西部地区差大于全国，为全国地区差的

105.06%。

23个省域财政支出人均值地区差小于全国，按地区差从小到大依次为重庆、吉林、海南、广东、浙江、江苏、贵州、陕西、甘肃、黑龙江、福建、云南、湖北、内蒙古、辽宁、江西、四川、山西、新疆、广西、湖南、安徽、山东；8个省域地区差大于全国，按地区差从小到大依次为宁夏、河北、河南、天津、青海、上海、北京、西藏。其中，重庆地区差占据首位，为全国地区差的75.24%；西藏地区差处于末位，为全国地区差的250.37%。

（二）人民经济生活发展态势

2017年全国各地初次分配收支综合子系统简况（二）见表5，分区域以居民收入人均值城乡比从小到大位次排列。

表5　2017年全国各地初次分配收支综合子系统简况（二）

地区	居民收入					居民总消费			
	居民收入比（%）	人均值（元）	地区差	城乡比（乡村=1）	排序（倒序）	居民消费率（%）	人均值（元）	地区差	城乡比（乡村=1）
全国	**44.82**	**26736.80**	**1.2720**	**2.7096**	**—**	**31.46**	**18770.39**	**1.2530**	**2.2315**
黑龙江	51.12	21430.04	1.1985	2.1671	3	37.48	15710.17	1.1630	1.8311
吉林	39.39	21604.18	1.1920	2.1867	4	28.78	15781.83	1.1592	1.9506
辽宁	52.45	28073.36	1.0500	2.5456	16	38.54	20626.77	1.0989	2.3527
东北	**48.46**	**24141.03**	**1.1468**	**2.3595**	**[1]**	**35.54**	**17702.21**	**1.1404**	**2.0982**
湖北	40.57	24423.64	1.0865	2.3088	7	28.73	17293.11	1.0787	1.8290
河南	45.05	21025.90	1.2136	2.3239	8	30.53	14248.61	1.2409	2.1085
江西	52.76	22911.70	1.1431	2.3560	9	34.35	14918.55	1.2052	1.9497
安徽	52.35	22717.31	1.1503	2.4800	14	37.30	16187.48	1.1376	1.8675
湖南	48.87	24216.70	1.0943	2.6243	20	35.87	17776.94	1.0529	2.0083
山西	50.41	21202.76	1.2070	2.7005	22	33.50	14090.29	1.2493	2.1847
中部	**47.34**	**22702.97**	**1.1491**	**2.4436**	**[2]**	**32.92**	**15787.89**	**1.1608**	**1.9896**
天津	31.20	37115.52	1.3882	1.8515	1	23.47	27911.30	1.4870	1.8482
浙江	46.40	42712.40	1.5975	2.0541	2	29.80	27429.61	1.4613	1.7644

续表

地区	居民收入					居民总消费			
	居民收入比（%）	人均值（元）	地区差	城乡比（乡村=1）	排序（倒序）	居民消费率（%）	人均值（元）	地区差	城乡比（乡村=1）
上海	46.08	58353.73	2.1825	2.2496	5	31.07	39350.17	2.0964	2.3386
江苏	33.46	35852.32	1.3409	2.2769	6	22.29	23878.78	1.2722	1.7760
河北	49.47	22450.66	1.1603	2.3715	10	35.23	15987.61	1.1483	1.9552
福建	37.36	30887.37	1.1552	2.3876	11	26.24	21693.01	1.1557	1.8553
海南	47.88	23187.66	1.1327	2.3886	12	32.59	15784.20	1.1591	2.1222
山东	38.57	28077.79	1.0502	2.4336	13	24.66	17954.93	1.0434	2.2309
北京	44.39	57253.95	2.1414	2.5745	18	29.02	37438.95	1.9946	2.1449
广东	41.14	33297.47	1.2454	2.5967	19	30.91	25018.10	1.3328	2.2878
东部	**40.42**	**34049.01**	**1.4394**	**2.5267**	[3]	**27.71**	**23343.62**	**1.4151**	**2.1780**
四川	48.10	21477.25	1.1967	2.5131	15	37.39	16693.85	1.1106	1.9296
重庆	39.44	25024.89	1.0640	2.5474	17	29.04	18425.20	1.0184	2.0811
广西	54.21	20654.44	1.2275	2.6932	21	36.15	13772.06	1.2663	1.9444
宁夏	42.25	21442.60	1.1980	2.7447	23	31.19	15831.68	1.1566	2.0256
新疆	46.03	20687.11	1.2263	2.7862	24	34.70	15595.58	1.1691	2.6166
内蒙古	42.04	26806.42	1.0026	2.8345	25	30.18	19240.33	1.0250	1.9400
西藏	41.99	16479.46	1.3836	2.9691	26	28.14	11043.54	1.4117	3.1514
陕西	38.04	21783.91	1.1852	3.0016	27	27.10	15519.29	1.1732	2.1910
青海	44.87	19779.28	1.2602	3.0826	28	36.21	15960.07	1.1497	2.1684
云南	57.15	19554.63	1.2686	3.1429	29	38.92	13316.37	1.2906	2.4366
贵州	47.38	17981.77	1.3275	3.2788	30	36.18	13731.58	1.2684	2.4518
甘肃	59.81	17042.19	1.3626	3.4377	31	48.37	13781.63	1.2658	2.5729
西部	**46.88**	**21040.23**	**1.2252**	**2.8655**	[4]	**34.41**	**15445.23**	**1.1921**	**2.1939**

注：居民收入比本为居民收入与国民总收入（即“国民生产总值”，GNP）之比，因国民总收入无分地区数据，而国内生产总值（GDP，简称“产值”）与国民总收入极度近似（国外净要素收入占比极低且多年为负值），取产值测算居民收入比即可通约演算至地方各层级。财政收入比同。居民消费率本即与产值比，财政支出比亦然。

1. 居民收入增长及相对比值动态

2000～2017 年，全国居民收入总量从 46502.56 亿元增长至 370677.69 亿元，年均增长 12.99%；其间 2005 年以来年均增长 13.35%，2010 年以来年均增长 12.32%，2015 年以来年均增长 9.90%，2016 年以来年度增长

10.10%。

全国城乡居民收入人均值从3682.95元增长至26736.80元，年均增长12.37%；其间2005年以来年均增长12.77%，2010年以来年均增长11.75%，2015年以来年均增长9.29%，2016年以来年度增长9.49%。

2017年东部居民收入人均值高于全国，为全国人均值的127.35%；东北人均值低于全国，为全国人均值的90.29%；中部人均值低于全国，为全国人均值的84.91%；西部人均值低于全国，为全国人均值的78.69%。

10个省域居民收入人均值高于全国，按人均值高低依次为上海、北京、浙江、天津、江苏、广东、福建、山东、辽宁、内蒙古；21个省域人均值低于全国，按人均值高低依次为重庆、湖北、湖南、海南、江西、安徽、河北、陕西、吉林、四川、宁夏、黑龙江、山西、河南、新疆、广西、青海、云南、贵州、甘肃、西藏。其中，上海人均值占据首位，为全国人均值的218.25%；西藏人均值处于末位，为全国人均值的61.64%。

特别需要注意，同期全国居民收入比（与国民总收入极度近似值产值比）从46.37%下降为44.82%，较明显降低1.55个百分点；其中，“十五”期间降低2.37个百分点，“十一五”期间降低4.20个百分点，“十二五”以来增高5.02个百分点。这意味着“居民部门”在初次分配中的收益份额降低，好在进入“十二五”之后略有回升。

2017年东部居民收入比低于全国，为全国比值的90.18%；东北居民收入比高于全国，为全国比值的108.14%；中部居民收入比高于全国，为全国比值的105.64%；西部居民收入比高于全国，为全国比值的104.60%。

18个省域居民收入比高于全国，按收入比高低依次为甘肃、云南、广西、江西、辽宁、安徽、黑龙江、山西、河北、湖南、四川、海南、贵州、浙江、上海、新疆、河南、青海；13个省域居民收入比低于全国，按收入比高低依次为北京、宁夏、内蒙古、西藏、广东、湖北、重庆、吉林、山东、陕西、福建、江苏、天津。其中，甘肃居民收入比占据首位，为全国比值的133.46%；天津居民收入比处于末位，为全国比值的69.63%。

2. 居民总消费增长及相对比值动态

2000～2017 年，全国居民总消费总量从 36005.66 亿元增长至 260231.79 亿元，年均增长 12.34%；其间 2005 年以来年均增长 12.54%，2010 年以来年均增长 12.05%，2015 年以来年均增长 9.01%，2016 年以来年度增长 8.01%。

全国城乡居民总消费人均值从 2851.61 元增长至 18770.39 元，年均增长 11.72%；其间 2005 年以来年均增长 11.96%，2010 年以来年均增长 11.48%，2015 年以来年均增长 8.42%，2016 年以来年度增长 7.41%。

2017 年东部居民总消费人均值高于全国，为全国人均值的 124.36%；东北人均值低于全国，为全国人均值的 94.31%；中部人均值低于全国，为全国人均值的 84.11%；西部人均值低于全国，为全国人均值的 82.29%。

9 个省域居民总消费人均值高于全国，按人均值高低依次为上海、北京、天津、浙江、广东、江苏、福建、辽宁、内蒙古；22 个省域人均值低于全国，按人均值高低依次为重庆、山东、湖南、湖北、四川、安徽、河北、青海、宁夏、海南、吉林、黑龙江、新疆、陕西、江西、河南、山西、甘肃、广西、贵州、云南、西藏。其中，上海人均值占据首位，为全国人均值的 209.64%；西藏人均值处于末位，为全国人均值的 58.83%。

特别需要注意，同期全国居民消费率（与产值比）从 35.91% 下降为 31.46%，明显降低 4.45 个百分点；其中，“十五”期间降低 2.23 个百分点，“十一五”期间降低 5.27 个百分点，“十二五”以来增高 3.05 个百分点。这意味着“居民部门”在社会财富支配中的用度份额降低，好在进入“十二五”之后略有回升。

2017 年东部居民消费率低于全国，为全国比值的 88.07%；东北居民消费率高于全国，为全国比值的 112.96%；中部居民消费率高于全国，为全国比值的 104.65%；西部居民消费率高于全国，为全国比值的 109.37%。

15 个省域居民消费率高于全国，按消费率高低依次为甘肃、云南、辽宁、黑龙江、四川、安徽、青海、贵州、广西、湖南、河北、新疆、江西、山西、海南；16 个省域居民消费率低于全国，按消费率高低依次为宁夏、上海、广东、河南、内蒙古、浙江、重庆、北京、吉林、湖北、西藏、陕西、福建、山东、天津、江苏。其中，甘肃居民消费率占据首位，为全国比值的153.73%；江苏居民消费率处于末位，为全国比值的70.83%。

3. 居民收入、总消费地区差、城乡比变化

在此期间，全国居民收入人均值地区差指数由1.3606缩小为1.2720，缩减6.51%；其中，“十五”期间扩增0.31%，“十一五”期间缩减2.47%，“十二五”以来缩减4.45%。这表明基于经济增长、社会财富普遍增加，居民收入随之增多的地区差异已逐步缩小。

全国居民收入人均值城乡比指数由2.7869缩小为2.7096，缩减2.77%；其中，“十五”期间扩增15.68%，“十一五”期间扩增0.15%，“十二五”以来缩减16.07%。这意味着基于经济增长、社会财富普遍增加，居民收入随之增多的城乡差异已逐步缩小，但缩减的幅度和速度显得过低。

2017年东部居民收入人均值地区差大于全国，为全国地区差的113.16%；东北地区差小于全国，为全国地区差的90.16%；中部地区差小于全国，为全国地区差的90.34%；西部地区差小于全国，为全国地区差的96.32%。

23个省域居民收入人均值地区差小于全国，按地区差从小到大依次为内蒙古、辽宁、山东、重庆、湖北、湖南、海南、江西、安徽、福建、河北、陕西、吉林、四川、宁夏、黑龙江、山西、河南、新疆、广西、广东、青海、云南；8个省域地区差大于全国，按地区差从小到大依次为贵州、江苏、甘肃、西藏、天津、浙江、北京、上海。其中，内蒙古地区差占据首位，为全国地区差的78.82%；上海地区差处于末位，为全国地区差的171.58%。

同年东部居民收入人均值城乡比小于全国，为全国城乡比的93.25%；东北城乡比小于全国，为全国城乡比的87.08%；中部城乡比小于全国，为全国城乡比的90.19%；西部城乡比大于全国，为全国城乡比的105.75%。

22个省域居民收入人均值城乡比小于全国，按城乡比从小到大依次为天津、浙江、黑龙江、吉林、上海、江苏、湖北、河南、江西、河北、福建、海南、山东、安徽、四川、辽宁、重庆、北京、广东、湖南、广西、山

西；9个省域城乡比大于全国，按城乡比从小到大依次为宁夏、新疆、内蒙古、西藏、陕西、青海、云南、贵州、甘肃。其中，天津城乡比占据首位，为全国城乡比的68.33%；甘肃城乡比处于末位，为全国城乡比的126.87%。

与此同时，全国居民总消费人均值地区差指数由1.3476缩小为1.2530，缩减7.02%；其中，“十五”期间缩减0.16%，“十一五”期间缩减2.27%，“十二五”以来缩减4.72%。这表明基于经济增长、社会财富普遍增加，人民日常生活消费需求随之增高的地区差异已逐步缩小。

全国居民总消费人均值城乡比指数由2.9926缩小为2.2315，缩减25.43%；其中，“十五”期间扩增3.87%，“十一五”期间缩减1.09%，“十二五”以来缩减27.42%。这意味着基于经济增长、社会财富普遍增加，民生消费需求随之增高的城乡差异已逐步缩小。这是民生主要数据相关性分析中看到表现最为良好的一个侧面。

2017年东部居民总消费人均值地区差大于全国，为全国地区差的112.94%；东北地区差小于全国，为全国地区差的91.01%；中部地区差小于全国，为全国地区差的92.64%；西部地区差小于全国，为全国地区差的95.14%。

20个省域居民总消费人均值地区差小于全国，按地区差从小到大依次为重庆、内蒙古、山东、湖南、湖北、辽宁、四川、安徽、河北、青海、福建、宁夏、海南、吉林、黑龙江、新疆、陕西、江西、河南、山西；11个省域地区差大于全国，按地区差从小到大依次为甘肃、广西、贵州、江苏、云南、广东、西藏、浙江、天津、北京、上海。其中，重庆地区差占据首位，为全国地区差的81.28%；上海地区差处于末位，为全国地区差的167.31%。

同年东部居民总消费人均值城乡比小于全国，为全国城乡比的97.60%；东北城乡比小于全国，为全国城乡比的94.03%；中部城乡比小于全国，为全国城乡比的89.16%；西部城乡比小于全国，为全国城乡比的98.31%。

23 个省域居民总消费人均值城乡比小于全国，按城乡比从小到大依次为浙江、江苏、湖北、黑龙江、天津、福建、安徽、四川、内蒙古、广西、江西、吉林、河北、湖南、宁夏、重庆、河南、海南、北京、青海、山西、陕西、山东；8 个省域城乡比大于全国，按城乡比从小到大依次为广东、上海、辽宁、云南、贵州、甘肃、新疆、西藏。其中，浙江城乡比占据首位，为全国城乡比的 79.07%；西藏城乡比处于末位，为全国城乡比的 141.22%。

五　经济增长通用指标动态测评排行

中国经济增长通用指标检测体系共有一级指标（子系统）4 项，二级指标（类别项）40 项，三级指标（演算项）196 项，包括各类数据之间增长相关度加权检测指标、同类城乡数据之间增长相关度加权检测指标，不包括地区差变动相关度检验监测指标。全系统综合演算中，三次产业产值构成子系统占权重 40%，收入法产值构成子系统占权重 30%，支出法产值构成子系统占权重 20%，初次分配收支综合子系统占权重 10%。

加权综合四个子系统分别独立演算结果，得出全国及各地经济增长结构优化检测综合指数。2017 年数据为国家统计局当前公布的最新年度数据，中国经济增长通用指标检测体系 2017 年测评排行见表 6，分区域以 2017 年无差距横向检测结果位次排列。

表 6　中国经济增长通用指标检测体系 2017 年测评排行

地区	各五年期起始年纵向检测（基数值 = 100）								2017 年检测	
	“十五”以来 17 年（2000 ~ 2017）		“十一五”以来 12 年（2005 ~ 2017）		“十二五”以来 7 年（2010 ~ 2017）		“十三五”以来 2 年（2015 ~ 2017）		无差距横向检测（理想值 = 100）	
	测评指数	排序	测评指数	排序	测评指数	排序	测评指数	排序	测评指数	排序
全国	**230.10**	—	**161.72**	—	**117.96**	—	**103.81**	—	**92.21**	—
江苏	258.98	13	163.74	15	117.02	14	103.62	12	101.15	1
上海	172.35	31	130.44	31	105.30	27	104.34	9	100.75	2

续表

地区	各五年期起始年纵向检测(基数值=100)								2017年检测	
	“十五”以来17年(2000~2017)		“十一五”以来12年(2005~2017)		“十二五”以来7年(2010~2017)		“十三五”以来2年(2015~2017)		无差距横向检测(理想值=100)	
	测评指数	排序	测评指数	排序	测评指数	排序	测评指数	排序	测评指数	排序
北京	197.63	28	131.08	30	105.22	28	102.86	19	99.82	3
天津	214.38	24	145.61	23	112.20	21	101.45	23	97.96	4
福建	216.69	22	162.03	16	117.02	15	104.56	6	97.44	5
浙江	216.34	23	143.35	25	112.42	20	103.62	13	96.16	6
海南	237.11	19	174.55	10	119.37	11	104.52	7	95.13	10
山东	227.71	21	151.57	21	113.11	18	102.32	20	94.99	11
广东	212.08	26	144.29	24	112.94	19	104.21	11	94.97	12
河北	201.25	27	137.43	27	108.54	25	100.88	24	87.81	26
东部	**218.73**	[3]	**150.27**	[3]	**114.65**	[3]	**103.30**	[2]	**94.16**	[1]
辽宁	178.35	30	134.03	29	104.06	30	94.40	31	92.22	16
吉林	247.66	16	155.51	19	108.37	26	97.31	30	89.82	20
黑龙江	186.61	29	136.92	28	104.20	29	97.48	29	87.83	25
东北	**192.11**	[4]	**138.63**	[4]	**104.85**	[4]	**95.35**	[4]	**90.72**	[2]
湖北	257.45	14	186.87	4	123.34	5	104.29	10	96.01	7
湖南	274.10	9	175.97	9	120.02	9	101.95	21	89.93	18
河南	264.98	11	161.86	17	113.68	17	103.48	16	89.33	22
安徽	261.00	12	180.52	6	120.34	8	104.77	5	88.53	24
江西	284.30	8	173.41	11	120.74	7	103.49	15	87.17	28
山西	242.60	17	138.13	26	101.22	31	101.67	22	85.84	29
中部	**265.95**	[2]	**172.52**	[2]	**118.27**	[2]	**103.31**	[1]	**90.41**	[3]
重庆	320.19	4	195.66	3	127.82	2	104.88	4	95.45	8
陕西	356.62	3	196.35	2	122.29	6	104.45	8	95.41	9
新疆	212.45	25	152.13	20	117.32	13	103.31	18	93.71	13
宁夏	315.78	6	182.21	5	117.56	12	103.57	14	93.35	14
内蒙古	317.95	5	158.40	18	111.06	23	100.83	25	92.78	15
青海	295.22	7	176.81	7	116.46	16	99.73	26	91.76	17
四川	266.06	10	176.30	8	119.50	10	105.25	3	89.83	19
贵州	392.51	1	234.91	1	148.18	1	108.37	1	89.71	21
云南	241.04	18	170.04	12	124.41	4	103.45	17	88.70	23
西藏	378.61	2	169.11	13	126.58	3	108.15	2	87.35	27
广西	256.46	15	165.45	14	112.11	22	98.82	27	83.89	30
甘肃	233.27	20	149.83	22	110.52	24	97.62	28	78.21	31
西部	**287.26**	[1]	**179.02**	[1]	**121.65**	[1]	**102.76**	[3]	**89.89**	[4]

注：共时性年度横向测评（全国城乡、地区无差距理想值=100），类似“不论年龄比当下高矮”，有利于发达地区；历时性阶段纵向测评（起点年自身基数值=100），类似“不论高矮比时段生长”，有利于后发加力地区，从左至右：（1）以2000年为起点，（2）以2005年为起点，（3）以2010年为起点，（4）以2015年为起点，多向度测评对应省域排行，检验不同阶段进展状况。

1. 2017年理想值横向检测

以假定全国及各地各类数据全面消除城乡差距、地区差距为理想值100，2017年无差距全国横向检测排行，全国此项指数为92.21。这表明与全国及各地城乡、地区无差距理想值100相比，全国经济增长结构优化全量化检测结果达到92.21%，低于理想值7.79%。

东部此项指数为94.16，高于全国1.95个百分点；东北为90.72，低于全国1.49个百分点；中部为90.41，低于全国1.80个百分点；西部为89.89，低于全国2.32个百分点。此项指数高于全国的各地并非城乡差距、地区差距接近消除，而是其余各类检测指标“得分”较高。

同时，16个省域此项指数高于全国，按指数高低依次为江苏、上海、北京、天津、福建、浙江、湖北、重庆、陕西、海南、山东、广东、新疆、宁夏、内蒙古、辽宁；15个省域此项指数低于全国，按指数高低依次为青海、湖南、四川、吉林、贵州、河南、云南、安徽、黑龙江、河北、西藏、江西、山西、广西、甘肃。

其中，江苏、上海、北京、天津、福建5个省域为“2017年经济发展指数排名”前5位。

2. 2000年以来基数值纵向检测

以“全面小康”进程起点年“九五”末年2000年各类数据演算指标为基数值100，2000~2017年自身纵向检测排行，全国此项指数为230.10。这表明与2000年自身基数值100相比，全国经济增长结构优化全量化检测结果达到230.10%，高于基数值130.10%。

东部此项指数为218.73，低于全国11.37个百分点；东北为192.11，低于全国37.99个百分点；中部为265.95，高于全国35.85个百分点；西部为287.26，高于全国57.16个百分点。

同期，20个省域此项指数高于全国，按指数高低依次为贵州、西藏、陕西、重庆、内蒙古、宁夏、青海、江西、湖南、四川、河南、安徽、江苏、湖北、广西、吉林、山西、云南、海南、甘肃；11个省域此项指数低于全国，按指数高低依次为山东、福建、浙江、天津、新疆、广东、河北、北京、黑龙江、辽宁、上海。

其中，贵州、西藏、陕西、重庆、内蒙古5个省域为“2000～2017年经济发展指数提升”前5位。

3. 2005年以来基数值纵向检测

以“全面小康”进程第一个五年期“十五”末年2005年各类数据演算指标为基数值100，2005～2017年自身纵向检测排行，全国此项指数为161.72。这表明与2005年自身基数值100相比，全国经济增长结构优化全量化检测结果达到161.72%，高于基数值61.72%。

东部此项指数为150.27，低于全国11.45个百分点；东北为138.63，低于全国23.09个百分点；中部为172.52，高于全国10.80个百分点；西部为179.02，高于全国17.30个百分点。

同期，17个省域此项指数高于全国，按指数高低依次为贵州、陕西、重庆、湖北、宁夏、安徽、青海、四川、湖南、海南、江西、云南、西藏、广西、江苏、福建、河南；14个省域此项指数低于全国，按指数高低依次为内蒙古、吉林、新疆、山东、甘肃、天津、广东、浙江、山西、河北、黑龙江、辽宁、北京、上海。

其中，贵州、陕西、重庆、湖北、宁夏5个省域为“2005～2017年经济发展指数提升”前5位。

4. 2010年以来基数值纵向检测

以“全面小康”进程第二个五年期“十一五”末年2010年各类数据演算指标为基数值100，2010～2017年自身纵向检测排行，全国此项指数为117.96。这表明与2010年自身基数值100相比，全国经济增长结构优化全量化检测结果达到117.96%，高于基数值17.96%。

东部此项指数为114.65，低于全国3.31个百分点；东北为104.85，低于全国13.11个百分点；中部为118.27，高于全国0.31个百分点；西部为121.65，高于全国3.69个百分点。

同期，11个省域此项指数高于全国，按指数高低依次为贵州、重庆、西藏、云南、湖北、陕西、江西、安徽、湖南、四川、海南；20个省域此项指数低于全国，按指数高低依次为宁夏、新疆、江苏、福建、青海、河南、山东、广东、浙江、天津、广西、内蒙古、甘肃、河北、吉林、上海、北京、黑龙江、辽宁、山西。

其中，贵州、重庆、西藏、云南、湖北5个省域为“2010～2017年经济发展指数提升”前5位。

5. 2015年以来基数值纵向检测

以“全面小康”进程第三个五年期“十二五”末年2015年各类数据演算指标为基数值100，2015～2017年自身纵向检测排行，全国此项指数为103.81。这表明与2015年自身基数值100相比，全国经济增长结构优化全量化检测结果达到103.81%，高于基数值3.81%。

东部此项指数为103.30，低于全国0.51个百分点；东北为95.35，低于全国8.46个百分点；中部为103.31，低于全国0.50个百分点；西部为102.76，低于全国1.05个百分点。

同期，11个省域此项指数高于全国，按指数高低依次为贵州、西藏、四川、重庆、安徽、福建、海南、陕西、上海、湖北、广东；20个省域此项指数低于全国，按指数高低依次为江苏、浙江、宁夏、江西、河南、云南、新疆、北京、山东、湖南、山西、天津、河北、内蒙古、青海、广西、甘肃、黑龙江、吉林、辽宁。

其中，贵州、西藏、四川、重庆、安徽5个省域为“2015～2017年经济发展指数提升”前5位。

E.4

全国省域经济增长结构优化预期测算

——当前差距检测与2020年、2035年目标预测

王亚南　赵 娟　魏海燕*

摘　要： 本报告基于独创和首倡检测指标逆向推演测算合理性现实差距和预期目标：①假定当前全国收入法产值构成之劳动者报酬人均值弥合地区差，支出法产值构成之居民消费人均值弥合城乡比，分别应为现有值113.70%、135.50%，带动收入法、支出法产值相应变化分别应为现有值113.42%、125.98%；假定当前全国居民收入比、居民消费率达到历年最佳比值，居民收入、总消费分别应为现有值105.20%、115.17%。②假定2020年全国三次产业产值实现历年人均值最小地区差，至2020年年均增长应达12.80%，带动第一、第二、第三产业构成比相应变化分别应为7.10%、38.84%和54.06%；假定2020年全国财政收入、支出实现历年人均值最小地区差，至2020年年均增长分别应达19.40%、15.37%。③假定2035年全国各地居民收入比、居民消费率达到历年最佳比值，至2035年年均增长分别应达12.92%、13.49%；假定2035年全国劳动者报酬、居民消费人均值弥合地区差，至2035年收入法、支出法产值年均增长分别应达

* 王亚南，云南省社会科学院研究员，文化发展研究中心主任，主要研究方向为民俗学、民族学及文化理论、文化战略和文化产业研究；赵娟，云南省社会科学院民族文学研究所副研究员，主要研究方向为古典文学、民族文化和文化产业研究；魏海燕，云南省政协信息中心主任编辑，主要从事传媒信息分析研究。

12.05%、13.19%。四大区域、31 个省域现实差距和预期目标同步测算。

关键词： 全国省域 经济增长 结构优化 差距检测 目标预测

本项检测体系基于独具特色的演算分析方法，尤其是基于首创倒数权衡系数的城乡比指数逆指标，独创整个演算方式的地区差指数逆指标，不仅能够精确检测我国长期以来历史遗存的诸方面城乡差距、地区差距，而且能够逆向推演测算相应各类数据协调增长、均衡增长的当前现实差距和未来预期目标，对于全国、东、中、西部和东北四大区域、省域实现通约演算。

一 以合理性假定目标测算当前各类增长差距

（一）产值构成要素弥合地区差、城乡比测算

假定当前全国各地收入法产值构成之劳动者报酬趋近弥合地区差，支出法产值构成之最终消费支出中居民消费实现弥合城乡比，测算见表 1，分区域以劳动者报酬弥合地区差校订收入法产值测算人均值与现有值的实际差距位次排列。劳动者报酬现有人均值高于全国人均值的各地维持不变（测算值比现有值为 100%），因此只是趋近测算而非最终弥合地区差。

在收入法产值构成之劳动者报酬弥合地区差测算中，先演算出劳动者报酬人均值弥合地区差后“应然”人均数值，再经劳动者报酬总量，至产值总量，最后到产值人均值逐一过渡推演校订；在支出法产值构成之最终消费支出中居民消费弥合城乡比测算中，先演算出居民消费人均值弥合城乡比后“应然”人均数值，再经居民消费总量，至最终消费总量，又至产值总量，最后到产值人均值逐一过渡推演校订。

这两项测算最后推演数值清晰表明，后发地区产值总量显著增高，各地

之间产值人均值差距极显著缩小，全国产值总量和人均值均明显增高。唯有在前一项测算中，少数先发地区产值总量和人均值无变化，但在后一项测算中产值总量和人均值同样明显增高。不言自明，尽快消除“不平衡不充分的发展”缺陷定当出现这样的实际结果。

表 1　假定当前全国各地劳动者报酬弥合地区差、居民消费弥合城乡比测算

地区	劳动者报酬弥合地区差		收入法产值随之推演			居民消费弥合城乡比		支出法产值随之推演	
	现有人均值（元）	测算值比现有值（%）	现有人均值（元）	测算值比现有值（%）	差距排序（倒序）	现有人均值（元）	测算值比现有值（%）	现有人均值（元）	测算值比现有值（%）
全国	**28341.83**	**113.70**	**67669.12**	**113.42**	—	**22901.86**	**135.50**	**73791.18**	**125.98**
北京	67989.82	100	128994.11	100	1	52912.47	107.88	139163.18	107.88
上海	56245.42	100	126634.15	100	2	53617.28	107.26	135822.47	107.26
天津	48749.28	100	118943.57	100	3	38975.12	107.93	128380.10	107.93
江苏	46690.62	100	107150.00	100	4	39795.92	115.25	123488.11	115.25
福建	43235.70	100	82677.00	100	5	25968.83	117.37	97036.09	117.37
浙江	43086.05	100	92057.01	100	6	33851.34	114.41	105324.61	114.41
广东	39354.07	100	80932.00	100	7	30762.34	121.11	98019.78	121.11
山东	33258.75	100	72807.14	100	8	28352.83	123.28	89759.76	123.28
海南	26390.83	107.39	52010.30	107.39	12	20939.26	132.20	64023.04	132.20
河北	23215.49	122.08	55409.15	122.08	19	15892.96	130.58	59266.19	130.58
东部	**39709.04**	**101.91**	**85722.52**	**101.75**	[1]	**31566.78**	**121.29**	**99247.80**	**117.81**
湖北	28794.69	100	60199.00	100	10	21641.72	129.94	78221.48	129.94
湖南	24721.01	114.65	56816.63	114.65	15	19417.85	135.16	66979.60	135.16
河南	23198.03	122.17	57023.24	122.17	20	17840.52	143.45	66956.11	143.45
山西	20085.92	141.10	59347.90	141.10	27	18132.25	128.75	54153.23	128.75
安徽	20074.19	141.19	61276.40	141.19	28	17140.74	139.36	60482.39	139.36
江西	18262.05	155.20	67392.57	155.20	29	17289.86	126.18	54791.68	126.18
中部	**22918.69**	**123.98**	**59743.51**	**124.59**	[2]	**18584.22**	**135.38**	**64861.87**	**135.26**
吉林	23402.34	121.11	66412.55	121.11	18	15040.32	130.42	71518.40	130.42
辽宁	22797.61	124.32	66543.98	124.32	21	24865.96	122.02	65313.30	122.02
黑龙江	20350.82	139.27	58374.87	139.27	26	18859.36	127.32	53368.47	127.32
东北	**22097.05**	**128.26**	**63666.82**	**127.82**	[3]	**20315.88**	**126.91**	**62706.36**	**125.89**
内蒙古	30638.13	100	63764.00	100	9	23909.80	125.34	79923.02	125.34
重庆	26433.46	107.22	68022.23	107.22	11	22926.71	131.31	83307.12	131.31

续表

地区	劳动者报酬弥合地区差		收入法产值随之推演			居民消费弥合城乡比		支出法产值随之推演	
	现有人均值（元）	测算值比现有值（%）	现有人均值（元）	测算值比现有值（%）	差距排序（倒序）	现有人均值（元）	测算值比现有值（%）	现有人均值（元）	测算值比现有值（%）
宁夏	26277.05	107.86	54753.99	107.86	13	21058.96	132.39	67208.42	132.39
新疆	25805.20	109.83	49358.67	109.83	14	16735.69	144.77	65061.75	144.77
西藏	24647.76	114.99	45152.12	114.99	16	11098.47	191.84	75329.31	191.84
陕西	24347.58	116.41	66660.91	116.41	17	18484.87	136.74	78303.74	136.74
青海	22308.02	127.05	55960.71	127.05	22	18020.50	131.16	57773.49	131.16
四川	21378.50	132.57	59195.00	132.57	23	17919.82	128.26	57270.27	128.26
贵州	20765.07	136.49	51805.48	136.49	24	16349.32	148.20	56250.69	148.20
广西	20652.83	137.23	52287.28	137.23	25	16141.28	144.65	55115.96	144.65
云南	17784.35	159.36	54535.91	159.36	30	15880.96	151.05	51689.83	151.05
甘肃	15091.46	187.80	53516.57	187.80	31	14203.48	157.31	44826.73	157.31
西部	**22084.42**	**129.03**	**57505.13**	**128.12**	[4]	**17811.04**	**139.99**	**61953.09**	**138.03**

注：基于独创和首倡检测逆指标测算目前最新数据年度合理性目标：①收入法产值构成之劳动者报酬趋近实现“弥合地区差”，高于全国人均值的各地维持不变（即时假定目标不可能拉平，故表中测算值比现有值为100%），低于全国人均值的各地同步与全国总体平均值持平。②支出法产值构成之最终消费支出中居民消费实现“弥合城乡比”，全国及各地乡村人均值同步与自身城镇人均值持平。同时假定产值构成其余部分不变，最终依据数理关系逐步推演至全国产值，收入法产值总量和人均值为现有值113.42%，支出法产值总量和人均值为现有值125.98%，绝大部分省域测算值更明显高出现有值，地区差距显著缩小。限于制表空间，劳动者报酬到收入法产值、居民消费经最终消费支出到支出法产值逐步推演测算过程中过渡性的最终消费人均值、各类总量数据置于后台。

当然必须说明，这里的测算相当于设置一个“实验室提纯条件”，单独从产值构成里提出需要检测的一项要素加以分析测算，而姑且假定其余要素无变化。其余在现实生活里，这样的“实验室提纯条件”并不存在或很难成立，牵一发而动全身，产值构成所有要素都会随之变化。如果有必要，本项检测可以同时假定测算各项构成要素同步发生相同变化，最后检测综合变化效应。

1. 劳动者报酬假定弥合地区差测算

2017 年，全国收入法产值构成之劳动者报酬现有人均值为 28341.83

元。东部此项人均值高于全国，为全国人均值的140.11%；东北人均值低于全国，为全国人均值的77.97%；中部人均值低于全国，为全国人均值的80.87%；西部人均值低于全国，为全国人均值的77.92%。

10个省域此项人均值高于全国，按人均值高低依次为北京、上海、天津、江苏、福建、浙江、广东、山东、内蒙古、湖北；21个省域人均值低于全国，按人均值高低依次为重庆、海南、宁夏、新疆、湖南、西藏、陕西、吉林、河北、河南、辽宁、青海、四川、贵州、广西、黑龙江、山西、安徽、江西、云南、甘肃。其中，北京人均值占据首位，为全国人均值的239.89%；甘肃人均值处于末位，为全国人均值的53.25%。

以假定测算使当前收入法产值构成之劳动者报酬按人均值计算相对趋近均衡化：高于全国同类人均值的各地维持不变（既有事实不可改变，今后需向全国人均值趋近并持平），低于全国同类人均值的各地与之持平。这样一来需重新演算全国收入法产值构成之劳动者报酬人均值及其总量，应为现有值的113.70%（总量与人均值演算相同），这其实就是基于合理性的最低限度“应有”差距。

东部劳动者报酬测算值高于现有值，为现有值的101.91%，小于全国差距11.79个百分点；东北测算值高于现有值，为现有值的128.26%，大于全国差距14.56个百分点；中部测算值高于现有值，为现有值的123.98%，大于全国差距10.28个百分点；西部测算值高于现有值，为现有值的129.03%，大于全国差距15.33个百分点。

除了北京、上海、天津、江苏、福建、浙江、广东、山东、内蒙古、湖北10个省域劳动者报酬现有人均值高于全国维持不变以外，其余21个省域现有人均值低于全国而存在差距，按差距从小到大依次为重庆、海南、宁夏、新疆、湖南、西藏、陕西、吉林、河北、河南、辽宁、青海、四川、贵州、广西、黑龙江、山西、安徽、江西、云南、甘肃。其中，重庆差距最小，测算值为现有值的107.22%，小于全国差距6.48个百分点；甘肃差距最大，测算值为现有值的187.80%，大于全国差距74.10个百分点。

2. 收入法产值同构推演

收入法产值构成之劳动者报酬测算出合理性差距，那么整个收入法产值结构必然形成潜在增长空间。为了演算简单易行，假设其余方面保持不变，劳动者报酬测算差距自然导致收入法产值也应当测算其间差距。于是照此推演测算，当前收入法产值人均值应达到 67669. 12 元，测算值为现有值的 113. 42%（总量与人均值演算相同）。

东部收入法产值测算值高于现有值，为现有值的 101. 75%，小于全国差距 11. 67 个百分点；东北测算值高于现有值，为现有值的 127. 82%，大于全国差距 14. 40 个百分点；中部测算值高于现有值，为现有值的 124. 59%，大于全国差距 11. 17 个百分点；西部测算值高于现有值，为现有值的 128. 12%，大于全国差距 14. 70 个百分点。

除了同上 10 个省域收入法产值现有人均值高于全国维持不变以外，其余同上 21 个省域现有人均值低于全国而存在差距。其中，重庆差距最小，测算值为现有值的 107. 22%，小于全国差距 6. 20 个百分点；甘肃差距最大，测算值为现有值的 187. 80%，大于全国差距 74. 38 个百分点。

诚然，通过市场运作规则加以调节的劳动力价格毕竟不属于以公平正义为唯一原则的“国民待遇”之列，但地区之间、行业之间一定程度的趋近也正是市场规律运行的最终平衡结果，资本的利润如此，劳动力的价格亦然。社会结构体制性的固化差异恰恰不是市场经济规律运行的正常状态。

3. 最终消费中居民消费假定弥合城乡比测算

2017 年，在支出法产值构成之最终消费当中，全国居民消费人均值为 22901. 86 元。东部人均值高于全国，为全国人均值的 137. 84%；东北人均值低于全国，为全国人均值的 88. 71%；中部人均值低于全国，为全国人均值的 81. 15%；西部人均值低于全国，为全国人均值的 77. 77%。

11 个省域居民消费人均值高于全国，按人均值高低依次为上海、北京、江苏、天津、浙江、广东、山东、福建、辽宁、内蒙古、重庆；20 个省域人均值低于全国，按人均值高低依次为湖北、宁夏、海南、湖南、黑龙江、陕西、山西、青海、四川、河南、江西、安徽、新疆、贵州、广西、河北、云南、吉林、甘肃、西藏。其中，上海人均值占据首位，为全国人均值的234.12%；西藏人均值处于末位，为全国人均值的48.46%。

以假定测算使当前支出法产值构成之最终消费支出中居民消费按人均值计算实现均衡化：居民消费又分为城镇居民消费与乡村居民消费，城镇人均值对乡村人均值的倍数差即为城乡比指数。假定弥合其间城乡差距，即乡村居民消费人均值与城镇持平，这样一来需重新演算全国支出法产值构成之最终消费支出中居民消费人均值及其总量，应为现有值的135.50%（总量与人均值演算相同），这其实也是基于合理性的最低限度“应有”差距。

东部居民消费测算值高于现有值，为现有值的121.29%，小于全国差距14.21个百分点；东北测算值高于现有值，为现有值的126.91%，小于全国差距8.59个百分点；中部测算值高于现有值，为现有值的135.38%，小于全国差距0.12个百分点；西部测算值高于现有值，为现有值的139.99%，大于全国差距4.49个百分点。

22个省域居民消费测算差距小于全国差距，按差距从小到大依次为上海、北京、天津、浙江、江苏、福建、广东、辽宁、山东、内蒙古、江西、黑龙江、四川、山西、湖北、吉林、河北、青海、重庆、海南、宁夏、湖南；9个省域测算差距大于全国差距，按差距从小到大依次为陕西、安徽、河南、广西、新疆、贵州、云南、甘肃、西藏。其中，上海差距最小，测算值为现有值的107.26%，小于全国差距28.24个百分点；西藏差距最大，测算值为现有值的191.84%，大于全国差距56.34个百分点。

4. 支出法产值同构推演

支出法产值构成之最终消费支出中居民消费测算出合理性差距，那么整个支出法产值结构必然形成潜在增长空间。为了演算简单易行，假设其余方面保持不变，最终消费支出中居民消费测算差距自然导致支出法产值也应当测算其间差距。于是照此推演测算，当前支出法产值人均值应达到73791.18元，测算值为现有值的125.98%（总量与人均值演算相同）。

东部支出法产值测算人均值高于全国，为全国人均值的134.50%；东北测算人均值低于全国，为全国人均值的84.98%；中部测算人均值低于全国，为全国人均值的87.90%；西部测算人均值低于全国，为全国人均值的83.96%。

13个省域支出法产值测算人均值高于全国，按人均值高低依次为北京、上海、天津、江苏、浙江、广东、福建、山东、重庆、内蒙古、陕西、湖北、西藏；18个省域测算人均值低于全国，按人均值高低依次为吉林、宁夏、湖南、河南、辽宁、新疆、海南、安徽、河北、青海、四川、贵州、广西、江西、山西、黑龙江、云南、甘肃。其中，北京测算人均值最高，为全国人均值的188.59%；甘肃测算人均值最低，为全国人均值的60.75%。

东部支出法产值测算值高于现有值，为现有值的117.81%，小于全国差距8.17个百分点；东北测算值高于现有值，为现有值的125.89%，小于全国差距0.09个百分点；中部测算值高于现有值，为现有值的135.26%，大于全国差距9.28个百分点；西部测算值高于现有值，为现有值的138.03%，大于全国差距12.05个百分点。

10个省域支出法产值测算差距小于全国差距，按差距从小到大依次为上海、北京、天津、浙江、江苏、福建、广东、辽宁、山东、内蒙古；21个省域测算差距大于全国差距，按差距从小到大依次为江西、黑龙江、四川、山西、湖北、吉林、河北、青海、重庆、海南、宁夏、湖南、陕西、安徽、河南、广西、新疆、贵州、云南、甘肃、西藏。其中，上海差距最小，测算值为现有值的107.26%，小于全国差距18.72个百分点；西藏差距最大，测算值为现有值的191.84%，大于全国差距65.86个百分点。

我国“不平衡不充分的发展”缺陷最突出地体现于乡村向来发展滞后，城乡差距又在很大程度上加大地区差距。城乡鸿沟、地区鸿沟酝酿动荡激发内乱，正是中国“历史周期律”的社会结构体制深层根源。本系列研究极其关注于城乡比、地区差检测的初衷就在于此，而非仅仅着眼于当前发展状况，现实发展放到历史背景当中才能揭示出深刻意义。

（二）居民收入比、消费率回归历年最佳值测算

假定当前全国各地居民收入比、居民消费率回归2000年以来历年最佳

比值，测算见表2，分区域以城乡居民收入测算人均值与现有值的实际差距位次排列。

表2 假定当前全国各地居民收入比、消费率达到历年最佳比值测算

地区	以2000年以来最高居民收入比检验增长差距					以2000年以来最高居民消费率检验增长差距			
	现有收入比（%）	历年最高比（%）	现有人均值（元）	测算值比现有值（%）	差距排序（倒序）	现有消费率（%）	历年最高率（%）	现有人均值（元）	测算值比现有值（%）
全国	**44.82**	**47.14**	**28126.44**	**105.20**	—	**31.46**	**36.23**	**21616.97**	**115.17**
黑龙江	51.12	53.01	22220.52	103.69	5	37.48	38.54	16155.23	102.83
辽宁	52.45	57.14	30586.46	108.95	9	38.54	41.25	22079.85	107.04
吉林	39.39	49.36	27071.86	125.31	22	28.78	38.38	21048.64	133.37
东北	**48.46**	**50.58**	**26793.30**	**110.99**	[1]	**35.54**	**36.53**	**19758.30**	**111.61**
河北	49.47	50.58	22958.39	102.26	4	35.23	35.79	16243.81	101.60
浙江	46.40	49.99	46020.68	107.75	6	29.80	37.98	34962.82	127.46
上海	46.08	49.86	63135.99	108.20	7	31.07	33.96	43002.29	109.28
北京	44.39	48.32	62326.75	108.86	8	29.02	31.75	40959.42	109.40
山东	38.57	43.81	31899.61	113.61	11	24.66	31.82	23163.48	129.01
海南	47.88	54.69	26483.48	114.21	13	32.59	41.24	19970.63	126.52
广东	41.14	48.32	39106.43	117.45	16	30.91	38.54	31187.81	124.66
福建	37.36	46.25	38240.68	123.81	20	26.24	33.51	27703.31	127.71
江苏	33.46	41.58	44552.25	124.27	21	22.29	30.14	32290.64	135.23
天津	31.20	39.55	47043.20	126.75	23	23.47	29.36	34922.05	125.12
东部	**40.42**	**44.02**	**39022.45**	**114.61**	[2]	**27.71**	**32.69**	**28737.27**	**123.11**
山西	50.41	55.41	23306.42	109.92	10	33.50	36.78	15469.28	109.79
河南	45.05	51.38	23979.39	114.05	12	30.53	35.32	16483.93	115.69
江西	52.76	61.52	26714.31	116.60	14	34.35	45.61	19805.08	132.75
安徽	52.35	61.41	26650.90	117.32	15	37.30	45.56	19773.07	122.15
湖南	48.87	62.90	31172.74	128.72	26	35.87	53.34	26432.08	148.69
湖北	40.57	60.06	36153.75	148.03	29	28.73	47.33	28493.58	164.77
中部	**47.34**	**57.05**	**27992.65**	**123.30**	[3]	**32.92**	**43.57**	**21126.44**	**133.81**
云南	57.15	57.15	19554.63	100	1	38.92	46.56	15930.74	119.63
甘肃	59.81	60.12	17130.38	100.52	2	48.37	48.37	13781.63	100
新疆	46.03	46.70	20988.52	101.46	3	34.70	35.66	16027.30	102.77
青海	44.87	53.53	23595.41	119.29	17	36.21	43.59	19214.98	120.39

续表

地区	以2000年以来最高居民收入比检验增长差距					以2000年以来最高居民消费率检验增长差距			
	现有收入比（%）	历年最高比（%）	现有人均值（元）	测算值比现有值（%）	差距排序（倒序）	现有消费率（%）	历年最高率（%）	现有人均值（元）	测算值比现有值（%）
宁夏	42.25	50.95	25857.77	120.59	18	31.19	42.84	21742.21	137.33
内蒙古	42.04	51.36	32748.10	122.17	19	30.18	39.81	25384.99	131.94
广西	54.21	69.01	26293.88	127.30	24	36.15	54.80	20879.85	151.61
西藏	41.99	53.73	21088.03	127.97	25	28.14	42.34	16617.81	150.48
四川	48.10	64.25	28689.65	133.58	27	37.39	51.58	23032.09	137.97
陕西	38.04	52.46	30040.44	137.90	28	27.10	45.58	26103.31	168.20
重庆	39.44	63.70	40413.12	161.49	30	29.04	52.84	33522.54	181.94
贵州	47.38	81.50	30933.30	172.03	31	36.18	66.65	25297.60	184.23
西部	**46.88**	**58.95**	**27292.69**	**129.72**	[4]	**34.41**	**47.95**	**22152.43**	**143.43**

注：本项检测以迄今历年最高居民收入比测算城乡居民收入人均值与现有值之差（商差百分比），将此界定为“经济增长与居民增收落差系数”；以历年最高居民消费率测算城乡居民总消费人均值与现有值之差，将此界定为“经济增长与居民增支落差系数”。测算表明，全国历年最高居民收入比测算人均值为现有值105.20%，历年最高居民消费率测算人均值为现有值115.17%，绝大部分省域测算值更明显高出现有值。限于制表空间，总量数据置于后台，居民收入比、消费率皆以各类总量数据演算，其实人均值演算的出入极其微小亦可忽略不计。

1. 历年居民收入比变动分析

2000～2017年，全国居民收入比（与国民总收入极度近似值产值比）从46.37%下降为44.82%，较明显降低1.55个百分点；其中，“十五”期间降低2.37个百分点，“十一五”期间降低4.20个百分点，“十二五”以来增高5.02个百分点。这意味着“居民部门”在初次分配中的收益份额降低，好在进入“十二五”之后略有回升。

2017年东部居民收入比低于全国，为全国比值的90.18%；东北居民收入比高于全国，为全国比值的108.14%；中部居民收入比高于全国，为全国比值的105.64%；西部居民收入比高于全国，为全国比值的104.60%。

18个省域居民收入比高于全国，按收入比高低依次为甘肃、云南、广西、江西、辽宁、安徽、黑龙江、山西、河北、湖南、四川、海南、贵州、浙江、上海、新疆、河南、青海；13 个省域居民收入比低于全国，按收入比高低依次为北京、宁夏、内蒙古、西藏、广东、湖北、重庆、吉林、山东、陕西、福建、江苏、天津。其中，甘肃居民收入比占据首位，为全国比值的 133.46%；天津居民收入比处于末位，为全国比值的 69.63%。

截至 2017 年，全国历年最高居民收入比为 47.14%。东部最佳比值低于全国，为全国比值的 93.36%；东北最佳比值高于全国，为全国比值的 102.80%；中部最佳比值高于全国，为全国比值的 121.01%；西部最佳比值高于全国，为全国比值的 125.04%。

25 个省域最佳比值高于全国，按比值高低依次为贵州、广西、四川、重庆、湖南、江西、安徽、湖北、甘肃、云南、山西、海南、西藏、青海、陕西、辽宁、河南、内蒙古、黑龙江、宁夏、浙江、河北、吉林、广东、上海；6 个省域最佳比值低于全国，按比值高低依次为新疆、福建、北京、山东、江苏、天津。其中，贵州此项比值最高，为全国比值的 172.87%；天津此项比值最低，为全国比值的 83.89%。

2. 最佳比值居民收入测算

“十二五”以来全国居民收入比虽有所回升，但并未回复到 2000 年以来最佳水平，这无疑就是经济增长与居民收入增加之间的确协调性差距。假定当前回复至 2000 年以来历年最高居民收入比，全国居民收入人均值应达到 28126.44 元，测算值为现有值 105.20%（总量与人均值演算相同）。

东部居民收入测算人均值高于全国，为全国测算值的 137.53%；东北测算人均值低于全国，为全国测算值的 90.69%；中部测算人均值低于全国，为全国测算值的 99.52%；西部测算人均值低于全国，为全国测算值的 97.01%。

15 个省域测算人均值高于全国，按人均值高低依次为上海、北京、天津、浙江、江苏、重庆、广东、福建、湖北、内蒙古、山东、湖南、贵州、陕西、四川；16 个省域测算人均值低于全国，按人均值高低依次为辽宁、吉林、江西、安徽、海南、广西、宁夏、河南、青海、山西、河北、黑龙江、西藏、新疆、云南、甘肃。其中，上海测算人均值最高，为全国人均值的215.02%；甘肃测算人均值最低，为全国人均值的60.59%。

最后检验各地居民收入测算人均值与现有值差距。东部测算值高于现有值，为现有值的113.61%，大于全国差距8.41个百分点；东北测算值高于现有值，为现有值的105.67%，大于全国差距0.47个百分点；中部测算值高于现有值，为现有值的123.30%，大于全国差距18.10个百分点；西部测算值高于现有值，为现有值的129.68%，大于全国差距24.48个百分点。

8个省域居民收入测算差距小于全国差距，按差距从小到大依次为甘肃、云南、黑龙江、河北、辽宁、新疆、北京、上海；23个省域测算差距大于全国差距，按差距从小到大依次为浙江、山西、山东、河南、海南、江西、安徽、广东、青海、宁夏、内蒙古、福建、江苏、吉林、天津、广西、西藏、湖南、四川、陕西、湖北、重庆、贵州。其中，甘肃差距最小，测算值为现有值的100.00%（即无差距），小于全国差距5.20个百分点；贵州差距最大，测算值为现有值的172.03%，大于全国差距66.83个百分点。31个省域里只有5地无差距，即当前居民收入比即为最佳比值。

3. 历年居民消费率变动分析

2000~2017年，全国居民消费率（与产值比）从35.91%下降为31.46%，明显降低4.45个百分点；其中，“十五”期间降低2.23个百分点，“十一五”期间降低5.27个百分点，“十二五”以来增高3.05个百分点。这意味着“居民部门”在社会财富支配中的用度份额降低，好在进入“十二五”之后略有回升。

2017年东部居民消费率低于全国，为全国比值的88.07%；东北居民消费率高于全国，为全国比值的112.96%；中部居民消费率高于全国，为全国比值的104.65%；西部居民消费率高于全国，为全国比值的109.37%。

15个省域居民消费率高于全国，按消费率高低依次为甘肃、云南、辽宁、黑龙江、四川、安徽、青海、贵州、广西、湖南、河北、新疆、江西、山西、海南；16个省域居民消费率低于全国，按消费率高低依次为宁夏、上海、广东、河南、内蒙古、浙江、重庆、北京、吉林、湖北、西藏、陕西、福建、山东、天津、江苏。其中，甘肃居民消费率占据首位，为全国比值的 153. 73%；江苏居民消费率处于末位，为全国比值的 70. 83%。

截至 2017 年，全国历年最高居民消费率为 36. 23%。东部最佳比值低于全国，为全国比值的 90. 21%；东北最佳比值低于全国，为全国比值的 98. 08%；中部最佳比值高于全国，为全国比值的 120. 25%；西部最佳比值高于全国，为全国比值的 132. 33%。

22 个省域最佳比值高于全国，按比值高低依次为贵州、广西、湖南、重庆、四川、甘肃、湖北、云南、江西、陕西、安徽、青海、宁夏、西藏、海南、内蒙古、辽宁、广东、吉林、浙江、黑龙江、山西；9 个省域最佳比值低于全国，按比值高低依次为新疆、河南、河北、上海、福建、山东、北京、江苏、天津。其中，贵州此项比值最高，为全国比值的 183. 94%；天津此项比值最低，为全国比值的 81. 03%。

4. 最佳比值居民总消费测算

“十二五”以来全国居民消费率虽随着居民收入比回升而有所回升，但并未回复到 2000 年以来最佳水平，这无疑就是经济增长与居民消费增加之间的确协调性差距。假定当前回复至 2000 年以来历年最高居民消费率，全国居民总消费人均值应达到 21616. 97 元，测算值为现有值 115. 17%（总量与人均值演算相同）。

东部居民总消费测算人均值高于全国，为全国测算值的 132. 77%；东北测算人均值低于全国，为全国测算值的 88. 99%；中部测算人均值低于全国，为全国测算值的 97. 73%；西部测算人均值高于全国，为全国测算值的 102. 48%。

16 个省域测算人均值高于全国，按人均值高低依次为上海、北京、浙江、天津、重庆、江苏、广东、湖北、福建、湖南、陕西、内蒙古、贵州、山东、四川、宁夏；15 个省域测算人均值低于全国，按人均值高低依次为辽宁、吉林、广西、海南、江西、安徽、青海、西藏、河南、新疆、河北、云南、黑龙江、山西、甘肃。其中，上海测算人均值最高，为全国人均值的 198. 93%；甘肃测算人均值最低，为全国人均值的 63. 75%。

最后检验各地居民总消费测算人均值与现有值差距。东部测算值高于现有值，为现有值的122.95%，大于全国差距7.78个百分点；东北测算值高于现有值，为现有值的108.67%，小于全国差距6.50个百分点；中部测算值高于现有值，为现有值的133.81%，大于全国差距18.64个百分点；西部测算值高于现有值，为现有值的143.43%，大于全国差距28.26个百分点。

8个省域居民总消费测算差距小于全国差距，按差距从小到大依次为甘肃、黑龙江、河北、辽宁、新疆、上海、北京、山西；23个省域测算差距大于全国差距，按差距从小到大依次为河南、云南、青海、安徽、广东、天津、海南、浙江、福建、山东、内蒙古、江西、吉林、江苏、宁夏、四川、湖南、西藏、广西、湖北、陕西、重庆、贵州。其中，甘肃差距最小，测算值为现有值的100.00%（即无差距），小于全国差距15.17个百分点；贵州差距最大，测算值为现有值的184.23%，大于全国差距69.06个百分点。31个省域里只有3地无差距，即当前居民消费率即为最佳比值。

不言而喻，经济增长只是手段，民生增进才是最终目的。然而，多年以来的“GDP追逐”锦标竞赛却使手段变成目的。“以人民为中心”的新发展思想必须贯彻到经济发展考核当中，民生增进应当成为检验各地各级政府实绩的最主要标准。“高质量发展”的要义就在于优化增长结构，一定的发展速度固然必要，但更重要的是结构优化的协调增长，这才是有利于社会稳定、和谐的可持续增长。

二　“全面小康”目标年协调均衡增长目标检验

（一）2020年实现各地产值增长最小地区差测算

假定2020年全国各地三次产业结构产值增长实现最小地区差目标，预测算见表3，分区域以产值测算人均值至2020年所需年均增长率从低到高位次排列。

表 3　假定 2020 年全国各地三次产业产值实现最小地区差目标预测算

地区	2020 年实现产值人均值最小地区差测算			第一产业产值构成随之变动		第二产业产值构成随之变动		第三产业产值构成随之变动	
	人均值（元）	年均增（%）	重检地区差	人均值（元）	构成比（%）	人均值（元）	构成比（%）	人均值（元）	构成比（%）
全国	**85637.10**	**12.80**	**1.2632**	**6078.50**	**7.10**	**33264.99**	**38.84**	**46293.61**	**54.06**
江苏	125847.39	5.51	1.4695	5022.56	3.99	53855.05	42.79	66969.77	53.22
福建	106348.38	8.75	1.2418	6239.51	5.87	51080.90	48.03	49027.97	46.10
上海	163593.44	8.91	1.9103	448.20	0.27	42563.98	26.02	120581.27	73.71
北京	173407.58	10.37	2.0249	533.95	0.31	18499.85	10.67	154373.78	89.02
山东	99597.43	11.01	1.1630	5726.70	5.75	43666.38	43.84	50204.35	50.41
广东	112160.92	11.49	1.3097	3894.48	3.47	43549.13	38.83	64717.30	57.70
天津	167056.91	11.99	1.9508	1156.13	0.69	63777.80	38.18	102122.99	61.13
浙江	129319.15	12.00	1.5101	4004.69	3.10	51283.29	39.66	74031.17	57.25
海南	72891.89	14.60	1.1488	14278.28	19.59	15518.97	21.29	43094.65	59.12
河北	85158.49	23.34	1.0056	7080.06	8.31	38596.77	45.32	39481.66	46.36
东部	**114146.34**	**10.65**	**1.4735**	**4752.17**	**4.16**	**44226.92**	**38.75**	**65167.26**	**57.09**
湖北	85263.85	12.30	1.0044	7588.41	8.90	37286.21	43.73	40389.24	47.37
江西	63931.70	13.76	1.2535	4941.28	7.73	31469.51	49.22	27520.91	43.05
安徽	64060.68	13.86	1.2520	5158.76	8.05	30365.64	47.40	28536.28	44.55
湖南	73232.99	13.90	1.1448	5510.17	7.52	30257.00	41.32	37465.82	51.16
河南	69172.52	14.01	1.1923	5477.11	7.92	31877.26	46.08	31818.14	46.00
山西	74057.30	20.75	1.1352	3007.83	4.06	29911.05	40.39	41138.42	55.55
中部	**72276.47**	**14.66**	**1.1637**	**5509.49**	**7.62**	**32294.52**	**44.68**	**34472.46**	**47.70**
重庆	86325.74	10.81	1.0080	4763.33	5.52	37562.73	43.51	43999.68	50.97
内蒙古	87068.03	10.94	1.0167	7750.11	8.90	32249.73	37.04	47068.19	54.06
西藏	57390.16	13.48	1.3298	4353.36	7.59	22890.65	39.89	30146.14	52.53
四川	65812.94	13.80	1.2315	6661.18	10.12	24283.19	36.90	34868.57	52.98
云南	51135.84	14.33	1.4029	6782.28	13.26	18320.72	35.83	26032.84	50.91
陕西	85652.81	14.36	1.0002	6056.49	7.07	42270.51	49.35	37325.82	43.58
宁夏	77467.90	15.13	1.0954	4929.69	6.36	34108.98	44.03	38429.23	49.61
广西	60041.20	16.37	1.2989	8525.47	14.20	24065.81	40.08	27449.92	45.72
贵州	60283.45	16.67	1.2961	8194.25	13.59	23429.50	38.87	28659.70	47.54
青海	71609.49	17.58	1.1638	5980.71	8.35	31630.65	44.17	33998.12	47.48
甘肃	47687.38	18.72	1.4431	5062.15	10.62	14491.83	30.39	28133.39	59.00
新疆	79046.64	20.71	1.0770	10516.55	13.30	30597.93	38.71	37932.16	47.99

续表

地区	2020年实现产值人均值最小地区差测算			第一产业产值构成随之变动		第二产业产值构成随之变动		第三产业产值构成随之变动	
	人均值（元）	年均增（%）	重检地区差	人均值（元）	构成比（%）	人均值（元）	构成比（%）	人均值（元）	构成比（%）
西部	**68698. 65**	**15. 24**	**1. 1969**	**7110. 94**	**10. 35**	**27303. 99**	**39. 74**	**34283. 73**	**49. 90**
辽宁	80194. 40	14. 43	1. 0636	6199. 49	7. 73	29553. 03	36. 85	44441. 88	55. 42
吉林	85052. 70	15. 75	1. 0068	5202. 26	6. 12	38281. 54	45. 01	41568. 90	48. 87
黑龙江	84934. 94	26. 54	1. 0082	17292. 99	20. 36	15512. 25	18. 26	52129. 69	61. 38
东北	**82359. 37**	**18. 25**	**1. 0262**	**9714. 27**	**11. 79**	**26644. 67**	**32. 35**	**46000. 43**	**55. 85**

注：基于独创检测逆指标测算合理性增长目标：假定各地同步实现2000～2020年自身“最小地区差”，低于全国人均值的各地按自身2000年以来最小偏差值向上趋近，高于全国人均值的各地按自身2000年以来最小偏差值向下趋近，在动态目标测算中检验各地差距。据测算2020年全国及10个省域产值人均值地区差为历年最小地区差，依此推演至其余省域亦取自身历年最小地区差，全国产值总量、人均测算值所需年均增长率分别为13.43%、12.80%，各省域类推，地区差距显著缩小。第一、第二、第三产业产值构成随之变动。

1. 产值最小地区差增长测算

假定各地产值人均值同步向全国人均值趋近，到2020年达到自身历年与全国人均值的正负最小偏差，那么自然会影响全国产值总量和人均值随之变化。在此假定设计下测算，2020年全国产值人均值应为85637.10元。

东部产值测算人均值高于全国，为全国测算值的133.29%；东北测算人均值低于全国，为全国测算值的96.17%；中部测算人均值低于全国，为全国测算值的84.40%；西部测算人均值低于全国，为全国测算值的80.22%。

11个省域测算人均值高于全国，按人均值高低依次为北京、天津、上海、浙江、江苏、广东、福建、山东、内蒙古、重庆、陕西；20个省域测算人均值低于全国，按人均值高低依次为湖北、河北、吉林、黑龙江、辽宁、新疆、宁夏、山西、湖南、海南、青海、河南、四川、安徽、江西、贵州、广西、西藏、云南、甘肃。其中，北京测算人均值最高，为全国人均值的202.49%；甘肃测算人均值最低，为全国人均值的55.69%。

随之检测至2020年产值人均值预期增长所需年均增长率，全国应为

12.80%（总量演算为13.43%）。东部所需年均增长率小于全国，为全国增长率的83.21%；东北所需增长率大于全国，为全国增长率的142.51%；中部所需增长率大于全国，为全国增长率的114.46%；西部所需增长率大于全国，为全国增长率的119.05%。

11个省域所需年均增长率低于全国，按所需增长率从小到大依次为江苏、福建、上海、北京、重庆、内蒙古、山东、广东、天津、浙江、湖北；20个省域所需年均增长率高于全国，按所需增长率从小到大依次为西藏、江西、四川、安徽、湖南、河南、云南、陕西、辽宁、海南、宁夏、吉林、广西、贵州、青海、甘肃、新疆、山西、河北、黑龙江。其中，江苏所需增长率最低，低于全国7.29个百分点；黑龙江所需增长率最高，高于全国13.74个百分点。

2. 产值预期增长重检地区差

由于假定为最小地区差测算，产值人均值地区差依然存在，有必要重新检测。基于这一假定情况演算，全国重检地区差指数应为1.2632，与现有地区差（对照本书E.3排行报告表1）相比明显缩减。东部重检地区差大于全国，为全国地区差的116.65%；东北重检地区差小于全国，为全国地区差的81.24%；中部重检地区差小于全国，为全国地区差的92.12%；西部重检地区差小于全国，为全国地区差的94.76%。

20个省域重检地区差小于全国，按地区差从小到大依次为陕西、湖北、河北、吉林、重庆、黑龙江、内蒙古、辽宁、新疆、宁夏、山西、湖南、海南、山东、青海、河南、四川、福建、安徽、江西；11个省域重检地区差大于全国，按地区差从小到大依次为贵州、广西、广东、西藏、云南、甘肃、江苏、浙江、上海、天津、北京。其中，陕西重检地区差最小，为全国地区差的79.18%；北京重检地区差最大，为全国地区差的160.30%。

3. 三次产业产值人均值随之变动推演

总产值之人均值按照最小地区差测算变动之后，2020年全国第一产业测算人均值应为6078.50元。东部第一产业测算人均值低于全国，为全国测算值的78.18%；东北测算人均值高于全国，为全国测算值的159.81%；中部测算人均值低于全国，为全国测算值的 90.64%；西部测算人均值高于全国，为全国测算值的 116.98%。

12 个省域第一产业测算人均值高于全国，按人均值高低依次为黑龙江、海南、新疆、广西、贵州、内蒙古、湖北、河北、云南、四川、福建、辽宁；19 个省域测算人均值低于全国，按人均值高低依次为陕西、青海、山东、湖南、河南、吉林、安徽、甘肃、江苏、江西、宁夏、重庆、西藏、浙江、广东、山西、天津、北京、上海。其中，黑龙江测算人均值最高，为全国人均值的 284.49%；上海测算人均值最低，为全国人均值的 7.37%。

2020 年全国第二产业测算人均值应为 33264.99 元。东部第二产业测算人均值高于全国，为全国测算值的 132.95%；东北测算人均值低于全国，为全国测算值的 80.10%；中部测算人均值低于全国，为全国测算值的 97.08%；西部测算人均值低于全国，为全国测算值的 82.08%。

13 个省域第二产业测算人均值高于全国，按人均值高低依次为天津、江苏、浙江、福建、山东、广东、上海、陕西、河北、吉林、重庆、湖北、宁夏；18 个省域测算人均值低于全国，按人均值高低依次为内蒙古、河南、青海、江西、新疆、安徽、湖南、山西、辽宁、四川、广西、贵州、西藏、北京、云南、海南、黑龙江、甘肃。其中，天津测算人均值最高，为全国人均值的 191.73%；甘肃测算人均值最低，为全国人均值的 43.56%。

2020 年全国第三产业测算人均值应为 46293.61 元。东部第三产业测算人均值高于全国，为全国测算值的 140.77%；东北测算人均值低于全国，为全国测算值的 99.37%；中部测算人均值低于全国，为全国测算值的 74.46%；西部测算人均值低于全国，为全国测算值的 74.06%。

10 个省域第三产业测算人均值高于全国，按人均值高低依次为北京、上海、天津、浙江、江苏、广东、黑龙江、山东、福建、内蒙古；21 个省域测算人均值低于全国，按人均值高低依次为辽宁、重庆、海南、吉林、山西、湖北、河北、宁夏、新疆、湖南、陕西、四川、青海、河南、西藏、贵州、安徽、甘肃、江西、广西、云南。其中，北京测算人均值最高，为全国人均值的 333.47%；云南测算人均值最低，为全国人均值的 56.23%。

4. 三次产业构成比随之变动推演

基于总产值之人均值按照最小地区差测算变动，再依据三次产业各自历年不同增长推演，2020 年全国第一产业测算构成比应为 7.10%（总量与人均值演算相同）。东部第一产业测算构成比低于全国，为全国构成比的 58.65%；东北测算构成比高于全国，为全国构成比的 166.17%；中部测算构成比高于全国，为全国构成比的 107.39%；西部测算构成比高于全国，为全国构成比的 145.83%。

18 个省域第一产业测算构成比高于全国，按构成比高低依次为黑龙江、海南、广西、贵州、新疆、云南、甘肃、四川、内蒙古、湖北、青海、河北、安徽、河南、辽宁、江西、西藏、湖南；13 个省域测算构成比低于全国，按构成比高低依次为陕西、宁夏、吉林、福建、山东、重庆、山西、江苏、广东、浙江、天津、北京、上海。其中，黑龙江测算构成比最高，为全国构成比的 286.85%；上海测算构成比最低，为全国构成比的 3.86%。

2020 年全国第二产业测算构成比应为 38.84%（总量与人均值演算相同）。东部第二产业测算构成比低于全国，为全国构成比的 99.75%；东北测算构成比低于全国，为全国构成比的 83.29%；中部测算构成比高于全国，为全国构成比的 115.03%；西部测算构成比高于全国，为全国构成比的 102.32%。

19 个省域第二产业测算构成比高于全国，按构成比高低依次为陕西、江西、福建、安徽、河南、河北、吉林、青海、宁夏、山东、湖北、重庆、江苏、湖南、山西、广西、西藏、浙江、贵州；12 个省域测算构成比低于全国，按构成比高低依次为广东、新疆、天津、内蒙古、四川、辽宁、云南、甘肃、上海、海南、黑龙江、北京。其中，陕西测算构成比最高，为全国构成比的 127.05%；北京测算构成比最低，为全国构成比的 27.46%。

2020 年全国第三产业测算构成比应为 54.06%（总量与人均值演算相同）。东部第三产业测算构成比高于全国，为全国构成比的 105.61%；东北测算构成比高于全国，为全国构成比的 103.32%；中部测算构成比低于全国，为全国构成比的 88.23%；西部测算构成比低于全国，为全国构成比的

92.32%。

11个省域第三产业测算构成比高于全国，按构成比高低依次为北京、上海、黑龙江、天津、海南、甘肃、广东、浙江、山西、辽宁、内蒙古；20个省域测算构成比低于全国，按构成比高低依次为江苏、四川、西藏、湖南、重庆、云南、山东、宁夏、吉林、新疆、贵州、青海、湖北、河北、福建、河南、广西、安徽、陕西、江西。其中，北京测算构成比最高，为全国构成比的164.68%；江西测算构成比最低，为全国构成比的79.63%。

（二）2020年实现财政收入、支出最小地区差测算

假定2020年全国各地财政收入、财政支出增长分别实现最小地区差目标，预测算见表4，分区域以财政支出测算人均值至2020年所需年均增长率从低到高位次排列。

表4　假定2020年全国各地财政收入、支出实现最小地区差目标预测算

地区	2020年财政收入实现自身最小地区差测算			重检地区差	2020年财政支出实现自身最小地区差测算				重检地区差
	总量（亿元）	人均值（元）	年均增（%）		总量（亿元）	人均值（元）	年均增（%）	排序（倒序）	
全国	**298685.57**	**21191.49**	**19.40**	**1.5121**	**317031.58**	**22493.13**	**15.37**	**—**	**1.1979**
西藏	347.16	9924.26	21.28	1.5317	1465.54	41895.40	-5.95	1	1.8626
青海	495.09	8099.38	25.13	1.6178	1458.95	23867.41	-2.44	2	1.0611
宁夏	708.83	10062.22	17.81	1.5252	1655.18	23495.96	5.11	3	1.0446
新疆	2676.84	10502.54	20.14	1.5044	5776.85	22665.40	5.78	4	1.0077
内蒙古	3558.87	13937.95	27.36	1.3423	5869.35	22986.76	8.61	5	1.0219
重庆	3997.62	13073.81	21.13	1.3831	6923.94	22644.06	16.93	12	1.0067
云南	3801.59	7768.02	25.38	1.6334	9382.66	19172.14	17.11	13	1.1476
甘肃	1319.63	5017.25	17.21	1.7632	5478.97	20831.10	18.18	16	1.0739
广西	2765.41	5661.25	19.44	1.7329	8252.27	16893.75	18.72	21	1.2489
四川	5851.10	7108.46	18.06	1.6646	14650.96	17799.36	19.24	26	1.2087
陕西	3851.97	9981.49	23.90	1.5290	8407.66	21786.54	19.90	28	1.0314
贵州	2711.80	7662.48	19.20	1.6384	8014.05	22644.53	20.54	29	1.0067
西部	**32085.91**	**8563.18**	**21.82**	**1.5722**	**77336.39**	**20639.76**	**15.62**	**[1]**	**1.1435**
上海	9049.59	34613.88	8.02	1.6334	10798.03	41301.51	9.80	6	1.8362
北京	8379.33	35274.30	12.15	1.6645	10230.43	43066.80	11.08	7	1.9147
海南	1138.02	11979.34	17.87	1.4347	2148.30	22614.12	13.01	8	1.0054

续表

地区	2020年财政收入实现自身最小地区差测算			重检地区差	2020年财政支出实现自身最小地区差测算				重检地区差
	总量（亿元）	人均值（元）	年均增（%）		总量（亿元）	人均值（元）	年均增（%）	排序（倒序）	
天津	3690.54	21802.20	13.75	1.0288	5243.19	30974.57	13.74	9	1.3771
福建	5038.68	12614.85	20.46	1.4047	7504.27	18787.70	16.01	10	1.1647
河北	5194.49	6785.01	16.29	1.6798	10826.74	14141.83	16.87	11	1.3713
山东	10001.34	9832.89	17.17	1.5360	15324.13	15066.04	17.53	14	1.3302
江苏	14222.19	17443.76	19.60	1.1769	17882.67	21933.41	18.29	17	1.0249
广东	22543.03	18978.53	22.94	1.1044	26690.56	22470.25	18.32	19	1.0010
浙江	10259.27	17564.30	19.39	1.1712	13127.63	22475.04	18.84	23	1.0008
东部	**89516.47**	**16057.05**	**17.59**	**1.3834**	**119775.94**	**21484.85**	**16.16**	[2]	**1.3026**
河南	5416.13	5662.58	16.63	1.7328	13740.55	14365.80	18.62	20	1.3613
湖北	5247.95	8919.38	17.40	1.5791	11375.53	19333.77	18.77	22	1.1405
湖南	4540.69	6586.13	17.78	1.6892	11629.05	16867.56	18.87	24	1.2501
安徽	4574.09	7354.83	17.64	1.6529	10448.13	16799.89	19.02	25	1.2531
江西	3857.21	8233.48	19.07	1.6115	8880.27	18955.55	19.55	27	1.1573
山西	4262.39	11273.30	30.63	1.4680	7537.20	19934.60	25.13	30	1.1137
中部	**27898.47**	**7592.05**	**19.58**	**1.6223**	**63610.72**	**17310.48**	**19.90**	[3]	**1.2127**
吉林	2323.03	8494.25	24.11	1.5992	6090.09	22268.69	17.66	15	1.0100
黑龙江	3352.74	8839.63	39.20	1.5829	7683.04	20256.61	18.31	18	1.0994
辽宁	6913.30	15679.87	42.04	1.2601	9903.05	22460.84	26.27	31	1.0014
东北	**12589.07**	**11411.48**	**36.88**	**1.4807**	**23676.18**	**21461.49**	**20.85**	[4]	**1.0369**

注：据测算2020年的7个省域财政收入人均值地区差为历年最小地区差，11个省域财政支出人均值地区差为历年最小地区差，依此推演至全国及其余省域亦取自身历年最小地区差，全国财政收入总量、人均测算值所需年均增长率分别为20.06%、19.40%，财政支出总量、人均测算值所需年均增长率分别为16.00%、15.37%，各省域类推，地区差距显著缩小。全国及各地分别测算，各地总量之和不等于全国总量，后同。

1. 财政收入最小地区差增长测算

假定各地财政收入人均值同步向全国人均值趋近，到2020年达到自身历年与全国人均值的正负最小偏差，那么自然会影响全国财政收入总量和人均值随之变化。在此假定设计下测算，2020年全国财政收入总量应为298685.57亿元，人均值应为21191.49元。

东部财政收入测算人均值低于全国，为全国测算值的 75.77%；东北测算人均值低于全国，为全国测算值的 53.85%；中部测算人均值低于全国，为全国测算值的 35.83%；西部测算人均值低于全国，为全国测算值的 40.41%。

3 个省域测算人均值高于全国，按人均值高低依次为北京、上海、天津；28 个省域测算人均值低于全国，按人均值高低依次为广东、浙江、江苏、辽宁、内蒙古、重庆、福建、海南、山西、新疆、宁夏、陕西、西藏、山东、湖北、黑龙江、吉林、江西、青海、云南、贵州、安徽、四川、河北、湖南、河南、广西、甘肃。其中，北京测算人均值最高，为全国人均值的 166.45%；甘肃测算人均值最低，为全国人均值的 23.68%。

随之检测至 2020 年财政收入人均值预期增长所需年均增长率，全国应为 19.40%（总量演算为 20.06%）。东部所需年均增长率小于全国，为全国增长率的 90.66%；东北所需增长率大于全国，为全国增长率的 190.08%；中部所需增长率大于全国，为全国增长率的 100.94%；西部所需增长率大于全国，为全国增长率的 112.48%。

16 个省域所需年均增长率低于全国，按所需增长率从小到大依次为上海、北京、天津、河北、河南、山东、甘肃、湖北、安徽、湖南、宁夏、海南、四川、江西、贵州、浙江；15 个省域所需年均增长率高于全国，按所需增长率从小到大依次为广西、江苏、新疆、福建、重庆、西藏、广东、陕西、吉林、青海、云南、内蒙古、山西、黑龙江、辽宁。其中，上海所需增长率最低，低于全国 11.38 个百分点；辽宁所需增长率最高，高于全国 22.64 个百分点。

2. 财政收入预期增长重检地区差

由于假定为最小地区差测算，财政收入人均值地区差依然存在，有必要重新检测。基于这一假定情况演算，全国重检地区差指数应为 1.5121，与现有地区差（对照本书 E.3 排行报告表 4）相比明显缩减。东部重检地区差小于全国，为全国地区差的 91.49%；东北重检地区差小于全国，为全国地区差的 97.92%；中部重检地区差大于全国，为全国地区差的 107.28%；西部重检地区差大于全国，为全国地区差的103.97%。

11个省域重检地区差小于全国，按地区差从小到大依次为天津、广东、浙江、江苏、辽宁、内蒙古、重庆、福建、海南、山西、新疆；20个省域重检地区差大于全国，按地区差从小到大依次为宁夏、陕西、西藏、山东、湖北、黑龙江、吉林、江西、青海、上海、云南、贵州、安徽、北京、四川、河北、湖南、河南、广西、甘肃。其中，天津重检地区差最小，为全国地区差的68.04%；甘肃重检地区差最大，为全国地区差的116.61%。

3. 财政支出最小地区差增长测算

假定各地财政支出人均值同步向全国人均值趋近，到2020年达到自身历年与全国人均值的正负最小偏差，那么自然会影响全国财政支出总量和人均值随之变化。在此假定设计下测算，2020年全国财政支出总量应为317031.58亿元，人均值应为22493.13元。

东部财政支出测算人均值低于全国，为全国测算值的95.52%；东北测算人均值低于全国，为全国测算值的95.41%；中部测算人均值低于全国，为全国测算值的76.96%；西部测算人均值低于全国，为全国测算值的91.76%。

11个省域测算人均值高于全国，按人均值高低依次为北京、西藏、上海、天津、青海、宁夏、内蒙古、新疆、贵州、重庆、海南；20个省域测算人均值低于全国，按人均值高低依次为浙江、广东、辽宁、吉林、江苏、陕西、甘肃、黑龙江、山西、湖北、云南、江西、福建、四川、广西、湖南、安徽、山东、河南、河北。其中，北京测算人均值最高，为全国人均值的191.47%；河北测算人均值最低，为全国人均值的62.87%。

随之检测至2020年财政支出预期增长所需年均增长率，全国应为15.37%（总量演算为16.00%）。东部所需年均增长率大于全国，为全国增长率的105.14%；东北所需增长率大于全国，为全国增长率的135.64%；中部所需增长率大于全国，为全国增长率的129.52%；西部所需增长率大于全国，为全国增长率的101.61%。

9 个省域所需年均增长率低于全国，按所需增长率从小到大依次为西藏、青海、宁夏、新疆、内蒙古、上海、北京、海南、天津；22 个省域所需年均增长率高于全国，按所需增长率从小到大依次为福建、河北、重庆、云南、山东、吉林、甘肃、江苏、黑龙江、广东、河南、广西、湖北、浙江、湖南、安徽、四川、江西、陕西、贵州、山西、辽宁。其中，西藏所需增长率最低，低于全国 21.32 个百分点；辽宁所需增长率最高，高于全国 10.90 个百分点。

4. 财政支出预期增长重检地区差

由于假定为最小地区差测算，财政支出人均值地区差依然存在，有必要重新检测。基于这一假定情况演算，全国重检地区差指数应为 1.1979，与现有地区差（对照本书 E.3 排行报告表 4）相比明显缩减。东部重检地区差大于全国，为全国地区差的 108.74%；东北重检地区差小于全国，为全国地区差的 86.56%；中部重检地区差大于全国，为全国地区差的 101.23%；西部重检地区差小于全国，为全国地区差的 95.46%。

20 个省域重检地区差小于全国，按地区差从小到大依次为浙江、广东、辽宁、海南、重庆、贵州、新疆、吉林、内蒙古、江苏、陕西、宁夏、青海、甘肃、黑龙江、山西、湖北、云南、江西、福建；11 个省域重检地区差大于全国，按地区差从小到大依次为四川、广西、湖南、安徽、山东、河南、河北、天津、上海、西藏、北京。其中，浙江重检地区差最小，为全国地区差的 83.55%；北京重检地区差最大，为全国地区差的 159.83%。

上节全国及各地产值最小地区差检测，本节全国及各地财政收入、支出最小地区差检测绝非异想天开，而是出于面向现代化国家建设目标必不可少的深刻思考。2020 年实现全国各地经济增长、财政增收（支）、民生增进最小地区差只不过是短期“小目标”，长远“大目标”应该是 2035 年基本实现、2050 年彻底实现全国各地经济增长、财政增收（支）、民生增进弥合地区差、弥合城乡比。“现代化国家建设”按理应当完成社会结构体制的“均质化”或“均衡性”建构，切实保证各地均衡发展的“地区法人”平等权利和全体国民平等的各种社会权利。

国家有必要通过政策倾斜特别许可（诸如上海自贸试验区、海南自由港）、行政配置产业项目（诸如中缅输油管、渝新欧铁路）、市场调节资源补偿（诸如提高资源输出地税利留成），重点投向当前欠发达地区和次发达地区，在2035年之前大力缩小，在2050年之前全面消除各地经济、社会、民生发展“非均衡性”差距，这样才能最终从根本上解决“不平衡不充分的发展”缺陷问题，化解我国目前政治、行政治理高度统一与各地经济、社会、民生发展极度分散的社会结构体制矛盾，终结中国秦汉以来城乡鸿沟、地区鸿沟引发动荡带来内乱的“历史周期律”。

经济学无须主张“伦理中立”，社会历史传统无法逃遁，社会政治伦理无法规避，关注并促进社会均衡公正、国家稳定统一的学术方为善的经世济民学术。

三　面向“基本现代化”目标推进高质量发展检验

中共中央、国务院《关于建立更加有效的区域协调发展新机制的意见》明确：“到2035年，建立与基本实现现代化相适应的区域协调发展新机制……在显著缩小区域发展差距和实现基本公共服务均等化、基础设施通达程度比较均衡、人民基本生活保障水平大体相当中发挥重要作用，为建设现代化经济体系和满足人民日益增长的美好生活需要提供重要支撑。”本系列研究多年以来长期持续的全方位增长协调性检测、发展均衡性检测为此做出必要铺垫。

（一）2035年居民收入、居民总消费协调性测算

假定2035年全国各地居民收入比、居民消费率达到2000年以来历年最佳比值，预测算见表5，分区域以居民收入测算人均值至2035年所需年均增长率从低到高位次排列。

表5　假定2035年全国各地居民收入比、消费率达到历年最佳比值预测算

地区	以2000年以来最高居民收入比检测2035年增长目标					以2000年以来最高居民消费率检测2035年增长目标			
	居民收入		年均增（%）	排序（倒序）	重检地区差	居民总消费		年均增（%）	重检地区差
	总量（亿元）	人均值（元）				总量（亿元）	人均值（元）		
全国	**3641327**	**238363**	**12.92**	**—**	**1.3872**	**2798593**	**183197**	**13.49**	**1.4026**
辽宁	73739	158427	10.09	2	1.3354	53231	114366	9.98	1.3757
黑龙江	46790	122557	10.17	3	1.4858	34018	89104	10.12	1.5136
吉林	63680	223526	13.86	15	1.0622	49512	173794	14.26	1.0513
东北	**184209**	**162712**	**11.18**	**[1]**	**1.2945**	**136761**	**120801**	**11.26**	**1.3136**
上海	109391	274009	8.97	1	1.1495	74507	186629	9.03	1.0187
北京	136398	341210	10.43	4	1.4315	89637	224234	10.46	1.2240
河北	129830	152224	11.22	5	1.3614	91859	107703	11.18	1.4121
广东	410137	242357	11.66	7	1.0168	327089	193282	12.03	1.0550
浙江	247310	350296	12.40	10	1.4696	187887	266127	13.46	1.4527
天津	92024	337773	13.05	12	1.4171	68313	250742	12.97	1.3687
海南	23441	213537	13.13	13	1.1042	17676	161024	13.77	1.1210
山东	314896	284406	13.73	14	1.1932	228657	206518	14.53	1.1273
福建	144369	322367	13.92	16	1.3524	104588	233537	14.11	1.2748
江苏	410522	460888	15.24	21	1.9336	297539	334043	15.79	1.8234
东部	**2018318**	**293440**	**12.71**	**[2]**	**1.3429**	**1487751**	**216302**	**13.17**	**1.2878**
山西	82056	191459	13.00	11	1.1968	54463	127078	13.00	1.3063
河南	229390	242238	14.54	17	1.0163	157687	166519	14.63	1.0910
江西	140743	272206	14.74	19	1.1420	104342	201804	15.57	1.1016
安徽	176127	295351	15.32	24	1.2391	130673	219130	15.57	1.1961
湖南	232468	328273	15.58	25	1.3772	197115	278350	16.51	1.5194
湖北	244154	427336	17.23	28	1.7928	192423	336793	17.93	1.8384
中部	**1104937**	**293210**	**15.27**	**[3]**	**1.2940**	**836704**	**222031**	**15.82**	**1.3421**
新疆	45831	141443	11.27	6	1.4066	34998	108009	11.35	1.4104
甘肃	35654	134244	12.15	8	1.4368	28684	108001	12.12	1.4105
云南	86206	157244	12.28	9	1.3403	70230	128103	13.40	1.3007
青海	16012	229973	14.60	18	1.0352	13039	187279	14.66	1.0223
西藏	9032	207348	15.11	20	1.1301	7117	163395	16.15	1.1081
广西	129459	266570	15.27	22	1.1183	102803	211682	16.39	1.1555
宁夏	23663	277855	15.29	23	1.1657	19897	233632	16.13	1.2753

续表

地区	以2000年以来最高居民收入比检测2035年增长目标					以2000年以来最高居民消费率检测2035年增长目标			
	居民收入		年均增（%）	排序（倒序）	重检地区差	居民总消费		年均增（%）	重检地区差
	总量（亿元）	人均值（元）				总量（亿元）	人均值（元）		
内蒙古	99261	367084	15.65	26	1.5400	76943	284548	16.14	1.5532
四川	255222	330855	16.41	27	1.3880	204892	265610	16.62	1.4499
陕西	161504	404180	17.62	29	1.6956	140337	351208	18.92	1.9171
重庆	173610	594308	19.24	30	2.4933	144009	492976	20.03	2.6910
贵州	168829	518619	20.53	31	2.1758	138070	424132	20.99	2.3152
西部	**1204282**	**310311**	**16.13**	［4］	**1.4938**	**981020**	**252782**	**16.80**	**1.5508**

注：预期结构优化高质量发展逆向测算至2035年合理性目标：①居民收入比达到2000年以来最高比值。②居民消费率达到2000年以来最高比值。全国城乡居民收入总量、人均测算值所需年均增长率分别为13.53%、12.92%，居民总消费总量、人均测算值所需年均增长率分别为14.11%、13.49%，各省域类推，地区差距明显缩小，中西部整体来看尤其显著。

1. 居民收入最高收入比增长测算

全国及各地历年居民收入比动态、当前居民收入比现状见表2。长期预测具有诸多不确定因素，也不可指望居民收入比无限制上升，为方便起见以截至2020年预测最高居民收入比作为依据，假定测算至2035年实现这一“最高居民收入比”的结果。在此假定设置下，2035年全国居民收入总量应为3641327亿元，人均值应达到238363元，所需年均增长率为12.92%（总量演算为13.53%）。

东部居民收入测算人均值高于全国，为全国测算值的123.11%；东北测算人均值低于全国，为全国测算值的68.26%；中部测算人均值高于全国，为全国测算值的123.01%；西部测算人均值高于全国，为全国测算值的130.18%。

20个省域居民收入测算人均值高于全国，按人均值高低依次为重庆、贵州、江苏、湖北、陕西、内蒙古、浙江、北京、天津、四川、湖南、福建、安徽、山东、宁夏、上海、江西、广西、广东、河南；11个省域居民收入人均值低于全国，按人均值高低依次为青海、吉林、海南、西藏、山西、辽宁、云南、河北、新疆、甘肃、黑龙江。其中，重庆测算人均值最高，为全国人均值的249.33%；黑龙江测算人均值最低，为全国人均值的51.42%。

东部居民收入所需年均增长率小于全国，为全国增长率的98.36%；东北所需增长率小于全国，为全国增长率的86.53%；中部所需增长率大于全国，为全国增长率的118.18%；西部所需增长率大于全国，为全国增长率的124.78%。

10个省域居民收入所需年均增长率低于全国，按所需增长率从小到大依次为上海、辽宁、黑龙江、北京、河北、新疆、广东、甘肃、云南、浙江；21个省域所需年均增长率高于全国，按所需增长率从小到大依次为山西、天津、海南、山东、吉林、福建、河南、青海、江西、西藏、江苏、广西、宁夏、安徽、湖南、内蒙古、四川、湖北、陕西、重庆、贵州。其中，上海所需增长率最低，低于全国3.95个百分点；贵州所需增长率最高，高于全国7.61个百分点。

2. 居民收入增长预期再检地区差

由于这里只是全国及各地之间各自最高居民收入比推演测算，并未涉及地区差、城乡比，需要再检地区差（再检城乡比过于复杂）。在假定实现最高居民收入比情况下，2035年全国城乡居民收入人均值地区差应为1.3872%。对比本书E.3排行报告表5，居民收入地区差反而明显扩大，表明仅关注经济增长与民生发展之间的协调性还不够，同时需关注民生发展在城乡、地区之间的均衡性。可参看同时出版的《中国社会建设均衡发展检测报告》中更为复杂的双重测算推演。

东部居民收入再检地区差小于全国，为全国地区差的96.81%；东北再检地区差小于全国，为全国地区差的93.32%；中部再检地区差小于全国，为全国地区差的93.28%；西部再检地区差大于全国，为全国地区差的107.69%。

18个省域居民收入再检地区差低于全国，按再检地区差从小到大依次为河南、广东、青海、吉林、海南、广西、西藏、江西、上海、宁夏、山东、山西、安徽、辽宁、云南、福建、河北、湖南；13个省域再检地区差高于全国，按再检地区差从小到大依次为四川、新疆、天津、北京、甘肃、浙江、黑龙江、内蒙古、陕西、湖北、江苏、贵州、重庆。其中，河南再检地区差最小，为全国地区差的73.26%；重庆再检地区差最大，为全国地区差的179.74%。

3. 居民总消费最高消费率增长测算

全国及各地历年居民消费率动态、当前居民消费率现状见表2。长期预测具有诸多不确定因素，也不可指望居民消费率无限制上升，为方便起见以截至2020年预测最高居民消费率作为依据，假定测算至2035年实现这一“最高居民消费率”的结果。在此假定设置下，2035年全国居民总消费应为2798593亿元，人均值应为183197元，所需年均增长率为13.49%（总量演算为14.11%）。

东部居民总消费测算人均值高于全国，为全国测算值的118.07%；东北测算人均值低于全国，为全国测算值的65.94%；中部测算人均值高于全国，为全国测算值的121.20%；西部测算人均值高于全国，为全国测算值的137.98%。

20个省域居民总消费测算人均值高于全国，按人均值高低依次为重庆、贵州、陕西、湖北、江苏、内蒙古、湖南、浙江、四川、天津、宁夏、福建、北京、安徽、广西、山东、江西、广东、青海、上海；11个省域居民总消费人均值低于全国，按人均值高低依次为吉林、河南、西藏、海南、云南、山西、辽宁、新疆、甘肃、河北、黑龙江。其中，重庆测算人均值最高，为全国人均值的269.10%；黑龙江测算人均值最低，为全国人均值的48.64%。

东部居民总消费所需年均增长率小于全国，为全国增长率的97.58%；东北所需增长率小于全国，为全国增长率的83.44%；中部所需增长率大于全国，为全国增长率的117.24%；西部所需增长率大于全国，为全国增长率的124.51%。

12个省域居民总消费所需年均增长率低于全国，按所需增长率从小到大依次为上海、辽宁、黑龙江、北京、河北、新疆、广东、甘肃、天津、山西、云南、浙江；19 个省域所需年均增长率高于全国，按所需增长率从小到大依次为海南、福建、吉林、山东、河南、青海、江西、安徽、江苏、宁夏、内蒙古、西藏、广西、湖南、四川、湖北、陕西、重庆、贵州。其中，上海所需增长率最低，低于全国 4.46 个百分点；贵州所需增长率最高，高于全国 7.50 个百分点。

4. 居民总消费增长预期再检地区差

由于这里只是全国及各地之间各自最高居民消费率推演测算，并未涉及地区差、城乡比，需要再检地区差（再检城乡比过于复杂）。在假定实现最高居民消费率情况下，2035 年全国城乡居民总消费人均值地区差应为 1.4026%。对比本书 E.3 排行报告表 5，居民总消费地区差反而明显扩大，表明仅关注经济增长与民生发展之间的协调性还不够，同时需关注民生发展在城乡、地区之间的均衡性。可参看同时出版的《中国社会建设均衡发展检测报告》中更为复杂的双重测算推演。

东部居民总消费再检地区差小于全国，为全国地区差的 91.81%；东北再检地区差小于全国，为全国地区差的 93.65%；中部再检地区差小于全国，为全国地区差的 95.69%；西部再检地区差大于全国，为全国地区差的 110.56%。

18 个省域居民总消费再检地区差低于全国，按再检地区差从小到大依次为上海、青海、吉林、广东、河南、江西、西藏、海南、山东、广西、安徽、北京、福建、宁夏、云南、山西、天津、辽宁；13 个省域再检地区差高于全国，按再检地区差从小到大依次为新疆、甘肃、河北、四川、浙江、黑龙江、湖南、内蒙古、江苏、湖北、陕西、贵州、重庆。其中，上海再检地区差最小，为全国地区差的 72.63%；重庆再检地区差最大，为全国地区差的 191.86%。

有必要强调，本项检测基于相应数据增长关系进行推演，主要注重相关关系值测算，不必拘泥于预测总量、人均值及其所需增长率绝对值。系统检验全国各地诸方面发展的协调性、均衡性足以表明，经济高速度增长“一骑绝尘”有可能造成社会、民生发展滞后而矛盾丛生，特别是发达地区应当率先转向高质量发展，否则将会继续拉大各地之间差异，拉高全国协调增长、均衡发展难度。

（二）2035年劳动者报酬、最终消费均衡性测算

假定2035年全国各地产值构成之劳动者报酬、最终消费中居民消费实现弥合地区差目标，预测算见表6，分区域以劳动者报酬弥合地区差校订收入法产值测算人均值至2035年所需年均增长率从低到高位次排列。

表6 假定2035年全国各地劳动者报酬、居民消费弥合地区差测算

地区	收入法产值构成之劳动者报酬弥合地区差					支出法产值构成之最终消费支出中居民消费弥合地区差			
	劳动者报酬总量（亿元）	推演2035年收入法产值				居民消费总量（亿元）	推演2035年支出法产值		
		人均值（元）	年均增（%）	排序（倒序）	重检地区差		人均值（元）	年均增（%）	重检地区差
全国	**3641327**	**238363**	**12.92**	—	**1.3872**	**2798593**	**183197**	**13.49**	**1.4026**
辽宁	73739	158427	10.09	2	1.3354	53231	114366	9.98	1.3757
黑龙江	46790	122557	10.17	3	1.4858	34018	89104	10.12	1.5136
吉林	63680	223526	13.86	15	1.0622	49512	173794	14.26	1.0513
东北	**184209**	**162712**	**11.18**	[1]	**1.2945**	**136761**	**120801**	**11.26**	**1.3136**
上海	109391	274009	8.97	1	1.1495	74507	186629	9.03	1.0187
北京	136398	341210	10.43	4	1.4315	89637	224234	10.46	1.2240
河北	129830	152224	11.22	5	1.3614	91859	107703	11.18	1.4121
广东	410137	242357	11.66	7	1.0168	327089	193282	12.03	1.0550
浙江	247310	350296	12.40	10	1.4696	187887	266127	13.46	1.4527
天津	92024	337773	13.05	12	1.4171	68313	250742	12.97	1.3687
海南	23441	213537	13.13	13	1.1042	17676	161024	13.77	1.1210
山东	314896	284406	13.73	14	1.1932	228657	206518	14.53	1.1273
福建	144369	322367	13.92	16	1.3524	104588	233537	14.11	1.2748
江苏	410522	460888	15.24	21	1.9336	297539	334043	15.79	1.8234
东部	**2018318**	**293440**	**12.71**	[2]	**1.3429**	**1487751**	**216302**	**13.17**	**1.2878**
山西	82056	191459	13.00	11	1.1968	54463	127078	13.00	1.3063
河南	229390	242238	14.54	17	1.0163	157687	166519	14.63	1.0910
江西	140743	272206	14.74	19	1.1420	104342	201804	15.57	1.1016

续表

地区	收入法产值构成之劳动者报酬弥合地区差					支出法产值构成之最终消费支出中居民消费弥合地区差			
	劳动者报酬总量（亿元）	推演2035年收入法产值				居民消费总量（亿元）	推演2035年支出法产值		
		人均值（元）	年均增（%）	排序（倒序）	重检地区差		人均值（元）	年均增（%）	重检地区差
安徽	176127	295351	15.32	24	1.2391	130673	219130	15.57	1.1961
湖南	232468	328273	15.58	25	1.3772	197115	278350	16.51	1.5194
湖北	244154	427336	17.23	28	1.7928	192423	336793	17.93	1.8384
中部	**1104937**	**293210**	**15.27**	［3］	**1.2940**	**836704**	**222031**	**15.82**	**1.3421**
新疆	45831	141443	11.27	6	1.4066	34998	108009	11.35	1.4104
甘肃	35654	134244	12.15	8	1.4368	28684	108001	12.12	1.4105
云南	86206	157244	12.28	9	1.3403	70230	128103	13.40	1.3007
青海	16012	229973	14.60	18	1.0352	13039	187279	14.66	1.0223
西藏	9032	207348	15.11	20	1.1301	7117	163395	16.15	1.1081
广西	129459	266570	15.27	22	1.1183	102803	211682	16.39	1.1555
宁夏	23663	277855	15.29	23	1.1657	19897	233632	16.13	1.2753
内蒙古	99261	367084	15.65	26	1.5400	76943	284548	16.14	1.5532
四川	255222	330855	16.41	27	1.3880	204892	265610	16.62	1.4499
陕西	161504	404180	17.62	29	1.6956	140337	351208	18.92	1.9171
重庆	173610	594308	19.24	30	2.4933	144009	492976	20.03	2.6910
贵州	168829	518619	20.53	31	2.1758	138070	424132	20.99	2.3152
西部	**1204282**	**310311**	**16.13**	［4］	**1.4938**	**981020**	**252782**	**16.80**	**1.5508**

注：基于独创和首倡检测逆指标测算结构优化高质量发展至2035年合理性目标：①收入法产值构成之劳动者报酬实现“弥合地区差”，无论各地是高于还是低于全国人均值，一律同步与全国总体平均值持平。②支出法产值构成之最终消费支出中居民消费实现“弥合地区差”，无论各地是高于还是低于全国人均值，一律同步与全国总体平均值持平。同时假定产值构成其余部分不变，最终依据数理关系逐步推演至全国产值。全国收入法产值总量、人均测算值所需年均增长率分别为12.67%、12.05%，支出法产值总量、人均测算值所需年均增长率分别为13.81%、13.19%，各省域类推，地区差距显著缩小。限于制表空间，推演测算过程中过渡性的若干总量数据置于后台。

1. 劳动者报酬弥合地区差测算

当前，全国收入法产值构成之劳动者报酬人均值现有地区差指数为1.3208。东部此项地区差大于全国，为全国地区差的118.18%；东北地区差小于全国，为全国地区差的92.17%；中部地区差小于全国，为全国地区差的91.66%；西部地区差小于全国，为全国地区差的90.98%。

21 个省域此项地区差小于全国，按地区差从小到大依次为湖北、重庆、海南、宁夏、内蒙古、新疆、湖南、西藏、陕西、山东、吉林、河北、河南、辽宁、青海、四川、贵州、广西、黑龙江、山西、安徽；10 个省域地区差大于全国，按地区差从小到大依次为江西、云南、广东、甘肃、浙江、福建、江苏、天津、上海、北京。其中，湖北地区差占据首位，为全国地区差的 76.92%；北京地区差处于末位，为全国地区差的 181.63%。

在此假定测算至 2035 年实现劳动者报酬弥合地区差的结果，无论各地人均值是高于还是低于全国人均值，一律与之持平。在此假定设置下，2035 年全国劳动者报酬总量应为 3390333 亿元，人均值应为 239716 元。各地人均值与全国持平，失去比较意义，仅与当地人口规模相关，因而仅列出总量供参考。

2. 同构传导至收入法产值推演

在此假定设置下，自然进一步向收入法产值同构传导推演测算，2035 年全国收入法产值总量应为 7080698 亿元，人均值应达到 462594 元，所需年均增长率为 12.05%（总量演算为 12.67%）。东部收入法产值测算人均值高于全国，为全国测算值的 104.96%；东北测算人均值高于全国，为全国测算值的 115.10%；中部测算人均值高于全国，为全国测算值的 112.95%；西部测算人均值高于全国，为全国测算值的 109.64%。

22 个省域收入法产值测算人均值高于全国，按人均值高低依次为天津、重庆、江西、陕西、辽宁、吉林、江苏、上海、山东、安徽、浙江、山西、湖北、四川、内蒙古、黑龙江、广东、河南、湖南、青海、河北、宁夏；9 个省域测算人均值低于全国，按人均值高低依次为云南、福建、北京、甘肃、广西、海南、贵州、新疆、西藏。其中，天津测算人均值最高，为全国人均值的 126.44%；西藏测算人均值最低，为全国人均值的 82.56%。

东部收入法产值所需年均增长率小于全国，为全国增长率的 84.80%；东北所需增长率大于全国，为全国增长率的 116.73%；中部所需增长率大于全国，为全国增长率的 117.74%；西部所需增长率大于全国，为全国增长率的 119.66%。

8 个省域收入法产值所需年均增长率低于全国，按所需增长率从小到大依次为北京、上海、天津、江苏、福建、浙江、广东、山东；23 个省域所需年均增长率高于全国，按所需增长率从小到大依次为内蒙古、湖北、重庆、海南、宁夏、新疆、湖南、西藏、陕西、吉林、河北、河南、辽宁、青海、四川、贵州、广西、黑龙江、山西、安徽、江西、云南、甘肃。其中，北京所需增长率最低，低于全国 4.80 个百分点；甘肃所需增长率最高，高于全国 4.56 个百分点。

必须补充说明，各地劳动者报酬弥合地区差演算带来全国劳动者报酬人均值持平，然而传导推演至收入法产值测算人均值并未持平。因而最后仍有必要再检收入法产值测算人均值地区差指数，全国为 1.1018，相比当前现有地区差（对照本书 E.3 排行报告表2）显著缩小。

东部收入法产值再检地区差小于全国，为全国地区差的 99.97%；东北再检地区差大于全国，为全国地区差的 105.83%；中部再检地区差小于全国，为全国地区差的 99.87%；西部再检地区差小于全国，为全国地区差的 98.63%。

19 个省域收入法产值再检地区差低于全国，按再检地区差从小到大依次为宁夏、云南、福建、河北、北京、甘肃、青海、湖南、河南、广西、海南、贵州、广东、黑龙江、内蒙古、四川、湖北、山西、新疆；12 个省域再检地区差高于全国，按再检地区差从小到大依次为浙江、安徽、山东、上海、西藏、江苏、吉林、辽宁、陕西、江西、重庆、天津。其中，宁夏再检地区差最小，为全国地区差的 90.86%；天津再检地区差最大，为全国地区差的 114.75%。

收入法产值人均值再检地区差的结局分明可辨，19 个省域与全国人均值之间的正负偏差值差异在 10% 以内，全国地区差作为 31 个省域偏差值的平均值体现也在 10% 上下，权且看作各地经济增长随机波动的或然性差异，这才是“均衡化”社会结构体制下应有的正常格局。

3. 最终消费支出中居民消费弥合地区差测算

当前，全国支出法产值构成之最终消费中居民消费人均值现有地区差指数为 1. 3296。东部此项地区差大于全国，为全国地区差的 117. 91%；东北地区差小于全国，为全国地区差的 90. 40%；中部地区差小于全国，为全国地区差的 89. 42%；西部地区差小于全国，为全国地区差的 92. 77%。

22 个省域此项地区差小于全国，按地区差从小到大依次为重庆、内蒙古、湖北、宁夏、海南、辽宁、福建、湖南、黑龙江、陕西、山西、青海、四川、河南、山东、江西、安徽、新疆、贵州、广西、河北、云南；9 个省域地区差大于全国，按地区差从小到大依次为广东、吉林、甘肃、浙江、西藏、天津、江苏、北京、上海。其中，重庆地区差占据首位，为全国地区差的 75. 29%；上海地区差处于末位，为全国地区差的 176. 09%。

在此假定测算至 2035 年实现最终消费中居民消费弥合地区差的结果，无论各地人均值是高于还是低于全国人均值，一律与之持平。在此假定设置下，2035 年全国居民消费总量应为 3271844 亿元，人均值应为 213755 元。各地人均值与全国持平，失去比较意义，仅与当地人口规模相关，因而仅列出总量供参考。

4. 同构传导至支出法产值推演

在此假定设置下，自然进一步向支出法产值同构传导推演测算，2035 年全国支出法产值总量应为 8339710 亿元，人均值应达到 544848 元，所需年均增长率为 13. 19%（总量演算为 13. 81%）。东部收入法产值测算人均值高于全国，为全国测算值的 123. 19%；东北测算人均值低于全国，为全国测算值的 89. 55%；中部测算人均值低于全国，为全国测算值的 98. 94%；西部测算人均值高于全国，为全国测算值的 106. 53%。

17 个省域收入法产值测算人均值高于全国，按人均值高低依次为江苏、天津、重庆、陕西、北京、内蒙古、浙江、吉林、福建、西藏、湖北、山东、贵州、上海、广东、河北、宁夏；14 个省域测算人均值低于全国，按人均值高低依次为新疆、湖南、河南、安徽、江西、四川、青海、广西、山西、海南、黑龙江、云南、辽宁、甘肃。其中，江苏测算人均值最高，为全国人均值的 203. 96%；甘肃测算人均值最低，为全国人均值的 71. 33%。

东部收入法产值所需年均增长率小于全国，为全国增长率的 92. 65%；

东北所需增长率大于全国，为全国增长率的 102.47%；中部所需增长率大于全国，为全国增长率的 109.08%；西部所需增长率大于全国，为全国增长率的 115.85%。

9 个省域收入法产值所需年均增长率低于全国，按所需增长率从小到大依次为上海、北京、广东、天津、浙江、辽宁、福建、山东、海南；22 个省域所需年均增长率高于全国，按所需增长率从小到大依次为黑龙江、江苏、湖南、山西、青海、宁夏、四川、河南、湖北、江西、内蒙古、安徽、新疆、广西、河北、云南、吉林、重庆、陕西、甘肃、贵州、西藏。其中，上海所需增长率最低，低于全国 4.28 个百分点；西藏所需增长率最高，高于全国 4.03 个百分点。

同样必须补充说明，各地居民消费弥合地区差演算带来全国居民消费人均值持平，然而传导推演经整个最终消费支出再到支出法产值测算人均值并未持平。因而最后仍有必要再检支出法产值测算人均值地区差指数，全国为 1.2325，相比当前现有地区差（对照本书 E.3 排行报告表 3）也显著缩小。

东部支出法产值再检地区差大于全国，为全国地区差的 106.89%；东北再检地区差大于全国，为全国地区差的 101.17%；中部再检地区差小于全国，为全国地区差的 90.77%；西部再检地区差小于全国，为全国地区差的 98.58%。

18 个省域收入法产值再检地区差低于全国，按再检地区差从小到大依次为宁夏、河北、新疆、广东、湖南、河南、上海、安徽、江西、四川、贵州、青海、广西、山西、山东、海南、湖北、黑龙江；13 个省域再检地区差高于全国，按再检地区差从小到大依次为云南、辽宁、西藏、福建、甘肃、吉林、浙江、内蒙古、北京、陕西、重庆、天津、江苏。其中，宁夏再检地区差最小，为全国地区差的 81.46%；江苏再检地区差最大，为全国地区差的 165.48%。

支出法产值人均值再检地区差的结局分明可辨，16 个省域与全国人均值之间的正负偏差值差异在 20% 以内，全国地区差作为 31 个省域偏差值的平均值体现略微高于20%，不妨看作各地经济增长随机波动的或然性差异，大致也是“均衡化”社会结构体制下应有的正常格局。本系列检测恰好一直以偏差20%作为“均衡性”检验的临界值。在经济、社会、民生发展各方面加快缩小并最终弥合城乡比和地区差，必须成为面向现代化国家建设的基本要务。

省域报告*

Provincial Reports

E.5 江苏：2017年经济发展指数排名第1位

王亚南**

摘　要： 2000～2017年，江苏地区生产总值构成中第二产业从51.86%下降为45.02%，第三产业从36.42%上升至50.27%；收入法产值构成中劳动者报酬从49.66%下降为43.58%，生产税净额从15.18%下降为12.89%，营业盈余

* 限于篇幅无法全面展开省域单独分析，以兼顾排行位次与区域分布的方式选取省域报告：按E.3排行报告表9（排行汇总表）年度横向及各类纵向测评结果，取东、中、西部和东北（为平衡数量，东北归并邻近河北、山东）四大区域各自省排名、直辖市单列排名、自治区单列排名前两位，共8省2自治区2直辖市；剩余篇幅不再分区域，依次取各项测评前列北京、四川、天津、云南4地。最后统一按各地最高位次拟题排文，相同位次以先横向后较长时段纵向测评为序。未有独立子报告的省域见技术报告既往纵向对比、排行报告当前横向对比、预测报告未来预期对比详尽分析的各地排序。

** 王亚南，云南省社会科学院研究员，文化发展研究中心主任，主要研究方向为民俗学、民族学及文化理论、文化战略和文化产业研究。

从23.19%上升至29.91%；支出法产值构成中最终消费率从43.74%上升至50.10%，资本形成率从46.50%下降为43.50%；初次分配收支中财政收入比从5.24%上升至9.52%，居民收入比从41.58%下降为33.46%，居民消费率从30.14%下降为22.29%。财政收入、支出人均值地区差缩小，但产值、居民收入、总消费人均值地区差扩大；居民总消费人均值城乡比缩小，但居民收入人均值城乡比扩大。江苏经济增长结构优化评价排行：城乡、地区无差距理想值横向测评为省域第1位；2000年、2005年、2010年和2015年自身基数值纵向测评分别为省域第13位、第15位、第14位和第12位。

关键词： 江苏　经济增长　结构优化　检测评价

限于篇幅，三次产业结构主体子系统，收入法、支出法产值结构辅助子系统，面向公共经济生活、人民经济生活初次分配收支综合子系统分别设置为一图，难以充分展开。当地数据检测更多细节可参看技术报告、排行报告由不同侧面展开的各地纵向历时动态、横向共时静态对比分析。

一　三次产业产值构成子系统检测

2000年以来江苏三次产业产值构成子系统结构性检测见图1。

1. 三次产业结构产值

2000～2017年，江苏三次产业结构产值总量由8553.69亿元增长至85869.76亿元，2017年为2000年的10.04倍。2000年以来年均增长14.53%，其中2005年以来年均增长13.75%，2010年以来年均增长

10.97%，2015年以来年均增长10.67%，上年以来年度增长10.96%。

产值人均值由11765.00元增长至107150.00元，省域间位次（基于各地不同变化，后同）从第6位上升为第4位，2017年为2000年的9.11倍。2000年以来年均增长13.88%（由于人口增长，人均值演算增长率略低于总量演算增长率），其中2005年以来年均增长13.06%，2010年以来年均增长10.63%，2015年以来年均增长10.35%，上年以来年度增长10.59%。

在此期间，江苏产值人均值地区差指数由1.4814扩大为1.7960，省域间位次从第25位下降为第28位。2000年以来扩增21.24%，其中“十五”期间扩增15.39%，“十一五”期间扩增0.12%，“十二五”以来扩增4.95%，意味着与全国人均值的距离拉大。

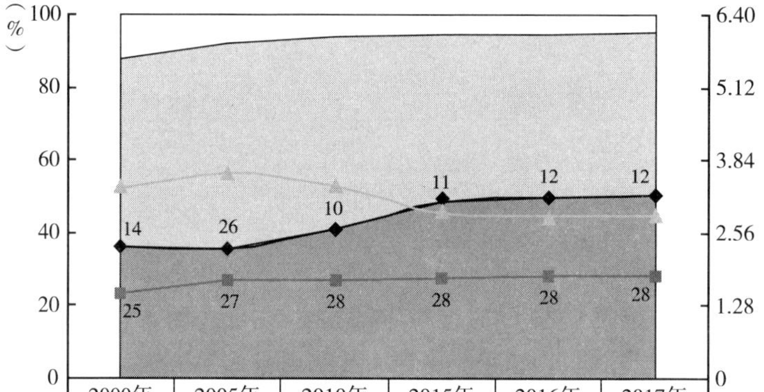

	2000年	2005年	2010年	2015年	2016年	2017年
一产产值人均	1418.30	1960.82	3240.01	5002.43	5104.46	5047.63
二产产值人均	6101.25	13892.95	27748.08	40215.30	43342.22	48234.32
三产产值人均	4285.38	8706.23	21851.91	42777.27	48440.32	53868.05
二产构成比	51.86	56.57	52.51	45.70	44.73	45.02
三产构成比	36.42	35.45	41.35	48.61	50.00	50.27
产值人均地区差	1.4814	1.7094	1.7114	1.7511	1.7964	1.7960

图1　三次产业产值构成子系统结构性检测

左轴面积：一、二、三产产值人均值（元转换为%），其间呈直观比例，其和为三次产业产值人均值。左轴曲线：二、三产产值构成比（%）。右轴曲线：三次产业产值人均值地区差（无差距=1）。限于制图空间，总量置于后台数据库同步演算，后同。标注三次产业产值人均值地区差、三产构成比省域位次，正文表述另调用后台各类产值人均值、一产和二产构成比位次。

2. 第一产业增长及构成比动态

同期，江苏第一产业产值总量由1031.17亿元增长至4045.16亿元，2017年为2000年的3.92倍。2000年以来年均增长8.37%，其中2005年以来年均增长8.85%，2010年以来年均增长6.87%，2015年以来年均增长0.74%，上年以来年度负增长0.79%。

第一产业产值人均值由1418.30元增长至5047.63元，省域间位次从第8位下降为第10位，2017年为2000年的3.56倍。2000年以来年均增长7.75%，其中2005年以来年均增长8.20%，2010年以来年均增长6.54%，2015年以来年均增长0.45%，上年以来年度负增长1.11%。

在此期间，江苏第一产业产值人均值地区差指数由1.2168缩小为1.0689，缩减12.15%，其中“十五”期间缩减3.66%，“十一五”期间缩减6.07%，“十二五”以来缩减2.92%。第一产业构成比由12.06%降低为4.71%，省域间位次从第27位下降为第30位，降低7.35个百分点，其中“十五”期间降低4.08个百分点，“十一五”期间降低1.85个百分点，“十二五”以来降低1.42个百分点。

3. 第二产业增长及构成比动态

同期，江苏第二产业产值总量由4435.89亿元增长至38654.87亿元，2017年为2000年的8.71倍。2000年以来年均增长13.58%，其中2005年以来年均增长11.60%，2010年以来年均增长8.56%，2015年以来年均增长9.83%，上年以来年度增长11.66%。

第二产业产值人均值由6101.25元增长至48234.32元，省域间位次从第5位上升为第2位，2017年为2000年的7.91倍。2000年以来年均增长12.93%，其中2005年以来年均增长10.93%，2010年以来年均增长8.22%，2015年以来年均增长9.52%，上年以来年度增长11.29%。

在此期间，江苏第二产业产值人均值地区差指数由1.6870扩大为1.9984，扩增18.46%，其中“十五”期间扩增21.89%，“十一五”期间缩减5.80%，“十二五”以来扩增3.17%。第二产业构成比由51.86%降低为45.02%，省域间位次从第3位下降为第10位，降低6.84个百分点，其中“十五”期间增高 4.71 个百分点，“十一五”期间降低 4.06 个百分点，“十二五”以来降低 7.49 个百分点。

4. 第三产业增长及构成比动态

同期，江苏第三产业产值总量由 3115.67 亿元增长至 43169.73 亿元，2017 年为 2000 年的 13.86 倍。2000 年以来年均增长 16.72%，其中 2005 年以来年均增长 17.11%，2010 年以来年均增长 14.11%，2015 年以来年均增长 12.54%，上年以来年度增长 11.57%。

第三产业产值人均值由 4285.38 元增长至 53868.05 元，省域间位次从第 8 位上升为第 4 位，2017 年为 2000 年的 12.57 倍。2000 年以来年均增长 16.06%，其中 2005 年以来年均增长 16.40%，2010 年以来年均增长 13.76%，2015 年以来年均增长 12.22%，上年以来年度增长 11.20%。

在此期间，江苏第三产业产值人均值地区差指数由 1.3562 扩大为 1.7489，扩增 28.95%，其中“十五”期间扩增 8.09%，“十一五”期间扩增 9.54%，“十二五”以来扩增 8.91%。第三产业构成比由 36.42% 升高到 50.27%，省域间位次从第 14 位上升为第 12 位，增高 13.85 个百分点，其中“十五”期间降低 0.97 个百分点，“十一五”期间增高 5.90 个百分点，“十二五”以来增高 8.92 个百分点。

二　收入法产值构成子系统检测

2000 年以来江苏收入法产值构成子系统结构性检测见图 2。

1. 收入法结构产值

2000～2017 年，江苏收入法结构产值总量由 8582.73 亿元增长至 85869.76 亿元，2017 年为 2000 年的 10.00 倍。2000 年以来年均增长 14.51%，其中 2005 年以来年均增长 13.75%，2010 年以来年均增长 10.97%，2015 年以来年均增长 10.67%，上年以来年度增长 10.96%。

收入法产值人均值由 11804.94 元增长至 107150.00 元，省域间位次从第 5 位上升为第 4 位，2017 年为 2000 年的 9.08 倍。2000 年以来年均增长

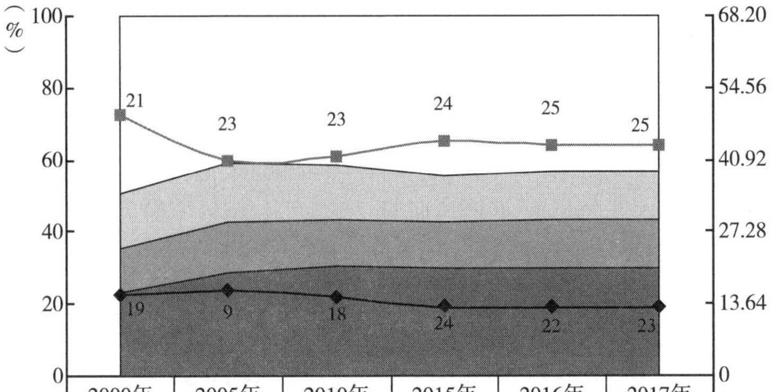

	2000年	2005年	2010年	2015年	2016年	2017年
劳动报酬人均	5862.91	10053.97	21864.89	39110.26	42187.58	46690.62
生产净税人均	1792.40	3971.40	8008.30	11478.31	12582.65	13813.95
资产折旧人均	1411.52	3463.59	6994.63	11192.70	13119.69	14596.40
营业盈余人均	2738.11	7071.04	15972.18	26213.74	28997.08	32049.04
报酬构成比	49.66	40.94	41.38	44.45	43.54	43.58
净税构成比	15.18	16.17	15.16	13.04	12.99	12.89

图2　收入法产值构成子系统结构性检测

左轴面积：劳动者报酬、生产税净额、固定资产折旧、营业盈余人均值（元转换为%），其间呈直观比例，其和为收入法产值人均值。右轴曲线：劳动者报酬、生产税净额构成比（%）。标注报酬、净税构成比省域位次，正文表述另调用后台报酬人均值及地区差、折旧和盈余构成比位次，由此可看出各地居民、政府、企业部门在支出法当地产值中“获得”比重和绝对值位次。

13.85%，其中2005年以来年均增长13.06%，2010年以来年均增长10.63%，2015年以来年均增长10.35%，上年以来年度增长10.59%。

在此期间，江苏收入法产值人均值地区差指数由1.5062扩大为1.7960，省域间位次从第25位下降为第28位。2000年以来扩增19.24%，其中“十五”期间扩增13.49%，“十一五”期间扩增0.12%，“十二五”以来扩增4.95%，意味着与全国人均值的距离拉大。

2. 劳动者报酬增长及构成比动态

同期，江苏收入法产值构成之劳动者报酬总量由4262.60亿元增长至37417.75亿元，2017年为2000年的8.78倍。2000年以来年均增长13.63%，其中2005年以来年均增长14.34%，2010年以来年均增长

11.80%，2015 年以来年均增长 9.58%，上年以来年度增长 11.04%。

劳动者报酬人均值由 5862.91 元增长至 46690.62 元，省域间位次从第 5 位上升为第 4 位，2017 年为 2000 年的 7.96 倍。2000 年以来年均增长 12.98%，其中 2005 年以来年均增长 13.65%，2010 年以来年均增长 11.45%，2015 年以来年均增长 9.26%，上年以来年度增长 10.67%。

在此期间，江苏劳动者报酬人均值地区差指数由 1.4559 扩大为 1.6474，省域间位次从第 25 位下降为第 28 位，扩增 13.16%，其中“十五”期间扩增 16.09%，“十一五”期间缩减 6.91%，“十二五”以来扩增 4.71%。劳动者报酬构成比由 49.66% 降低为 43.58%，省域间位次从第 21 位下降为第 25 位，降低 6.08 个百分点，其中“十五”期间降低 8.72 个百分点，“十一五”期间增高 0.44 个百分点，“十二五”以来增高 2.20 个百分点。

3. 生产税净额增长及构成比动态

同期，江苏收入法产值构成之生产税净额总量由 1303.16 亿元增长至 11070.47 亿元，2017 年为 2000 年的 8.50 倍。2000 年以来年均增长 13.41%，其中 2005 年以来年均增长 11.62%，2010 年以来年均增长 8.44%，2015 年以来年均增长 10.02%，上年以来年度增长 10.15%。

生产税净额人均值由 1792.40 元增长至 13813.95 元，2017 年为 2000 年的 7.71 倍。2000 年以来年均增长 12.76%，其中 2005 年以来年均增长 10.95%，2010 年以来年均增长 8.10%，2015 年以来年均增长 9.70%，上年以来年度增长 9.79%。

在此期间，江苏生产税净额人均值地区差指数由 1.4848 扩大为 1.6316，扩增 9.89%，其中“十五”期间扩增 24.72%，“十一五”期间缩减 8.10%，“十二五”以来缩减 4.12%。生产税净额构成比由 15.18% 降低为 12.89%，省域间位次从第 19 位下降为第 23 位，降低 2.29 个百分点，其中“十五”期间增高 0.99 个百分点，“十一五”期间降低 1.01 个百分点，“十二五”以来降低 2.27 个百分点。

4. 固定资产折旧增长及构成比动态

同期，江苏收入法产值构成之固定资产折旧总量由 1026.24 亿元增长至

11697.52亿元，2017年为2000年的11.40倍。2000年以来年均增长15.39%，其中2005年以来年均增长13.42%，2010年以来年均增长11.43%，2015年以来年均增长14.52%，上年以来年度增长11.62%。

资产折旧人均值由1411.52元增长至14596.40元，2017年为2000年的10.34倍。2000年以来年均增长14.73%，其中2005年以来年均增长12.74%，2010年以来年均增长11.08%，2015年以来年均增长14.20%，上年以来年度增长11.26%。

在此期间，江苏资产折旧人均值地区差指数由1.2723扩大为1.8039，扩增41.78%，其中“十五”期间扩增34.23%，“十一五”期间扩增3.11%，“十二五”以来扩增2.45%。资产折旧构成比由11.96%升高到13.62%，省域间位次从第18位上升为第16位，增高1.66个百分点，其中“十五”期间增高2.14个百分点，“十一五”期间降低0.86个百分点，“十二五”以来增高0.38个百分点。

5. 营业盈余增长及构成比动态

同期，江苏收入法产值构成之营业盈余总量由1990.73亿元增长至25684.02亿元，2017年为2000年的12.90倍。2000年以来年均增长16.23%，其中2005年以来年均增长14.11%，2010年以来年均增长10.81%，2015年以来年均增长10.89%，上年以来年度增长10.89%。

营业盈余人均值由2738.11元增长至32049.04元，2017年为2000年的11.70倍。2000年以来年均增长15.57%，其中2005年以来年均增长13.42%，2010年以来年均增长10.46%，2015年以来年均增长10.57%，上年以来年度增长10.53%。

在此期间，江苏营业盈余人均值地区差指数由1.8329扩大为2.1713，扩增18.46%，其中“十五”期间缩减9.16%，“十一五”期间扩增15.60%，“十二五”以来扩增12.81%。营业盈余构成比由23.19%升高到29.91%，省域间位次从第9位上升为第1位，增高6.72个百分点，其中“十五”期间增高5.60个百分点，“十一五”期间增高1.44个百分点，“十二五”以来降低0.32个百分点。

三　支出法产值构成子系统检测

2000 年以来江苏支出法产值构成子系统结构性检测见图 3。

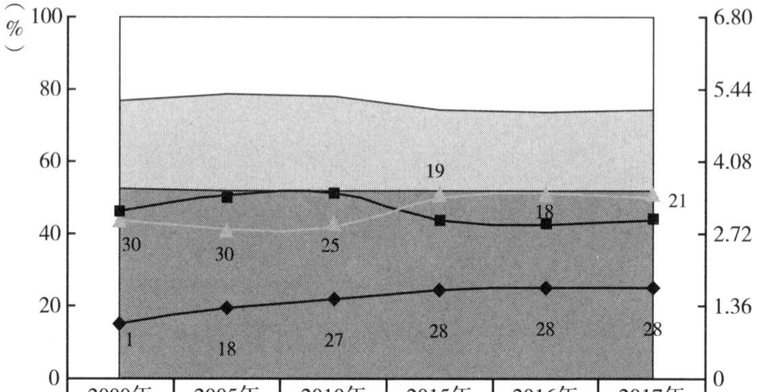

	2000年	2005年	2010年	2015年	2016年	2017年
（1）最终消费人均	5103.83	10113.50	21987.95	43976.45	49452.25	53682.15
（2）资本形成人均	5425.77	12495.11	27007.46	38403.32	41469.03	46610.26
（3）支出法产值人均	11667.48	24560.00	52840.03	87995.00	96887.00	107150.00
最终消费率	43.74	41.18	41.61	49.98	51.04	50.10
资本形成率	46.50	50.88	51.11	43.64	42.80	43.50
最终消费地区差	1.0122	1.2997	1.4781	1.6646	1.7048	1.7091

图 3　支出法产值构成子系统结构性检测

左轴面积：（1）最终消费支出、（2）资本形成、（3）支出法产值人均值（元转换为%），其间呈直观比例，（3）－（1）－（2）＝货物与服务净流出，由于国内统一市场，大部分省域净流出为负值，即（1）＋（2）＞（3），需变通取值制图，避开负值体现其中负值关系。左轴曲线：最终消费率、资本形成率（%）。右轴曲线：最终消费人均值地区差（指数，无差距＝1）。标注最终消费率、最终消费人均值地区差省域位次，正文表述另调用后台最终消费人均值、资本形成率位次。

1. 支出法结构产值

2000～2017 年，江苏支出法结构产值总量由 8482.79 亿元增长至 85869.76 亿元，2017 年为 2000 年的 10.12 倍。2000 年以来年均增长 14.59%，其中 2005 年以来年均增长 13.75%，2010 年以来年均增长 10.97%，2015 年以来年均增长 10.67%，上年以来年度增长 10.96%。

支出法产值人均值由 11667.48 元增长至 107150.00 元，省域间位次从第5位上升为第4位，2017年为2000年的9.18倍。2000年以来年均增长13.93%，其中2005年以来年均增长13.06%，2010年以来年均增长10.63%，2015年以来年均增长10.35%，上年以来年度增长10.59%。

在此期间，江苏支出法产值人均值地区差指数由1.4648扩大为1.8294，省域间位次从第25位下降为第28位。2000年以来扩增24.89%，其中“十五”期间扩增15.54%，“十一五”期间扩增1.69%，“十二五”以来扩增6.29%，意味着与全国人均值的距离拉大。

2. 最终消费支出增长及构成比动态

同期，江苏支出法产值构成之最终消费支出总量由3710.72亿元增长至43020.75亿元，2017年为2000年的11.59倍。2000年以来年均增长15.51%，其中2005年以来年均增长15.62%，2010年以来年均增长13.96%，2015年以来年均增长10.80%，上年以来年度增长8.91%。

最终消费人均值由5103.83元增长至53682.15元，省域间位次从第8位上升为第4位，2017年为2000年的10.52倍。2000年以来年均增长14.85%，其中2005年以来年均增长14.92%，2010年以来年均增长13.60%，2015年以来年均增长10.49%，上年以来年度增长8.55%。

在此期间，江苏最终消费人均值地区差指数由1.0122扩大为1.7091，省域间位次从第1位下降为第28位，扩增68.85%，其中“十五”期间扩增28.41%，“十一五”期间扩增13.72%，“十二五”以来扩增15.63%。最终消费率（消费率）由43.74%升高到50.10%，省域间位次从第30位上升为第21位，增高6.36个百分点，其中“十五”期间降低2.56个百分点，“十一五”期间增高0.43个百分点，“十二五”以来增高8.49个百分点。

3. 资本形成增长及构成比动态

同期，江苏支出法产值构成之资本形成总额由3944.78亿元增长至37353.35亿元，2017年为2000年的9.47倍。2000年以来年均增长14.14%，其中2005年以来年均增长12.27%，2010年以来年均增长8.45%，2015年以来年均增长10.48%，上年以来年度增长12.77%。

资本形成人均值由5425.77元增长至46610.26元，省域间位次从第5

位下降为第 7 位，2017 年为 2000 年的 8.59 倍。2000 年以来年均增长 13.49%，其中 2005 年以来年均增长 11.60%，2010 年以来年均增长 8.11%，2015 年以来年均增长 10.17%，上年以来年度增长 12.40%。

在此期间，江苏资本形成人均值地区差指数由 1.9843 缩小为 1.7919，省域间位次从第 27 位上升为第 25 位，缩减 9.70%，其中“十五”期间扩增 5.89%，“十一五”期间缩减 12.56%，“十二五”以来缩减 2.46%。资本形成率（投资率）由 46.50% 降低为 43.50%，省域间位次从第 10 位下降为第 28 位，降低 3.00 个百分点，其中“十五”期间增高 4.38 个百分点，“十一五”期间增高 0.23 个百分点，“十二五”以来降低 7.61 个百分点。

四　初次分配收支综合子系统检测

2000 年以来江苏初次分配收支综合子系统结构性检测见图 4。

（一）公共经济生活

1. 财政收入增长及相对比值动态

2000～2017 年，江苏财政收入总量由 448.31 亿元增长至 8171.53 亿元，2017 年为 2000 年的 18.23 倍。2000 年以来年均增长 18.62%，其中 2005 年以来年均增长 16.39%，2010 年以来年均增长 10.43%，2015 年以来年均增长 0.89%，上年以来年度增长 0.62%。

财政收入人均值由 616.66 元增长至 10196.38 元，省域间位次从第 8 位上升为第 6 位，2017 年为 2000 年的 16.53 倍。2000 年以来年均增长 17.94%，其中 2005 年以来年均增长 15.69%，2010 年以来年均增长 10.00%，2015 年以来年均增长 0.60%，上年以来年度增长 0.29%。

财政收入比由 5.24% 升高到 9.52%，省域间位次从第 27 位上升为第 20 位。2000 年以来明显增高 4.28 个百分点，其中“十五”期间增高 1.99 个百分点，“十一五”期间增高 2.62 个百分点，“十二五”以来降低 0.33 个

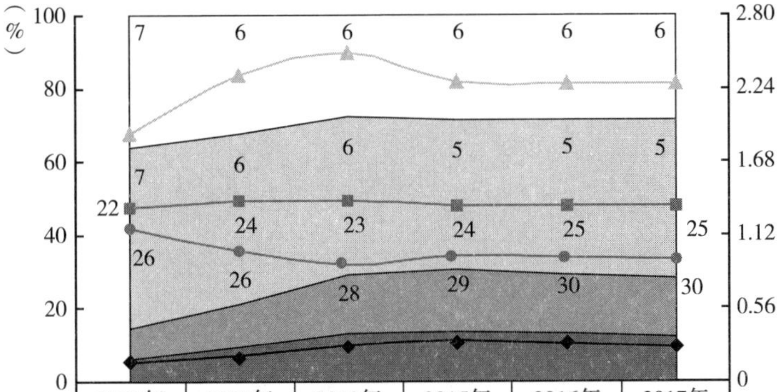

	2000年	2005年	2010年	2015年	2016年	2017年
居民总消费人均	3545.79	6056.04	10941.21	20841.42	22485.88	23878.78
居民收入人均	4892.22	8743.89	16900.00	30033.68	32738.68	35852.32
财政支出人均	813.32	2244.96	6302.36	12157.83	12496.74	13252.84
财政收入人均	616.66	1774.45	5232.49	10075.81	10167.23	10196.38
财政收入比	5.24	7.23	9.85	11.45	10.49	9.52
居民收入比	41.58	35.60	31.81	34.13	33.79	33.46
居民收入地区差	1.3283	1.3830	1.3755	1.3418	1.3407	1.3409
居民收入城乡比	1.8915	2.3347	2.5163	2.2867	2.2806	2.2769

图4　初次分配收支综合子系统结构性检测

左轴面积：居民总消费、居民收入、财政支出、财政收入人均值（元转换为%），其间呈直观比例。左轴曲线：居民收入比、财政收入比（%）。右轴曲线：居民收入人均值地区差（无差距=1）、城乡比（城镇对乡村倍数比，乡村=1）。标注居民收入和总消费人均值、居民收入比、收入人均值地区差省域位次，正文表述另调用后台财政收支人均值、财政收入比及相应地区差、城乡比位次。

百分点。

2. 财政支出增长及相对比值动态

2000～2017年，江苏财政支出总量由591.28亿元增长至10621.03亿元，2017年为2000年的17.96倍。2000年以来年均增长18.52%，其中2005年以来年均增长16.65%，2010年以来年均增长11.64%，2015年以来年均增长4.71%，上年以来年度增长6.40%。

财政支出人均值由813.32元增长至13252.84元，省域间位次从第17位上升为第14位，2017年为2000年的16.29倍。2000年以来年均增长17.84%，其中2005年以来年均增长15.95%，2010年以来年均增长

11.20%，2015年以来年均增长4.41%，上年以来年度增长6.05%。

财政支出比由6.91%升高到12.37%，省域间位次保持第31位。2000年以来明显增高5.46个百分点，其中“十五”期间增高2.23个百分点，“十一五”期间增高2.72个百分点，“十二五”以来增高0.51个百分点。

3. 财政收入、财政支出地区差变化

在此期间，江苏财政收入人均值地区差指数由1.4187缩小为1.1810，省域间位次从第6位上升为第3位。2000年以来缩减16.76%，其中“十五”期间缩减10.55%，“十一五”期间缩减8.78%，“十二五”以来扩增2.01%，地区均衡性有所增强。

财政支出人均值地区差指数由1.3536缩小为1.0953，省域间位次从第13位上升为第6位。2000年以来缩减19.08%，其中“十五”期间缩减15.97%，“十一五”期间缩减6.64%，“十二五”以来扩增3.15%，地区均衡性有所增强。

（二）人民经济生活

1. 居民收入增长及相对比值动态

2000~2017年，江苏居民收入总量由3556.64亿元增长至28732.58亿元，2017年为2000年的8.08倍。2000年以来年均增长13.08%，其中2005年以来年均增长13.16%，2010年以来年均增长11.78%，2015年以来年均增长9.57%，上年以来年度增长9.87%。

城乡综合演算的居民收入人均值由4892.22元增长至35852.32元，省域间位次从第7位上升为第5位，2017年为2000年的7.33倍。2000年以来年均增长12.43%，其中2005年以来年均增长12.48%，2010年以来年均增长11.34%，2015年以来年均增长9.26%，上年以来年度增长9.51%。

还需要格外注意，江苏居民收入比由41.58%降低为33.46%，省域间位次从第26位下降为第30位。2000年以来明显降低8.12个百分点，其中“十五”期间降低5.98个百分点，“十一五”期间降低3.79个百分点，“十二五”以来增高1.65个百分点。

2. 居民总消费增长及相对比值动态

2000～2017年，江苏居民消费总量由2577.79亿元增长至19136.81亿元，2017年为2000年的7.42倍。2000年以来年均增长12.52%，其中2005年以来年均增长12.79%，2010年以来年均增长12.23%，2015年以来年均增长7.35%，上年以来年度增长6.55%。

城乡综合演算的居民总消费人均值由3545.79元增长至23878.78元，省域间位次从第7位上升为第6位，2017年为2000年的6.73倍。2000年以来年均增长11.87%，其中2005年以来年均增长12.11%，2010年以来年均增长11.79%，2015年以来年均增长7.04%，上年以来年度增长6.19%。

还需要格外注意，江苏居民消费率由30.14%降低为22.29%，省域间位次从第27位下降为第31位。2000年以来明显降低7.85个百分点，其中"十五"期间降低5.48个百分点，"十一五"期间降低4.07个百分点，"十二五"以来增高1.70个百分点。

3. 居民收入、总消费地区差、城乡比变化

在此期间，江苏居民收入人均值地区差指数由1.3283扩大为1.3409，省域间位次从第22位下降为第25位。2000年以来扩增0.95%，其中"十五"期间扩增4.12%，"十一五"期间缩减0.55%，"十二五"以来缩减2.51%，地区均衡性继续减弱。

居民收入人均值城乡比指数由1.8915扩大为2.2769，省域间位次从第1位下降为第6位。2000年以来扩增20.38%，其中"十五"期间扩增23.43%，"十一五"期间扩增7.78%，"十二五"以来缩减9.51%，城乡均衡性继续减弱。

江苏居民总消费人均值地区差指数由1.2434扩大为1.2722，省域间位次从第18位下降为第24位。2000年以来扩增2.31%，其中"十五"期间扩增0.66%，"十一五"期间缩减0.32%，"十二五"以来扩增1.97%，地区均衡性继续减弱。

居民总消费人均值城乡比指数由2.2773缩小为1.7760，省域间位次从第4位上升为第2位。2000年以来缩减22.01%，其中"十五"期间扩增

6.13%，“十一五”期间缩减 9.21%，“十二五”以来缩减 19.06%，城乡均衡性有所增强。

五　经济增长通用指标动态测评

2000～2017 年江苏经济增长结构优化综合检测结果见图 5。

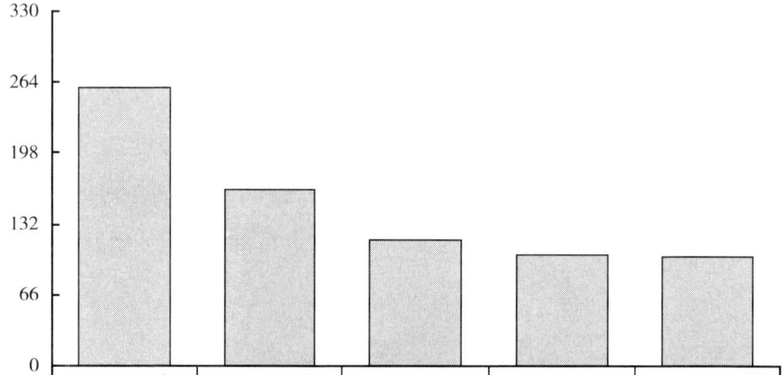

	2000~2017年自身纵向检测	2005~2017年自身纵向检测	2010~2017年自身纵向检测	2015~2017年自身纵向检测	2017年无差距全国横向检测
省域排行位次	13	15	14	12	1
江苏测评指数	258.98	163.74	117.02	103.62	101.15

图 5　2000～2017 年经济增长结构优化综合检测结果

数轴：共时性年度横向测评（全国城乡、地区无差距理想值 = 100），类似“不论年龄比当下高矮”，有利于发达地区；历时性阶段纵向测评（起点年自身基数值 = 100），类似“不论高矮比时段生长”，有利于后发加力地区，从左至右：（1）以 2000 年为起点，（2）以 2005 年为起点，（3）以 2010 年为起点，（4）以 2015 年为起点，多向度测评对应省域排行，检验不同阶段进展状况。

1. 2017年理想值横向检测

以假定全国及各地各类数据全面消除城乡差距、地区差距为理想值 100，2017 年无差距全国横向检测排行，江苏此项指数为 101.15。这表明与全国城乡、地区无差距理想值 100 相比，江苏经济增长结构优化全量化检测结果达到 101.15%，高于理想值 1.15%，此项指数排名处于省域间第 1 位。

2. 2000年以来基数值纵向检测

以“全面小康”进程起点年“九五”末年2000年各类数据演算指标为基数值100，2000～2017年自身纵向检测排行，江苏此项指数为258.98。这表明与2000年自身基数值100相比，江苏经济增长结构优化全量化检测结果达到258.98%，高于基数值158.98%，此项指数提升程度处于省域间第13位。

3. 2005年以来基数值纵向检测

以“全面小康”进程第一个五年期“十五”末年2005年各类数据演算指标为基数值100，2005～2017年自身纵向检测排行，江苏此项指数为163.74。这表明与2005年自身基数值100相比，江苏经济增长结构优化全量化检测结果达到163.74%，高于基数值63.74%，此项指数提升程度处于省域间第15位。

4. 2010年以来基数值纵向检测

以“全面小康”进程第二个五年期“十一五”末年2010年各类数据演算指标为基数值100，2010～2017年自身纵向检测排行，江苏此项指数为117.02。这表明与2010年自身基数值100相比，江苏经济增长结构优化全量化检测结果达到117.02%，高于基数值17.02%，此项指数提升程度处于省域间第14位。

5. 2015年以来基数值纵向检测

以“全面小康”进程第三个五年期“十二五”末年2015年各类数据演算指标为基数值100，2015～2017年自身纵向检测排行，江苏此项指数为103.62。这表明与2015年自身基数值100相比，江苏经济增长结构优化全量化检测结果达到103.62%，高于基数值3.62%，此项指数提升程度处于省域间第12位。

E.6

贵州：2000 ~2017年经济发展指数提升第1位

方　彧*

摘　要： 2000~2017年，贵州地区生产总值构成中第二产业从37.66%上升至40.09%，第三产业从32.50%上升至44.90%；收入法产值构成中劳动者报酬从60.85%下降为54.71%，生产税净额从12.96%上升至16.77%，营业盈余从7.71%上升至15.59%；支出法产值构成中最终消费率从78.03%下降为55.44%，资本形成率从49.91%上升至69.10%；初次分配收支中财政收入比从8.28%上升至11.92%，居民收入比从81.50%下降为47.38%，居民消费率从66.65%下降为36.18%。产值、财政收入、支出、居民收入、总消费人均值地区差均缩小；居民收入、总消费人均值城乡比也均缩小。贵州经济增长结构优化评价排行：城乡、地区无差距理想值横向测评为省域第21位；2000年、2005年、2010年和2015年自身基数值纵向测评分均为省域第1位。

关键词： 贵州　经济增长　结构优化　检测评价

* 方彧，中国老龄科学研究中心副研究员，主要研究方向为口头传统、老龄文化和文化产业研究。

限于篇幅，三次产业结构主体子系统，收入法、支出法产值结构辅助子系统，面向公共经济生活、人民经济生活初次分配收支综合子系统分别设置为一图，难以充分展开。当地数据检测更多细节可参看技术报告、排行报告由不同侧面展开的各地纵向历时动态、横向共时静态对比分析。

一 三次产业产值构成子系统检测

2000年以来贵州三次产业产值构成子系统结构性检测见图1。

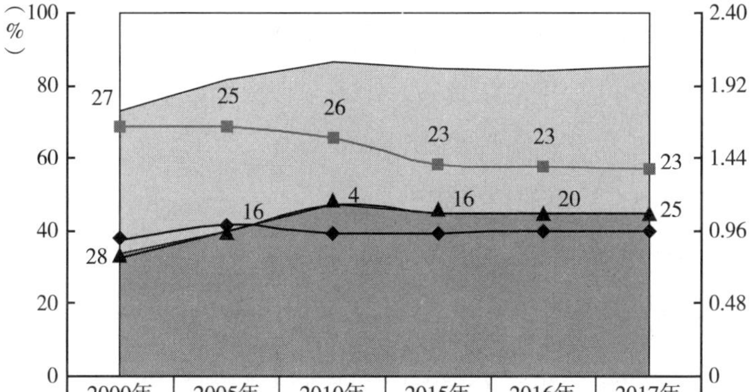

	2000年	2005年	2010年	2015年	2016年	2017年
一产产值人均	725.94	941.80	1781.72	4662.45	5211.84	5696.63
二产产值人均	1038.99	2110.16	5131.28	11787.73	13182.20	15215.53
三产产值人均	896.58	2000.04	6205.99	13397.07	14851.96	17043.92
二产构成比	37.66	41.77	39.11	39.49	39.65	40.09
三产构成比	32.50	39.59	47.31	44.89	44.67	44.90
产值人均地区差	1.6526	1.6484	1.5751	1.4060	1.3836	1.3638

图1 三次产业产值构成子系统结构性检测

左轴面积：一、二、三产产值人均值（元转换为%），其间呈直观比例，其和为三次产业产值人均值。左轴曲线：二、三产产值构成比（%）。右轴曲线：三次产业产值人均值地区差（无差距＝1）。限于制图空间，总量置于后台数据库同步演算，后同。标注三次产业产值人均值地区差、三产构成比省域位次，正文表述另调用后台各类产值人均值、一产和二产构成比位次。

1. 三次产业结构产值

2000～2017年，贵州三次产业结构产值总量由1029.92亿元增长至

13540.83 亿元，2017 年为 2000 年的 13.15 倍。2000 年以来年均增长 16.36%，其中 2005 年以来年均增长 17.38%，2010 年以来年均增长 16.67%，2015 年以来年均增长 13.55%，上年以来年度增长 14.98%。

产值人均值由 2759.00 元增长至 37956.06 元，省域间位次（基于各地不同变化，后同）从第 31 位上升为第 29 位，2017 年为 2000 年的 13.76 倍。2000 年以来年均增长 16.67%（由于人口增长，人均值演算增长率略低于总量演算增长率），其中 2005 年以来年均增长 18.30%，2010 年以来年均增长 16.39%，2015 年以来年均增长 12.77%，上年以来年度增长 14.17%。

在此期间，贵州产值人均值地区差指数由 1.6526 缩小为 1.3638，省域间位次从第 27 位上升为第 23 位。2000 年以来缩减 17.48%，其中“十五”期间缩减 0.26%，“十一五”期间缩减 4.45%，“十二五”以来缩减 13.42%，意味着与全国人均值的距离减小。

2. 第一产业增长及构成比动态

同期，贵州第一产业产值总量由 270.99 亿元增长至 2032.27 亿元，2017 年为 2000 年的 7.50 倍。2000 年以来年均增长 12.58%，其中 2005 年以来年均增长 15.28%，2010 年以来年均增长 18.35%，2015 年以来年均增长 11.30%，上年以来年度增长 10.08%。

第一产业产值人均值由 725.94 元增长至 5696.63 元，省域间位次从第 28 位上升为第 7 位，2017 年为 2000 年的 7.85 倍。2000 年以来年均增长 12.88%，其中 2005 年以来年均增长 16.18%，2010 年以来年均增长 18.06%，2015 年以来年均增长 10.54%，上年以来年度增长 9.30%。

在此期间，贵州第一产业产值人均值地区差指数由 1.3772 缩小为 1.2064，缩减 12.40%，其中“十五”期间扩增 4.34%，“十一五”期间缩减 2.95%，“十二五”以来缩减 13.49%。第一产业构成比由 26.31% 降低为 15.01%，省域间位次从第 3 位下降为第 4 位，降低 11.30 个百分点，其中“十五”期间降低 7.67 个百分点，“十一五”期间降低 5.06 个百分点，“十二五”以来增高 1.43 个百分点。

3. 第二产业增长及构成比动态

同期，贵州第二产业产值总量由387.85亿元增长至5428.14亿元，2017年为2000年的14.00倍。2000年以来年均增长16.79%，其中2005年以来年均增长16.98%，2010年以来年均增长17.08%，2015年以来年均增长14.40%，上年以来年度增长16.25%。

第二产业产值人均值由1038.99元增长至15215.53元，省域间位次从第31位上升为第27位，2017年为2000年的14.64倍。2000年以来年均增长17.10%，其中2005年以来年均增长17.90%，2010年以来年均增长16.80%，2015年以来年均增长13.61%，上年以来年度增长15.42%。

在此期间，贵州第二产业产值人均值地区差指数由1.7127缩小为1.3696，缩减20.03%，其中“十五”期间缩减1.46%，“十一五”期间缩减2.72%，“十二五”以来缩减16.58%。第二产业构成比由37.66%升高到40.09%，省域间位次从第25位上升为第20位，增高2.43个百分点，其中“十五”期间增高4.11个百分点，“十一五”期间降低2.66个百分点，“十二五”以来增高0.98个百分点。

4. 第三产业增长及构成比动态

同期，贵州第三产业产值总量由334.69亿元增长至6080.42亿元，2017年为2000年的18.17倍。2000年以来年均增长18.60%，其中2005年以来年均增长18.62%，2010年以来年均增长15.80%，2015年以来年均增长13.57%，上年以来年度增长15.58%。

第三产业产值人均值由896.58元增长至17043.92元，省域间位次从第31位上升为第28位，2017年为2000年的19.01倍。2000年以来年均增长18.91%，其中2005年以来年均增长19.55%，2010年以来年均增长15.53%，2015年以来年均增长12.79%，上年以来年度增长14.76%。

在此期间，贵州第三产业产值人均值地区差指数由1.7163缩小为1.4467，缩减15.71%，其中“十五”期间缩减3.09%，“十一五”期间缩减7.17%，“十二五”以来缩减6.30%。第三产业构成比由32.50%升高到44.90%，省域间位次从第28位上升为第25位，增高12.40个百分点，其中“十五”期间增高 7.09 个百分点，“十一五”期间增高 7.72 个百分点，“十二五”以来降低 2.41 个百分点。

二　收入法产值构成子系统检测

2000 年以来贵州收入法产值构成子系统结构性检测见图 2。

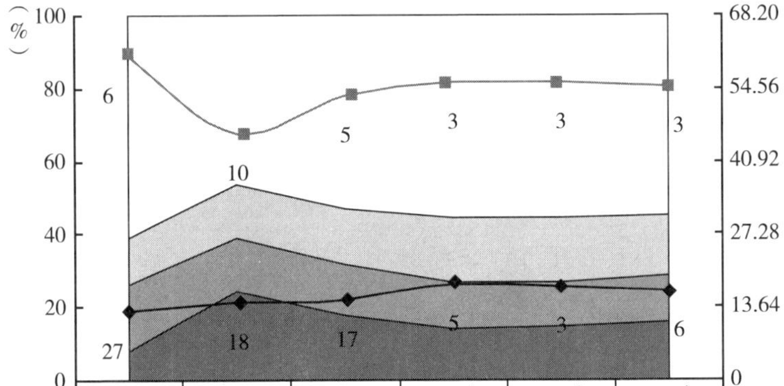

	2000年	2005年	2010年	2015年	2016年	2017年
劳动报酬人均	1619.63	2335.72	6967.99	16613.16	18481.06	20765.07
生产净税人均	344.82	741.13	1991.27	5299.64	5844.74	6364.18
资产折旧人均	491.84	741.87	1869.81	3710.67	4143.52	4909.60
营业盈余人均	205.23	1233.27	2289.96	4223.78	4776.68	5917.24
报酬构成比	60.85	46.23	53.11	55.66	55.59	54.71
净税构成比	12.96	14.67	15.18	17.76	17.58	16.77

图 2　收入法产值构成子系统结构性检测

左轴面积：劳动者报酬、生产税净额、固定资产折旧、营业盈余人均值（元转换为%），其间呈直观比例，其和为收入法产值人均值。右轴曲线：劳动者报酬、生产税净额构成比（%）。标注报酬、净税构成比省域位次，正文表述另调用后台报酬人均值及地区差、折旧和盈余构成比位次，由此可看出各地居民、政府、企业部门在支出法当地产值中“获得”比重和绝对值位次。

1. 收入法结构产值

2000～2017 年，贵州收入法结构产值总量由 993.53 亿元增长至 13540.83 亿元，2017 年为 2000 年的 13.63 倍。2000 年以来年均增长 16.61%，其中 2005 年以来年均增长 17.38%，2010 年以来年均增长

16.67%，2015年以来年均增长13.55%，上年以来年度增长14.98%。

收入法产值人均值由2661.52元增长至37956.06元，省域间位次从第31位上升为第29位，2017年为2000年的14.26倍。2000年以来年均增长16.92%，其中2005年以来年均增长18.30%，2010年以来年均增长16.39%，2015年以来年均增长12.77%，上年以来年度增长14.17%。

在此期间，贵州收入法产值人均值地区差指数由1.6604缩小为1.3638，省域间位次从第27位上升为第23位。2000年以来缩减17.86%，其中“十五”期间缩减0.72%，“十一五”期间缩减4.45%，“十二五”以来缩减13.42%，意味着与全国人均值的距离减小。

2. 劳动者报酬增长及构成比动态

同期，贵州收入法产值构成之劳动者报酬总量由604.60亿元增长至7407.94亿元，2017年为2000年的12.25倍。2000年以来年均增长15.88%，其中2005年以来年均增长19.04%，2010年以来年均增长17.16%，2015年以来年均增长12.57%，上年以来年度增长13.16%。

劳动者报酬人均值由1619.63元增长至20765.07元，省域间位次从第31位上升为第24位，2017年为2000年的12.82倍。2000年以来年均增长16.19%，其中2005年以来年均增长19.97%，2010年以来年均增长16.88%，2015年以来年均增长11.80%，上年以来年度增长12.36%。

在此期间，贵州劳动者报酬人均值地区差指数由1.5978缩小为1.2673，省域间位次从第27位上升为第17位，缩减20.68%，其中“十五”期间扩增0.60%，“十一五”期间缩减6.77%，“十二五”以来缩减15.43%。劳动者报酬构成比由60.85%降低为54.71%，省域间位次从第6位上升为第3位，降低6.14个百分点，其中“十五”期间降低14.62个百分点，“十一五”期间增高6.88个百分点，“十二五”以来增高1.60个百分点。

3. 生产税净额增长及构成比动态

同期，贵州收入法产值构成之生产税净额总量由128.72亿元增长至2270.42亿元，2017年为2000年的17.64倍。2000年以来年均增长18.39%，其中2005年以来年均增长18.70%，2010年以来年均增长

18.34%，2015年以来年均增长10.34%，上年以来年度增长9.66%。

生产税净额人均值由344.82元增长至6364.18元，2017年为2000年的18.46倍。2000年以来年均增长18.71%，其中2005年以来年均增长19.62%，2010年以来年均增长18.06%，2015年以来年均增长9.58%，上年以来年度增长8.89%。

在此期间，贵州生产税净额人均值地区差指数由1.7144缩小为1.2483，缩减27.19%，其中“十五”期间缩减3.50%，“十一五”期间缩减4.69%，“十二五”以来缩减20.84%。生产税净额构成比由12.96%升高到16.77%，省域间位次从第27位上升为第6位，增高3.81个百分点，其中“十五”期间增高1.71个百分点，“十一五”期间增高0.51个百分点，“十二五”以来增高1.59个百分点。

4. 固定资产折旧增长及构成比动态

同期，贵州收入法产值构成之固定资产折旧总量由183.60亿元增长至1751.50亿元，2017年为2000年的9.54倍。2000年以来年均增长14.19%，其中2005年以来年均增长16.15%，2010年以来年均增长15.06%，2015年以来年均增长15.82%，上年以来年度增长19.33%。

资产折旧人均值由491.84元增长至4909.60元，2017年为2000年的9.98倍。2000年以来年均增长14.49%，其中2005年以来年均增长17.06%，2010年以来年均增长14.79%，2015年以来年均增长15.03%，上年以来年度增长18.49%。

在此期间，贵州资产折旧人均值地区差指数由1.5567缩小为1.3932，缩减10.50%，其中“十五”期间扩增4.98%，“十一五”期间缩减6.42%，“十二五”以来缩减8.90%。资产折旧构成比由18.48%降低为12.93%，省域间位次从第3位下降为第24位，降低5.55个百分点，其中“十五”期间降低3.80个百分点，“十一五”期间降低0.43个百分点，“十二五”以来降低1.32个百分点。

5. 营业盈余增长及构成比动态

同期，贵州收入法产值构成之营业盈余总量由76.61亿元增长至

2110.97亿元，2017年为2000年的27.55倍。2000年以来年均增长21.54%，其中2005年以来年均增长13.08%，2010年以来年均增长14.80%，2015年以来年均增长19.18%，上年以来年度增长24.76%。

营业盈余人均值由205.23元增长至5917.24元，2017年为2000年的28.83倍。2000年以来年均增长21.86%，其中2005年以来年均增长13.96%，2010年以来年均增长14.52%，2015年以来年均增长18.36%，上年以来年度增长23.88%。

在此期间，贵州营业盈余人均值地区差指数由1.8626缩小为1.5991，缩减14.15%，其中"十五"期间缩减8.22%，"十一五"期间扩增0.84%，"十二五"以来缩减7.25%。营业盈余构成比由7.71%升高到15.59%，省域间位次保持第29位，增高7.88个百分点，其中"十五"期间增高16.70个百分点，"十一五"期间降低6.95个百分点，"十二五"以来降低1.87个百分点。

三 支出法产值构成子系统检测

2000年以来贵州支出法产值构成子系统结构性检测见图3。

1. 支出法结构产值

2000 ~ 2017年，贵州支出法结构产值总量由993.53亿元增长至13540.83亿元，2017年为2000年的13.63倍。2000年以来年均增长16.61%，其中2005年以来年均增长17.38%，2010年以来年均增长16.67%，2015年以来年均增长13.55%，上年以来年度增长14.98%。

支出法产值人均值由2661.52元增长至37956.08元，省域间位次从第31位上升为第29位，2017年为2000年的14.26倍。2000年以来年均增长16.92%，其中2005年以来年均增长18.30%，2010年以来年均增长16.39%，2015年以来年均增长12.77%，上年以来年度增长14.17%。

在此期间，贵州支出法产值人均值地区差指数由1.6659缩小为1.3520，省域间位次从第28位上升为第22位。2000年以来缩减18.84%，

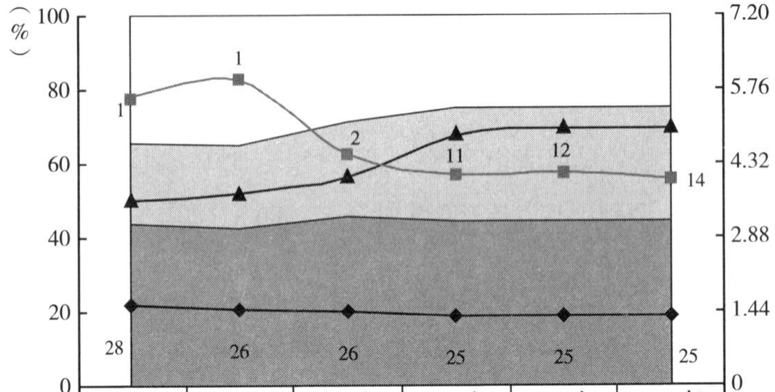

	2000年	2005年	2010年	2015年	2016年	2017年
（1）最终消费人均	2076.78	4153.98	8230.02	16931.29	19043.98	21041.12
（2）资本形成人均	1328.41	2616.39	7341.20	20189.50	23134.80	26226.91
（3）支出法产值人均	2661.52	5052.00	13119.11	29847.25	33246.00	37956.08
最终消费率	78.03	82.22	62.73	56.73	57.28	55.44
资本形成率	49.91	51.79	55.96	67.64	69.59	69.10
最终消费地区差	1.5881	1.4662	1.4468	1.3591	1.3435	1.3301

图3　支出法产值构成子系统结构性检测

左轴面积：（1）最终消费支出、（2）资本形成、（3）支出法产值人均值（元转换为%），其间呈直观比例，（3）－（1）－（2）＝货物与服务净流出，由于国内统一市场，大部分省域净流出为负值，即（1）＋（2）＞（3），需变通取值制图，避开负值体现其中负值关系。左轴曲线：最终消费率、资本形成率（%）。右轴曲线：最终消费人均值地区差（指数，无差距＝1）。标注最终消费率、最终消费人均值地区差省域位次，正文表述另调用后台最终消费人均值、资本形成率位次。

其中“十五”期间缩减0.84%，“十一五”期间缩减4.79%，“十二五”以来缩减14.03%，意味着与全国人均值的距离减小。

2. 最终消费支出增长及构成比动态

同期，贵州支出法产值构成之最终消费支出总量由775.25亿元增长至7506.42亿元，2017年为2000年的9.68倍。2000年以来年均增长14.29%，其中2005年以来年均增长13.59%，2010年以来年均增长14.63%，2015年以来年均增长12.25%，上年以来年度增长11.27%。

最终消费人均值由2076.78元增长至21041.12元，省域间位次从第31位上升为第30位，2017年为2000年的10.13倍。2000年以来年均增长

14.59%，其中2005年以来年均增长14.48%，2010年以来年均增长14.35%，2015年以来年均增长11.48%，上年以来年度增长10.49%。

在此期间，贵州最终消费人均值地区差指数由1.5881缩小为1.3301，省域间位次从第28位上升为第25位，缩减16.25%，其中“十五”期间缩减7.68%，“十一五”期间缩减1.32%，“十二五”以来缩减8.06%。最终消费率（消费率）由78.03%降低为55.44%，省域间位次从第1位下降为第14位，降低22.59个百分点，其中“十五”期间增高4.19个百分点，“十一五”期间降低19.49个百分点，“十二五”以来降低7.29个百分点。

3. 资本形成增长及构成比动态

同期，贵州支出法产值构成之资本形成总额由495.89亿元增长至9356.45亿元，2017年为2000年的18.87倍。2000年以来年均增长18.86%，其中2005年以来年均增长20.24%，2010年以来年均增长20.24%，2015年以来年均增长14.76%，上年以来年度增长14.17%。

资本形成人均值由1328.41元增长至26226.91元，省域间位次从第31位上升为第21位，2017年为2000年的19.74倍。2000年以来年均增长19.18%，其中2005年以来年均增长21.18%，2010年以来年均增长19.95%，2015年以来年均增长13.98%，上年以来年度增长13.37%。

在此期间，贵州资本形成人均值地区差指数由1.5142缩小为1.0083，省域间位次从第24位上升为第1位，缩减33.41%，其中“十五”期间扩增3.03%，“十一五”期间缩减3.81%，“十二五”以来缩减32.81%。资本形成率（投资率）由49.91%升高到69.10%，省域间位次从第5位下降为第7位，增高19.19个百分点，其中“十五”期间增高1.88个百分点，“十一五”期间增高4.17个百分点，“十二五”以来增高13.14个百分点。

四　初次分配收支综合子系统检测

2000年以来贵州初次分配收支综合子系统结构性检测见图4。

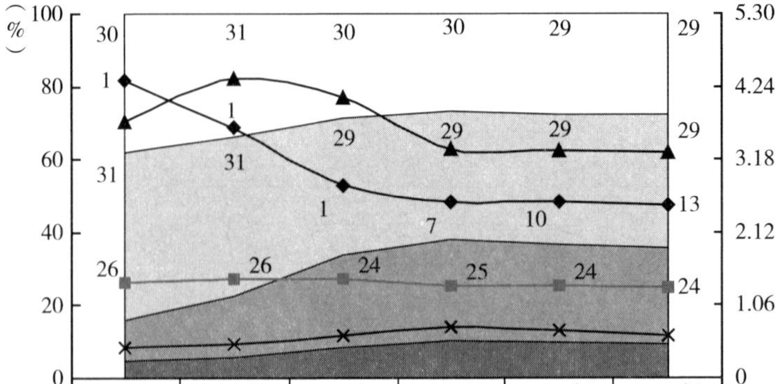

	2000年	2005年	2010年	2015年	2016年	2017年
居民总消费人均	1838.84	2775.78	5032.83	10856.67	12560.48	13731.58
居民收入人均	2248.49	3543.10	6700.73	14438.14	16126.42	17981.77
财政支出人均	539.97	1364.23	4483.97	11195.67	12032.92	12929.27
财政收入人均	228.32	478.11	1466.91	4272.46	4407.76	4523.72
财政收入比	8.28	9.22	11.60	14.31	13.26	11.92
居民收入比	81.50	68.34	52.98	48.37	48.51	47.38
居民收入地区差	1.3895	1.4396	1.4546	1.3550	1.3396	1.3275
居民收入城乡比	3.7275	4.3427	4.0735	3.3275	3.3055	3.2788

图4　初次分配收支综合子系统结构性检测

左轴面积：居民总消费、居民收入、财政支出、财政收入人均值（元转换为%），其间呈直观比例。左轴曲线：居民收入比、财政收入比（%）。右轴曲线：居民收入人均值地区差（无差距 =1）、城乡比（城镇对乡村倍数比，乡村 =1）。标注居民收入和总消费人均值、居民收入比、收入人均值地区差省域位次，正文表述另调用后台财政收支人均值、财政收入比及相应地区差、城乡比位次。

（一）公共经济生活

1. 财政收入增长及相对比值动态

2000～2017 年，贵州财政收入总量由 85.23 亿元增长至 1613.84 亿元，2017 年为 2000 年的 18.93 倍。2000 年以来年均增长 18.89%，其中 2005 年以来年均增长 19.92%，2010 年以来年均增长 17.12%，2015 年以来年均增长 3.61%，上年以来年度增长 3.36%。

财政收入人均值由 228.32 元增长至 4523.72 元，省域间位次从第 30 位上升为第 20 位，2017 年为 2000 年的 19.81 倍。2000 年以来年均增长

19.20%，其中2005年以来年均增长20.60%，2010年以来年均增长17.45%，2015年以来年均增长2.90%，上年以来年度增长2.63%。

财政收入比由8.28%升高到11.92%，省域间位次从第5位下降为第10位。2000年以来明显增高3.64个百分点，其中“十五”期间增高0.94个百分点，“十一五”期间增高2.38个百分点，“十二五”以来增高0.32个百分点。

2. 财政支出增长及相对比值动态

2000～2017年，贵州财政支出总量由201.57亿元增长至4612.52亿元，2017年为2000年的22.88倍。2000年以来年均增长20.22%，其中2005年以来年均增长19.93%，2010年以来年均增长16.01%，2015年以来年均增长8.21%，上年以来年度增长8.22%。

财政支出人均值由539.97元增长至12929.27元，省域间位次从第26位上升为第15位，2017年为2000年的23.94倍。2000年以来年均增长20.54%，其中2005年以来年均增长20.61%，2010年以来年均增长16.33%，2015年以来年均增长7.46%，上年以来年度增长7.45%。

财政支出比由19.57%升高到34.06%，省域间位次从第5位下降为第7位。2000年以来显著增高14.49个百分点，其中“十五”期间增高6.74个百分点，“十一五”期间增高9.14个百分点，“十二五”以来降低1.39个百分点。

3. 财政收入、财政支出地区差变化

在此期间，贵州财政收入人均值地区差指数由1.7848缩小为1.6366，省域间位次从第28位上升为第18位。2000年以来缩减8.30%，其中“十五”期间扩增1.02%，“十一五”期间缩减2.17%，“十二五”以来缩减7.21%，地区均衡性有所增强。

财政支出人均值地区差指数由1.5708缩小为1.1174，省域间位次从第23位上升为第7位。2000年以来缩减28.87%，其中“十五”期间缩减6.05%，“十一五”期间缩减9.71%，“十二五”以来缩减16.15%，地区均衡性有所增强。

（二）人民经济生活

1. 居民收入增长及相对比值动态

2000～2017 年，贵州居民收入总量由 839.36 亿元增长至 6415.00 亿元，2017 年为 2000 年的 7.64 倍。2000 年以来年均增长 12.71%，其中 2005 年以来年均增长 13.85%，2010 年以来年均增长 14.82%，2015 年以来年均增长 12.37%，上年以来年度增长 12.30%。

城乡综合演算的居民收入人均值由 2248.49 元增长至 17981.77 元，省域间位次从第 31 位上升为第 29 位，2017 年为 2000 年的 8.00 倍。2000 年以来年均增长 13.01%，其中 2005 年以来年均增长 14.50%，2010 年以来年均增长 15.14%，2015 年以来年均增长 11.60%，上年以来年度增长 11.51%。

还需要格外注意，贵州居民收入比由 81.50% 降低为 47.38%，省域间位次从第 1 位下降为第 13 位。2000 年以来极显著降低 34.12 个百分点，其中“十五”期间降低 13.16 个百分点，“十一五”期间降低 15.36 个百分点，“十二五”以来降低 5.60 个百分点。

2. 居民总消费增长及相对比值动态

2000～2017 年，贵州居民消费总量由 686.44 亿元增长至 4898.74 亿元，2017 年为 2000 年的 7.14 倍。2000 年以来年均增长 12.25%，其中 2005 年以来年均增长 13.61%，2010 年以来年均增长 15.09%，2015 年以来年均增长 13.24%，上年以来年度增长 10.10%。

城乡综合演算的居民总消费人均值由 1838.84 元增长至 13731.58 元，省域间位次从第 30 位上升为第 29 位，2017 年为 2000 年的 7.47 倍。2000 年以来年均增长 12.55%，其中 2005 年以来年均增长 14.25%，2010 年以来年均增长 15.42%，2015 年以来年均增长 12.46%，上年以来年度增长 9.32%。

还需要格外注意，贵州居民消费率由 66.65% 降低为 36.18%，省域间位次从第 1 位下降为第 8 位。2000 年以来极显著降低 30.47 个百分点，其中

“十五”期间降低 13.11 个百分点，“十一五”期间降低 13.75 个百分点，“十二五”以来降低 3.61 个百分点。

3.居民收入、总消费地区差、城乡比变化

在此期间，贵州居民收入人均值地区差指数由 1.3895 缩小为 1.3275，省域间位次从第 26 位上升为第 24 位。2000 年以来缩减 4.46%，其中“十五”期间扩增 3.61%，“十一五”期间扩增 1.05%，“十二五”以来缩减 8.74%，地区均衡性有所增强。

居民收入人均值城乡比指数由 3.7275 缩小为 3.2788，省域间位次从第 29 位下降为第 30 位。2000 年以来缩减 12.04%，其中“十五”期间扩增 16.50%，“十一五”期间缩减 6.20%，“十二五”以来缩减 19.51%，城乡均衡性有所增强。

贵州居民总消费人均值地区差指数由 1.3552 缩小为 1.2684，省域间位次从第 25 位上升为第 23 位。2000 年以来缩减 6.40%，其中“十五”期间扩增 5.25%，“十一五”期间缩减 0.01%，“十二五”以来缩减 11.06%，地区均衡性有所增强。

居民总消费人均值城乡比指数由 3.9013 缩小为 2.4518，省域间位次保持第 28 位。2000 年以来缩减 37.15%，其中“十五”期间扩增 1.70%，“十一五”期间缩减 11.13%，“十二五”以来缩减 30.47%，城乡均衡性有所增强。

五　经济增长通用指标动态测评

2000～2017 年贵州经济增长结构优化综合检测结果见图 5。

1.2017年理想值横向检测

以假定全国及各地各类数据全面消除城乡差距、地区差距为理想值 100，2017 年无差距全国横向检测排行，贵州此项指数为 89.71。这表明与全国城乡、地区无差距理想值 100 相比，贵州经济增长结构优化全量化检测结果达到 89.71%，低于理想值 10.29%，此项指数排名处于省域间第 21 位。

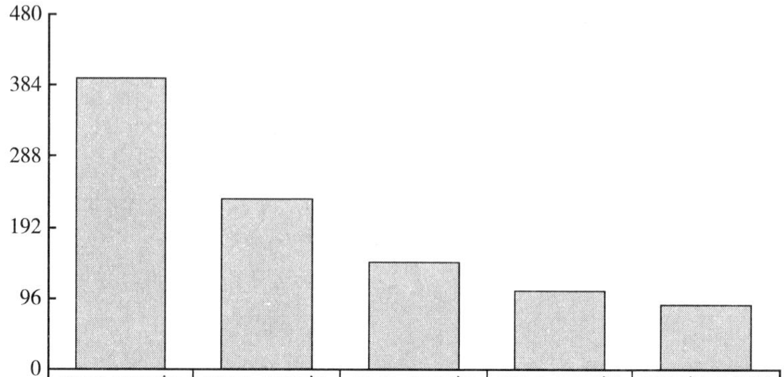

	2000~2017年自身纵向检测	2005~2017年自身纵向检测	2010~2017年自身纵向检测	2015~2017年自身纵向检测	2017年无差距全国横向检测
省域排行位次	1	1	1	1	21
□江苏测评指数	392.51	234.91	148.18	108.37	89.71

图5　2000～2017年经济增长结构优化综合检测结果

数轴：共时性年度横向测评（全国城乡、地区无差距理想值＝100），类似“不论年龄比当下高矮”，有利于发达地区；历时性阶段纵向测评（起点年自身基数值＝100），类似“不论高矮比时段生长”，有利于后发加力地区，从左至右：（1）以2000年为起点，（2）以2005年为起点，（3）以2010年为起点，（4）以2015年为起点，多向度测评对应省域排行，检验不同阶段进展状况。

2. 2000年以来基数值纵向检测

以“全面小康”进程起点年“九五”末年2000年各类数据演算指标为基数值100，2000～2017年自身纵向检测排行，贵州此项指数为392.51。这表明与2000年自身基数值100相比，贵州经济增长结构优化全量化检测结果达到392.51%，高于基数值292.51%，此项指数提升程度处于省域间第1位。

3. 2005年以来基数值纵向检测

以“全面小康”进程第一个五年期“十五”末年2005年各类数据演算指标为基数值100，2005～2017年自身纵向检测排行，贵州此项指数为234.91。这表明与2005年自身基数值100相比，贵州经济增长结构优化全量化检测结果达到234.91%，高于基数值134.91%，此项指数提升程度处于省域间第1位。

4. 2010年以来基数值纵向检测

以“全面小康”进程第二个五年期“十一五”末年2010年各类数据演算指标为基数值100，2010～2017年自身纵向检测排行，贵州此项指数为148.18。这表明与2010年自身基数值100相比，贵州经济增长结构优化全量化检测结果达到148.18%，高于基数值48.18%，此项指数提升程度处于省域间第1位。

5. 2015年以来基数值纵向检测

以“全面小康”进程第三个五年期“十二五”末年2015年各类数据演算指标为基数值100，2015～2017年自身纵向检测排行，贵州此项指数为108.37。这表明与2015年自身基数值100相比，贵州经济增长结构优化全量化检测结果达到108.37%，高于基数值8.37%，此项指数提升程度处于省域间第1位。

E.7 上海：2017年经济发展指数排名第2位

刘　婷*

摘　要： 2000～2017年，上海地区生产总值构成中第二产业从45.35%下降为30.46%，第三产业从48.30%上升至69.18%；收入法产值构成中劳动者报酬从34.99%上升至44.42%，生产税净额从13.97%上升至17.35%，营业盈余从26.71%上升至26.91%；支出法产值构成中最终消费率从42.78%上升至57.29%，资本形成率从46.54%下降为39.80%；初次分配收支中财政收入比从10.17%上升至21.68%，居民收入比从35.83%上升至46.08%，居民消费率从27.07%上升至31.07%。产值、财政收入、支出、居民收入、总消费人均值地区差均缩小；居民收入、总消费人均值城乡比均扩大。上海经济增长结构优化评价排行：城乡、地区无差距理想值横向测评为省域第2位；2000年、2005年、2010年和2015年自身基数值纵向测评分别为省域第31位、第31位、第27位和第9位。

关键词： 上海　经济增长　结构优化　检测评价

* 刘婷，云南省社会科学院民族文学研究所研究员，博士，主要研究方向为文化人类学。

限于篇幅，三次产业结构主体子系统，收入法、支出法产值结构辅助子系统，面向公共经济生活、人民经济生活初次分配收支综合子系统分别设置为一图，难以充分展开。当地数据检测更多细节可参看技术报告、排行报告由不同侧面展开的各地纵向历时动态、横向共时静态对比分析。

一　三次产业产值构成子系统检测

2000 年以来上海三次产业产值构成子系统结构性检测见图 1。

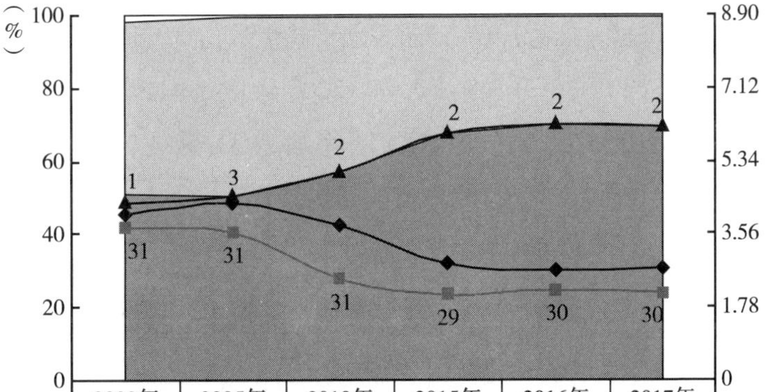

	2000年	2005年	2010年	2015年	2016年	2017年
一产产值人均	517.40	452.23	505.88	453.71	452.83	457.96
二产产值人均	13455.51	25065.55	31989.23	33014.18	34772.88	38572.19
三产产值人均	14329.82	26011.22	43578.89	70327.64	81336.29	87604.01
二产构成比	45.35	48.64	42.05	31.81	29.83	30.46
三产构成比	48.30	50.48	57.28	67.76	69.78	69.18
产值人均地区差	3.7360	3.5864	2.4639	2.0655	2.1612	2.1226

图 1　三次产业产值构成子系统结构性检测

左轴面积：一、二、三产产值人均值（元转换为%），其间呈直观比例，其和为三次产业产值人均值。左轴曲线：二、三产产值构成比（%）。右轴曲线：三次产业产值人均值地区差（无差距 =1）。限于制图空间，总量置于后台数据库同步演算，后同。标注三次产业产值人均值地区差、三产构成比省域位次，正文表述另调用后台各类产值人均值、一产和二产构成比位次。

1. 三次产业结构产值

2000 ~ 2017 年，上海三次产业结构产值总量由 4771. 17 亿元增长至

30632.99 亿元，2017 年为 2000 年的 6.42 倍。2000 年以来年均增长 11.56%，其中 2005 年以来年均增长 10.59%，2010 年以来年均增长 8.63%，2015 年以来年均增长 10.42%，上年以来年度增长 8.71%。

产值人均值由 29671.00 元增长至 126634.15 元，省域间位次（基于各地不同变化，后同）从第 1 位下降为第 2 位，2017 年为 2000 年的 4.27 倍。2000 年以来年均增长 8.91%（由于人口增长，人均值演算增长率略低于总量演算增长率），其中 2005 年以来年均增长 7.78%，2010 年以来年均增长 7.55%，2015 年以来年均增长 10.46%，上年以来年度增长 8.64%。

在此期间，上海产值人均值地区差指数由 3.7360 缩小为 2.1226，省域间位次从第 31 位上升为第 30 位。2000 年以来缩减 43.18%，其中“十五”期间缩减 4.00%，“十一五”期间缩减 31.30%，“十二五”以来缩减 13.85%，意味着与全国人均值的距离减小。

2. 第一产业增长及构成比动态

同期，上海第一产业产值总量由 83.20 亿元增长至 110.78 亿元，2017 年为 2000 年的 1.33 倍。2000 年以来年均增长 1.70%，其中 2005 年以来年均增长 2.71%，2010 年以来年均负增长 0.43%，2015 年以来年均增长 0.44%，上年以来年度增长 1.20%。

第一产业产值人均值由 517.40 元减少至 457.96 元，省域间位次保持第 31 位，2017 年为 2000 年的 89%。2000 年以来年均负增长 0.72%，其中 2005 年以来年均增长 0.10%，2010 年以来年均负增长 1.41%，2015 年以来年均增长 0.47%，上年以来年度增长 1.13%。

在此期间，上海第一产业产值人均值地区差指数由 1.5561 扩大为 1.9030，扩增 22.29%，其中“十五”期间扩增 11.15%，“十一五”期间扩增 5.69%，“十二五”以来扩增 4.10%。第一产业构成比由 1.74% 降低为 0.36%，省域间位次保持第 36 位，降低 1.38 个百分点，其中“十五”期间降低 0.86 个百分点，“十一五”期间降低 0.22 个百分点，“十二五”以来降低 0.30 个百分点。

3. 第二产业增长及构成比动态

同期，上海第二产业产值总量由 2163.68 亿元增长至 9330.67 亿元，2017 年为 2000 年的 4.31 倍。2000 年以来年均增长 8.98%，其中 2005 年以来年均增长 6.36%，2010 年以来年均增长 3.73%，2015 年以来年均增长 8.06%，上年以来年度增长 11.00%。

第二产业产值人均值由 13455.51 元增长至 38572.19 元，省域间位次从第 1 位下降为第 5 位，2017 年为 2000 年的 2.87 倍。2000 年以来年均增长 6.39%，其中 2005 年以来年均增长 3.66%，2010 年以来年均增长 2.71%，2015 年以来年均增长 8.09%，上年以来年度增长 10.93%。

在此期间，上海第二产业产值人均值地区差指数由 3.7205 缩小为 1.5981，缩减 57.05%，其中“十五”期间缩减 0.29%，“十一五”期间缩减 39.81%，“十二五”以来缩减 28.43%。第二产业构成比由 45.35% 降低为 30.46%，省域间位次从第 11 位下降为第 28 位，降低 14.89 个百分点，其中“十五”期间增高 3.29 个百分点，“十一五”期间降低 6.59 个百分点，“十二五”以来降低 11.59 个百分点。

4. 第三产业增长及构成比动态

同期，上海第三产业产值总量由 2304.27 亿元增长至 21191.54 亿元，2017 年为 2000 年的 9.20 倍。2000 年以来年均增长 13.94%，其中 2005 年以来年均增长 13.53%，2010 年以来年均增长 11.59%，2015 年以来年均增长 11.58%，上年以来年度增长 7.77%。

第三产业产值人均值由 14329.82 元增长至 87604.01 元，省域间位次从第 1 位下降为第 2 位，2017 年为 2000 年的 6.11 倍。2000 年以来年均增长 11.24%，其中 2005 年以来年均增长 10.65%，2010 年以来年均增长 10.49%，2015 年以来年均增长 11.61%，上年以来年度增长 7.71%。

在此期间，上海第三产业产值人均值地区差指数由 4.5350 缩小为 2.8441，缩减 37.28%，其中“十五”期间缩减 3.42%，“十一五”期间缩减 26.88%，“十二五”以来缩减 11.19%。第三产业构成比由 48.30% 升高到 69.18%，省域间位次从第 1 位下降为第 2 位，增高 20.88 个百分点，其中“十五”期间增高 2.18 个百分点，“十一五”期间增高 6.80 个百分点，“十二五”以来增高 11.90 个百分点。

二　收入法产值构成子系统检测

2000 年以来上海收入法产值构成子系统结构性检测见图 2。

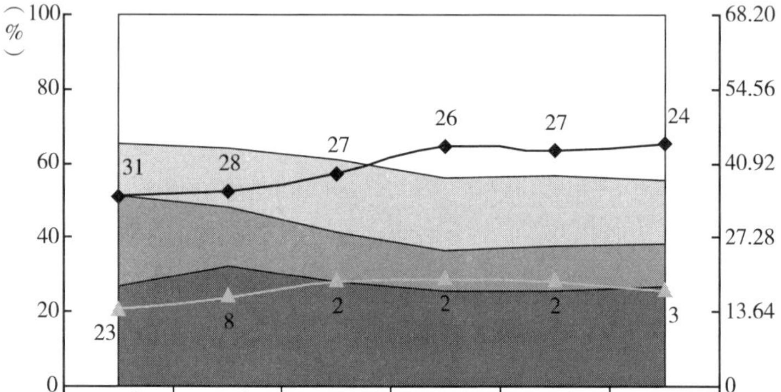

	2000年	2005年	2010年	2015年	2016年	2017年
劳动报酬人均	9903.33	18403.38	29878.56	45798.45	50623.55	56245.42
生产净税人均	3953.48	8453.60	14618.89	20326.09	22103.17	21975.14
资产折旧人均	6887.33	7987.34	10086.26	11218.29	13920.23	14337.74
营业盈余人均	7558.59	16684.68	21490.29	26452.70	29915.06	34075.85
报酬构成比	34.99	35.71	39.28	44.12	43.43	44.42
净税构成比	13.97	16.41	19.22	19.58	18.96	17.35

图 2　收入法产值构成子系统结构性检测

左轴面积：劳动者报酬、生产税净额、固定资产折旧、营业盈余人均值（元转换为%），其间呈直观比例，其和为收入法产值人均值。右轴曲线：劳动者报酬、生产税净额构成比（%）。标注报酬、净税构成比省域位次，正文表述另调用后台报酬人均值及地区差、折旧和盈余构成比位次，由此可看出各地居民、政府、企业部门在支出法当地产值中“获得”比重和绝对值位次。

1. 收入法结构产值

2000～2017 年，上海收入法结构产值总量由 4551.15 亿元增长至 30632.99 亿元，2017 年为 2000 年的 6.73 倍。2000 年以来年均增长 11.87%，其中 2005 年以来年均增长 10.59%，2010 年以来年均增长

8.63%，2015 年以来年均增长 10.42%，上年以来年度增长 8.71%。

收入法产值人均值由 28302.74 元增长至 126634.15 元，省域间位次从第 1 位下降为第 2 位，2017 年为 2000 年的 4.47 倍。2000 年以来年均增长 9.21%，其中 2005 年以来年均增长 7.78%，2010 年以来年均增长 7.55%，2015 年以来年均增长 10.46%，上年以来年度增长 8.64%。

在此期间，上海收入法产值人均值地区差指数由 3.6111 缩小为 2.1226，省域间位次从第 31 位上升为第 30 位。2000 年以来缩减 41.22%，其中"十五"期间缩减 0.69%，"十一五"期间缩减 31.30%，"十二五"以来缩减 13.85%，意味着与全国人均值的距离减小。

2. 劳动者报酬增长及构成比动态

同期，上海收入法产值构成之劳动者报酬总量由 1592.48 亿元增长至 13605.85 亿元，2017 年为 2000 年的 8.54 倍。2000 年以来年均增长 13.45%，其中 2005 年以来年均增长 12.62%，2010 年以来年均增长 10.55%，2015 年以来年均增长 10.79%，上年以来年度增长 11.18%。

劳动者报酬人均值由 9903.33 元增长至 56245.42 元，省域间位次从第 1 位下降为第 2 位，2017 年为 2000 年的 5.68 倍。2000 年以来年均增长 10.76%，其中 2005 年以来年均增长 9.76%，2010 年以来年均增长 9.46%，2015 年以来年均增长 10.82%，上年以来年度增长 11.11%。

在此期间，上海劳动者报酬人均值地区差指数由 2.4592 缩小为 1.9845，省域间位次从第 31 位上升为第 30 位，缩减 19.30%，其中"十五"期间扩增 25.80%，"十一五"期间缩减 30.51%，"十二五"以来缩减 7.69%。劳动者报酬构成比由 34.99% 升高到 44.42%，省域间位次从第 31 位上升为第 24 位，增高 9.43 个百分点，其中"十五"期间增高 0.72 个百分点，"十一五"期间增高 3.57 个百分点，"十二五"以来增高 5.14 个百分点。

3. 生产税净额增长及构成比动态

同期，上海收入法产值构成之生产税净额总量由 635.73 亿元增长至 5315.82 亿元，2017 年为 2000 年的 8.36 倍。2000 年以来年均增长 13.31%，其中 2005 年以来年均增长 11.11%，2010 年以来年均增长

7.05%，2015 年以来年均增长 3.95%，上年以来年度负增长 0.52%。

生产税净额人均值由 3953.48 元增长至 21975.14 元，2017 年为 2000 年的 5.56 倍。2000 年以来年均增长 10.62%，其中 2005 年以来年均增长 8.29%，2010 年以来年均增长 6.00%，2015 年以来年均增长 3.98%，上年以来年度负增长 0.58%。

在此期间，上海生产税净额人均值地区差指数由 3.2750 缩小为 2.5956，缩减 20.75%，其中“十五”期间扩增 20.36%，“十一五”期间缩减 21.19%，“十二五”以来缩减 16.45%。生产税净额构成比由 13.97% 升高到 17.35%，省域间位次从第 23 位上升为第 3 位，增高 3.38 个百分点，其中“十五”期间增高 2.44 个百分点，“十一五”期间增高 2.81 个百分点，“十二五”以来降低 1.87 个百分点。

4. 固定资产折旧增长及构成比动态

同期，上海收入法产值构成之固定资产折旧总量由 1107.50 亿元增长至 3468.32 亿元，2017 年为 2000 年的 3.13 倍。2000 年以来年均增长 6.95%，其中 2005 年以来年均增长 7.73%，2010 年以来年均增长 6.20%，2015 年以来年均增长 13.02%，上年以来年度增长 3.06%。

资产折旧人均值由 6887.33 元增长至 14337.74 元，2017 年为 2000 年的 2.08 倍。2000 年以来年均增长 4.41%，其中 2005 年以来年均增长 5.00%，2010 年以来年均增长 5.15%，2015 年以来年均增长 13.05%，上年以来年度增长 3.00%。

在此期间，上海资产折旧人均值地区差指数由 6.2080 缩小为 1.7719，缩减 71.46%，其中“十五”期间缩减 36.56%，“十一五”期间缩减 35.53%，“十二五”以来缩减 30.21%。资产折旧构成比由 24.33% 降低为 11.32%，省域间位次从第 2 位下降为第 28 位，降低 13.01 个百分点，其中“十五”期间降低 8.83 个百分点，“十一五”期间降低 2.24 个百分点，“十二五”以来降低 1.94 个百分点。

5. 营业盈余增长及构成比动态

同期，上海收入法产值构成之营业盈余总量由 1215.44 亿元增长至

8243.00亿元，2017年为2000年的6.78倍。2000年以来年均增长11.92%，其中2005年以来年均增长8.90%，2010年以来年均增长7.87%，2015年以来年均增长13.46%，上年以来年度增长13.98%。

营业盈余人均值由7558.59元增长至34075.85元，2017年为2000年的4.51倍。2000年以来年均增长9.26%，其中2005年以来年均增长6.13%，2010年以来年均增长6.81%，2015年以来年均增长13.50%，上年以来年度增长13.91%。

在此期间，上海营业盈余人均值地区差指数由5.0597缩小为2.3086，缩减54.37%，其中“十五”期间缩减22.35%，“十一五”期间缩减34.08%，“十二五”以来缩减10.86%。营业盈余构成比由26.71%升高到26.91%，省域间位次从第3位下降为第8位，增高0.20个百分点，其中“十五”期间增高5.67个百分点，“十一五”期间降低4.13个百分点，“十二五”以来降低1.34个百分点。

三　支出法产值构成子系统检测

2000年以来上海支出法产值构成子系统结构性检测见图3。

1. 支出法结构产值

2000～2017年，上海支出法结构产值总量由4551.15亿元增长至30632.99亿元，2017年为2000年的6.73倍。2000年以来年均增长11.87%，其中2005年以来年均增长10.59%，2010年以来年均增长8.63%，2015年以来年均增长10.42%，上年以来年度增长8.71%。

支出法产值人均值由28302.74元增长至126634.15元，省域间位次从第1位下降为第2位，2017年为2000年的4.47倍。2000年以来年均增长9.21%，其中2005年以来年均增长7.78%，2010年以来年均增长7.55%，2015年以来年均增长10.46%，上年以来年度增长8.64%。在此期间，上海支出法产值人均值地区差指数由3.5532缩小为2.1620，省域间位次从第31位上升为第30位。2000年以来缩减39.15%，其中“十五”期间缩减

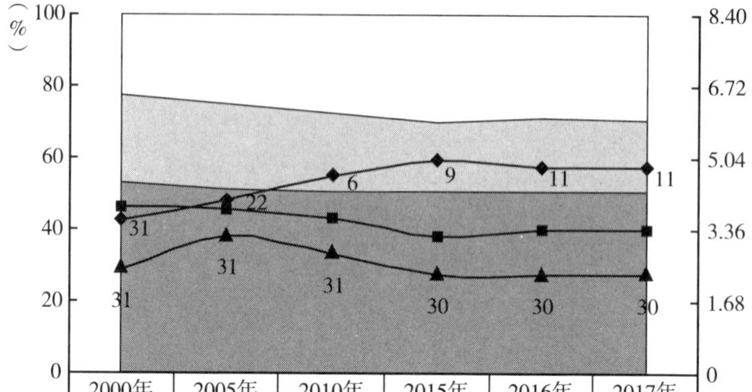

	2000年	2005年	2010年	2015年	2016年	2017年
（1）最终消费人均	12108.65	24874.55	41765.41	61370.19	66916.91	72554.20
（2）资本形成人均	13171.07	23567.89	32828.94	39458.54	46830.51	50405.27
（3）支出法产值人均	28302.74	51529.00	76074.09	103795.54	116562.00	126634.15
最终消费率	42.78	48.27	54.90	59.13	57.41	57.29
资本形成率	46.54	45.74	43.15	38.02	40.18	39.80
最终消费地区差	2.4014	3.1967	2.8076	2.3229	2.3069	2.3100

图 3　支出法产值构成子系统结构性检测

左轴面积：（1）最终消费支出、（2）资本形成、（3）支出法产值人均值（元转换为%），其间呈直观比例，（3）－（1）－（2）＝货物与服务净流出，由于国内统一市场，大部分省域净流出为负值，即（1）＋（2）＞（3），需变通取值制图，避开负值体现其中负值关系。左轴曲线：最终消费率、资本形成率（%）。右轴曲线：最终消费人均值地区差（指数，无差距＝1）。标注最终消费率、最终消费人均值地区差省域位次，正文表述另调用后台最终消费人均值、资本形成率位次。

0.06%，“十一五”期间缩减 30.22%，“十二五”以来缩减 12.74%，意味着与全国人均值的距离减小。

2. 最终消费支出增长及构成比动态

同期，上海支出法产值构成之最终消费支出总量由 1947.10 亿元增长至 17550.97 亿元，2017 年为 2000 年的 9.01 倍。2000 年以来年均增长 13.81%，其中 2005 年以来年均增长 12.18%，2010 年以来年均增长 9.29%，2015 年以来年均增长 8.70%，上年以来年度增长 8.49%。

最终消费人均值由 12108.65 元增长至 72554.20 元，省域间位次从第 1 位下降为第 2 位，2017 年为 2000 年的 5.99 倍。2000 年以来年均增长 11.11%，其中 2005 年以来年均增长 9.33%，2010 年以来年均增长 8.21%，

2015 年以来年均增长 8.73%，上年以来年度增长 8.42%。

在此期间，上海最终消费人均值地区差指数由 2.4014 缩小为 2.3100，省域间位次从第 31 位上升为第 30 位，缩减 3.81%，其中“十五”期间扩增 33.12%，“十一五”期间缩减 12.17%，“十二五”以来缩减 17.72%。最终消费率（消费率）由 42.78% 升高到 57.29%，省域间位次从第 31 位上升为第 11 位，增高 14.51 个百分点，其中“十五”期间增高 5.49 个百分点，“十一五”期间增高 6.63 个百分点，“十二五”以来增高 2.39 个百分点。

3. 资本形成增长及构成比动态

同期，上海支出法产值构成之资本形成总额由 2117.94 亿元增长至 12193.11 亿元，2017 年为 2000 年的 5.76 倍。2000 年以来年均增长 10.85%，其中 2005 年以来年均增长 9.32%，2010 年以来年均增长 7.38%，2015 年以来年均增长 12.99%，上年以来年度增长 7.70%。

资本形成人均值由 13171.07 元增长至 50405.27 元，省域间位次从第 1 位下降为第 4 位，2017 年为 2000 年的 3.83 倍。2000 年以来年均增长 8.21%，其中 2005 年以来年均增长 6.54%，2010 年以来年均增长 6.32%，2015 年以来年均增长 13.02%，上年以来年度增长 7.63%。

在此期间，上海资本形成人均值地区差指数由 4.8168 缩小为 1.9378，省域间位次从第 31 位上升为第 28 位，缩减 59.77%，其中“十五”期间缩减 17.73%，“十一五”期间缩减 43.65%，“十二五”以来缩减 13.23%。资本形成率（投资率）由 46.54% 降低为 39.80%，省域间位次从第 9 位下降为第 30 位，降低 6.74 个百分点，其中“十五”期间降低 0.80 个百分点，“十一五”期间降低 2.59 个百分点，“十二五”以来降低 3.35 个百分点。

四　初次分配收支综合子系统检测

2000 年以来上海初次分配收支综合子系统结构性检测见图 4。

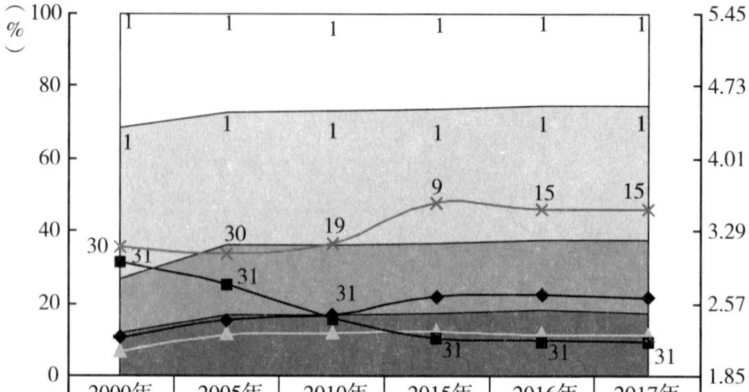

	2000年	2005年	2010年	2015年	2016年	2017年
居民总消费人均	8293.64	13059.79	21710.64	34576.07	37065.52	39350.17
居民收入人均	10974.50	17502.75	29789.78	49570.24	53750.74	58353.73
财政支出人均	3907.30	9353.72	15639.92	25579.94	28618.63	31201.41
财政收入人均	3116.39	8053.40	13607.08	22803.38	26497.51	27458.72
财政收入比	10.17	15.48	16.74	21.97	22.73	21.68
居民收入比	35.83	33.65	36.65	47.76	46.12	46.08
居民收入地区差	2.9798	2.7685	2.4246	2.2146	2.2011	2.1825
居民收入城乡比	2.0939	2.2606	2.2777	2.2823	2.2606	2.2496

图4　初次分配收支综合子系统结构性检测

左轴面积：居民总消费、居民收入、财政支出、财政收入人均值（元转换为%），其间呈直观比例。左轴曲线：居民收入比、财政收入比（%）。右轴曲线：居民收入人均值地区差（无差距=1）、城乡比（城镇对乡村倍数比，乡村=1）。标注居民收入和总消费人均值、居民收入比、收入人均值地区差省域位次，正文表述另调用后台财政收支人均值、财政收入比及相应地区差、城乡比位次。

（一）公共经济生活

1. 财政收入增长及相对比值动态

2000～2017年，上海财政收入总量由485.38亿元增长至6642.26亿元，2017年为2000年的13.68倍。2000年以来年均增长16.64%，其中2005年以来年均增长13.74%，2010年以来年均增长12.72%，2015年以来年均增长9.70%，上年以来年度增长3.69%。

财政收入人均值由3116.39元增长至27458.72元，省域间位次保持第1位，2017年为2000年的8.81倍。2000年以来年均增长13.66%，其中

2005 年以来年均增长 10.76%，2010 年以来年均增长 10.55%，2015 年以来年均增长 9.73%，上年以来年度增长 3.63%。

财政收入比由 10.17% 升高到 21.68%，省域间位次从第 2 位上升为第 1 位。2000 年以来显著增高 11.51 个百分点，其中“十五”期间增高 5.31 个百分点，“十一五”期间增高 1.26 个百分点，“十二五”以来增高 4.94 个百分点。

2. 财政支出增长及相对比值动态

2000～2017 年，上海财政支出总量由 608.56 亿元增长至 7547.62 亿元，2017 年为 2000 年的 12.40 倍。2000 年以来年均增长 15.96%，其中 2005 年以来年均增长 13.53%，2010 年以来年均增长 12.53%，2015 年以来年均增长 10.41%，上年以来年度增长 9.09%。

财政支出人均值由 3907.30 元增长至 31201.41 元，省域间位次从第 1 位下降为第 3 位，2017 年为 2000 年的 7.99 倍。2000 年以来年均增长 13.00%，其中 2005 年以来年均增长 10.56%，2010 年以来年均增长 10.37%，2015 年以来年均增长 10.44%，上年以来年度增长 9.02%。

财政支出比由 12.75% 升高到 24.64%，省域间位次从第 12 位下降为第 14 位。2000 年以来显著增高 11.89 个百分点，其中“十五”期间增高 5.23 个百分点，“十一五”期间增高 1.26 个百分点，“十二五”以来增高 5.40 个百分点。

3. 财政收入、财政支出地区差变化

在此期间，上海财政收入人均值地区差指数由 2.9375 缩小为 2.2057，省域间位次保持第 31 位。2000 年以来缩减 24.91%，其中“十五”期间扩增 12.93%，“十一五”期间缩减 33.97%，“十二五”以来扩增 0.69%，地区均衡性有所增强。

财政支出人均值地区差指数由 3.1055 缩小为 2.1300，省域间位次从第 31 位上升为第 29 位。2000 年以来缩减 31.41%，其中“十五”期间扩增 15.73%，“十一五”期间缩减 35.22%，“十二五”以来缩减 8.51%，地区均衡性有所增强。

（二）人民经济生活

1. 居民收入增长及相对比值动态

2000～2017 年，上海居民收入总量由 1709.28 亿元增长至 14115.77 亿元，2017 年为 2000 年的 8.26 倍。2000 年以来年均增长 13.22%，其中 2005 年以来年均增长 13.52%，2010 年以来年均增长 12.24%，2015 年以来年均增长 8.47%，上年以来年度增长 8.62%。

城乡综合演算的居民收入人均值由 10974.50 元增长至 58353.73 元，省域间位次保持第 1 位，2017 年为 2000 年的 5.32 倍。2000 年以来年均增长 10.33%，其中 2005 年以来年均增长 10.56%，2010 年以来年均增长 10.08%，2015 年以来年均增长 8.50%，上年以来年度增长 8.56%。

还需要格外注意，上海居民收入比由 35.83% 升高到 46.08%，省域间位次从第 30 位上升为第 15 位。2000 年以来显著增高 10.25 个百分点，其中“十五”期间降低 2.18 个百分点，“十一五”期间增高 3.00 个百分点，“十二五”以来增高 9.43 个百分点。

2. 居民总消费增长及相对比值动态

2000～2017 年，上海居民消费总量由 1291.73 亿元增长至 9518.81 亿元，2017 年为 2000 年的 7.37 倍。2000 年以来年均增长 12.47%，其中 2005 年以来年均增长 12.57%，2010 年以来年均增长 11.00%，2015 年以来年均增长 6.65%，上年以来年度增长 6.22%。

城乡综合演算的居民总消费人均值由 8293.64 元增长至 39350.17 元，省域间位次保持第 1 位，2017 年为 2000 年的 4.74 倍。2000 年以来年均增长 9.59%，其中 2005 年以来年均增长 9.63%，2010 年以来年均增长 8.87%，2015 年以来年均增长 6.68%，上年以来年度增长 6.16%。

还需要格外注意，上海居民消费率由 27.07% 升高到 31.07%，省域间位次从第 31 位上升为第 17 位。2000 年以来明显增高 4.00 个百分点，其中“十五”期间降低 1.96 个百分点，“十一五”期间增高 1.60 个百分点，“十二五”以来增高 4.36 个百分点。

3. 居民收入、总消费地区差、城乡比变化

在此期间，上海居民收入人均值地区差指数由2.9798缩小为2.1825，省域间位次保持第31位。2000年以来缩减26.76%，其中“十五”期间缩减7.09%，“十一五”期间缩减12.42%，“十二五”以来缩减9.98%，地区均衡性有所增强。

居民收入人均值城乡比指数由2.0939扩大为2.2496，省域间位次从第2位下降为第5位。2000年以来扩增7.44%，其中“十五”期间扩增7.96%，“十一五”期间扩增0.76%，“十二五”以来缩减1.23%，城乡均衡性继续减弱。

上海居民总消费人均值地区差指数由2.9084缩小为2.0964，省域间位次保持第31位。2000年以来缩减27.92%，其中“十五”期间缩减7.19%，“十一五”期间缩减8.28%，“十二五”以来缩减15.32%，地区均衡性有所增强。

居民总消费人均值城乡比指数由2.1433扩大为2.3386，省域间位次从第1位下降为第25位。2000年以来扩增9.11%，其中“十五”期间缩减11.70%，“十一五”期间扩增20.07%，“十二五”以来扩增2.92%，城乡均衡性继续减弱。

五 经济增长通用指标动态测评

2000～2017年上海经济增长结构优化综合检测结果见图5。

1. 2017年理想值横向检测

以假定全国及各地各类数据全面消除城乡差距、地区差距为理想值100，2017年无差距全国横向检测排行，上海此项指数为100.75。这表明与全国城乡、地区无差距理想值100相比，上海经济增长结构优化全量化检测结果达到100.75%，高于理想值0.75%，此项指数排名处于省域间第2位。

2. 2000年以来基数值纵向检测

以“全面小康”进程起点年“九五”末年2000年各类数据演算指标为

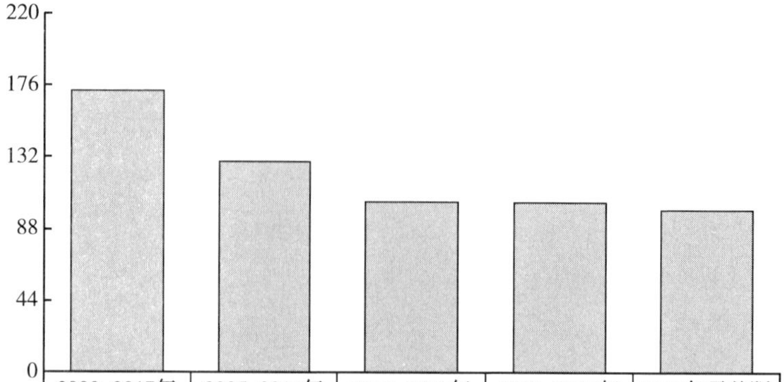

	2000~2017年自身纵向检测	2005~2017年自身纵向检测	2010~2017年自身纵向检测	2015~2017年自身纵向检测	2017年无差距全国横向检测
省域排行位次	31	31	27	9	2
□上海测评指数	172.35	130.44	105.30	104.34	100.75

图5　2000～2017年经济增长结构优化综合检测结果

数轴：共时性年度横向测评（全国城乡、地区无差距理想值=100），类似“不论年龄比当下高矮”，有利于发达地区；历时性阶段纵向测评（起点年自身基数值=100），类似“不论高矮比时段生长”，有利于后发加力地区，从左至右：（1）以2000年为起点，（2）以2005年为起点，（3）以2010年为起点，（4）以2015年为起点，多向度测评对应省域排行，检验不同阶段进展状况。

基数值100，2000～2017年自身纵向检测排行，上海此项指数为172.35。这表明与2000年自身基数值100相比，上海经济增长结构优化全量化检测结果达到172.35%，高于基数值72.35%，此项指数提升程度处于省域间第31位。

3. 2005年以来基数值纵向检测

以“全面小康”进程第一个五年期“十五”末年2005年各类数据演算指标为基数值100，2005～2017年自身纵向检测排行，上海此项指数为130.44。这表明与2005年自身基数值100相比，上海经济增长结构优化全量化检测结果达到130.44%，高于基数值30.44%，此项指数提升程度处于省域间第31位。

4. 2010年以来基数值纵向检测

以“全面小康”进程第二个五年期“十一五”末年2010年各类数据演

算指标为基数值 100，2010～2017 年自身纵向检测排行，上海此项指数为 105.30。这表明与 2010 年自身基数值 100 相比，上海经济增长结构优化全量化检测结果达到 105.30%，高于基数值 5.30%，此项指数提升程度处于省域间第 27 位。

5. 2015年以来基数值纵向检测

以“全面小康”进程第三个五年期“十二五”末年 2015 年各类数据演算指标为基数值 100，2015～2017 年自身纵向检测排行，上海此项指数为 104.34。这表明与 2015 年自身基数值 100 相比，上海经济增长结构优化全量化检测结果达到 104.34%，高于基数值 4.34%，此项指数提升程度处于省域间第 9 位。

E.8

西藏：2000～2017年经济发展指数提升第2位

赵　娟*

摘　要： 2000～2017年，西藏地区生产总值构成中第二产业从23.10%上升至39.18%，第三产业从45.78%上升至51.46%；收入法产值构成中劳动者报酬从67.94%下降为62.77%，生产税净额从24.56%下降为7.90%，营业盈余从2.27%上升至16.47%；支出法产值构成中最终消费率从55.29%上升至79.73%，资本形成率从38.03%上升至104.97%；初次分配收支中财政收入比从4.57%上升至14.18%，居民收入比从53.73%下降为41.99%，居民消费率从42.34%下降为28.14%。产值、财政收入人均值地区差缩小，但财政支出、居民收入、总消费人均值地区差扩大；居民收入、总消费人均值城乡比均缩小。西藏经济增长结构优化评价排行：城乡、地区无差距理想值横向测评为省域第27位；2000年、2005年、2010年和2015年自身基数值纵向测评分别为省域第2位、第13位、第3位和第2位。

关键词： 西藏　经济增长　结构优化　检测评价

* 赵娟，云南省社会科学院民族文学研究所副研究员，主要研究方向为古典文学、民族文化和文化产业研究。

限于篇幅，三次产业结构主体子系统，收入法、支出法产值结构辅助子系统，面向公共经济生活、人民经济生活初次分配收支综合子系统分别设置为一图，难以充分展开。当地数据检测更多细节可参看技术报告、排行报告由不同侧面展开的各地纵向历时动态、横向共时静态对比分析。

一　三次产业产值构成子系统检测

2000 年以来西藏三次产业产值构成子系统结构性检测见图 1。

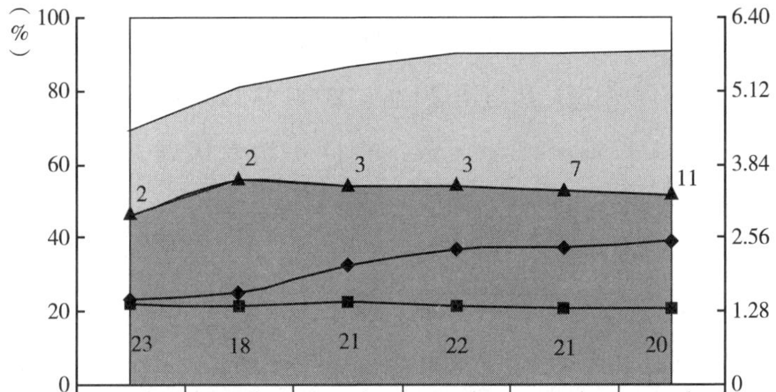

	2000年	2005年	2010年	2015年	2016年	2017年
一产产值人均	1409.64	1742.91	2305.79	3056.52	3537.93	3675.93
二产产值人均	1056.22	2304.53	5500.07	11728.09	13114.28	15385.76
三产产值人均	2093.11	5066.56	9221.14	17214.39	18531.79	20205.32
二产构成比	23.10	25.29	32.30	36.65	37.27	39.18
三产构成比	45.78	55.59	54.16	53.80	52.67	51.46
产值人均地区差	1.4243	1.3657	1.4485	1.3632	1.3477	1.3418

图 1　三次产业产值构成子系统结构性检测

左轴面积：一、二、三产产值人均值（元转换为%），其间呈直观比例，其和为三次产业产值人均值。左轴曲线：二、三产产值构成比（%）。右轴曲线：三次产业产值人均值地区差（无差距 =1）。限于制图空间，总量置于后台数据库同步演算，后同。标注三次产业产值人均值地区差、三产构成比省域位次，正文表述另调用后台各类产值人均值、一产和二产构成比位次。

1. 三次产业结构产值

2000～2017 年，西藏三次产业结构产值总量由 117.80 亿元增长至

1310.92亿元，2017年为2000年的11.13倍。2000年以来年均增长15.23%，其中2005年以来年均增长14.76%，2010年以来年均增长14.52%，2015年以来年均增长13.01%，上年以来年度增长13.85%。

产值人均值由4572.00元增长至39267.00元，省域间位次（基于各地不同变化，后同）从第29位上升为第27位，2017年为2000年的8.59倍。2000年以来年均增长13.48%（由于人口增长，人均值演算增长率略低于总量演算增长率），其中2005年以来年均增长12.94%，2010年以来年均增长12.68%，2015年以来年均增长10.78%，上年以来年度增长11.60%。

在此期间，西藏产值人均值地区差指数由1.4243缩小为1.3418，省域间位次从第23位上升为第20位。2000年以来缩减5.79%，其中“十五”期间缩减4.12%，“十一五”期间扩增6.07%，“十二五”以来缩减7.37%，意味着与全国人均值的距离减小。

2. 第一产业增长及构成比动态

同期，西藏第一产业产值总量由36.32亿元增长至122.72亿元，2017年为2000年的3.38倍。2000年以来年均增长7.42%，其中2005年以来年均增长8.13%，2010年以来年均增长8.64%，2015年以来年均增长11.88%，上年以来年度增长5.99%。

第一产业产值人均值由1409.64元增长至3675.93元，省域间位次从第9位下降为第24位，2017年为2000年的2.61倍。2000年以来年均增长5.80%，其中2005年以来年均增长6.42%，2010年以来年均增长6.89%，2015年以来年均增长9.67%，上年以来年度增长3.90%。

在此期间，西藏第一产业产值人均值地区差指数由1.2094扩大为1.2216，扩增1.01%，其中“十五”期间缩减13.84%，“十一五”期间扩增16.74%，“十二五”以来扩增0.42%。第一产业构成比由30.83%降低为9.36%，省域间位次从第2位下降为第14位，降低21.47个百分点，其中“十五”期间降低11.71个百分点，“十一五”期间降低5.58个百分点，“十二五”以来降低4.18个百分点。

3. 第二产业增长及构成比动态

同期，西藏第二产业产值总量由27.21亿元增长至513.65亿元，2017年为2000年的18.87倍。2000年以来年均增长18.86%，其中2005年以来年均增长19.03%，2010年以来年均增长17.72%，2015年以来年均增长16.85%，上年以来年度增长19.68%。

第二产业产值人均值由1056.22元增长至15385.76元，省域间位次从第30位上升为第25位，2017年为2000年的14.57倍。2000年以来年均增长17.07%，其中2005年以来年均增长17.14%，2010年以来年均增长15.83%，2015年以来年均增长14.54%，上年以来年度增长17.32%。

在此期间，西藏第二产业产值人均值地区差指数由1.7080缩小为1.3625，缩减20.22%，其中“十五”期间缩减2.87%，“十一五”期间缩减2.58%，“十二五”以来缩减15.69%。第二产业构成比由23.10%升高到39.18%，省域间位次从第30位上升为第24位，增高16.08个百分点，其中“十五”期间增高2.19个百分点，“十一五”期间增高7.01个百分点，“十二五”以来增高6.88个百分点。

4. 第三产业增长及构成比动态

同期，西藏第三产业产值总量由53.93亿元增长至674.55亿元，2017年为2000年的12.51倍。2000年以来年均增长16.02%，其中2005年以来年均增长14.02%，2010年以来年均增长13.69%，2015年以来年均增长10.53%，上年以来年度增长11.23%。

第三产业产值人均值由2093.11元增长至20205.32元，省域间位次从第19位下降为第24位，2017年为2000年的9.65倍。2000年以来年均增长14.27%，其中2005年以来年均增长12.22%，2010年以来年均增长11.86%，2015年以来年均增长8.34%，上年以来年度增长9.03%。

在此期间，西藏第三产业产值人均值地区差指数由1.3376扩大为1.3440，扩增0.48%，其中“十五”期间缩减14.26%，“十一五”期间扩增15.30%，“十二五”以来扩增1.64%。第三产业构成比由45.78%升高到51.46%，省域间位次从第2位下降为第11位，增高5.68个百分点，其中“十五”期间增高 9.81 个百分点，“十一五”期间降低 1.43 个百分点，“十二五”以来降低 2.70 个百分点。

二 收入法产值构成子系统检测

2000 年以来西藏收入法产值构成子系统结构性检测见图 2。

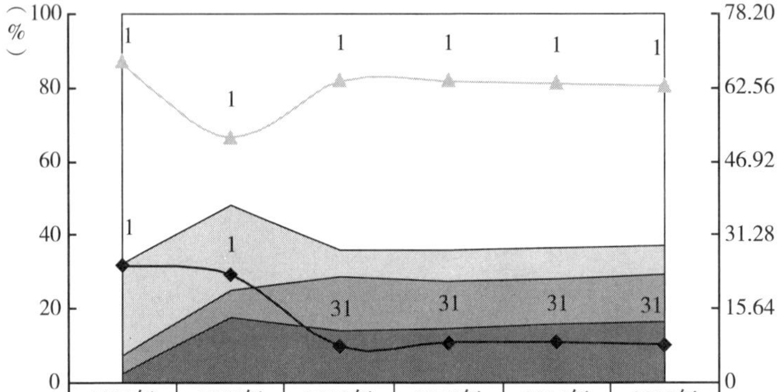

	2000年	2005年	2010年	2015年	2016年	2017年
劳动报酬人均	3097.32	4742.21	10917.60	20484.03	22235.95	24647.76
生产净税人均	1119.71	2088.30	1262.95	2814.82	3056.65	3102.01
资产折旧人均	238.30	659.94	2453.76	4021.86	4376.42	5048.11
营业盈余人均	103.63	1623.55	2392.69	4678.30	5514.98	6469.12
报酬构成比	67.94	52.03	64.12	64.01	63.20	62.77
净税构成比	24.56	22.91	7.42	8.80	8.69	7.90

图 2 收入法产值构成子系统结构性检测

左轴面积：劳动者报酬、生产税净额、固定资产折旧、营业盈余人均值（元转换为%），其间呈直观比例，其和为收入法产值人均值。右轴曲线：劳动者报酬、生产税净额构成比（%）。标注报酬、净税构成比省域位次，正文表述另调用后台报酬人均值及地区差、折旧和盈余构成比位次，由此可看出各地居民、政府、企业部门在支出法当地产值中“获得”比重和绝对值位次。

1. 收入法结构产值

2000～2017 年，西藏收入法结构产值总量由 117.46 亿元增长至 1310.92 亿元，2017 年为 2000 年的 11.16 倍。2000 年以来年均增长 15.25%，其中 2005 年以来年均增长 14.76%，2010 年以来年均增长

14.52%，2015年以来年均增长13.01%，上年以来年度增长13.85%。

收入法产值人均值由4558.96元增长至39267.00元，省域间位次从第29位上升为第27位，2017年为2000年的8.61倍。2000年以来年均增长13.50%，其中2005年以来年均增长12.94%，2010年以来年均增长12.68%，2015年以来年均增长10.78%，上年以来年度增长11.60%。

在此期间，西藏收入法产值人均值地区差指数由1.4183缩小为1.3418，省域间位次从第21位上升为第20位。2000年以来缩减5.39%，其中“十五”期间缩减3.71%，“十一五”期间扩增6.07%，“十二五”以来缩减7.37%，意味着与全国人均值的距离减小。

2. 劳动者报酬增长及构成比动态

同期，西藏收入法产值构成之劳动者报酬总量由79.80亿元增长至822.86亿元，2017年为2000年的10.31倍。2000年以来年均增长14.71%，其中2005年以来年均增长16.57%，2010年以来年均增长14.17%，2015年以来年均增长11.91%，上年以来年度增长13.08%。

劳动者报酬人均值由3097.32元增长至24647.76元，省域间位次从第20位上升为第16位，2017年为2000年的7.96倍。2000年以来年均增长12.98%，其中2005年以来年均增长14.72%，2010年以来年均增长12.34%，2015年以来年均增长9.69%，上年以来年度增长10.85%。

在此期间，西藏劳动者报酬人均值地区差指数由1.2309缩小为1.1303，省域间位次从第12位上升为第8位，缩减8.17%，其中“十五”期间缩减2.28%，“十一五”期间扩增0.97%，“十二五”以来缩减6.92%。劳动者报酬构成比由67.94%降低为62.77%，省域间位次保持第1位，降低5.17个百分点，其中“十五”期间降低15.91个百分点，“十一五”期间增高12.09个百分点，“十二五”以来降低1.35个百分点。

3. 生产税净额增长及构成比动态

同期，西藏收入法产值构成之生产税净额总量由28.85亿元增长至103.56亿元，2017年为2000年的3.59倍。2000年以来年均增长7.81%，其中2005年以来年均增长5.02%，2010年以来年均增长15.56%，2015年以来年均增长7.10%，上年以来年度增长3.53%。

生产税净额人均值由1119.71元增长至3102.01元，2017年为2000年的2.77倍。2000年以来年均增长6.18%，其中2005年以来年均增长3.35%，2010年以来年均增长13.70%，2015年以来年均增长4.98%，上年以来年度增长1.48%。

在此期间，西藏生产税净额人均值地区差指数由1.0724扩大为1.6336，扩增52.33%，其中“十五”期间缩减4.31%，“十一五”期间扩增68.73%，“十二五”以来缩减5.66%。生产税净额构成比由24.56%降低为7.90%，省域间位次从第1位下降为第31位，降低16.66个百分点，其中“十五”期间降低1.65个百分点，“十一五”期间降低15.49个百分点，“十二五”以来增高0.48个百分点。

4. 固定资产折旧增长及构成比动态

同期，西藏收入法产值构成之固定资产折旧总量由6.14亿元增长至168.53亿元，2017年为2000年的27.45倍。2000年以来年均增长21.51%，其中2005年以来年均增长20.38%，2010年以来年均增长12.67%，2015年以来年均增长14.30%，上年以来年度增长17.67%。

资产折旧人均值由238.30元增长至5048.11元，2017年为2000年的21.18倍。2000年以来年均增长19.67%，其中2005年以来年均增长18.48%，2010年以来年均增长10.86%，2015年以来年均增长12.03%，上年以来年度增长15.35%。

在此期间，西藏资产折旧人均值地区差指数由1.7852缩小为1.3761，缩减22.91%，其中“十五”期间缩减6.20%，“十一五”期间缩减17.46%，“十二五”以来缩减0.45%。资产折旧构成比由5.23%升高到12.86%，省域间位次从第31位上升为第25位，增高7.63个百分点，其中“十五”期间增高2.01个百分点，“十一五”期间增高7.17个百分点，“十二五”以来降低1.55个百分点。

5. 营业盈余增长及构成比动态

同期，西藏收入法产值构成之营业盈余总量由2.67亿元增长至215.97

亿元，2017 年为2000 年的 80. 89 倍。2000 年以来年均增长 29. 49%，其中 2005 年以来年均增长 14. 02%，2010 年以来年均增长 17. 15%，2015 年以来年均增长 19. 97%，上年以来年度增长 19. 66%。

营业盈余人均值由 103. 63 元增长至 6469. 12 元，2017 年为 2000 年的 62. 43 倍。2000 年以来年均增长 27. 53%，其中 2005 年以来年均增长 12. 21%，2010 年以来年均增长 15. 27%，2015 年以来年均增长 17. 59%，上年以来年度增长 17. 30%。

在此期间，西藏营业盈余人均值地区差指数由 1. 9306 缩小为 1. 5617，缩减 19. 11%，其中“十五”期间缩减 16. 21%，“十一五”期间扩增 5. 81%，“十二五”以来缩减 8. 76%。营业盈余构成比由 2. 27% 升高到 16. 47%，省域间位次从第 31 位上升为第 27 位，增高 14. 20 个百分点，其中“十五”期间增高 15. 54 个百分点，“十一五”期间降低 3. 76 个百分点，“十二五”以来增高 2. 42 个百分点。

三　支出法产值构成子系统检测

2000 年以来西藏支出法产值构成子系统结构性检测见图 3。

1. 支出法结构产值

2000～2017 年，西藏支出法结构产值总量由 119. 67 亿元增长至 1310. 92 亿元，2017 年为 2000 年的 10. 95 倍。2000 年以来年均增长 15. 12%，其中 2005 年以来年均增长 14. 76%，2010 年以来年均增长 14. 52%，2015 年以来年均增长 13. 01%，上年以来年度增长 13. 85%。

支出法产值人均值由 4644. 58 元增长至 39267. 00 元，省域间位次从第 26 位下降为第 27 位，2017 年为 2000 年的 8. 45 倍。2000 年以来年均增长 13. 38%，其中 2005 年以来年均增长 12. 94%，2010 年以来年均增长 12. 68%，2015 年以来年均增长 10. 78%，上年以来年度增长 11. 60%。

在此期间，西藏支出法产值人均值地区差指数由 1. 4169 缩小为 1. 3296，省域间位次从第 19 位下降为第 20 位。2000 年以来缩减 6. 16%，

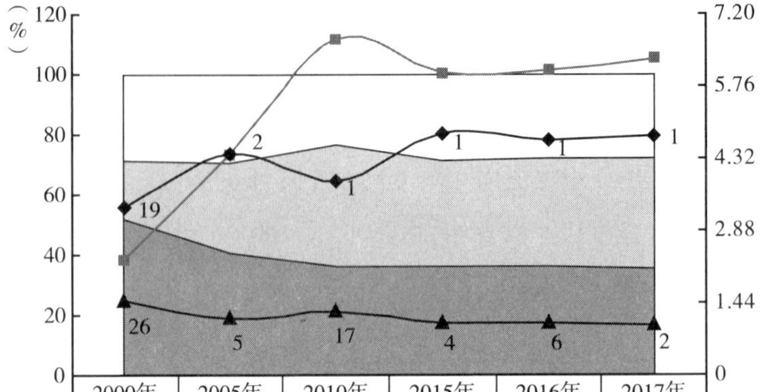

	2000年	2005年	2010年	2015年	2016年	2017年
（1）最终消费人均	2567.77	6701.72	10955.18	25564.82	27531.23	31305.89
（2）资本形成人均	1766.31	6680.67	18974.44	32172.30	35531.74	41220.29
（3）支出法产值人均	4644.58	9114.00	17028.34	31998.96	35184.00	39267.00
最终消费率	55.29	73.53	64.33	79.89	78.25	79.73
资本形成率	38.03	73.30	111.43	100.54	100.99	104.97
最终消费地区差	1.4908	1.1388	1.2636	1.0323	1.0509	1.0033

图 3　支出法产值构成子系统结构性检测

左轴面积：（1）最终消费支出、（2）资本形成、（3）支出法产值人均值（元转换为%），其间呈直观比例，（3）－（1）－（2）＝货物与服务净流出，由于国内统一市场，大部分省域净流出为负值，即（1）＋（2）＞（3），需变通取值制图，避开负值体现其中负值关系。左轴曲线：最终消费率、资本形成率（%）。右轴曲线：最终消费人均值地区差（指数，无差距＝1）。标注最终消费率、最终消费人均值地区差省域位次，正文表述另调用后台最终消费人均值、资本形成率位次。

其中“十五”期间缩减 3.17%，“十一五”期间扩增 5.35%，“十二五”以来缩减 8.01%，意味着与全国人均值的距离减小。

2. 最终消费支出增长及构成比动态

同期，西藏支出法产值构成之最终消费支出总量由 66.16 亿元增长至 1045.14 亿元，2017 年为 2000 年的 15.80 倍。2000 年以来年均增长 17.63%，其中 2005 年以来年均增长 15.54%，2010 年以来年均增长 18.08%，2015 年以来年均增长 12.90%，上年以来年度增长 16.00%。

最终消费人均值由 2567.77 元增长至 31305.89 元，省域间位次从第 29 位上升为第 11 位，2017 年为 2000 年的 12.19 倍。2000 年以来年均增长 15.85%，其中 2005 年以来年均增长 13.71%，2010 年以来年均增长

16.18%，2015 年以来年均增长 10.66%，上年以来年度增长 13.71%。

在此期间，西藏最终消费人均值地区差指数由 1.4908 缩小为 1.0033，省域间位次从第 26 位上升为第 2 位，缩减 32.70%，其中“十五”期间缩减 23.61%，“十一五”期间扩增 10.96%，“十二五”以来缩减 20.60%。最终消费率（消费率）由 55.29% 升高到 79.73%，省域间位次从第 19 位上升为第 1 位，增高 24.44 个百分点，其中“十五”期间增高 18.24 个百分点，“十一五”期间降低 9.20 个百分点，“十二五”以来增高 15.40 个百分点。

3. 资本形成增长及构成比动态

同期，西藏支出法产值构成之资本形成总额由 45.51 亿元增长至 1376.13 亿元，2017 年为 2000 年的 30.24 倍。2000 年以来年均增长 22.21%，其中 2005 年以来年均增长 18.25%，2010 年以来年均增长 13.55%，2015 年以来年均增长 15.48%，上年以来年度增长 18.35%。

资本形成人均值由 1766.31 元增长至 41220.29 元，省域间位次从第 26 位上升为第 9 位，2017 年为 2000 年的 23.34 倍。2000 年以来年均增长 20.36%，其中 2005 年以来年均增长 16.37%，2010 年以来年均增长 11.72%，2015 年以来年均增长 13.19%，上年以来年度增长 16.01%。

在此期间，西藏资本形成人均值地区差指数由 1.3540 扩大为 1.5847，省域间位次从第 18 位下降为第 23 位，扩增 17.03%，其中“十五”期间缩减 17.04%，“十一五”期间扩增 14.90%，“十二五”以来扩增 22.78%。资本形成率（投资率）由 38.03% 升高到 104.97%，省域间位次从第 21 位上升为第 3 位，增高 66.94 个百分点，其中“十五”期间增高 35.27 个百分点，“十一五”期间增高 38.13 个百分点，“十二五”以来降低 6.46 个百分点。

图 3 明显可见，历年最高资本形成率已超 100%，由此压低图形中心部分。这样的增长注定不能持久。

四 初次分配收支综合子系统检测

2000 年以来西藏初次分配收支综合子系统结构性检测见图 4。

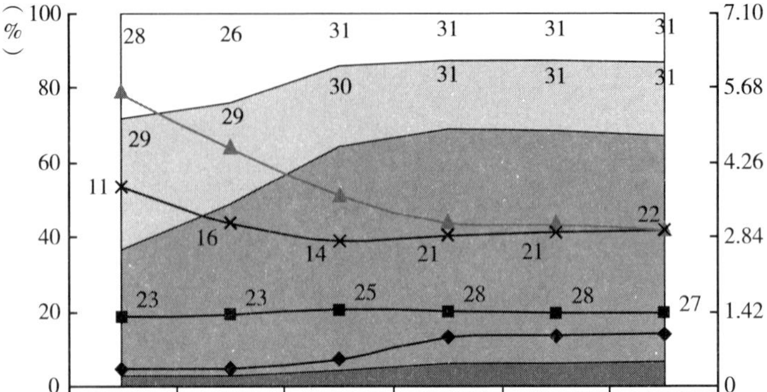

	2000年	2005年	2010年	2015年	2016年	2017年
居民总消费人均	1940.69	3512.67	4311.25	8641.09	9902.18	11043.54
居民收入人均	2462.74	3986.17	6678.73	12849.00	14455.67	16479.46
财政支出人均	2333.44	6731.40	18656.43	43068.34	48490.16	50357.62
财政收入人均	209.53	436.70	1240.77	4275.16	4763.27	5563.90
财政收入比	4.57	4.79	7.22	13.36	13.55	14.18
居民收入比	53.73	43.72	38.87	40.15	41.11	41.99
居民收入地区差	1.3313	1.3695	1.4564	1.4260	1.4080	1.3836
居民收入城乡比	5.5803	4.5388	3.6196	3.0880	3.0573	2.9691

图 4　初次分配收支综合子系统结构性检测

左轴面积：居民总消费、居民收入、财政支出、财政收入人均值（元转换为%），其间呈直观比例。左轴曲线：居民收入比、财政收入比（%）。右轴曲线：居民收入人均值地区差（无差距 =1）、城乡比（城镇对乡村倍数比，乡村 =1）。标注居民收入和总消费人均值、居民收入比、收入人均值地区差省域位次，正文表述另调用后台财政收支人均值、财政收入比及相应地区差、城乡比位次。

（一）公共经济生活

1. 财政收入增长及相对比值动态

2000～2017 年，西藏财政收入总量由 5.38 亿元增长至 185.83 亿元，2017 年为 2000 年的 34.51 倍。2000 年以来年均增长 23.16%，其中 2005 年以来年均增长 25.62%，2010 年以来年均增长 26.10%，2015 年以来年均增长 16.41%，上年以来年度增长 19.13%。

财政收入人均值由 209.53 元增长至 5563.90 元，省域间位次从第 31 位上升为第 14 位，2017 年为 2000 年的 26.55 倍。2000 年以来年均增长

21.28%，其中2005年以来年均增长23.62%，2010年以来年均增长23.91%，2015年以来年均增长14.08%，上年以来年度增长16.81%。

财政收入比由4.57%升高到14.18%，省域间位次从第31位上升为第4位。2000年以来明显增高9.61个百分点，其中“十五”期间增高0.22个百分点，“十一五”期间增高2.43个百分点，“十二五”以来增高6.96个百分点。

2. 财政支出增长及相对比值动态

2000～2017年，西藏财政支出总量由59.97亿元增长至1681.94亿元，2017年为2000年的28.05倍。2000年以来年均增长21.67%，其中2005年以来年均增长20.17%，2010年以来年均增长17.28%，2015年以来年均增长10.34%，上年以来年度增长5.92%。

财政支出人均值由2333.44元增长至50357.62元，省域间位次从第3位上升为第1位，2017年为2000年的21.58倍。2000年以来年均增长19.80%，其中2005年以来年均增长18.26%，2010年以来年均增长15.24%，2015年以来年均增长8.13%，上年以来年度增长3.85%。

财政支出比由50.91%升高到128.30%，省域间位次保持第1位。2000年以来极显著增高77.39个百分点，其中“十五”期间增高22.91个百分点，“十一五”期间增高34.77个百分点，“十二五”以来增高19.71个百分点。

3. 财政收入、财政支出地区差变化

在此期间，西藏财政收入人均值地区差指数由1.8025缩小为1.5531，省域间位次从第29位上升为第12位。2000年以来缩减13.84%，其中“十五”期间扩增0.98%，“十一五”期间缩减1.09%，“十二五”以来缩减13.73%，地区均衡性有所增强。

财政支出人均值地区差指数由1.8546扩大为3.4377，省域间位次从第29位下降为第31位。2000年以来扩增85.36%，其中“十五”期间扩增39.46%，“十一五”期间扩增7.37%，“十二五”以来扩增23.79%，地区均衡性继续减弱。

（二）人民经济生活

1. 居民收入增长及相对比值动态

2000～2017 年，西藏居民收入总量由 63.29 亿元增长至 550.41 亿元，2017 年为 2000 年的 8.70 倍。2000 年以来年均增长 13.57%，其中 2005 年以来年均增长 14.38%，2010 年以来年均增长 15.79%，2015 年以来年均增长 15.56%，上年以来年度增长 16.27%。

城乡综合演算的居民收入人均值由 2462.74 元增长至 16479.46 元，省域间位次从第 29 位下降为第 31 位，2017 年为 2000 年的 6.69 倍。2000 年以来年均增长 11.83%，其中 2005 年以来年均增长 12.56%，2010 年以来年均增长 13.77%，2015 年以来年均增长 13.25%，上年以来年度增长 14.00%。

还需要格外注意，西藏居民收入比由 53.73% 降低为 41.99%，省域间位次从第 11 位下降为第 22 位。2000 年以来显著降低 11.74 个百分点，其中“十五”期间降低 10.01 个百分点，“十一五”期间降低 4.85 个百分点，“十二五”以来增高 3.12 个百分点。

2. 居民总消费增长及相对比值动态

2000～2017 年，西藏居民消费总量由 49.88 亿元增长至 368.85 亿元，2017 年为 2000 年的 7.40 倍。2000 年以来年均增长 12.49%，其中 2005 年以来年均增长 11.80%，2010 年以来年均增长 16.41%，2015 年以来年均增长 15.36%，上年以来年度增长 13.75%。

城乡综合演算的居民总消费人均值由 1940.69 元增长至 11043.54 元，省域间位次从第 28 位下降为第 31 位，2017 年为 2000 年的 5.69 倍。2000 年以来年均增长 10.77%，其中 2005 年以来年均增长 10.02%，2010 年以来年均增长 14.38%，2015 年以来年均增长 13.05%，上年以来年度增长 11.53%。

还需要格外注意，西藏居民消费率由 42.34% 降低为 28.14%，省域间位次从第 14 位下降为第 26 位。2000 年以来显著降低 14.20 个百分点，其中

“十五”期间降低 3.82 个百分点，“十一五”期间降低 13.43 个百分点，“十二五”以来增高 3.05 个百分点。

3. 居民收入、总消费地区差、城乡比变化

在此期间，西藏居民收入人均值地区差指数由 1.3313 扩大为 1.3836，省域间位次从第 23 位下降为第 27 位。2000 年以来扩增 3.93%，其中“十五”期间扩增 2.87%，“十一五”期间扩增 6.35%，“十二五”以来缩减 5.00%，地区均衡性继续减弱。

居民收入人均值城乡比指数由 5.5803 缩小为 2.9691，省域间位次从第 31 位上升为第 26 位。2000 年以来缩减 46.79%，其中“十五”期间缩减 18.66%，“十一五”期间缩减 20.25%，“十二五”以来缩减 17.97%，城乡均衡性有所增强。

西藏居民总消费人均值地区差指数由 1.3194 扩大为 1.4117，省域间位次从第 23 位下降为第 27 位。2000 年以来扩增 6.99%，其中“十五”期间缩减 3.44%，“十一五”期间扩增 18.40%，“十二五”以来缩减 6.41%，地区均衡性继续减弱。

居民总消费人均值城乡比指数由 4.9744 缩小为 3.1514，省域间位次保持第 31 位。2000 年以来缩减 36.65%，其中“十五”期间扩增 0.49%，“十一五”期间缩减 27.35%，“十二五”以来缩减 13.23%，城乡均衡性有所增强。

五　经济增长通用指标动态测评

2000 ~ 2017 年西藏经济增长结构优化综合检测结果见图 5。

1. 2017年理想值横向检测

以假定全国及各地各类数据全面消除城乡差距、地区差距为理想值 100，2017 年无差距全国横向检测排行，西藏此项指数为 87.35。这表明与全国城乡、地区无差距理想值 100 相比，西藏经济增长结构优化全量化检测结果达到 87.35%，低于理想值 12.65%，此项指数排名处于省域间第 27 位。

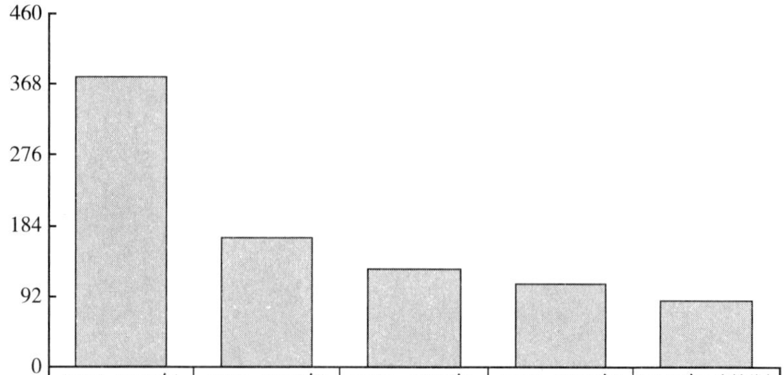

	2000~2017年自身纵向检测	2005~2017年自身纵向检测	2010~2017年自身纵向检测	2015~2017年自身纵向检测	2017年无差距全国横向检测
省域排行位次	2	13	3	2	27
▢西藏测评指数	378.61	169.11	126.58	108.15	87.35

图 5　2000 ~ 2017 年经济增长结构优化综合检测结果

数轴：共时性年度横向测评（全国城乡、地区无差距理想值 = 100），类似“不论年龄比当下高矮”，有利于发达地区；历时性阶段纵向测评（起点年自身基数值 = 100），类似“不论高矮比时段生长”，有利于后发加力地区，从左至右：（1）以 2000 年为起点，（2）以 2005 年为起点，（3）以 2010 年为起点，（4）以 2015 年为起点，多向度测评对应省域排行，检验不同阶段进展状况。

2. 2000年以来基数值纵向检测

以“全面小康”进程起点年“九五”末年 2000 年各类数据演算指标为基数值 100，2000 ~ 2017 年自身纵向检测排行，西藏此项指数为 378. 61。这表明与 2000 年自身基数值 100 相比，西藏经济增长结构优化全量化检测结果达到 378. 61%，高于基数值 278. 61%，此项指数提升程度处于省域间第 2 位。

3. 2005年以来基数值纵向检测

以“全面小康”进程第一个五年期“十五”末年 2005 年各类数据演算指标为基数值 100，2005 ~ 2017 年自身纵向检测排行，西藏此项指数为 169. 11。这表明与 2005 年自身基数值 100 相比，西藏经济增长结构优化全量化检测结果达到 169. 11%，高于基数值 69. 11%，此项指数提升程度处于省域间第 13 位。

4. 2010年以来基数值纵向检测

以“全面小康”进程第二个五年期“十一五”末年2010年各类数据演算指标为基数值100，2010～2017年自身纵向检测排行，西藏此项指数为126.58。这表明与2010年自身基数值100相比，西藏经济增长结构优化全量化检测结果达到126.58%，高于基数值26.58%，此项指数提升程度处于省域间第3位。

5. 2015年以来基数值纵向检测

以“全面小康”进程第三个五年期“十二五”末年2015年各类数据演算指标为基数值100，2015～2017年自身纵向检测排行，西藏此项指数为108.15。这表明与2015年自身基数值100相比，西藏经济增长结构优化全量化检测结果达到108.15%，高于基数值8.15%，此项指数提升程度处于省域间第2位。

E.9
陕西：2005 ~2017年经济发展指数提升第2位

范　刚*

摘　要： 2000 ~ 2017 年，陕西地区生产总值构成中第二产业从 40.57% 上升至 49.70%，第三产业从 36.03% 上升至 42.35%；收入法产值构成中劳动者报酬从 59.76% 下降为 42.52%，生产税净额从 16.09% 上升至 16.85%，营业盈余从 9.21% 上升至 24.91%；支出法产值构成中最终消费率从 57.59% 下降为 44.18%，资本形成率从 51.28% 上升至 65.82%；初次分配收支中财政收入比从 6.37% 上升至 9.16%，居民收入比从 52.46% 下降为 38.04%，居民消费率从 44.42% 下降为 27.10%。产值、财政收入、支出、居民收入、总消费人均值地区差均缩小；居民收入、总消费人均值城乡比也均缩小。陕西经济增长结构优化评价排行：城乡、地区无差距理想值横向测评为省域第 9 位；2000 年、2005 年、2010 年和 2015 年自身基数值纵向测评分别为省域第 3 位、第 2 位、第 6 位和第 8 位。

关键词： 陕西　经济增长　结构优化　检测评价

* 范刚，云南省社会科学院研究经济所副研究员，主要从事产业经济、县域经济研究。

限于篇幅，三次产业结构主体子系统，收入法、支出法产值结构辅助子系统，面向公共经济生活、人民经济生活初次分配收支综合子系统分别设置为一图，难以充分展开。当地数据检测更多细节可参看技术报告、排行报告由不同侧面展开的各地纵向历时动态、横向共时静态对比分析。

一　三次产业产值构成子系统检测

2000 年以来陕西三次产业产值构成子系统结构性检测见图 1。

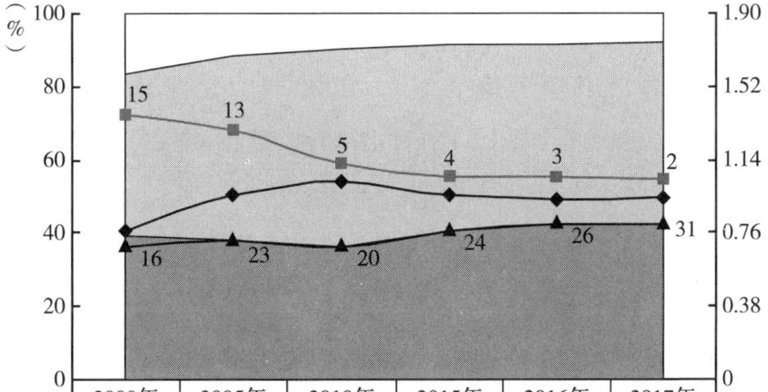

	2000年	2005年	2010年	2015年	2016年	2017年
一产产值人均	768.66	1204.64	2649.25	4222.02	4454.31	4553.97
二产产值人均	2015.56	5112.15	14596.66	24001.16	24957.70	28459.19
三产产值人均	1789.75	3844.20	9887.09	19402.82	21602.99	24253.16
二产构成比	40.57	50.31	53.80	50.40	48.92	49.70
三产构成比	36.03	37.83	36.44	40.74	42.35	42.35
产值人均地区差	1.3745	1.2928	1.1212	1.0522	1.0541	1.0401

图 1　三次产业产值构成子系统结构性检测

左轴面积：一、二、三产产值人均值（元转换为%），其间呈直观比例，其和为三次产业产值人均值。左轴曲线：二、三产产值构成比（%）。右轴曲线：三次产业产值人均值地区差（无差距＝1）。限于制图空间，总量置于后台数据库同步演算，后同。标注三次产业产值人均值地区差、三产构成比省域位次，正文表述另调用后台各类产值人均值、一产和二产构成比位次。

1. 三次产业结构产值

2000～2017 年，陕西三次产业结构产值总量由 1804.00 亿元增长至

21898.81 亿元，2017 年为 2000 年的 12.14 倍。2000 年以来年均增长 15.82%，其中 2005 年以来年均增长 16.04%，2010 年以来年均增长 11.65%，2015 年以来年均增长 10.23%，上年以来年度增长 12.88%。

产值人均值由 4968.00 元增长至 57266.31 元，省域间位次（基于各地不同变化，后同）从第 23 位上升为第 12 位，2017 年为 2000 年的 11.53 倍。2000 年以来年均增长 15.47%（由于人口增长，人均值演算增长率略低于总量演算增长率），其中 2005 年以来年均增长 15.50%，2010 年以来年均增长 11.26%，2015 年以来年均增长 9.65%，上年以来年度增长 12.25%。

在此期间，陕西产值人均值地区差指数由 1.3745 缩小为 1.0401，省域间位次从第 15 位上升为第 2 位。2000 年以来缩减 24.33%，其中“十五”期间缩减 5.94%，“十一五”期间缩减 13.27%，“十二五”以来缩减 7.23%，意味着与全国人均值的距离减小。

2. 第一产业增长及构成比动态

同期，陕西第一产业产值总量由 279.12 亿元增长至 1741.45 亿元，2017 年为 2000 年的 6.24 倍。2000 年以来年均增长 11.37%，其中 2005 年以来年均增长 12.24%，2010 年以来年均增长 8.43%，2015 年以来年均增长 4.40%，上年以来年度增长 2.81%。

第一产业产值人均值由 768.66 元增长至 4553.97 元，省域间位次从第 24 位上升为第 13 位，2017 年为 2000 年的 5.92 倍。2000 年以来年均增长 11.03%，其中 2005 年以来年均增长 11.72%，2010 年以来年均增长 8.05%，2015 年以来年均增长 3.86%，上年以来年度增长 2.24%。

在此期间，陕西第一产业产值人均值地区差指数由 1.3405 缩小为 1.0356，缩减 22.75%，其中“十五”期间缩减 4.53%，“十一五”期间缩减 14.07%，“十二五”以来缩减 5.83%。第一产业构成比由 15.47% 降低为 7.95%，省域间位次保持第 22 位，降低 7.52 个百分点，其中“十五”期间降低 3.61 个百分点，“十一五”期间降低 2.10 个百分点，“十二五”以来降低 1.81 个百分点。

3. 第二产业增长及构成比动态

同期，陕西第二产业产值总量由731.90亿元增长至10882.88亿元，2017年为2000年的14.87倍。2000年以来年均增长17.21%，其中2005年以来年均增长15.92%，2010年以来年均增长10.40%，2015年以来年均增长9.47%，上年以来年度增长14.67%。

第二产业产值人均值由2015.56元增长至28459.19元，省域间位次从第24位上升为第8位，2017年为2000年的14.12倍。2000年以来年均增长16.85%，其中2005年以来年均增长15.38%，2010年以来年均增长10.01%，2015年以来年均增长8.89%，上年以来年度增长14.03%。

在此期间，陕西第二产业产值人均值地区差指数由1.4427缩小为1.1791，缩减18.27%，其中“十五”期间缩减13.82%，“十一五”期间缩减18.05%，“十二五”以来扩增15.72%。第二产业构成比由40.57%升高到49.70%，省域间位次从第24位上升为第1位，增高9.13个百分点，其中“十五”期间增高9.74个百分点，“十一五”期间增高3.49个百分点，“十二五”以来降低4.10个百分点。

4. 第三产业增长及构成比动态

同期，陕西第三产业产值总量由649.90亿元增长至9274.48亿元，2017年为2000年的14.27倍。2000年以来年均增长16.93%，其中2005年以来年均增长17.13%，2010年以来年均增长14.08%，2015年以来年均增长12.39%，上年以来年度增长12.90%。

第三产业产值人均值由1789.75元增长至24253.16元，省域间位次从第24位上升为第16位，2017年为2000年的13.55倍。2000年以来年均增长16.57%，其中2005年以来年均增长16.59%，2010年以来年均增长13.68%，2015年以来年均增长11.80%，上年以来年度增长12.27%。

在此期间，陕西第三产业产值人均值地区差指数由1.4336缩小为1.2126，缩减15.42%，其中“十五”期间缩减5.64%，“十一五”期间缩减5.86%，“十二五”以来缩减4.78%。第三产业构成比由36.03%升高到42.35%，省域间位次从第16位下降为第31位，增高6.32个百分点，其中

“十五”期间增高 1.80 个百分点，“十一五”期间降低 1.39 个百分点，“十二五”以来增高 5.91 个百分点。

二　收入法产值构成子系统检测

2000 年以来陕西收入法产值构成子系统结构性检测见图 2。

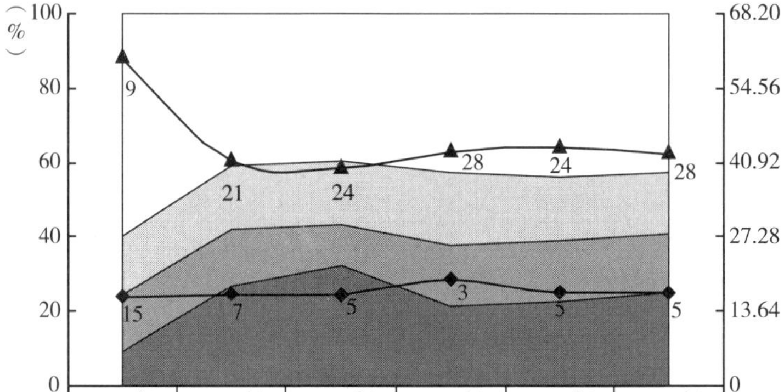

	2000年	2005年	2010年	2015年	2016年	2017年
劳动报酬人均	2733.28	4175.08	10796.51	20415.65	22277.62	24347.58
生产净税人均	736.00	1688.86	4545.09	9253.00	8756.70	9651.18
资产折旧人均	683.43	1579.86	3017.83	7677.86	8589.22	9001.34
营业盈余人均	421.26	2717.21	8773.57	10279.51	11391.46	14266.21
报酬构成比	59.76	41.09	39.79	42.87	43.67	42.52
净税构成比	16.09	16.62	16.75	19.43	17.16	16.85

图 2　收入法产值构成子系统结构性检测

左轴面积：劳动者报酬、生产税净额、固定资产折旧、营业盈余人均值（元转换为%），其间呈直观比例，其和为收入法产值人均值。右轴曲线：劳动者报酬、生产税净额构成比（%）。标注报酬、净税构成比省域位次，正文表述另调用后台报酬人均值及地区差、折旧和盈余构成比位次，由此可看出各地居民、政府、企业部门在支出法当地产值中“获得”比重和绝对值位次。

1. 收入法结构产值

2000～2017 年，陕西收入法结构产值总量由 1660.92 亿元增长至 21898.81 亿元，2017 年为 2000 年的 13.18 倍。2000 年以来年均增长 16.38%，其中 2005 年以来年均增长 16.04%，2010 年以来年均增长

11.65%，2015年以来年均增长10.23%，上年以来年度增长12.88%。

收入法产值人均值由4573.97元增长至57266.31元，省域间位次从第28位上升为第12位，2017年为2000年的12.52倍。2000年以来年均增长16.03%，其中2005年以来年均增长15.50%，2010年以来年均增长11.26%，2015年以来年均增长9.65%，上年以来年度增长12.25%。

在此期间，陕西收入法产值人均值地区差指数由1.4164缩小为1.0401，省域间位次从第20位上升为第2位。2000年以来缩减26.57%，其中“十五”期间缩减8.73%，“十一五”期间缩减13.27%，“十二五”以来缩减7.23%，意味着与全国人均值的距离减小。

2. 劳动者报酬增长及构成比动态

同期，陕西收入法产值构成之劳动者报酬总量由992.52亿元增长至9310.59亿元，2017年为2000年的9.38倍。2000年以来年均增长14.07%，其中2005年以来年均增长16.37%，2010年以来年均增长12.71%，2015年以来年均增长9.78%，上年以来年度增长9.90%。

劳动者报酬人均值由2733.28元增长至24347.58元，省域间位次从第26位上升为第17位，2017年为2000年的8.91倍。2000年以来年均增长13.73%，其中2005年以来年均增长15.83%，2010年以来年均增长12.32%，2015年以来年均增长9.21%，上年以来年度增长9.29%。

在此期间，陕西劳动者报酬人均值地区差指数由1.3213缩小为1.1409，省域间位次从第19位上升为第9位，缩减13.65%，其中“十五”期间缩减1.75%，“十一五”期间缩减5.78%，“十二五”以来缩减6.72%。劳动者报酬构成比由59.76%降低为42.52%，省域间位次从第9位下降为第28位，降低17.24个百分点，其中“十五”期间降低18.67个百分点，“十一五”期间降低1.30个百分点，“十二五”以来增高2.73个百分点。

3. 生产税净额增长及构成比动态

同期，陕西收入法产值构成之生产税净额总量由267.26亿元增长至

3690.64亿元，2017年为2000年的13.81倍。2000年以来年均增长16.70%，其中2005年以来年均增长16.17%，2010年以来年均增长11.75%，2015年以来年均增长2.67%，上年以来年度增长10.83%。

生产税净额人均值由736.00元增长至9651.18元，2017年为2000年的13.11倍。2000年以来年均增长16.34%，其中2005年以来年均增长15.63%，2010年以来年均增长11.36%，2015年以来年均增长2.13%，上年以来年度增长10.21%。

在此期间，陕西生产税净额人均值地区差指数由1.3903缩小为1.1400，缩减18.01%，其中“十五”期间缩减12.79%，“十一五”期间缩减14.71%，“十二五”以来扩增10.23%。生产税净额构成比由16.09%升高到16.85%，省域间位次从第15位上升为第5位，增高0.76个百分点，其中“十五”期间增高0.53个百分点，“十一五”期间增高0.13个百分点，“十二五”以来增高0.10个百分点。

4. 固定资产折旧增长及构成比动态

同期，陕西收入法产值构成之固定资产折旧总量由248.17亿元增长至3442.14亿元，2017年为2000年的13.87倍。2000年以来年均增长16.73%，其中2005年以来年均增长16.14%，2010年以来年均增长17.31%，2015年以来年均增长8.85%，上年以来年度增长5.39%。

资产折旧人均值由683.43元增长至9001.34元，2017年为2000年的13.17倍。2000年以来年均增长16.37%，其中2005年以来年均增长15.60%，2010年以来年均增长16.90%，2015年以来年均增长8.28%，上年以来年度增长4.80%。

在此期间，陕西资产折旧人均值地区差指数由1.3840缩小为1.1124，缩减19.62%，其中“十五”期间缩减11.77%，“十一五”期间扩增1.58%，“十二五”以来缩减10.31%。资产折旧构成比由14.94%升高到15.72%，省域间位次从第8位下降为第9位，增高0.78个百分点，其中“十五”期间增高0.61个百分点，“十一五”期间降低4.43个百分点，“十二五”以来增高4.60个百分点。

5. 营业盈余增长及构成比动态

同期，陕西收入法产值构成之营业盈余总量由152.97亿元增长至5455.44亿元，2017年为2000年的35.66倍。2000年以来年均增长23.40%，其中2005年以来年均增长15.35%，2010年以来年均增长7.57%，2015年以来年均增长18.43%，上年以来年度增长25.94%。

营业盈余人均值由421.26元增长至14266.21元，2017年为2000年的33.87倍。2000年以来年均增长23.02%，其中2005年以来年均增长14.82%，2010年以来年均增长7.19%，2015年以来年均增长17.81%，上年以来年度增长25.24%。

在此期间，陕西营业盈余人均值地区差指数由1.7180缩小为1.0335，缩减39.84%，其中“十五”期间缩减20.83%，“十一五”期间缩减22.27%，“十二五”以来缩减2.25%。营业盈余构成比由9.21%升高到24.91%，省域间位次从第27位上升为第12位，增高15.70个百分点，其中“十五”期间增高17.53个百分点，“十一五”期间增高5.60个百分点，“十二五”以来降低7.43个百分点。

三　支出法产值构成子系统检测

2000年以来陕西支出法产值构成子系统结构性检测见图3。

1. 支出法结构产值

2000～2017年，陕西支出法结构产值总量由1660.92亿元增长至21898.81亿元，2017年为2000年的13.18倍。2000年以来年均增长16.38%，其中2005年以来年均增长16.04%，2010年以来年均增长11.65%，2015年以来年均增长10.23%，上年以来年度增长12.88%。

支出法产值人均值由4573.97元增长至57266.31元，省域间位次从第29位上升为第12位，2017年为2000年的12.52倍。2000年以来年均增长16.03%，其中2005年以来年均增长15.50%，2010年以来年均增长11.26%，2015年以来年均增长9.65%，上年以来年度增长12.25%。

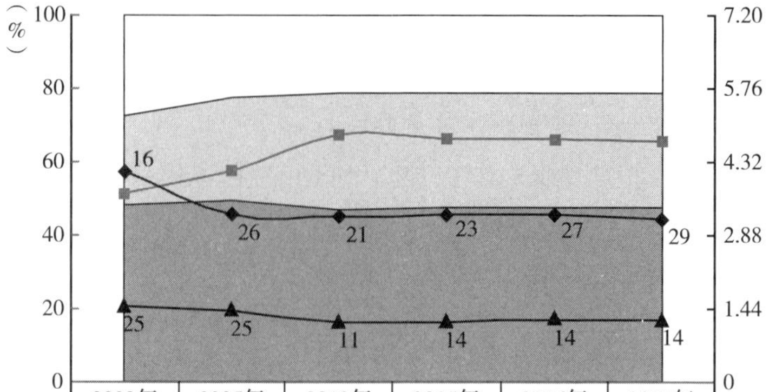

	2000年	2005年	2010年	2015年	2016年	2017年
（1）最终消费人均	2633.95	4655.58	12287.40	21669.84	23117.41	25301.19
（2）资本形成人均	2345.45	5838.80	18317.32	31417.02	33943.36	37695.41
（3）支出法产值人均	4573.97	10160.97	27133.05	47626.02	51015.00	57266.31
最终消费率	57.59	45.82	45.29	45.50	45.31	44.18
资本形成率	51.28	57.46	67.51	65.97	66.54	65.82
最终消费地区差	1.4776	1.4017	1.1740	1.1798	1.2030	1.1945

图 3　支出法产值构成子系统结构性检测

左轴面积：（1）最终消费支出、（2）资本形成、（3）支出法产值人均值（元转换为%），其间呈直观比例，（3）－（1）－（2）＝货物与服务净流出，由于国内统一市场，大部分省域净流出为负值，即（1）＋（2）＞（3），需变通取值制图，避开负值体现其中负值关系。左轴曲线：最终消费率、资本形成率（%）。右轴曲线：最终消费人均值地区差（指数，无差距＝1）。标注最终消费率、最终消费人均值地区差省域位次，正文表述另调用后台最终消费人均值、资本形成率位次。

在此期间，陕西支出法产值人均值地区差指数由 1.4258 缩小为 1.0223，省域间位次从第 22 位上升为第 1 位。2000 年以来缩减 28.30%，其中“十五”期间缩减 8.84%，“十一五”期间缩减 14.12%，“十二五”以来缩减 8.42%，意味着与全国人均值的距离减小。

2. 最终消费支出增长及构成比动态

同期，陕西支出法产值构成之最终消费支出总量由 956.45 亿元增长至 9675.25 亿元，2017 年为 2000 年的 10.12 倍。2000 年以来年均增长 14.58%，其中 2005 年以来年均增长 15.68%，2010 年以来年均增长 11.26%，2015 年以来年均增长 8.62%，上年以来年度增长 10.06%。

最终消费人均值由 2633.95 元增长至 25301.19 元，省域间位次从第 28

位上升为第 20 位，2017 年为 2000 年的 9. 61 倍。2000 年以来年均增长 14. 23%，其中 2005 年以来年均增长 15. 15%，2010 年以来年均增长 10. 87%，2015 年以来年均增长 8. 05%，上年以来年度增长 9. 45%。

在此期间，陕西最终消费人均值地区差指数由 1. 4776 缩小为 1. 1945，省域间位次从第 25 位上升为第 14 位，缩减 19. 16%，其中“十五”期间缩减 5. 14%，“十一五”期间缩减 16. 24%，“十二五”以来扩增 1. 74%。最终消费率（消费率）由 57. 59% 降低为 44. 18%，省域间位次从第 16 位下降为第 29 位，降低 13. 41 个百分点，其中“十五”期间降低 11. 77 个百分点，“十一五”期间降低 0. 53 个百分点，“十二五”以来降低 1. 11 个百分点。

3. 资本形成增长及构成比动态

同期，陕西支出法产值构成之资本形成总额由 851. 69 亿元增长至 14414. 84 亿元，2017 年为 2000 年的 16. 92 倍。2000 年以来年均增长 18. 10%，其中 2005 年以来年均增长 17. 36%，2010 年以来年均增长 11. 25%，2015 年以来年均增长 10. 11%，上年以来年度增长 11. 68%。

资本形成人均值由 2345. 45 元增长至 37695. 41 元，省域间位次从第 20 位上升为第 12 位，2017 年为 2000 年的 16. 07 倍。2000 年以来年均增长 17. 75%，其中 2005 年以来年均增长 16. 81%，2010 年以来年均增长 10. 86%，2015 年以来年均增长 9. 54%，上年以来年度增长 11. 05%。

在此期间，陕西资本形成人均值地区差指数由 1. 1422 扩大为 1. 4492，省域间位次从第 7 位下降为第 20 位，扩增 26. 87%，其中“十五”期间缩减 10. 86%，“十一五”期间扩增 22. 37%，“十二五”以来扩增 16. 30%。资本形成率（投资率）由 51. 28% 升高到 65. 82%，省域间位次从第 4 位下降为第 9 位，增高 14. 54 个百分点，其中“十五”期间增高 6. 18 个百分点，“十一五”期间增高 10. 05 个百分点，“十二五”以来降低 1. 69 个百分点。

四　初次分配收支综合子系统检测

2000 年以来陕西初次分配收支综合子系统结构性检测见图 4。

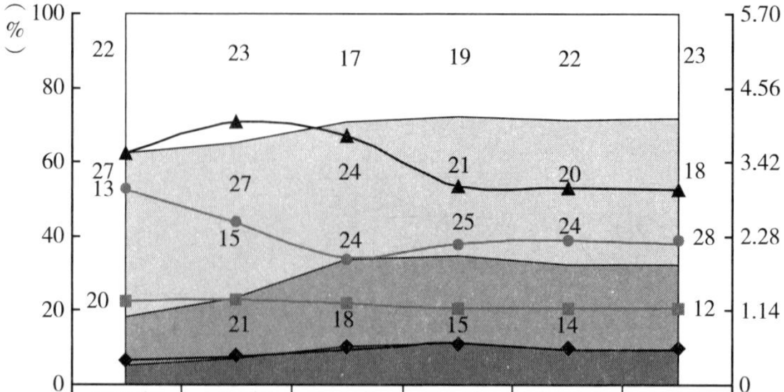

	2000年	2005年	2010年	2015年	2016年	2017年
居民总消费人均	2206.74	3644.15	7350.79	13525.27	14468.60	15519.29
居民收入人均	2606.24	4336.14	9240.24	18130.28	19800.34	21783.91
财政支出人均	748.44	1721.11	5911.18	11564.46	11541.86	12639.08
财政收入人均	316.64	741.60	2552.76	5443.76	4822.48	5247.63
财政收入比	6.37	7.49	9.47	11.43	9.45	9.16
居民收入比	52.46	43.80	34.26	38.07	38.82	38.04
居民收入地区差	1.2924	1.3141	1.2479	1.1900	1.1892	1.1852
居民收入城乡比	3.5490	4.0300	3.8235	3.0407	3.0267	3.0016

图4　初次分配收支综合子系统结构性检测

左轴面积：居民总消费、居民收入、财政支出、财政收入人均值（元转换为%），其间呈直观比例。左轴曲线：居民收入比、财政收入比（%）。右轴曲线：居民收入人均值地区差（无差距 =1）、城乡比（城镇对乡村倍数比，乡村 =1）。标注居民收入和总消费人均值、居民收入比、收入人均值地区差省域位次，正文表述另调用后台财政收支人均值、财政收入比及相应地区差、城乡比位次。

（一）公共经济生活

1. 财政收入增长及相对比值动态

2000～2017 年，陕西财政收入总量由 114.97 亿元增长至 2006.69 亿元，2017 年为 2000 年的 17.45 倍。2000 年以来年均增长 18.32%，其中 2005 年以来年均增长 18.00%，2010 年以来年均增长 11.14%，2015 年以来年均负增长 1.30%，上年以来年度增长 9.42%。

财政收入人均值由 316.64 元增长至 5247.63 元，省域间位次从第 21 位上升为第 17 位，2017 年为 2000 年的 16.57 倍。2000 年以来年均增长

17.96%，其中2005年以来年均增长17.71%，2010年以来年均增长10.84%，2015年以来年均负增长1.82%，上年以来年度增长8.82%。

财政收入比由6.37%升高到9.16%，省域间位次从第10位下降为第23位。2000年以来较明显增高2.79个百分点，其中“十五”期间增高1.12个百分点，“十一五”期间增高1.98个百分点，“十二五”以来降低0.31个百分点。

2. 财政支出增长及相对比值动态

2000～2017年，陕西财政支出总量由271.76亿元增长至4833.19亿元，2017年为2000年的17.78倍。2000年以来年均增长18.45%，其中2005年以来年均增长18.37%，2010年以来年均增长11.76%，2015年以来年均增长5.09%，上年以来年度增长10.11%。

财政支出人均值由748.44元增长至12639.08元，省域间位次从第18位上升为第16位，2017年为2000年的16.89倍。2000年以来年均增长18.09%，其中2005年以来年均增长18.08%，2010年以来年均增长11.47%，2015年以来年均增长4.54%，上年以来年度增长9.51%。

财政支出比由15.06%升高到22.07%，省域间位次从第8位下降为第20位。2000年以来明显增高7.01个百分点，其中“十五”期间增高2.32个百分点，“十一五”期间增高4.54个百分点，“十二五”以来增高0.15个百分点。

3. 财政收入、财政支出地区差变化

在此期间，陕西财政收入人均值地区差指数由1.7015缩小为1.5785，省域间位次从第19位上升为第15位。2000年以来缩减7.23%，其中“十五”期间缩减0.41%，“十一五”期间缩减6.22%，“十二五”以来缩减0.67%，地区均衡性有所增强。

财政支出人均值地区差指数由1.4051缩小为1.1372，省域间位次从第14位上升为第8位。2000年以来缩减19.07%，其中“十五”期间缩减4.73%，“十一五”期间缩减16.33%，“十二五”以来扩增1.53%，地区均衡性有所增强。

（二）人民经济生活

1. 居民收入增长及相对比值动态

2000～2017 年，陕西居民收入总量由 946.32 亿元增长至 8330.17 亿元，2017 年为 2000 年的 8.80 倍。2000 年以来年均增长 13.65%，其中 2005 年以来年均增长 14.68%，2010 年以来年均增长 13.33%，2015 年以来年均增长 10.19%，上年以来年度增长 10.63%。

城乡综合演算的居民收入人均值由 2606.24 元增长至 21783.91 元，省域间位次从第 27 位上升为第 18 位，2017 年为 2000 年的 8.36 倍。2000 年以来年均增长 13.30%，其中 2005 年以来年均增长 14.40%，2010 年以来年均增长 13.03%，2015 年以来年均增长 9.61%，上年以来年度增长 10.02%。

还需要格外注意，陕西居民收入比由 52.46% 降低为 38.04%，省域间位次从第 13 位下降为第 28 位。2000 年以来显著降低 14.42 个百分点，其中“十五”期间降低 8.66 个百分点，“十一五”期间降低 9.54 个百分点，“十二五”以来增高 3.78 个百分点。

2. 居民总消费增长及相对比值动态

2000～2017 年，陕西居民消费总量由 801.27 亿元增长至 5934.58 亿元，2017 年为 2000 年的 7.41 倍。2000 年以来年均增长 12.50%，其中 2005 年以来年均增长 13.11%，2010 年以来年均增长 11.56%，2015 年以来年均增长 7.68%，上年以来年度增长 7.85%。

城乡综合演算的居民总消费人均值由 2206.74 元增长至 15519.29 元，省域间位次从第 22 位下降为第 23 位，2017 年为 2000 年的 7.03 倍。2000 年以来年均增长 12.16%，其中 2005 年以来年均增长 12.83%，2010 年以来年均增长 11.27%，2015 年以来年均增长 7.12%，上年以来年度增长 7.26%。

还需要格外注意，陕西居民消费率由 44.42% 降低为 27.10%，省域间位次从第 10 位下降为第 27 位。2000 年以来显著降低 17.32 个百分点，其中

“十五”期间降低7.61个百分点，“十一五”期间降低9.55个百分点，“十二五”以来降低0.16个百分点。

3. 居民收入、总消费地区差、城乡比变化

在此期间，陕西居民收入人均值地区差指数由1.2924缩小为1.1852，省域间位次从第20位上升为第12位。2000年以来缩减8.29%，其中“十五”期间扩增1.69%，“十一五”期间缩减5.04%，“十二五”以来缩减5.02%，地区均衡性有所增强。

居民收入人均值城乡比指数由3.5490缩小为3.0016，省域间位次从第28位上升为第27位。2000年以来缩减15.42%，其中“十五”期间扩增13.55%，“十一五”期间缩减5.12%，“十二五”以来缩减21.49%，城乡均衡性有所增强。

陕西居民总消费人均值地区差指数由1.2261缩小为1.1732，省域间位次从第15位下降为第17位。2000年以来缩减4.32%，其中“十五”期间扩增1.69%，“十一五”期间缩减6.82%，“十二五”以来扩增0.98%，地区均衡性有所增强。

居民总消费人均值城乡比指数由3.4180缩小为2.1910，省域间位次从第23位上升为第22位。2000年以来缩减35.90%，其中“十五”期间扩增2.69%，“十一五”期间缩减11.22%，“十二五”以来缩减29.69%，城乡均衡性有所增强。

五　经济增长通用指标动态测评

2000～2017年陕西经济增长结构优化综合检测结果见图5。

1. 2017年理想值横向检测

以假定全国及各地各类数据全面消除城乡差距、地区差距为理想值100，2017年无差距全国横向检测排行，陕西此项指数为95.41。这表明与全国城乡、地区无差距理想值100相比，陕西经济增长结构优化全量化检测结果达到95.41%，低于理想值4.59%，此项指数排名处于省域间第9位。

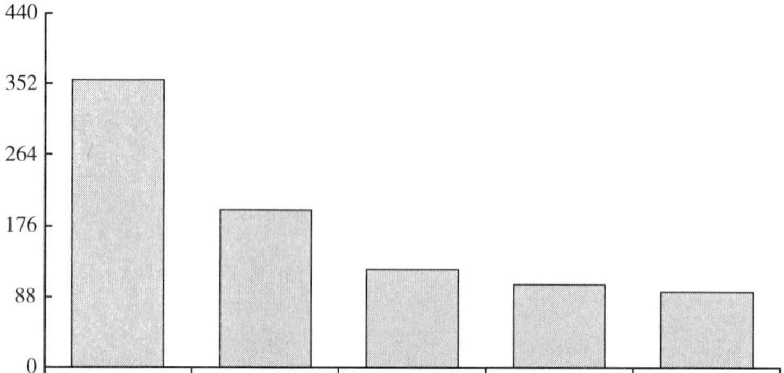

	2000~2017年自身纵向检测	2005~2017年自身纵向检测	2010~2017年自身纵向检测	2015~2017年自身纵向检测	2017年无差距全国横向检测
省域排行位次	3	2	6	8	9
□陕西测评指数	356.62	196.35	122.29	104.45	95.41

图5　2000～2017年经济增长结构优化综合检测结果

数轴：共时性年度横向测评（全国城乡、地区无差距理想值＝100），类似“不论年龄比当下高矮”，有利于发达地区；历时性阶段纵向测评（起点年自身基数值＝100），类似“不论高矮比时段生长”，有利于后发加力地区，从左至右：（1）以2000年为起点，（2）以2005年为起点，（3）以2010年为起点，（4）以2015年为起点，多向度测评对应省域排行，检验不同阶段进展状况。

2. 2000年以来基数值纵向检测

以“全面小康”进程起点年“九五”末年2000年各类数据演算指标为基数值100，2000～2017年自身纵向检测排行，陕西此项指数为356.62。这表明与2000年自身基数值100相比，陕西经济增长结构优化全量化检测结果达到356.62%，高于基数值256.62%，此项指数提升程度处于省域间第3位。

3. 2005年以来基数值纵向检测

以“全面小康”进程第一个五年期“十五”末年2005年各类数据演算指标为基数值100，2005～2017年自身纵向检测排行，陕西此项指数为196.35。这表明与2005年自身基数值100相比，陕西经济增长结构优化全量化检测结果达到196.35%，高于基数值96.35%，此项指数提升程度处于省域间第2位。

4. 2010年以来基数值纵向检测

以“全面小康”进程第二个五年期“十一五”末年 2010 年各类数据演算指标为基数值 100，2010～2017 年自身纵向检测排行，陕西此项指数为 122.29。这表明与 2010 年自身基数值 100 相比，陕西经济增长结构优化全量化检测结果达到 122.29%，高于基数值 22.29%，此项指数提升程度处于省域间第 6 位。

5. 2015年以来基数值纵向检测

以“全面小康”进程第三个五年期“十二五”末年 2015 年各类数据演算指标为基数值 100，2015～2017 年自身纵向检测排行，陕西此项指数为 104.45。这表明与 2015 年自身基数值 100 相比，陕西经济增长结构优化全量化检测结果达到 104.45%，高于基数值 4.45%，此项指数提升程度处于省域间第 8 位。

E.10

重庆：2010～2017年经济发展指数提升第2位

肖云鑫*

摘　要： 2000～2017年，重庆地区生产总值构成中第二产业从41.01%上升至44.19%，第三产业从40.47%上升至49.24%；收入法产值构成中劳动者报酬从54.23%下降为41.67%，生产税净额从16.45%下降为16.01%，营业盈余从15.98%上升至28.75%；支出法产值构成中最终消费率从62.25%下降为47.83%，资本形成率从43.23%上升至53.44%；初次分配收支中财政收入比从5.44%上升至11.60%，居民收入比从63.70%下降为39.44%，居民消费率从52.84%下降为29.04%。产值、财政收入、支出、居民收入、总消费人均值地区差均缩小；居民收入、总消费人均值城乡比也均缩小。重庆经济增长结构优化评价排行：城乡、地区无差距理想值横向测评为省域第8位；2000年、2005年、2010年和2015年自身基数值纵向测评分别为省域第4位、第3位、第2位和第4位。

关键词： 重庆　经济增长　结构优化　检测评价

---

* 肖云鑫，云南省社会科学院机关党委办公室副主任、副研究员，主要从事文化旅游、党建等方面研究。

限于篇幅，三次产业结构主体子系统，收入法、支出法产值结构辅助子系统，面向公共经济生活、人民经济生活初次分配收支综合子系统分别设置为一图，难以充分展开。当地数据检测更多细节可参看技术报告、排行报告由不同侧面展开的各地纵向历时动态、横向共时静态对比分析。

一 三次产业产值构成子系统检测

2000 年以来重庆三次产业产值构成子系统结构性检测见图 1。

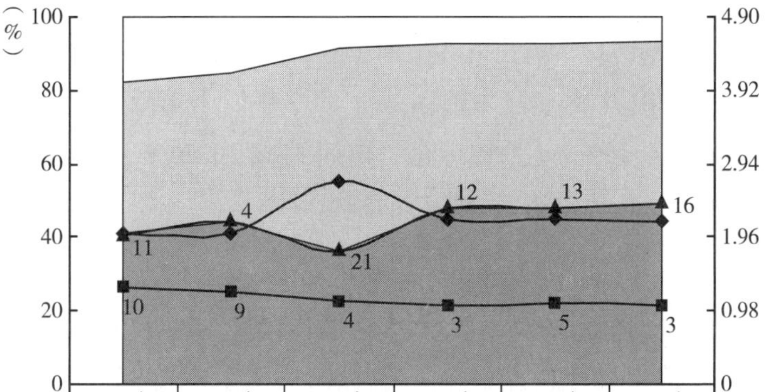

	2000年	2005年	2010年	2015年	2016年	2017年
一产产值人均	991.37	1655.60	2386.42	3828.72	4297.61	4167.76
二产产值人均	2303.31	4498.48	15177.98	23533.13	26047.76	28037.70
三产产值人均	2272.90	4815.92	10031.60	24959.15	28156.63	31236.53
二产构成比	41.01	41.01	55.00	44.98	44.52	44.19
三产构成比	40.47	43.90	36.35	47.70	48.13	49.24
产值人均地区差	1.2929	1.2365	1.1062	1.0412	1.0847	1.0634

图 1 三次产业产值构成子系统结构性检测

左轴面积：一、二、三产产值人均值（元转换为%），其间呈直观比例，其和为三次产业产值人均值。左轴曲线：二、三产产值构成比（%）。右轴曲线：三次产业产值人均值地区差（无差距=1）。限于制图空间，总量置于后台数据库同步演算，后同。标注三次产业产值人均值地区差、三产构成比省域位次，正文表述另调用后台各类产值人均值、一产和二产构成比位次。

1. 三次产业结构产值

2000～2017 年，重庆三次产业结构产值总量由 1603.16 亿元增长至

19424.73亿元，2017年为2000年的12.12倍。2000年以来年均增长15.81%，其中2005年以来年均增长16.62%，2010年以来年均增长13.66%，2015年以来年均增长11.17%，上年以来年度增长9.49%。

产值人均值由5616.00元增长至63442.00元，省域间位次（基于各地不同变化，后同）从第18位上升为第10位，2017年为2000年的11.30倍。2000年以来年均增长15.33%（由于人口增长，人均值演算增长率略低于总量演算增长率），其中2005年以来年均增长15.75%，2010年以来年均增长12.63%，2015年以来年均增长10.12%，上年以来年度增长8.44%。

在此期间，重庆产值人均值地区差指数由1.2929缩小为1.0634，省域间位次从第10位上升为第3位。2000年以来缩减17.75%，其中“十五”期间缩减4.36%，“十一五”期间缩减10.54%，“十二五”以来缩减3.87%，意味着与全国人均值的距离减小。

2.第一产业增长及构成比动态

同期，重庆第一产业产值总量由283.00亿元增长至1276.09亿元，2017年为2000年的4.51倍。2000年以来年均增长9.26%，其中2005年以来年均增长8.81%，2010年以来年均增长9.29%，2015年以来年均增长5.33%，上年以来年度负增长2.08%。

第一产业产值人均值由991.37元增长至4167.76元，省域间位次从第21位上升为第18位，2017年为2000年的4.20倍。2000年以来年均增长8.81%，其中2005年以来年均增长8.00%，2010年以来年均增长8.29%，2015年以来年均增长4.33%，上年以来年度负增长3.02%。

在此期间，重庆第一产业产值人均值地区差指数由1.1495缩小为1.1174，缩减2.79%，其中“十五”期间缩减12.12%，“十一五”期间扩增17.70%，“十二五”以来缩减6.02%。第一产业构成比由17.65%降低为6.57%，省域间位次从第18位下降为第28位，降低11.08个百分点，其中“十五”期间降低2.56个百分点，“十一五”期间降低6.44个百分点，“十二五”以来降低2.08个百分点。

3. 第二产业增长及构成比动态

同期，重庆第二产业产值总量由657.51亿元增长至8584.61亿元，2017年为2000年的13.06倍。2000年以来年均增长16.32%，其中2005年以来年均增长17.35%，2010年以来年均增长10.17%，2015年以来年均增长10.20%，上年以来年度增长8.68%。

第二产业产值人均值由2303.31元增长至28037.70元，省域间位次从第18位上升为第9位，2017年为2000年的12.17倍。2000年以来年均增长15.84%，其中2005年以来年均增长16.47%，2010年以来年均增长9.16%，2015年以来年均增长9.15%，上年以来年度增长7.64%。

在此期间，重庆第二产业产值人均值地区差指数由1.3631缩小为1.1616，缩减14.78%，其中“十五”期间缩减2.12%，“十一五”期间缩减20.59%，“十二五”以来扩增9.64%。第二产业构成比由41.01%升高到44.19%，省域间位次从第21位上升为第12位，增高3.18个百分点，其中“十五”期间持平，“十一五”期间增高13.99个百分点，“十二五”以来降低10.81个百分点。

4. 第三产业增长及构成比动态

同期，重庆第三产业产值总量由648.83亿元增长至9564.03亿元，2017年为2000年的14.74倍。2000年以来年均增长17.15%，其中2005年以来年均增长17.74%，2010年以来年均增长18.70%，2015年以来年均增长12.94%，上年以来年度增长12.01%。

第三产业产值人均值由2272.90元增长至31236.53元，省域间位次从第16位上升为第10位，2017年为2000年的13.74倍。2000年以来年均增长16.67%，其中2005年以来年均增长16.86%，2010年以来年均增长17.62%，2015年以来年均增长11.87%，上年以来年度增长10.94%。

在此期间，重庆第三产业产值人均值地区差指数由1.2807缩小为1.0141，缩减20.81%，其中“十五”期间缩减7.15%，“十一五”期间扩增6.20%，“十二五”以来缩减19.69%。第三产业构成比由40.47%升高到49.24%，省域间位次从第11位下降为第16位，增高8.77个百分点，其中“十五”期间增高 3.43 个百分点，“十一五”期间降低 7.55 个百分点，“十二五”以来增高 12.89 个百分点。

二 收入法产值构成子系统检测

2000 年以来重庆收入法产值构成子系统结构性检测见图 2。

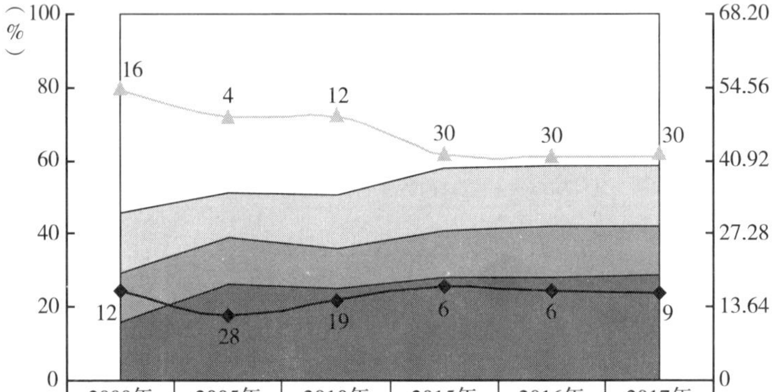

	2000年	2005年	2010年	2015年	2016年	2017年
劳动报酬人均	3019.34	5375.26	13585.26	21938.16	24275.74	26433.46
生产净税人均	915.67	1345.27	4122.45	9113.56	9625.30	10158.86
资产折旧人均	743.07	1342.27	2961.63	6665.83	8018.96	8608.73
营业盈余人均	889.50	2907.19	6926.66	14603.46	16582.00	18240.95
报酬构成比	54.23	49.00	49.23	41.93	41.50	41.67
净税构成比	16.45	12.26	14.94	17.42	16.45	16.01

图 2 收入法产值构成子系统结构性检测

左轴面积：劳动者报酬、生产税净额、固定资产折旧、营业盈余人均值（元转换为%），其间呈直观比例，其和为收入法产值人均值。右轴曲线：劳动者报酬、生产税净额构成比（%）。标注报酬、净税构成比省域位次，正文表述另调用后台报酬人均值及地区差、折旧和盈余构成比位次，由此可看出各地居民、政府、企业部门在支出法当地产值中“获得”比重和绝对值位次。

1. 收入法结构产值

2000～2017 年，重庆收入法结构产值总量由 1589.34 亿元增长至 19424.73 亿元，2017 年为 2000 年的 12.22 倍。2000 年以来年均增长 15.86%，其中 2005 年以来年均增长 16.62%，2010 年以来年均增长

13.66%，2015 年以来年均增长 11.17%，上年以来年度增长 9.49%。

收入法产值人均值由 5567.59 元增长至 63442.00 元，省域间位次从第 18 位上升为第 10 位，2017 年为 2000 年的 11.39 倍。2000 年以来年均增长 15.39%，其中 2005 年以来年均增长 15.75%，2010 年以来年均增长 12.63%，2015 年以来年均增长 10.12%，上年以来年度增长 8.44%。

在此期间，重庆收入法产值人均值地区差指数由 1.2896 缩小为 1.0634，省域间位次从第 10 位上升为第 3 位。2000 年以来缩减 17.54%，其中"十五"期间缩减 4.12%，"十一五"期间缩减 10.54%，"十二五"以来缩减 3.87%，意味着与全国人均值的距离减小。

2. 劳动者报酬增长及构成比动态

同期，重庆收入法产值构成之劳动者报酬总量由 861.91 亿元增长至 8093.42 亿元，2017 年为 2000 年的 9.39 倍。2000 年以来年均增长 14.08%，其中 2005 年以来年均增长 15.05%，2010 年以来年均增长 10.99%，2015 年以来年均增长 10.82%，上年以来年度增长 9.94%。

劳动者报酬人均值由 3019.34 元增长至 26433.46 元，省域间位次从第 21 位上升为第 11 位，2017 年为 2000 年的 8.75 倍。2000 年以来年均增长 13.61%，其中 2005 年以来年均增长 14.19%，2010 年以来年均增长 9.98%，2015 年以来年均增长 9.77%，上年以来年度增长 8.89%。

在此期间，重庆劳动者报酬人均值地区差指数由 1.2502 缩小为 1.0673，省域间位次从第 14 位上升为第 2 位，缩减 14.63%，其中"十五"期间缩减 12.31%，"十一五"期间缩减 6.74%，"十二五"以来扩增 4.39%。劳动者报酬构成比由 54.23%降低为 41.67%，省域间位次从第 16 位下降为第 30 位，降低 12.56 个百分点，其中"十五"期间降低 5.23 个百分点，"十一五"期间增高 0.23 个百分点，"十二五"以来降低 7.56 个百分点。

3. 生产税净额增长及构成比动态

同期，重庆收入法产值构成之生产税净额总量由 261.39 亿元增长至 3110.45 亿元，2017 年为 2000 年的 11.90 倍。2000 年以来年均增长 15.68%，其中 2005 年以来年均增长 19.24%，2010 年以来年均增长

14.80%，2015年以来年均增长6.59%，上年以来年度增长6.56%。

生产税净额人均值由915.67元增长至10158.86元，2017年为2000年的11.09倍。2000年以来年均增长15.21%，其中2005年以来年均增长18.35%，2010年以来年均增长13.75%，2015年以来年均增长5.58%，上年以来年度增长5.54%。

在此期间，重庆生产税净额人均值地区差指数由1.2415缩小为1.1999，缩减3.35%，其中“十五”期间扩增10.57%，“十一五”期间缩减18.12%，“十二五”以来扩增6.76%。生产税净额构成比由16.45%降低为16.01%，省域间位次从第12位上升为第9位，降低0.44个百分点，其中“十五”期间降低4.19个百分点，“十一五”期间增高2.68个百分点，“十二五”以来增高1.07个百分点。

4. 固定资产折旧增长及构成比动态

同期，重庆收入法产值构成之固定资产折旧总量由212.12亿元增长至2635.83亿元，2017年为2000年的12.43倍。2000年以来年均增长15.98%，其中2005年以来年均增长17.63%，2010年以来年均增长17.54%，2015年以来年均增长14.73%，上年以来年度增长8.39%。

资产折旧人均值由743.07元增长至8608.73元，2017年为2000年的11.59倍。2000年以来年均增长15.50%，其中2005年以来年均增长16.75%，2010年以来年均增长16.47%，2015年以来年均增长13.64%，上年以来年度增长7.35%。

在此期间，重庆资产折旧人均值地区差指数由1.3302缩小为1.0639，缩减20.02%，其中“十五”期间扩增0.60%，“十一五”期间缩减6.26%，“十二五”以来缩减15.19%。资产折旧构成比由13.35%升高到13.57%，省域间位次从第14位下降为第17位，增高0.22个百分点，其中“十五”期间降低1.11个百分点，“十一五”期间降低1.51个百分点，“十二五”以来增高2.84个百分点。

5. 营业盈余增长及构成比动态

同期，重庆收入法产值构成之营业盈余总量由253.92亿元增长至

5585.03亿元，2017年为2000年的22.00倍。2000年以来年均增长19.94%，其中2005年以来年均增长17.41%，2010年以来年均增长15.89%，2015年以来年均增长12.83%，上年以来年度增长11.07%。

营业盈余人均值由889.50元增长至18240.95元，2017年为2000年的20.51倍。2000年以来年均增长19.45%，其中2005年以来年均增长16.54%，2010年以来年均增长14.84%，2015年以来年均增长11.76%，上年以来年度增长10.00%。

在此期间，重庆营业盈余人均值地区差指数由1.4046缩小为1.2358，缩减12.02%，其中“十五”期间缩减6.35%，“十一五”期间缩减11.42%，“十二五”以来扩增6.05%。营业盈余构成比由15.98%升高到28.75%，省域间位次从第16位上升为第2位，增高12.77个百分点，其中“十五”期间增高10.52个百分点，“十一五”期间降低1.40个百分点，“十二五”以来增高3.65个百分点。

三　支出法产值构成子系统检测

2000年以来重庆支出法产值构成子系统结构性检测见图3。

1. 支出法结构产值

2000～2017年，重庆支出法结构产值总量由1597.53亿元增长至19424.73亿元，2017年为2000年的12.16倍。2000年以来年均增长15.83%，其中2005年以来年均增长16.37%，2010年以来年均增长13.66%，2015年以来年均增长11.17%，上年以来年度增长9.49%。

支出法产值人均值由5596.28元增长至63442.00元，省域间位次从第18位上升为第10位，2017年为2000年的11.34倍。2000年以来年均增长15.35%，其中2005年以来年均增长15.50%，2010年以来年均增长12.63%，2015年以来年均增长10.12%，上年以来年度增长8.44%。

在此期间，重庆支出法产值人均值地区差指数由1.2974缩小为1.0831，省域间位次从第10位上升为第4位。2000年以来缩减16.52%，

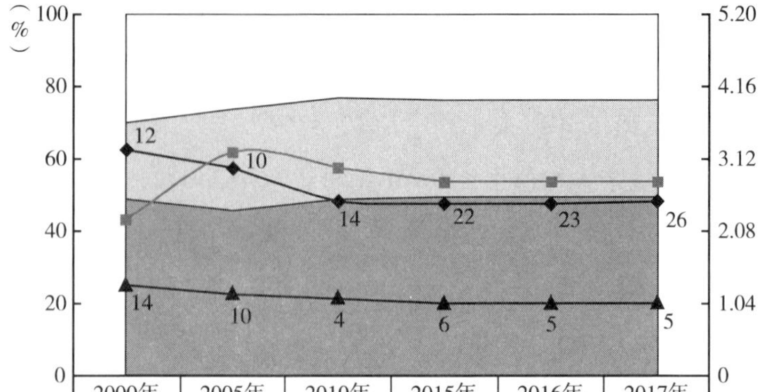

	2000年	2005年	2010年	2015年	2016年	2017年
（1）最终消费人均	3483.43	6443.15	13272.62	24977.33	27846.72	30343.50
（2）资本形成人均	2419.16	6930.25	15935.22	28089.27	31497.83	33903.75
（3）支出法产值人均	5596.28	11250.85	27596.07	52321.00	58502.00	63442.00
最终消费率	62.25	57.27	48.10	47.74	47.60	47.83
资本形成率	43.23	61.60	57.74	53.69	53.84	53.44
最终消费地区差	1.3092	1.1720	1.1078	1.0546	1.0400	1.0339

图 3　支出法产值构成子系统结构性检测

左轴面积：（1）最终消费支出、（2）资本形成、（3）支出法产值人均值（元转换为%），其间呈直观比例，（3）－（1）－（2）＝货物与服务净流出，由于国内统一市场，大部分省域净流出为负值，即（1）＋（2）＞（3），需变通取值制图，避开负值体现其中负值关系。左轴曲线：最终消费率、资本形成率（%）。右轴曲线：最终消费人均值地区差（指数，无差距＝1）。标注最终消费率、最终消费人均值地区差省域位次，正文表述另调用后台最终消费人均值、资本形成率位次。

其中“十五”期间缩减 5.61%，“十一五”期间缩减 10.09%，“十二五”以来缩减 1.64%，意味着与全国人均值的距离减小。

2. 最终消费支出增长及构成比动态

同期，重庆支出法产值构成之最终消费支出总量由 994.39 亿元增长至 9290.60 亿元，2017 年为 2000 年的 9.34 倍。2000 年以来年均增长 14.05%，其中 2005 年以来年均增长 14.64%，2010 年以来年均增长 13.57%，2015 年以来年均增长 11.28%，上年以来年度增长 10.02%。

最终消费人均值由 3483.43 元增长至 30343.50 元，省域间位次从第 17 位上升为第 14 位，2017 年为 2000 年的 8.71 倍。2000 年以来年均增长 13.58%，其中 2005 年以来年均增长 13.78%，2010 年以来年均增长

12.54%，2015年以来年均增长10.22%，上年以来年度增长8.97%。

在此期间，重庆最终消费人均值地区差指数由1.3092缩小为1.0339，省域间位次从第14位上升为第5位，缩减21.02%，其中“十五”期间缩减10.48%，“十一五”期间缩减5.48%，“十二五”以来缩减6.67%。最终消费率（消费率）由62.25%降低为47.83%，省域间位次从第12位下降为第26位，降低14.42个百分点，其中“十五”期间降低4.98个百分点，“十一五”期间降低9.17个百分点，“十二五”以来降低0.27个百分点。

3. 资本形成增长及构成比动态

同期，重庆支出法产值构成之资本形成总额由690.58亿元增长至10380.68亿元，2017年为2000年的15.03倍。2000年以来年均增长17.28%，其中2005年以来年均增长15.00%，2010年以来年均增长12.41%，2015年以来年均增长10.92%，上年以来年度增长8.68%。

资本形成人均值由2419.16元增长至33903.75元，省域间位次从第19位上升为第17位，2017年为2000年的14.01倍。2000年以来年均增长16.80%，其中2005年以来年均增长14.15%，2010年以来年均增长11.39%，2015年以来年均增长9.86%，上年以来年度增长7.64%。

在此期间，重庆资本形成人均值地区差指数由1.1153扩大为1.3034，省域间位次从第4位下降为第14位，扩增16.87%，其中“十五”期间扩增4.49%，“十一五”期间缩减6.98%，“十二五”以来扩增20.24%。资本形成率（投资率）由43.23%升高到53.44%，省域间位次从第19位上升为第17位，增高10.21个百分点，其中“十五”期间增高18.37个百分点，“十一五”期间降低3.86个百分点，“十二五”以来降低4.30个百分点。

四　初次分配收支综合子系统检测

2000年以来重庆初次分配收支综合子系统结构性检测见图4。

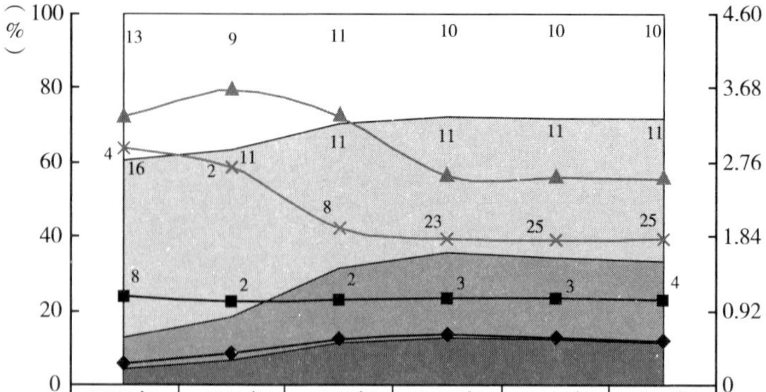

	2000年	2005年	2010年	2015年	2016年	2017年
居民总消费人均	2747.01	4985.12	8712.39	15449.94	16796.84	18425.20
居民收入人均	3311.66	6070.34	11698.08	20590.84	22705.96	25024.89
财政支出人均	608.54	1646.47	5951.07	12623.27	13197.38	14163.54
财政收入人均	282.94	867.59	3315.24	7173.26	7347.32	7356.92
财政收入比	5.44	8.36	12.01	13.71	12.56	11.60
居民收入比	63.70	58.52	42.39	39.35	38.81	39.44
居民收入地区差	1.1008	1.0398	1.0479	1.0801	1.0702	1.0640
居民收入城乡比	3.3163	3.6462	3.3226	2.5930	2.5639	2.5474

图4　初次分配收支综合子系统结构性检测

左轴面积：居民总消费、居民收入、财政支出、财政收入人均值（元转换为%），其间呈直观比例。左轴曲线：居民收入比、财政收入比（%）。右轴曲线：居民收入人均值地区差（无差距=1）、城乡比（城镇对乡村倍数比，乡村=1）。标注居民收入和总消费人均值、居民收入比、收入人均值地区差省域位次，正文表述另调用后台财政收支人均值、财政收入比及相应地区差、城乡比位次。

（一）公共经济生活

1. 财政收入增长及相对比值动态

2000～2017年，重庆财政收入总量由87.24亿元增长至2252.38亿元，2017年为2000年的25.82倍。2000年以来年均增长21.07%，其中2005年以来年均增长19.84%，2010年以来年均增长13.09%，2015年以来年均增长2.24%，上年以来年度增长1.10%。

财政收入人均值由282.94元增长至7356.92元，省域间位次从第24位上升为第7位，2017年为2000年的26.00倍。2000年以来年均增长

21.13%，其中2005年以来年均增长19.50%，2010年以来年均增长12.06%，2015年以来年均增长1.27%，上年以来年度增长0.13%。

财政收入比由5.44%升高到11.60%，省域间位次从第25位上升为第11位。2000年以来明显增高6.16个百分点，其中“十五”期间增高2.92个百分点，“十一五”期间增高3.65个百分点，“十二五”以来降低0.41个百分点。

2. 财政支出增长及相对比值动态

2000～2017年，重庆财政支出总量由187.64亿元增长至4336.28亿元，2017年为2000年的23.11倍。2000年以来年均增长20.29%，其中2005年以来年均增长19.98%，2010年以来年均增长14.23%，2015年以来年均增长6.94%，上年以来年度增长8.36%。

财政支出人均值由608.54元增长至14163.54元，省域间位次从第24位上升为第10位，2017年为2000年的23.27倍。2000年以来年均增长20.34%，其中2005年以来年均增长19.64%，2010年以来年均增长13.19%，2015年以来年均增长5.93%，上年以来年度增长7.32%。

财政支出比由11.70%升高到22.32%，省域间位次从第17位下降为第19位。2000年以来显著增高10.62个百分点，其中“十五”期间增高4.17个百分点，“十一五”期间增高5.69个百分点，“十二五”以来增高0.76个百分点。

3. 财政收入、财政支出地区差变化

在此期间，重庆财政收入人均值地区差指数由1.7333缩小为1.4090，省域间位次从第22位上升为第5位。2000年以来缩减18.71%，其中“十五”期间缩减5.23%，“十一五”期间缩减10.73%，“十二五”以来缩减3.90%，地区均衡性有所增强。

财政支出人均值地区差指数由1.5163缩小为1.0331，省域间位次从第20位上升为第1位。2000年以来缩减31.87%，其中“十五”期间缩减9.82%，“十一五”期间缩减18.52%，“十二五”以来缩减7.27%，地区均衡性有所增强。

（二）人民经济生活

1. 居民收入增长及相对比值动态

2000～2017 年，重庆居民收入总量由 1021.15 亿元增长至 7661.57 亿元，2017 年为 2000 年的 7.50 倍。2000 年以来年均增长 12.59%，其中 2005 年以来年均增长 12.85%，2010 年以来年均增长 12.50%，2015 年以来年均增长 11.29%，上年以来年度增长 11.28%。

城乡综合演算的居民收入人均值由 3311.66 元增长至 25024.89 元，省域间位次从第 16 位上升为第 11 位，2017 年为 2000 年的 7.56 倍。2000 年以来年均增长 12.63%，其中 2005 年以来年均增长 12.53%，2010 年以来年均增长 11.48%，2015 年以来年均增长 10.24%，上年以来年度增长 10.21%。

还需要格外注意，重庆居民收入比由 63.70% 降低为 39.44%，省域间位次从第 4 位下降为第 25 位。2000 年以来显著降低 24.26 个百分点，其中“十五”期间降低 5.18 个百分点，“十一五”期间降低 16.13 个百分点，“十二五”以来降低 2.95 个百分点。

2. 居民总消费增长及相对比值动态

2000～2017 年，重庆居民消费总量由 847.04 亿元增长至 5641.02 亿元，2017 年为 2000 年的 6.66 倍。2000 年以来年均增长 11.80%，其中 2005 年以来年均增长 11.82%，2010 年以来年均增长 12.32%，2015 年以来年均增长 10.25%，上年以来年度增长 10.75%。

城乡综合演算的居民总消费人均值由 2747.01 元增长至 18425.20 元，省域间位次从第 13 位上升为第 10 位，2017 年为 2000 年的 6.71 倍。2000 年以来年均增长 11.85%，其中 2005 年以来年均增长 11.51%，2010 年以来年均增长 11.29%，2015 年以来年均增长 9.21%，上年以来年度增长 9.69%。

还需要格外注意，重庆居民消费率由 52.84% 降低为 29.04%，省域间位次从第 4 位下降为第 22 位。2000 年以来显著降低 23.80 个百分点，其中

“十五”期间降低4.78个百分点，“十一五”期间降低16.49个百分点，“十二五”以来降低2.53个百分点。

3.居民收入、总消费地区差、城乡比变化

在此期间，重庆居民收入人均值地区差指数由1.1008缩小为1.0640，省域间位次从第8位上升为第4位。2000年以来缩减3.34%，其中“十五”期间缩减5.54%，“十一五”期间扩增0.77%，“十二五”以来扩增1.54%，地区均衡性有所增强。

居民收入人均值城乡比指数由3.3163缩小为2.5474，省域间位次从第24位上升为第17位。2000年以来缩减23.19%，其中“十五”期间扩增9.95%，“十一五”期间缩减8.88%，“十二五”以来缩减23.33%，城乡均衡性有所增强。

重庆居民总消费人均值地区差指数由1.0367缩小为1.0184，省域间位次从第4位上升为第1位。2000年以来缩减1.76%，其中“十五”期间缩减0.61%，“十一五”期间缩减2.31%，“十二五”以来扩增1.18%，地区均衡性有所增强。

居民总消费人均值城乡比指数由3.9912缩小为2.0811，省域间位次从第29位上升为第16位。2000年以来缩减47.86%，其中“十五”期间扩增0.86%，“十一五”期间缩减8.61%，“十二五”以来缩减43.43%，城乡均衡性有所增强。

五　经济增长通用指标动态测评

2000～2017年重庆经济增长结构优化综合检测结果见图5。

1.2017年理想值横向检测

以假定全国及各地各类数据全面消除城乡差距、地区差距为理想值100，2017年无差距全国横向检测排行，重庆此项指数为95.45。这表明与全国城乡、地区无差距理想值100相比，重庆经济增长结构优化全量化检测结果达到95.45%，低于理想值4.55%，此项指数排名处于省域间第8位。

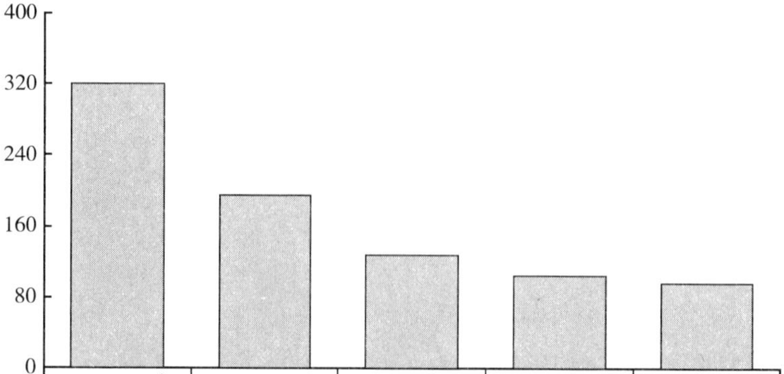

	2000~2017年自身纵向检测	2005~2017年自身纵向检测	2010~2017年自身纵向检测	2015~2017年自身纵向检测	2017年无差距全国横向检测
省域排行位次	4	3	2	4	8
重庆测评指数	320.19	195.66	127.82	104.88	95.45

图5　2000～2017年经济增长结构优化综合检测结果

数轴：共时性年度横向测评（全国城乡、地区无差距理想值＝100），类似“不论年龄比当下高矮”，有利于发达地区；历时性阶段纵向测评（起点年自身基数值＝100），类似“不论高矮比时段生长”，有利于后发加力地区，从左至右：（1）以2000年为起点，（2）以2005年为起点，（3）以2010年为起点，（4）以2015年为起点，多向度测评对应省域排行，检验不同阶段进展状况。

2.2000年以来基数值纵向检测

以“全面小康”进程起点年“九五”末年2000年各类数据演算指标为基数值100，2000～2017年自身纵向检测排行，重庆此项指数为320.19。这表明与2000年自身基数值100相比，重庆经济增长结构优化全量化检测结果达到320.19%，高于基数值220.19%，此项指数提升程度处于省域间第4位。

3.2005年以来基数值纵向检测

以“全面小康”进程第一个五年期“十五”末年2005年各类数据演算指标为基数值100，2005～2017年自身纵向检测排行，重庆此项指数为195.66。这表明与2005年自身基数值100相比，重庆经济增长结构优化全量化检测结果达到195.66%，高于基数值95.66%，此项指数提升程度处于省域间第3位。

4. 2010年以来基数值纵向检测

以“全面小康”进程第二个五年期“十一五”末年2010年各类数据演算指标为基数值100，2010～2017年自身纵向检测排行，重庆此项指数为127.82。这表明与2010年自身基数值100相比，重庆经济增长结构优化全量化检测结果达到127.82%，高于基数值27.82%，此项指数提升程度处于省域间第2位。

5. 2015年以来基数值纵向检测

以“全面小康”进程第三个五年期“十二五”末年2015年各类数据演算指标为基数值100，2015～2017年自身纵向检测排行，重庆此项指数为104.88。这表明与2015年自身基数值100相比，重庆经济增长结构优化全量化检测结果达到104.88%，高于基数值4.88%，此项指数提升程度处于省域间第4位。

E.11
北京：2017年经济发展指数排名第3位

付丙峰*

摘　要： 2000～2017年，北京地区生产总值构成中第二产业从29.85%下降为19.01%，第三产业从45.72%上升至80.56%；收入法产值构成中劳动者报酬从45.63%上升至52.71%，生产税净额从17.38%下降为13.05%，营业盈余从24.72%下降为20.96%；支出法产值构成中最终消费率从49.27%上升至60.12%，资本形成率从61.22%下降为39.07%；初次分配收支中财政收入比从10.91%上升至19.39%，居民收入比从37.35%上升至44.39%，居民消费率从30.32%下降为29.02%。产值、财政收入、支出、居民收入、总消费人均值地区差均缩小；居民总消费人均值城乡比缩小，但居民收入人均值城乡比扩大。北京经济增长结构优化评价排行：城乡、地区无差距理想值横向测评为省域第3位；2000年、2005年、2010年和2015年自身基数值纵向测评分别为省域第28位、第30位、第28位和第19位。

关键词： 北京　经济增长　结构优化　检测评价

* 付丙峰，云南省社会科学院科研处研究实习员，主要从事国际问题、安全问题研究。

限于篇幅，三次产业结构主体子系统，收入法、支出法产值结构辅助子系统，面向公共经济生活、人民经济生活初次分配收支综合子系统分别设置为一图，难以充分展开。当地数据检测更多细节可参看技术报告、排行报告由不同侧面展开的各地纵向历时动态、横向共时静态对比分析。

一　三次产业产值构成子系统检测

2000 年以来北京三次产业产值构成子系统结构性检测见图 1。

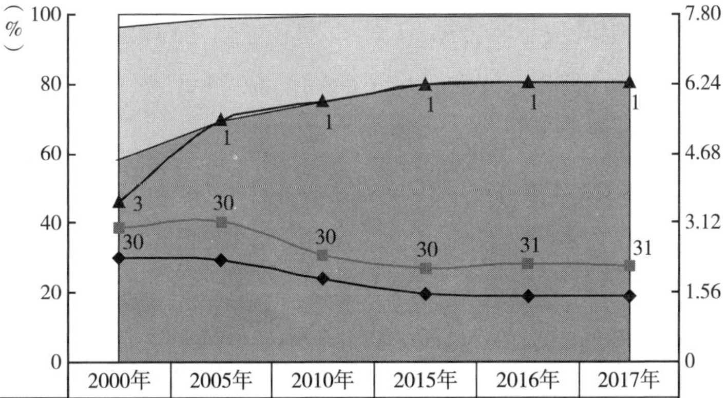

	2000年	2005年	2010年	2015年	2016年	2017年
一产产值人均	686.57	646.65	650.77	648.80	597.64	554.47
二产产值人均	7200.05	13373.30	17731.31	21020.47	22767.54	24526.94
三产产值人均	11029.12	31424.04	55473.92	84827.73	94832.82	103912.70
二产构成比	29.85	29.43	24.01	19.74	19.26	19.01
三产构成比	45.72	69.15	75.11	79.65	80.23	80.56
产值人均地区差	3.0373	3.1629	2.3920	2.1193	2.1915	2.1622

图 1　三次产业产值构成子系统结构性检测

左轴面积：一、二、三产产值人均值（元转换为%），其间呈直观比例，其和为三次产业产值人均值。左轴曲线：二、三产产值构成比（%）。右轴曲线：三次产业产值人均值地区差（无差距 =1）。限于制图空间，总量置于后台数据库同步演算，后同。标注三次产业产值人均值地区差、三产构成比省域位次，正文表述另调用后台各类产值人均值、一产和二产构成比位次。

1. 三次产业结构产值

2000 ~ 2017 年，北京三次产业结构产值总量由 3161.00 亿元增长至

28014.94 亿元，2017 年为 2000 年的 8.86 倍。2000 年以来年均增长 13.69%，其中 2005 年以来年均增长 12.40%，2010 年以来年均增长 10.29%，2015 年以来年均增长 10.33%，上年以来年度增长 9.14%。

产值人均值由 24122.00 元增长至 128994.11 元，省域间位次（基于各地不同变化，后同）从第 2 位上升为第 1 位，2017 年为 2000 年的 5.35 倍。2000 年以来年均增长 10.37%（由于人口增长，人均值演算增长率略低于总量演算增长率），其中 2005 年以来年均增长 9.08%，2010 年以来年均增长 8.29%，2015 年以来年均增长 10.06%，上年以来年度增长 9.13%。

在此期间，北京产值人均值地区差指数由 3.0373 缩小为 2.1622，省域间位次从第 30 位下降为第 31 位。2000 年以来缩减 28.81%，其中“十五”期间扩增 4.14%，“十一五”期间缩减 24.37%，“十二五”以来缩减 9.61%，意味着与全国人均值的距离减小。

2. 第一产业增长及构成比动态

同期，北京第一产业产值总量由 89.97 亿元增长至 120.42 亿元，2017 年为 2000 年的 1.34 倍。2000 年以来年均增长 1.73%，其中 2005 年以来年均增长 1.73%，2010 年以来年均负增长 0.46%，2015 年以来年均负增长 7.33%，上年以来年度负增长 7.22%。

第一产业产值人均值由 686.57 元减少至 554.47 元，省域间位次从第 29 位下降为第 30 位，2017 年为 2000 年的 81%。2000 年以来年均负增长 1.25%，其中 2005 年以来年均负增长 1.27%，2010 年以来年均负增长 2.26%，2015 年以来年均负增长 7.56%，上年以来年度负增长 7.22%。

在此期间，北京第一产业产值人均值地区差指数由 1.4110 扩大为 1.8826，扩增 33.42%，其中“十五”期间扩增 14.35%，“十一五”期间扩增 10.25%，“十二五”以来扩增 5.83%。第一产业构成比由 2.85% 降低为 0.43%，省域间位次保持第 35 位，降低 2.42 个百分点，其中“十五”期间降低 1.43 个百分点，“十一五”期间降低 0.54 个百分点，“十二五”以来降低 0.45 个百分点。

3. 第二产业增长及构成比动态

同期，北京第二产业产值总量由 943.51 亿元增长至 5326.76 亿元，

2017 年为 2000 年的 5. 65 倍。2000 年以来年均增长 10. 72%，其中 2005 年以来年均增长 8. 39%，2010 年以来年均增长 6. 68%，2015 年以来年均增长 8. 29%，上年以来年度增长 7. 73%。

第二产业产值人均值由 7200. 05 元增长至 24526. 94 元，省域间位次从第 3 位下降为第 13 位，2017 年为 2000 年的 3. 41 倍。2000 年以来年均增长 7. 48%，其中 2005 年以来年均增长 5. 18%，2010 年以来年均增长 4. 74%，2015 年以来年均增长 8. 02%，上年以来年度增长 7. 73%。

在此期间，北京第二产业产值人均值地区差指数由 1. 9909 缩小为 1. 0162，缩减 48. 96%，其中“十五”期间缩减 0. 58%，“十一五”期间缩减 37. 47%，“十二五”以来缩减 17. 90%。第二产业构成比由 29. 85% 降低为 19. 01%，省域间位次从第 29 位下降为第 31 位，降低 10. 84 个百分点，其中“十五”期间降低 0. 42 个百分点，“十一五”期间降低 5. 42 个百分点，“十二五”以来降低 5. 00 个百分点。

4. 第三产业增长及构成比动态

同期，北京第三产业产值总量由 1445. 28 亿元增长至 22567. 76 亿元，2017 年为 2000 年的 15. 61 倍。2000 年以来年均增长 17. 55%，其中 2005 年以来年均增长 13. 84%，2010 年以来年均增长 11. 40%，2015 年以来年均增长 10. 95%，上年以来年度增长 9. 58%。

第三产业产值人均值由 11029. 12 元增长至 103912. 70 元，省域间位次从第 2 位上升为第 1 位，2017 年为 2000 年的 9. 42 倍。2000 年以来年均增长 14. 10%，其中 2005 年以来年均增长 10. 48%，2010 年以来年均增长 9. 38%，2015 年以来年均增长 10. 68%，上年以来年度增长 9. 57%。

在此期间，北京第三产业产值人均值地区差指数由 3. 4904 缩小为 3. 3736，缩减 3. 35%，其中“十五”期间扩增 51. 59%，“十一五”期间缩减 22. 96%，“十二五”以来缩减 17. 24%。第三产业构成比由 45. 72% 升高到 80. 56%，省域间位次从第 3 位上升为第 1 位，增高 34. 84 个百分点，其中“十五”期间增高 23. 43 个百分点，“十一五”期间增高 5. 96 个百分点，“十二五”以来增高 5. 45 个百分点。

二　收入法产值构成子系统检测

2000 年以来北京收入法产值构成子系统结构性检测见图 2。

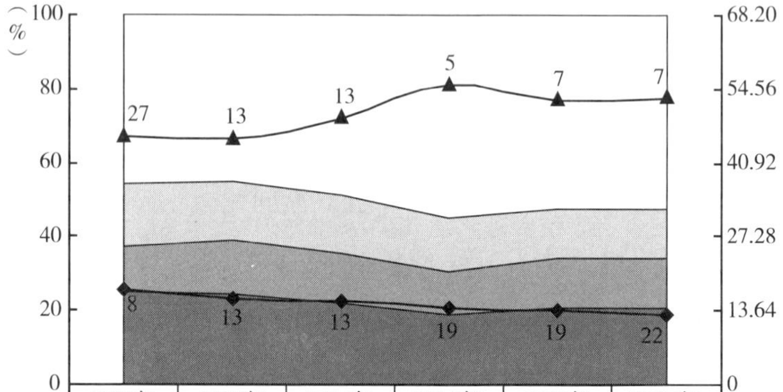

	2000年	2005年	2010年	2015年	2016年	2017年
劳动报酬人均	8630.96	20550.84	36212.13	58755.09	62088.01	67989.82
生产净税人均	3288.48	7229.47	11497.84	15264.26	16028.55	16831.61
资产折旧人均	2320.17	6711.70	10078.50	12393.20	15658.57	17132.38
营业盈余人均	4676.13	10952.00	16067.53	20084.45	24422.87	27040.29
报酬构成比	45.63	45.22	49.03	55.17	52.53	52.71
净税构成比	17.38	15.91	15.57	14.33	13.56	13.05

图 2　收入法产值构成子系统结构性检测

左轴面积：劳动者报酬、生产税净额、固定资产折旧、营业盈余人均值（元转换为%），其间呈直观比例，其和为收入法产值人均值。右轴曲线：劳动者报酬、生产税净额构成比（%）。标注报酬、净税构成比省域位次，正文表述另调用后台报酬人均值及地区差、折旧和盈余构成比位次，由此可看出各地居民、政府、企业部门在支出法当地产值中“获得”比重和绝对值位次。

1. 收入法结构产值

2000～2017 年，北京收入法结构产值总量由 2478.76 亿元增长至 28014.94 亿元，2017 年为 2000 年的 11.30 倍。2000 年以来年均增长 15.33%，其中 2005 年以来年均增长 12.40%，2010 年以来年均增长 10.29%，2015 年以来年均增长 10.33%，上年以来年度增长 9.14%。

收入法产值人均值由 18915.74 元增长至 128994.11 元，省域间位次从第2位上升为第1位，2017年为2000年的6.82倍。2000年以来年均增长11.96%，其中2005年以来年均增长9.08%，2010年以来年均增长8.29%，2015年以来年均增长10.06%，上年以来年度增长9.13%。

在此期间，北京收入法产值人均值地区差指数由2.4135缩小为2.1622，省域间位次从第30位下降为第31位。2000年以来缩减10.41%，其中“十五”期间扩增31.05%，“十一五”期间缩减24.37%，“十二五”以来缩减9.61%，意味着与全国人均值的距离减小。

2. 劳动者报酬增长及构成比动态

同期，北京收入法产值构成之劳动者报酬总量由1131.02亿元增长至14766.03亿元，2017年为2000年的13.06倍。2000年以来年均增长16.31%，其中2005年以来年均增长13.85%，2010年以来年均增长11.44%，2015年以来年均增长7.84%，上年以来年度增长9.51%。

劳动者报酬人均值由8630.96元增长至67989.82元，省域间位次从第2位上升为第1位，2017年为2000年的7.88倍。2000年以来年均增长12.91%，其中2005年以来年均增长10.48%，2010年以来年均增长9.42%，2015年以来年均增长7.57%，上年以来年度增长9.51%。

在此期间，北京劳动者报酬人均值地区差指数由2.1432扩大为2.3989，省域间位次从第30位下降为第31位，扩增11.93%，其中“十五”期间扩增61.19%，“十一五”期间缩减24.58%，“十二五”以来缩减7.93%。劳动者报酬构成比由45.63%升高到52.71%，省域间位次从第27位上升为第7位，增高7.08个百分点，其中“十五”期间降低0.41个百分点，“十一五”期间增高3.81个百分点，“十二五”以来增高3.68个百分点。

3. 生产税净额增长及构成比动态

同期，北京收入法产值构成之生产税净额总量由430.93亿元增长至3655.49亿元，2017年为2000年的8.48倍。2000年以来年均增长13.40%，其中2005年以来年均增长10.56%，2010年以来年均增长7.54%，2015年以来年均增长5.27%，上年以来年度增长5.01%。

生产税净额人均值由3288.48元增长至16831.61元，2017年为2000年的5.12倍。2000年以来年均增长10.08%，其中2005年以来年均增长7.30%，2010年以来年均增长5.60%，2015年以来年均增长5.01%，上年以来年度增长5.01%。

在此期间，北京生产税净额人均值地区差指数由2.7241缩小为1.9881，缩减27.02%，其中“十五”期间扩增23.75%，“十一五”期间缩减27.52%，“十二五”以来缩减18.63%。生产税净额构成比由17.38%降低为13.05%，省域间位次从第8位下降为第22位，降低4.33个百分点，其中“十五”期间降低1.47个百分点，“十一五”期间降低0.34个百分点，“十二五”以来降低2.52个百分点。

4. 固定资产折旧增长及构成比动态

同期，北京收入法产值构成之固定资产折旧总量由304.04亿元增长至3720.81亿元，2017年为2000年的12.24倍。2000年以来年均增长15.87%，其中2005年以来年均增长11.41%，2010年以来年均增长9.86%，2015年以来年均增长17.87%，上年以来年度增长9.42%。

资产折旧人均值由2320.17元增长至17132.38元，2017年为2000年的7.38倍。2000年以来年均增长12.48%，其中2005年以来年均增长8.12%，2010年以来年均增长7.87%，2015年以来年均增长17.58%，上年以来年度增长9.41%。

在此期间，北京资产折旧人均值地区差指数由2.0913扩大为2.1173，扩增1.24%，其中“十五”期间扩增58.24%，“十一五”期间缩减23.33%，“十二五”以来缩减16.55%。资产折旧构成比由12.27%升高到13.28%，省域间位次从第17位下降为第22位，增高1.01个百分点，其中“十五”期间增高2.50个百分点，“十一五”期间降低1.12个百分点，“十二五”以来降低0.37个百分点。

5. 营业盈余增长及构成比动态

同期，北京收入法产值构成之营业盈余总量由612.77亿元增长至5872.61亿元，2017年为2000年的9.58倍。2000年以来年均增长14.22%，其中2005年以来年均增长11.11%，2010年以来年均增长

9.71%，2015年以来年均增长16.32%，上年以来年度增长10.72%。

营业盈余人均值由4676.13元增长至27040.29元，2017年为2000年的5.78倍。2000年以来年均增长10.87%，其中2005年以来年均增长7.82%，2010年以来年均增长7.72%，2015年以来年均增长16.03%，上年以来年度增长10.72%。

在此期间，北京营业盈余人均值地区差指数由3.1302缩小为1.8320，缩减41.47%，其中“十五”期间缩减17.61%，“十一五”期间缩减24.92%，“十二五”以来缩减5.39%。营业盈余构成比由24.72%降低为20.96%，省域间位次从第4位下降为第21位，降低3.76个百分点，其中“十五”期间降低0.62个百分点，“十一五”期间降低2.34个百分点，“十二五”以来降低0.80个百分点。

三 支出法产值构成子系统检测

2000年以来北京支出法产值构成子系统结构性检测见图3。

1. 支出法结构产值

2000～2017年，北京支出法结构产值总量由2478.76亿元增长至28014.94亿元，2017年为2000年的11.30倍。2000年以来年均增长15.33%，其中2005年以来年均增长12.40%，2010年以来年均增长10.29%，2015年以来年均增长10.33%，上年以来年度增长9.14%。

支出法产值人均值由18915.74元增长至128994.11元，省域间位次从第2位上升为第1位，2017年为2000年的6.82倍。2000年以来年均增长11.96%，其中2005年以来年均增长9.08%，2010年以来年均增长8.29%，2015年以来年均增长10.06%，上年以来年度增长9.13%。

在此期间，北京支出法产值人均值地区差指数由2.3747缩小为2.2023，省域间位次从第30位下降为第31位。2000年以来缩减7.26%，其中“十五”期间扩增31.87%，“十一五”期间缩减23.18%，“十二五”以来缩减8.45%，意味着与全国人均值的距离减小。

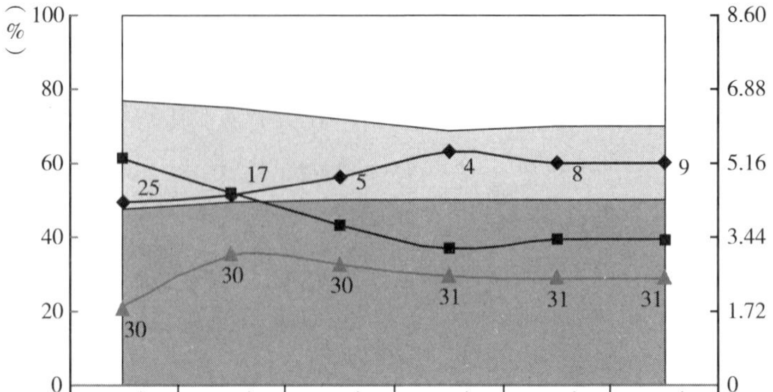

	2000年	2005年	2010年	2015年	2016年	2017年
（1）最终消费人均	9320.13	23357.73	41377.65	67113.51	70942.06	77549.22
（2）资本形成人均	11579.32	23630.94	31905.97	39286.27	46387.91	50401.97
（3）支出法产值人均	18915.74	45444.00	73856.10	106497.00	118198.00	128994.11
最终消费率	49.27	51.40	56.02	63.02	60.02	60.12
资本形成率	61.22	52.00	43.20	36.89	39.25	39.07
最终消费地区差	1.8484	3.0017	2.7815	2.5403	2.4457	2.4690

图3　支出法产值构成子系统结构性检测

左轴面积：（1）最终消费支出、（2）资本形成、（3）支出法产值人均值（元转换为%），其间呈直观比例，（3）－（1）－（2）＝货物与服务净流出，由于国内统一市场，大部分省域净流出为负值，即（1）＋（2）＞（3），需变通取值制图，避开负值体现其中负值关系。左轴曲线：最终消费率、资本形成率（%）。右轴曲线：最终消费人均值地区差（指数，无差距＝1）。标注最终消费率、最终消费人均值地区差省域位次，正文表述另调用后台最终消费人均值、资本形成率位次。

2. 最终消费支出增长及构成比动态

同期，北京支出法产值构成之最终消费支出总量由1221.33亿元增长至16842.14亿元，2017年为2000年的13.79倍。2000年以来年均增长16.69%，其中2005年以来年均增长13.88%，2010年以来年均增长11.41%，2015年以来年均增长7.76%，上年以来年度增长9.32%。

最终消费人均值由9320.13元增长至77549.22元，省域间位次从第2位上升为第1位，2017年为2000年的8.32倍。2000年以来年均增长13.27%，其中2005年以来年均增长10.52%，2010年以来年均增长9.39%，2015年以来年均增长7.49%，上年以来年度增长9.31%。

在此期间，北京最终消费人均值地区差指数由1.8484扩大为2.4690，省域间位次从第30位下降为第31位，扩增33.58%，其中“十五”期间扩增62.40%，“十一五”期间缩减7.34%，“十二五”以来缩减11.23%。最终消费率（消费率）由49.27%升高到60.12%，省域间位次从第25位上升为第9位，增高10.85个百分点，其中“十五”期间增高2.13个百分点，“十一五”期间增高4.62个百分点，“十二五”以来增高4.10个百分点。

3. 资本形成增长及构成比动态

同期，北京支出法产值构成之资本形成总额由1517.38亿元增长至10946.30亿元，2017年为2000年的7.21倍。2000年以来年均增长12.33%，其中2005年以来年均增长9.76%，2010年以来年均增长8.72%，2015年以来年均增长13.55%，上年以来年度增长8.66%。

资本形成人均值由11579.32元增长至50401.97元，省域间位次从第2位下降为第5位，2017年为2000年的4.35倍。2000年以来年均增长9.04%，其中2005年以来年均增长6.52%，2010年以来年均增长6.75%，2015年以来年均增长13.27%，上年以来年度增长8.65%。

在此期间，北京资本形成人均值地区差指数由4.2347缩小为1.9377，省域间位次从第30位上升为第27位，缩减54.24%，其中“十五”期间缩减6.17%，“十一五”期间缩减45.38%，“十二五”以来缩减10.72%。资本形成率（投资率）由61.22%降低为39.07%，省域间位次从第3位下降为第31位，降低22.15个百分点，其中“十五”期间降低9.22个百分点，“十一五”期间降低8.80个百分点，“十二五”以来降低4.13个百分点。

四　初次分配收支综合子系统检测

2000年以来北京初次分配收支综合子系统结构性检测见图4。

（一）公共经济生活

1. 财政收入增长及相对比值动态

2000～2017年，北京财政收入总量由345.00亿元增长至5430.79亿元，

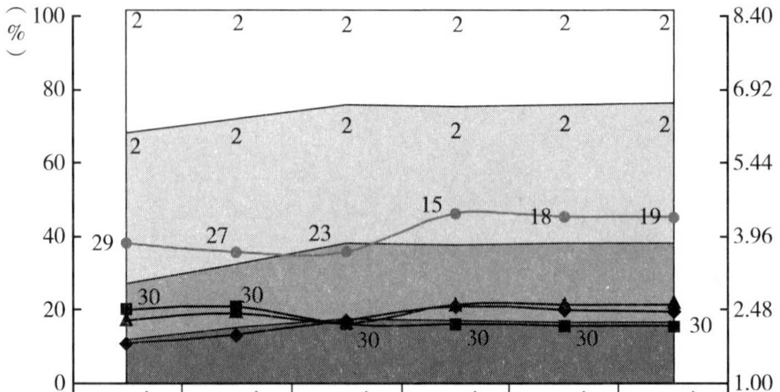

	2000年	2005年	2010年	2015年	2016年	2017年
居民总消费人均	7332.13	11900.64	18353.15	33816.79	35432.94	37438.95
居民收入人均	9033.10	15906.38	26731.87	48479.72	52559.10	57253.95
财政支出人均	3389.42	6983.25	14621.42	26550.52	29500.49	31422.65
财政收入人均	2639.61	6065.39	12666.09	21859.10	23397.08	25005.35
财政收入比	10.91	13.35	16.68	20.53	19.80	19.39
居民收入比	37.35	35.01	35.20	45.52	44.47	44.39
居民收入地区差	2.4527	2.5160	2.1757	2.1659	2.1523	2.1414
居民收入城乡比	2.2477	2.4030	2.1922	2.5699	2.5673	2.5745

图 4　初次分配收支综合子系统结构性检测

左轴面积：居民总消费、居民收入、财政支出、财政收入人均值（元转换为%），其间呈直观比例。左轴曲线：居民收入比、财政收入比（%）。右轴曲线：居民收入人均值地区差（无差距 =1）、城乡比（城镇对乡村倍数比，乡村 =1）。标注居民收入和总消费人均值、居民收入比、收入人均值地区差省域位次，正文表述另调用后台财政收支人均值、财政收入比及相应地区差、城乡比位次。

2017 年为 2000 年的 15.74 倍。2000 年以来年均增长 17.60%，其中 2005 年以来年均增长 15.95%，2010 年以来年均增长 12.69%，2015 年以来年均增长 7.22%，上年以来年度增长 6.88%。

财政收入人均值由 2639.61 元增长至 25005.35 元，省域间位次保持第 2 位，2017 年为 2000 年的 9.47 倍。2000 年以来年均增长 14.14%，其中 2005 年以来年均增长 12.53%，2010 年以来年均增长 10.20%，2015 年以来年均增长 6.95%，上年以来年度增长 6.87%。

财政收入比由 10.91% 升高到 19.39%，省域间位次从第 1 位下降为第 2 位。2000 年以来明显增高 8.48 个百分点，其中“十五”期间增高 2.44 个百分点，“十一五”期间增高 3.33 个百分点，“十二五”以来增高 2.71 个百分点。

2. 财政支出增长及相对比值动态

2000 ~ 2017 年，北京财政支出总量由 443.00 亿元增长至 6824.53 亿元，2017 年为 2000 年的 15.41 倍。2000 年以来年均增长 17.45%，其中 2005 年以来年均增长 16.80%，2010 年以来年均增长 14.06%，2015 年以来年均增长 9.06%，上年以来年度增长 6.52%。

财政支出人均值由 3389.42 元增长至 31422.65 元，省域间位次保持第 2 位，2017 年为 2000 年的 9.27 倍。2000 年以来年均增长 14.00%，其中 2005 年以来年均增长 13.35%，2010 年以来年均增长 11.55%，2015 年以来年均增长 8.79%，上年以来年度增长 6.52%。

财政支出比由 14.01% 升高到 24.36%，省域间位次从第 9 位下降为第 15 位。2000 年以来显著增高 10.35 个百分点，其中“十五”期间增高 1.36 个百分点，“十一五”期间增高 3.88 个百分点，“十二五”以来增高 5.11 个百分点。

3. 财政收入、财政支出地区差变化

在此期间，北京财政收入人均值地区差指数由 2.4881 缩小为 2.0086，省域间位次保持第 30 位。2000 年以来缩减 19.27%，其中“十五”期间扩增 0.42%，“十一五”期间缩减 18.39%，“十二五”以来缩减 1.49%，地区均衡性有所增强。

财政支出人均值地区差指数由 2.6939 缩小为 2.1451，省域间位次保持第 30 位。2000 年以来缩减 20.37%，其中“十五”期间缩减 0.40%，“十一五”期间缩减 18.89%，“十二五”以来缩减 1.44%，地区均衡性有所增强。

（二）人民经济生活

1. 居民收入增长及相对比值动态

2000 ~ 2017 年，北京居民收入总量由 1180.63 亿元增长至 12434.70 亿元，2017 年为 2000 年的 10.53 倍。2000 年以来年均增长 14.85%，其中 2005 年以来年均增长 14.65%，2010 年以来年均增长 14.00%，2015 年以来年均增长 8.94%，上年以来年度增长 8.94%。

城乡综合演算的居民收入人均值由 9033.10 元增长至 57253.95 元，省域间位次保持第 2 位，2017 年为 2000 年的 6.34 倍。2000 年以来年均增长 11.47%，其中 2005 年以来年均增长 11.26%，2010 年以来年均增长 11.49%，2015 年以来年均增长 8.67%，上年以来年度增长 8.93%。

还需要格外注意，北京居民收入比由 37.35% 升高到 44.39%，省域间位次从第 29 位上升为第 19 位。2000 年以来明显增高 7.04 个百分点，其中“十五”期间降低 2.34 个百分点，“十一五”期间增高 0.19 个百分点，“十二五”以来增高 9.19 个百分点。

2. 居民总消费增长及相对比值动态

2000 ~ 2017 年，北京居民消费总量由 958.31 亿元增长至 8131.18 亿元，2017 年为 2000 年的 8.48 倍。2000 年以来年均增长 13.40%，其中 2005 年以来年均增长 13.37%，2010 年以来年均增长 13.21%，2015 年以来年均增长 5.48%，上年以来年度增长 5.67%。

城乡综合演算的居民总消费人均值由 7332.13 元增长至 37438.95 元，省域间位次保持第 2 位，2017 年为 2000 年的 5.11 倍。2000 年以来年均增长 10.07%，其中 2005 年以来年均增长 10.02%，2010 年以来年均增长 10.72%，2015 年以来年均增长 5.22%，上年以来年度增长 5.66%。

还需要格外注意，北京居民消费率由 30.32% 降低为 29.02%，省域间位次从第 26 位上升为第 23 位。2000 年以来较明显降低 1.30 个百分点，其中“十五”期间降低 4.13 个百分点，“十一五”期间降低 2.02 个百分点，“十二五”以来增高 4.85 个百分点。

3. 居民收入、总消费地区差、城乡比变化

在此期间，北京居民收入人均值地区差指数由 2.4527 缩小为 2.1414，省域间位次保持第 30 位。2000 年以来缩减 12.69%，其中“十五”期间扩增 2.58%，“十一五”期间缩减 13.52%，“十二五”以来缩减 1.58%，地

区均衡性有所增强。

居民收入人均值城乡比指数由 2.2477 扩大为 2.5745，省域间位次从第 5 位下降为第 18 位。2000 年以来扩增 14.54%，其中“十五”期间扩增 6.91%，“十一五”期间缩减 8.77%，“十二五”以来扩增 17.44%，城乡均衡性继续减弱。

北京居民总消费人均值地区差指数由 2.5712 缩小为 1.9946，省域间位次保持第 30 位。2000 年以来缩减 22.43%，其中“十五”期间缩减 4.34%，“十一五”期间缩减 14.91%，“十二五”以来缩减 4.69%，地区均衡性有所增强。

居民总消费人均值城乡比指数由 2.4793 缩小为 2.1449，省域间位次从第 7 位下降为第 19 位。2000 年以来缩减 13.49%，其中“十五”期间扩增 0.49%，“十一五”期间缩减 13.55%，“十二五”以来缩减 0.42%，城乡均衡性有所增强。

五　经济增长通用指标动态测评

2000～2017 年北京经济增长结构优化综合检测结果见图 5。

1. 2017年理想值横向检测

以假定全国及各地各类数据全面消除城乡差距、地区差距为理想值 100，2017 年无差距全国横向检测排行，北京此项指数为 99.82。这表明与全国城乡、地区无差距理想值 100 相比，北京经济增长结构优化全量化检测结果达到 99.82%，低于理想值 0.18%，此项指数排名处于省域间第 3 位。

2. 2000年以来基数值纵向检测

以“全面小康”进程起点年“九五”末年 2000 年各类数据演算指标为基数值 100，2000～2017 年自身纵向检测排行，北京此项指数为 197.63。这表明与 2000 年自身基数值 100 相比，北京经济增长结构优化全量化检测结果达到 197.63%，高于基数值 97.63%，此项指数提升程度处于省域间第 28 位。

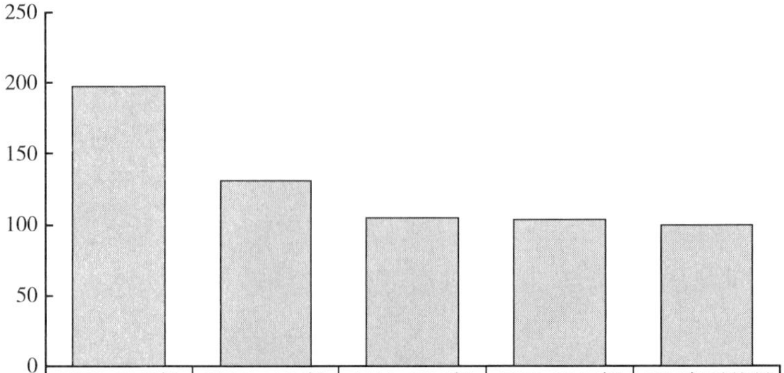

	2000~2017年自身纵向检测	2005~2017年自身纵向检测	2010~2017年自身纵向检测	2015~2017年自身纵向检测	2017年无差距全国横向检测
省域排行位次	28	30	28	19	3
□北京测评指数	197.63	131.08	105.22	102.86	99.82

图5　2000～2017年经济增长结构优化综合检测结果

数轴：共时性年度横向测评（全国城乡、地区无差距理想值=100），类似“不论年龄比当下高矮”，有利于发达地区；历时性阶段纵向测评（起点年自身基数值=100），类似“不论高矮比时段生长”，有利于后发加力地区，从左至右：（1）以2000年为起点，（2）以2005年为起点，（3）以2010年为起点，（4）以2015年为起点，多向度测评对应省域排行，检验不同阶段进展状况。

3. 2005年以来基数值纵向检测

以“全面小康”进程第一个五年期“十五”末年2005年各类数据演算指标为基数值100，2005～2017年自身纵向检测排行，北京此项指数为131.08。这表明与2005年自身基数值100相比，北京经济增长结构优化全量化检测结果达到131.08%，高于基数值31.08%，此项指数提升程度处于省域间第30位。

4. 2010年以来基数值纵向检测

以“全面小康”进程第二个五年期“十一五”末年2010年各类数据演算指标为基数值100，2010～2017年自身纵向检测排行，北京此项指数为105.22。这表明与2010年自身基数值100相比，北京经济增长结构优化全量化检测结果达到105.22%，高于基数值5.22%，此项指数提升程度处于省域间第28位。

5. 2015年以来基数值纵向检测

以“全面小康”进程第三个五年期“十二五”末年2015年各类数据演算指标为基数值100，2015～2017年自身纵向检测排行，北京此项指数为102.86。这表明与2015年自身基数值100相比，北京经济增长结构优化全量化检测结果达到102.86%，高于基数值2.86%，此项指数提升程度处于省域间第19位。

E.12

四川：2015～2017年经济发展指数提升第3位

马建宇*

摘　要： 2000～2017年，四川地区生产总值构成中第二产业从43.29%下降为38.75%，第三产业从34.73%上升至49.73%；收入法产值构成中劳动者报酬从56.44%下降为47.88%，生产税净额从16.02%下降为15.33%，营业盈余从15.85%上升至22.23%；支出法产值构成中最终消费率从62.91%下降为52.37%，资本形成率从37.04%上升至48.73%；初次分配收支中财政收入比从5.95%上升至9.68%，居民收入比从64.25%下降为48.10%，居民消费率从51.58%下降为37.39%。产值、财政收入、支出、居民收入、总消费人均值地区差均缩小；居民收入、总消费人均值城乡比也均缩小。四川经济增长结构优化评价排行：城乡、地区无差距理想值横向测评为省域第19位；2000年、2005年、2010年和2015年自身基数值纵向测评分别为省域第10位、第8位、第10位和第3位。

关键词： 四川　经济增长　结构优化　检测评价

* 马建宇，云南省社会科学院经济研究所副研究员，主要从事应用经济研究。

限于篇幅，三次产业结构主体子系统，收入法、支出法产值结构辅助子系统，面向公共经济生活、人民经济生活初次分配收支综合子系统分别设置为一图，难以充分展开。当地数据检测更多细节可参看技术报告、排行报告由不同侧面展开的各地纵向历时动态、横向共时静态对比分析。

一　三次产业产值构成子系统检测

2000 年以来四川三次产业产值构成子系统结构性检测见图 1。

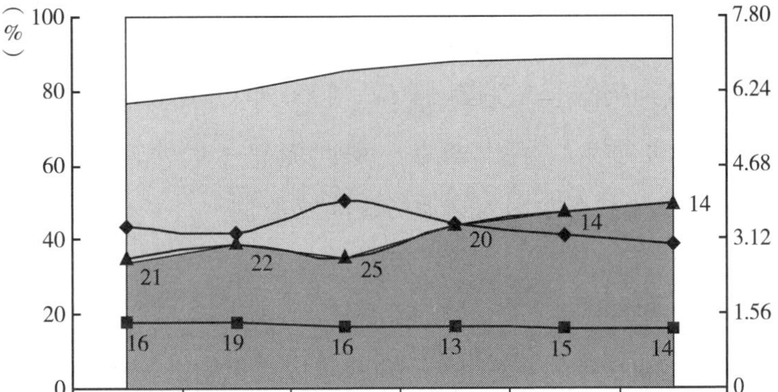

	2000年	2005年	2010年	2015年	2016年	2017年
一产产值人均	1192.99	1817.05	3060.29	4499.79	4772.65	5146.52
二产产值人均	2145.42	3762.86	10688.91	16211.24	16335.35	17300.33
三产产值人均	1721.11	3480.09	7432.79	16063.96	18895.00	22204.47
二产构成比	43.29	41.53	50.46	44.08	40.84	38.75
三产构成比	34.73	38.41	35.09	43.68	47.23	49.73
产值人均地区差	1.3760	1.3694	1.3140	1.2682	1.2583	1.2516

图 1　三次产业产值构成子系统结构性检测

左轴面积：一、二、三产产值人均值（元转换为%），其间呈直观比例，其和为三次产业产值人均值。左轴曲线：二、三产产值构成比（%）。右轴曲线：三次产业产值人均值地区差（无差距=1）。限于制图空间，总量置于后台数据库同步演算，后同。标注三次产业产值人均值地区差、三产构成比省域位次，正文表述另调用后台各类产值人均值、一产和二产构成比位次。

1. 三次产业结构产值

2000～2017 年，四川三次产业结构产值总量由 3928.20 亿元增长至

36980.22 亿元，2017 年为 2000 年的 9.41 倍。2000 年以来年均增长 14.10%，其中 2005 年以来年均增长 14.37%，2010 年以来年均增长 11.57%，2015 年以来年均增长 10.93%，上年以来年度增长 12.28%。

产值人均值由 4956.00 元增长至 44651.32 元，省域间位次（基于各地不同变化，后同）从第 24 位上升为第 21 位，2017 年为 2000 年的 9.01 倍。2000 年以来年均增长 13.80%（由于人口增长，人均值演算增长率略低于总量演算增长率），其中 2005 年以来年均增长 14.22%，2010 年以来年均增长 11.24%，2015 年以来年均增长 10.19%，上年以来年度增长 11.62%。

在此期间，四川产值人均值地区差指数由 1.3760 缩小为 1.2516，省域间位次从第 16 位上升为第 14 位。2000 年以来缩减 9.04%，其中“十五”期间缩减 0.48%，“十一五”期间缩减 4.05%，“十二五”以来缩减 4.75%，意味着与全国人均值的距离减小。

2. 第一产业增长及构成比动态

同期，四川第一产业产值总量由 945.58 亿元增长至 4262.35 亿元，2017 年为 2000 年的 4.51 倍。2000 年以来年均增长 9.26%，其中 2005 年以来年均增长 9.21%，2010 年以来年均增长 8.03%，2015 年以来年均增长 7.66%，上年以来年度增长 8.48%。

第一产业产值人均值由 1192.99 元增长至 5146.52 元，省域间位次从第 16 位上升为第 9 位，2017 年为 2000 年的 4.31 倍。2000 年以来年均增长 8.98%，其中 2005 年以来年均增长 9.06%，2010 年以来年均增长 7.71%，2015 年以来年均增长 6.95%，上年以来年度增长 7.83%。

在此期间，四川第一产业产值人均值地区差指数由 1.0235 扩大为 1.0899，扩增 6.48%，其中“十五”期间扩增 6.14%，“十一五”期间缩减 4.26%，“十二五”以来扩增 4.79%。第一产业构成比由 24.07% 降低为 11.53%，省域间位次保持第 7 位，降低 12.54 个百分点，其中“十五”期间降低 4.01 个百分点，“十一五”期间降低 5.61 个百分点，“十二五”以来降低 2.92 个百分点。

3. 第二产业增长及构成比动态

同期，四川第二产业产值总量由1700.49亿元增长至14328.13亿元，2017年为2000年的8.43倍。2000年以来年均增长13.36%，其中2005年以来年均增长13.71%，2010年以来年均增长7.44%，2015年以来年均增长4.00%，上年以来年度增长6.54%。

第二产业产值人均值由2145.42元增长至17300.33元，省域间位次从第22位下降为第24位，2017年为2000年的8.06倍。2000年以来年均增长13.06%，其中2005年以来年均增长13.56%，2010年以来年均增长7.12%，2015年以来年均增长3.30%，上年以来年度增长5.91%。

在此期间，四川第二产业产值人均值地区差指数由1.4068缩小为1.2832，缩减8.78%，其中“十五”期间扩增2.58%，“十一五”期间缩减13.11%，“十二五”以来扩增2.34%。第二产业构成比由43.29%降低为38.75%，省域间位次从第15位下降为第25位，降低4.54个百分点，其中“十五”期间降低1.76个百分点，“十一五”期间增高8.93个百分点，“十二五”以来降低11.71个百分点。

4. 第三产业增长及构成比动态

同期，四川第三产业产值总量由1364.18亿元增长至18389.74亿元，2017年为2000年的13.48倍。2000年以来年均增长16.53%，其中2005年以来年均增长16.85%，2010年以来年均增长17.27%，2015年以来年均增长18.36%，上年以来年度增长18.21%。

第三产业产值人均值由1721.11元增长至22204.47元，省域间位次从第25位上升为第19位，2017年为2000年的12.90倍。2000年以来年均增长16.23%，其中2005年以来年均增长16.70%，2010年以来年均增长16.92%，2015年以来年均增长17.57%，上年以来年度增长17.52%。

在此期间，四川第三产业产值人均值地区差指数由1.4553缩小为1.2791，缩减12.11%，其中“十五”期间缩减2.84%，“十一五”期间扩增2.81%，“十二五”以来缩减12.02%。第三产业构成比由34.73%升高到49.73%，省域间位次从第21位上升为第14位，增高15.00个百分点，其中“十五”期间增高 3.68 个百分点，“十一五”期间降低 3.32 个百分点，“十二五”以来增高 14.64 个百分点。

二　收入法产值构成子系统检测

2000 年以来四川收入法产值构成子系统结构性检测见图 2。

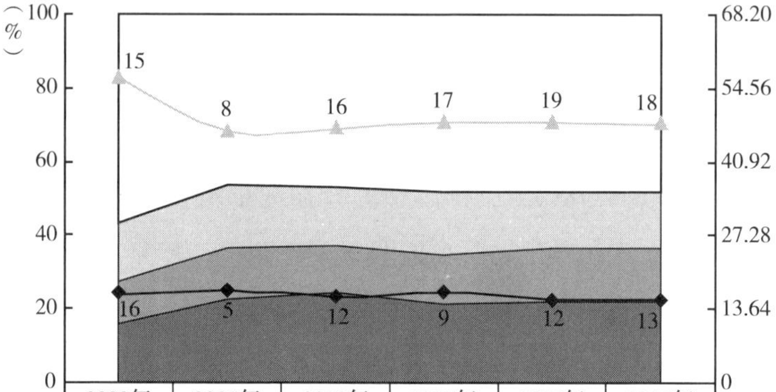

	2000年	2005年	2010年	2015年	2016年	2017年
劳动报酬人均	2855.37	4207.48	9970.55	17747.68	19218.92	21378.50
生产净税人均	810.56	1529.01	3308.79	6141.93	6103.68	6843.40
资产折旧人均	591.50	1256.16	2727.03	5053.32	5810.09	6502.13
营业盈余人均	802.09	2067.34	5175.63	7832.07	8870.31	9927.30
报酬构成比	56.44	46.44	47.07	48.26	48.04	47.88
净税构成比	16.02	16.88	15.62	16.70	15.26	15.33

图 2　收入法产值构成子系统结构性检测

左轴面积：劳动者报酬、生产税净额、固定资产折旧、营业盈余人均值（元转换为%），其间呈直观比例，其和为收入法产值人均值。右轴曲线：劳动者报酬、生产税净额构成比（%）。标注报酬、净税构成比省域位次，正文表述另调用后台报酬人均值及地区差、折旧和盈余构成比位次，由此可看出各地居民、政府、企业部门在支出法当地产值中“获得”比重和绝对值位次。

1. 收入法结构产值

2000～2017 年，四川收入法结构产值总量由 4010.25 亿元增长至 36980.22 亿元，2017 年为 2000 年的 9.22 倍。2000 年以来年均增长 13.96%，其中 2005 年以来年均增长 14.37%，2010 年以来年均增长

11.57%，2015年以来年均增长10.93%，上年以来年度增长12.28%。

收入法产值人均值由5059.52元增长至44651.32元，省域间位次从第22位上升为第21位，2017年为2000年的8.83倍。2000年以来年均增长13.67%，其中2005年以来年均增长14.22%，2010年以来年均增长11.24%，2015年以来年均增长10.19%，上年以来年度增长11.62%。

在此期间，四川收入法产值人均值地区差指数由1.3545缩小为1.2516，省域间位次保持第14位。2000年以来缩减7.60%，其中“十五”期间扩增1.11%，“十一五”期间缩减4.05%，“十二五”以来缩减4.75%，意味着与全国人均值的距离减小。

2. 劳动者报酬增长及构成比动态

同期，四川收入法产值构成之劳动者报酬总量由2263.21亿元增长至17705.67亿元，2017年为2000年的7.82倍。2000年以来年均增长12.86%，其中2005年以来年均增长14.66%，2010年以来年均增长11.84%，2015年以来年均增长10.49%，上年以来年度增长11.90%。

劳动者报酬人均值由2855.37元增长至21378.50元，省域间位次从第24位上升为第23位，2017年为2000年的7.49倍。2000年以来年均增长12.57%，其中2005年以来年均增长14.51%，2010年以来年均增长11.51%，2015年以来年均增长9.75%，上年以来年度增长11.24%。

在此期间，四川劳动者报酬人均值地区差指数由1.2910缩小为1.2457，省域间位次从第17位上升为第16位，缩减3.51%，其中“十五”期间扩增0.13%，“十一五”期间缩减0.78%，“十二五”以来缩减2.87%。劳动者报酬构成比由56.44%降低为47.88%，省域间位次从第15位下降为第18位，降低8.56个百分点，其中“十五”期间降低10.00个百分点，“十一五”期间增高0.63个百分点，“十二五”以来增高0.81个百分点。

3. 生产税净额增长及构成比动态

同期，四川收入法产值构成之生产税净额总量由642.46亿元增长至5667.70亿元，2017年为2000年的8.82倍。2000年以来年均增长13.66%，其中2005年以来年均增长13.45%，2010年以来年均增长

11. 27%，2015 年以来年均增长 6. 26%，上年以来年度增长 12. 79%。

生产税净额人均值由 810. 56 元增长至 6843. 40 元，2017 年为 2000 年的 8. 44 倍。2000 年以来年均增长 13. 37%，其中 2005 年以来年均增长 13. 30%，2010 年以来年均增长 10. 94%，2015 年以来年均增长 5. 56%，上年以来年度增长 12. 12%。

在此期间，四川生产税净额人均值地区差指数由 1. 3285 缩小为 1. 1917，缩减 10. 30%，其中“十五”期间缩减 3. 12%，“十一五”期间扩增 0. 76%，“十二五”以来缩减 8. 11%。生产税净额构成比由 16. 02% 降低为 15. 33%，省域间位次从第 16 位上升为第 13 位，降低 0. 69 个百分点，其中“十五”期间增高 0. 86 个百分点，“十一五”期间降低 1. 26 个百分点，“十二五”以来降低 0. 29 个百分点。

4. 固定资产折旧增长及构成比动态

同期，四川收入法产值构成之固定资产折旧总量由 468. 83 亿元增长至 5385. 06 亿元，2017 年为 2000 年的 11. 49 倍。2000 年以来年均增长 15. 44%，其中 2005 年以来年均增长 14. 84%，2010 年以来年均增长 13. 55%，2015 年以来年均增长 14. 19%，上年以来年度增长 12. 58%。

资产折旧人均值由 591. 50 元增长至 6502. 13 元，2017 年为 2000 年的 10. 99 倍。2000 年以来年均增长 15. 14%，其中 2005 年以来年均增长 14. 68%，2010 年以来年均增长 13. 22%，2015 年以来年均增长 13. 43%，上年以来年度增长 11. 91%。

在此期间，四川资产折旧人均值地区差指数由 1. 4668 缩小为 1. 1964，缩减 18. 44%，其中“十五”期间缩减 5. 88%，“十一五”期间缩减 4. 86%，“十二五”以来缩减 8. 91%。资产折旧构成比由 11. 69% 升高到 14. 56%，省域间位次从第 20 位上升为第 11 位，增高 2. 87 个百分点，其中“十五”期间增高 2. 17 个百分点，“十一五”期间降低 0. 99 个百分点，“十二五”以来增高 1. 69 个百分点。

5. 营业盈余增长及构成比动态

同期，四川收入法产值构成之营业盈余总量由 635. 75 亿元增长至

8221.79亿元，2017年为2000年的12.93倍。2000年以来年均增长16.25%，其中2005年以来年均增长14.12%，2010年以来年均增长10.07%，2015年以来年均增长13.34%，上年以来年度增长12.58%。

营业盈余人均值由802.09元增长至9927.30元，2017年为2000年的12.38倍。2000年以来年均增长15.95%，其中2005年以来年均增长13.97%，2010年以来年均增长9.75%，2015年以来年均增长12.58%，上年以来年度增长11.92%。

在此期间，四川营业盈余人均值地区差指数由1.4631缩小为1.3274，缩减9.27%，其中“十五”期间扩增3.42%，“十一五”期间缩减9.05%，“十二五”以来缩减3.55%。营业盈余构成比由15.85%升高到22.23%，省域间位次从第17位下降为第19位，增高6.38个百分点，其中“十五”期间增高6.97个百分点，“十一五”期间增高1.61个百分点，“十二五”以来降低2.20个百分点。

三　支出法产值构成子系统检测

2000年以来四川支出法产值构成子系统结构性检测见图3。

1. 支出法结构产值

2000～2017年，四川支出法结构产值总量由4010.25亿元增长至36980.22亿元，2017年为2000年的9.22倍。2000年以来年均增长13.96%，其中2005年以来年均增长14.37%，2010年以来年均增长11.57%，2015年以来年均增长10.93%，上年以来年度增长12.28%。

支出法产值人均值由5059.52元增长至44651.32元，省域间位次保持第21位，2017年为2000年的8.83倍。2000年以来年均增长13.67%，其中2005年以来年均增长14.22%，2010年以来年均增长11.24%，2015年以来年均增长10.19%，上年以来年度增长11.62%。

在此期间，四川支出法产值人均值地区差指数由1.3648缩小为1.2377，省域间位次保持第13位。2000年以来缩减9.32%，其中“十五”

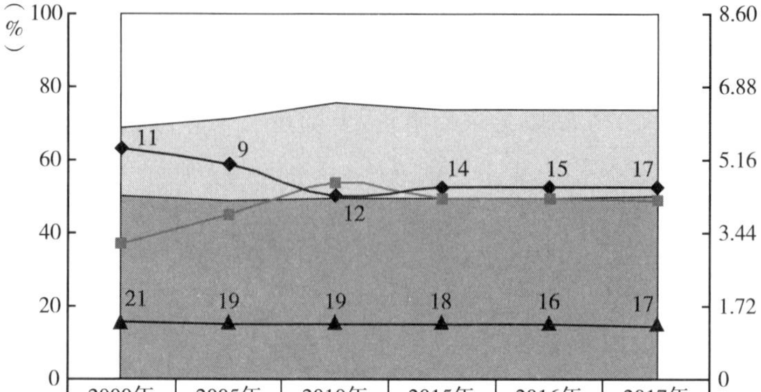

	2000年	2005年	2010年	2015年	2016年	2017年
（1）最终消费人均	3182.97	5345.98	10611.78	19303.30	20937.55	23382.87
（2）资本形成人均	1874.09	4080.58	11364.01	18117.88	19634.68	21759.46
（3）支出法产值人均	5059.52	9060.00	21182.02	36775.00	40003.00	44651.32
最终消费率	62.91	59.01	50.10	52.49	52.34	52.37
资本形成率	37.04	45.04	53.65	49.27	49.08	48.73
最终消费地区差	1.3688	1.3130	1.2867	1.2693	1.2782	1.2555

图3　支出法产值构成子系统结构性检测

左轴面积：（1）最终消费支出、（2）资本形成、（3）支出法产值人均值（元转换为%），其间呈直观比例，（3）－（1）－（2）＝货物与服务净流出，由于国内统一市场，大部分省域净流出为负值，即（1）＋（2）＞（3），需变通取值制图，避开负值体现其中负值关系。左轴曲线：最终消费率、资本形成率（%）。右轴曲线：最终消费人均值地区差（指数，无差距＝1）。标注最终消费率、最终消费人均值地区差省域位次，正文表述另调用后台最终消费人均值、资本形成率位次。

期间扩增0.79%，“十一五”期间缩减4.77%，“十二五”以来缩减5.53%，意味着与全国人均值的距离减小。

2. 最终消费支出增长及构成比动态

同期，四川支出法产值构成之最终消费支出总量由2522.87亿元增长至19365.69亿元，2017年为2000年的7.68倍。2000年以来年均增长12.74%，其中2005年以来年均增长13.24%，2010年以来年均增长12.28%，2015年以来年均增长10.80%，上年以来年度增长12.34%。

最终消费人均值由3182.97元增长至23382.87元，省域间位次从第24位上升为第23位，2017年为2000年的7.35倍。2000年以来年均增长12.45%，其中2005年以来年均增长13.09%，2010年以来年均增长

11.95%，2015 年以来年均增长 10.06%，上年以来年度增长 11.68%。

在此期间，四川最终消费人均值地区差指数由 1.3688 缩小为 1.2555，省域间位次从第 21 位上升为第 17 位，缩减 8.27%，其中“十五”期间缩减 4.07%，“十一五”期间缩减 2.00%，“十二五”以来缩减 2.42%。最终消费率（消费率）由 62.91% 降低为 52.37%，省域间位次从第 11 位下降为第 17 位，降低 10.54 个百分点，其中“十五”期间降低 3.90 个百分点，“十一五”期间降低 8.91 个百分点，“十二五”以来增高 2.27 个百分点。

3. 资本形成增长及构成比动态

同期，四川支出法产值构成之资本形成总额由 1485.43 亿元增长至 18021.18 亿元，2017 年为 2000 年的 12.13 倍。2000 年以来年均增长 15.81%，其中 2005 年以来年均增长 15.12%，2010 年以来年均增长 10.05%，2015 年以来年均增长 10.32%，上年以来年度增长 11.48%。

资本形成人均值由 1874.09 元增长至 21759.46 元，省域间位次从第 24 位下降为第 28 位，2017 年为 2000 年的 11.61 倍。2000 年以来年均增长 15.52%，其中 2005 年以来年均增长 14.97%，2010 年以来年均增长 9.72%，2015 年以来年均增长 9.59%，上年以来年度增长 10.82%。

在此期间，四川资本形成人均值地区差指数由 1.3146 缩小为 1.1635，省域间位次从第 16 位上升为第 8 位，缩减 11.50%，其中“十五”期间缩减 0.06%，“十一五”期间缩减 6.61%，“十二五”以来缩减 5.18%。资本形成率（投资率）由 37.04% 升高到 48.73%，省域间位次从第 23 位下降为第 24 位，增高 11.69 个百分点，其中“十五”期间增高 8.00 个百分点，“十一五”期间增高 8.61 个百分点，“十二五”以来降低 4.92 个百分点。

四　初次分配收支综合子系统检测

2000 年以来四川初次分配收支综合子系统结构性检测见图 4。

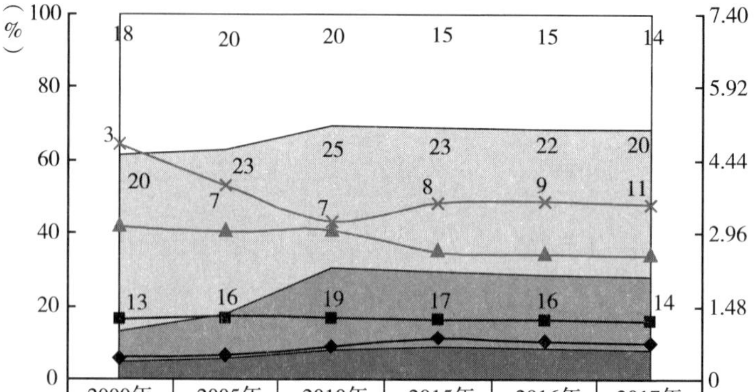

	2000年	2005年	2010年	2015年	2016年	2017年
居民总消费人均	2362.70	3766.54	7134.57	13963.05	15264.04	16693.85
居民收入人均	2943.06	4607.41	9178.47	17747.70	19504.66	21477.25
财政支出人均	527.06	1277.88	5247.08	9174.52	9727.79	10498.38
财政收入人均	272.69	566.41	1924.44	4105.97	4116.18	4320.20
财政收入比	5.95	6.50	9.09	11.17	10.29	9.68
居民收入比	64.25	52.83	43.34	48.26	48.76	48.10
居民收入地区差	1.2009	1.2712	1.2530	1.2071	1.2013	1.1967
居民收入城乡比	3.0964	2.9920	3.0394	2.5573	2.5292	2.5131

图 4　初次分配收支综合子系统结构性检测

左轴面积：居民总消费、居民收入、财政支出、财政收入人均值（元转换为%），其间呈直观比例。左轴曲线：居民收入比、财政收入比（%）。右轴曲线：居民收入人均值地区差（无差距 =1）、城乡比（城镇对乡村倍数比，乡村 =1）。标注居民收入和总消费人均值、居民收入比、收入人均值地区差省域位次，正文表述另调用后台财政收支人均值、财政收入比及相应地区差、城乡比位次。

（一）公共经济生活

1. 财政收入增长及相对比值动态

2000～2017 年，四川财政收入总量由 233.86 亿元增长至 3577.99 亿元，2017 年为 2000 年的 15.30 倍。2000 年以来年均增长 17.41%，其中 2005 年以来年均增长 18.23%，2010 年以来年均增长 12.57%，2015 年以来年均增长 3.26%，上年以来年度增长 5.58%。

财政收入人均值由 272.69 元增长至 4320.20 元，省域间位次从第 25 位上升为第 23 位，2017 年为 2000 年的 15.84 倍。2000 年以来年均增长

17.65%，其中2005年以来年均增长18.45%，2010年以来年均增长12.25%，2015年以来年均增长2.58%，上年以来年度增长4.96%。

财政收入比由5.95%升高到9.68%，省域间位次从第18位下降为第19位。2000年以来明显增高3.73个百分点，其中“十五”期间增高0.55个百分点，“十一五”期间增高2.59个百分点，“十二五”以来增高0.59个百分点。

2. 财政支出增长及相对比值动态

2000～2017年，四川财政支出总量由452.00亿元增长至8694.76亿元，2017年为2000年的19.24倍。2000年以来年均增长19.00%，其中2005年以来年均增长18.96%，2010年以来年均增长10.74%，2015年以来年均增长7.69%，上年以来年度增长8.56%。

财政支出人均值由527.06元增长至10498.38元，省域间位次从第29位上升为第24位，2017年为2000年的19.92倍。2000年以来年均增长19.24%，其中2005年以来年均增长19.18%，2010年以来年均增长10.42%，2015年以来年均增长6.97%，上年以来年度增长7.92%。

财政支出比由11.51%升高到23.51%，省域间位次从第18位上升为第17位。2000年以来显著增高12.00个百分点，其中“十五”期间增高3.14个百分点，“十一五”期间增高10.13个百分点，“十二五”以来降低1.27个百分点。

3. 财政收入、财政支出地区差变化

在此期间，四川财政收入人均值地区差指数由1.7430缩小为1.6530，省域间位次从第23位上升为第21位。2000年以来缩减5.16%，其中“十五”期间扩增1.36%，“十一五”期间缩减4.33%，“十二五”以来缩减2.20%，地区均衡性有所增强。

财政支出人均值地区差指数由1.5811缩小为1.2833，省域间位次从第26位上升为第17位。2000年以来缩减18.83%，其中“十五”期间缩减4.56%，“十一五”期间缩减19.22%，“十二五”以来扩增5.28%，地区均衡性有所增强。

（二）人民经济生活

1. 居民收入增长及相对比值动态

2000～2017年，四川居民收入总量由2523.97亿元增长至17787.46亿元，2017年为2000年的7.05倍。2000年以来年均增长12.17%，其中2005年以来年均增长13.48%，2010年以来年均增长13.24%，2015年以来年均增长10.74%，上年以来年度增长10.77%。

城乡综合演算的居民收入人均值由2943.06元增长至21477.25元，省域间位次保持第20位，2017年为2000年的7.30倍。2000年以来年均增长12.40%，其中2005年以来年均增长13.69%，2010年以来年均增长12.91%，2015年以来年均增长10.01%，上年以来年度增长10.11%。

还需要格外注意，四川居民收入比由64.25%降低为48.10%，省域间位次从第3位下降为第11位。2000年以来显著降低16.15个百分点，其中“十五”期间降低11.42个百分点，“十一五”期间降低9.49个百分点，“十二五”以来增高4.76个百分点。

2. 居民总消费增长及相对比值动态

2000～2017年，四川居民消费总量由2026.25亿元增长至13825.85亿元，2017年为2000年的6.82倍。2000年以来年均增长11.96%，其中2005年以来年均增长13.00%，2010年以来年均增长13.24%，2015年以来年均增长10.08%，上年以来年度增长10.02%。

城乡综合演算的居民总消费人均值由2362.70元增长至16693.85元，省域间位次从第18位上升为第14位，2017年为2000年的7.07倍。2000年以来年均增长12.19%，其中2005年以来年均增长13.21%，2010年以来年均增长12.91%，2015年以来年均增长9.34%，上年以来年度增长9.37%。

还需要格外注意，四川居民消费率由51.58%降低为37.39%，省域间位次保持第5位。2000年以来显著降低14.19个百分点，其中“十五”期间降低8.39个百分点，“十一五”期间降低9.50个百分点，“十二五”以来增高 3.70 个百分点。

3. 居民收入、总消费地区差、城乡比变化

在此期间，四川居民收入人均值地区差指数由 1.2009 缩小为 1.1967，省域间位次从第 13 位下降为第 14 位。2000 年以来缩减 0.35%，其中“十五”期间扩增 5.86%，“十一五”期间缩减 1.44%，“十二五”以来缩减 4.49%，地区均衡性有所增强。

居民收入人均值城乡比指数由 3.0964 缩小为 2.5131，省域间位次从第 22 位上升为第 15 位。2000 年以来缩减 18.84%，其中“十五”期间缩减 3.37%，“十一五”期间扩增 1.58%，“十二五”以来缩减 17.32%，城乡均衡性有所增强。

四川居民总消费人均值地区差指数由 1.1715 缩小为 1.1106，省域间位次从第 11 位上升为第 7 位。2000 年以来缩减 5.19%，其中“十五”期间扩增 4.28%，“十一五”期间缩减 2.87%，“十二五”以来缩减 6.39%，地区均衡性有所增强。

居民总消费人均值城乡比指数由 3.2708 缩小为 1.9296，省域间位次从第 22 位上升为第 8 位。2000 年以来缩减 41.01%，其中“十五”期间缩减 7.35%，“十一五”期间扩增 2.49%，“十二五”以来缩减 37.87%，城乡均衡性有所增强。

五　经济增长通用指标动态测评

2000～2017 年四川经济增长结构优化综合检测结果见图 5。

1. 2017年理想值横向检测

以假定全国及各地各类数据全面消除城乡差距、地区差距为理想值 100，2017 年无差距全国横向检测排行，四川此项指数为 89.83。这表明与全国城乡、地区无差距理想值 100 相比，四川经济增长结构优化全量化检测结果达到 89.83%，低于理想值 10.17%，此项指数排名处于省域间第 19 位。

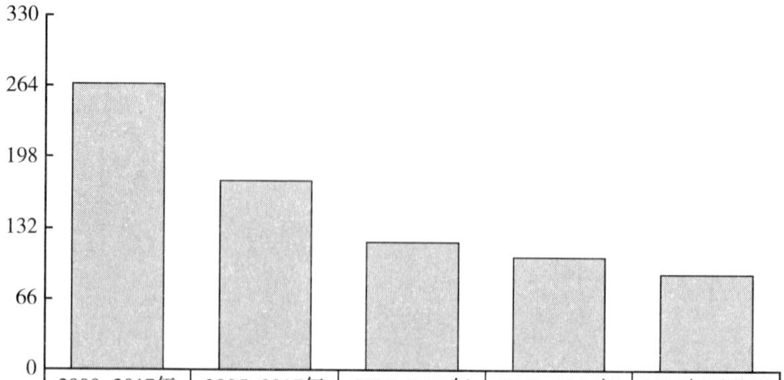

	2000~2017年自身纵向检测	2005~2017年自身纵向检测	2010~2017年自身纵向检测	2015~2017年自身纵向检测	2017年无差距全国横向检测
省域排行位次	10	8	10	3	19
四川测评指数	266.06	176.30	119.50	105.25	89.83

图5　2000～2017年经济增长结构优化综合检测结果

数轴：共时性年度横向测评（全国城乡、地区无差距理想值＝100），类似“不论年龄比当下高矮”，有利于发达地区；历时性阶段纵向测评（起点年自身基数值＝100），类似“不论高矮比时段生长”，有利于后发加力地区，从左至右：（1）以2000年为起点，（2）以2005年为起点，（3）以2010年为起点，（4）以2015年为起点，多向度测评对应省域排行，检验不同阶段进展状况。

2. 2000年以来基数值纵向检测

以“全面小康”进程起点年“九五”末年2000年各类数据演算指标为基数值100，2000～2017年自身纵向检测排行，四川此项指数为266.06。这表明与2000年自身基数值100相比，四川经济增长结构优化全量化检测结果达到266.06%，高于基数值166.06%，此项指数提升程度处于省域间第10位。

3. 2005年以来基数值纵向检测

以“全面小康”进程第一个五年期“十五”末年2005年各类数据演算指标为基数值100，2005～2017年自身纵向检测排行，四川此项指数为176.30。这表明与2005年自身基数值100相比，四川经济增长结构优化全量化检测结果达到176.30%，高于基数值76.30%，此项指数提升程度处于省域间第8位。

4. 2010年以来基数值纵向检测

以“全面小康”进程第二个五年期“十一五”末年2010年各类数据演算指标为基数值100，2010~2017年自身纵向检测排行，四川此项指数为119. 50。这表明与2010年自身基数值100相比，四川经济增长结构优化全量化检测结果达到119. 50%，高于基数值19. 50%，此项指数提升程度处于省域间第10位。

5. 2015年以来基数值纵向检测

以“全面小康”进程第三个五年期“十二五”末年2015年各类数据演算指标为基数值100，2015~2017年自身纵向检测排行，四川此项指数为105. 25。这表明与2015年自身基数值100相比，四川经济增长结构优化全量化检测结果达到105. 25%，高于基数值5. 25%，此项指数提升程度处于省域间第3位。

E.13

天津：2017年经济发展指数排名第4位

王国爱*

摘　要： 2000～2017年，天津地区生产总值构成中第二产业从48.19%下降为40.94%，第三产业从43.81%上升至58.15%；收入法产值构成中劳动者报酬从46.72%下降为40.99%，生产税净额从16.44%上升至18.88%，营业盈余从19.69%上升至24.78%；支出法产值构成中最终消费率从49.09%下降为45.42%，资本形成率从49.85%上升至56.43%；初次分配收支中财政收入比从7.85%上升至12.46%，居民收入比从39.47%下降为31.20%，居民消费率从28.48%下降为23.47%。产值、财政收入、支出、居民收入、总消费人均值地区差均缩小；居民收入、总消费人均值城乡比也均缩小。天津经济增长结构优化评价排行：城乡、地区无差距理想值横向测评为省域第4位；2000年、2005年、2010年和2015年自身基数值纵向测评分别为省域第24位、第23位、第21位和第23位。

关键词： 天津　经济增长　结构优化　检测评价

* 王国爱，云南省社会科学院民族学研究所副研究员，主要从事民族文化研究。

限于篇幅，三次产业结构主体子系统，收入法、支出法产值结构辅助子系统，面向公共经济生活、人民经济生活初次分配收支综合子系统分别设置为一图，难以充分展开。当地数据检测更多细节可参看技术报告、排行报告由不同侧面展开的各地纵向历时动态、横向共时静态对比分析。

一　三次产业产值构成子系统检测

2000 年以来天津三次产业产值构成子系统结构性检测见图 1。

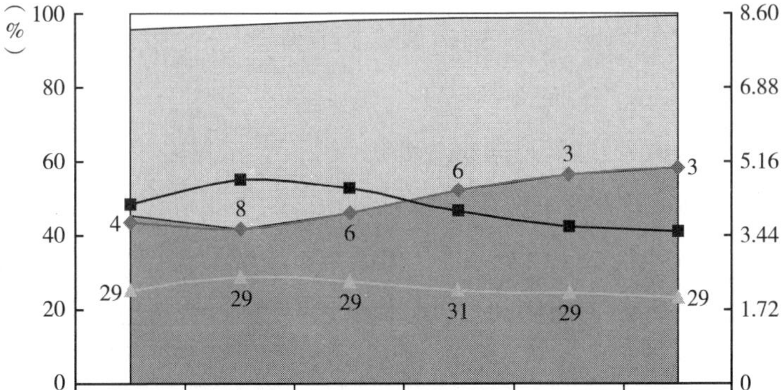

	2000年	2005年	2010年	2015年	2016年	2017年
一产产值人均	749.84	1087.54	1151.99	1363.16	1416.63	1083.43
二产产值人均	8362.76	19849.80	38301.18	50292.58	48704.92	48692.64
三产产值人均	7602.92	14845.66	33540.83	56304.34	64931.45	69167.50
二产构成比	48.19	55.47	52.47	46.58	42.33	40.94
三产构成比	43.81	41.49	45.95	52.15	56.44	58.15
产值人均地区差	2.1850	2.4905	2.3641	2.1484	2.1332	1.9937

图 1　三次产业产值构成子系统结构性检测

左轴面积：一、二、三产产值人均值（元转换为%），其间呈直观比例，其和为三次产业产值人均值。左轴曲线：二、三产产值构成比（%）。右轴曲线：三次产业产值人均值地区差（无差距=1）。限于制图空间，总量置于后台数据库同步演算，后同。标注三次产业产值人均值地区差、三产构成比省域位次，正文表述另调用后台各类产值人均值、一产和二产构成比位次。

1. 三次产业结构产值

2000～2017 年，天津三次产业结构产值总量由 1701.88 亿元增长至

18549.19亿元，2017年为2000年的10.90倍。2000年以来年均增长15.09%，其中2005年以来年均增长14.38%，2010年以来年均增长10.49%，2015年以来年均增长5.91%，上年以来年度增长3.71%。

产值人均值由17353.00元增长至118943.57元，省域间人均值位次保持第3位，2017年为2000年的6.85倍。2000年以来年均增长11.99%，其中2005年以来年均增长10.53%，2010年以来年均增长7.22%，2015年以来年均增长4.96%，上年以来年度增长3.38%。

在此期间，天津产值人均值地区差指数由2.1850缩小为1.9937，省域间地区差位次保持第29位。2000年以来缩减8.75%，其中“十五”期间扩增13.98%，“十一五”期间缩减5.07%，“十二五”以来缩减15.67%，意味着与全国人均值的距离减小。

2. 第一产业增长及构成比动态

同期，天津第一产业产值总量由73.54亿元增长至168.96亿元，2017年为2000年的2.30倍。2000年以来年均增长5.01%，其中2005年以来年均增长3.46%，2010年以来年均增长2.15%，2015年以来年均负增长10.05%，上年以来年度负增长23.28%。

第一产业产值人均值由749.84元增长至1083.43元，省域间人均值位次从第27位下降为第29位，2017年为2000年的1.44倍。2000年以来年均增长2.19%，其中2005年以来年均负增长0.03%，2010年以来年均负增长0.87%，2015年以来年均负增长10.85%，上年以来年度负增长23.52%。

在此期间，天津第一产业产值人均值地区差指数由1.3567扩大为1.7706，扩增30.51%，其中“十五”期间缩减0.51%，“十一五”期间扩增19.17%，“十二五”以来扩增10.08%。第一产业构成比由4.32%降低为0.91%，省域间构成比位次保持第34位，降低3.41个百分点，其中“十五”期间降低1.28个百分点，“十一五”期间降低1.46个百分点，“十二五”以来降低0.67个百分点。

3. 第二产业增长及构成比动态

同期，天津第二产业产值总量由 820.17 亿元增长至 7593.59 亿元，2017 年为2000 年的9.26 倍。2000 年以来年均增长 13.99%，其中 2005 年以来年均增长 11.52%，2010 年以来年均增长 6.64%，2015 年以来年均负增长 0.72%，上年以来年度增长 0.29%。

第二产业产值人均值由 8362.76 元增长至 48692.64 元，省域间人均值位次从第 2 位上升为第 1 位，2017 年为 2000 年的 5.82 倍。2000 年以来年均增长 10.92%，其中 2005 年以来年均增长 7.76%，2010 年以来年均增长 3.49%，2015 年以来年均负增长 1.60%，上年以来年度负增长 0.03%。

在此期间，天津第二产业产值人均值地区差指数由 2.3123 缩小为 2.0174，缩减 12.75%，其中“十五”期间扩增 27.05%，“十一五”期间缩减 8.99%，“十二五”以来缩减 24.55%。第二产业构成比由 48.19% 降低为 40.94%，省域间构成比位次从第 8 位下降为第 18 位，降低 7.25 个百分点，其中“十五”期间增高 7.28 个百分点，“十一五”期间降低 3.00 个百分点，“十二五”以来降低 11.53 个百分点。

4. 第三产业增长及构成比动态

同期，天津第三产业产值总量由 745.65 亿元增长至 10786.64 亿元，2017 年为2000 年的 14.47 倍。2000 年以来年均增长 17.02%，其中 2005 年以来年均增长 17.65%，2010 年以来年均增长 14.27%，2015 年以来年均增长 11.83%，上年以来年度增长 6.86%。

第三产业产值人均值由 7602.92 元增长至 69167.50 元，省域间人均值位次保持第 3 位，2017 年为 2000 年的 9.10 倍。2000 年以来年均增长 13.87%，其中 2005 年以来年均增长 13.68%，2010 年以来年均增长 10.89%，2015 年以来年均增长 10.84%，上年以来年度增长 6.52%。

在此期间，天津第三产业产值人均值地区差指数由 2.4061 缩小为 2.2456，缩减 6.67%，其中“十五”期间扩增 3.89%，“十一五”期间缩减 1.40%，“十二五”以来缩减 8.89%。第三产业构成比由 43.81% 升高到 58.15%，省域间构成比位次从第 4 位上升为第 3 位，增高 14.34 个百分点，其中“十五”期间降低 2. 32 个百分点，“十一五”期间增高 4. 46 个百分点，“十二五”以来增高 12. 20 个百分点。

二　收入法产值构成子系统检测

2000 年以来天津收入法产值构成子系统结构性检测见图 2。

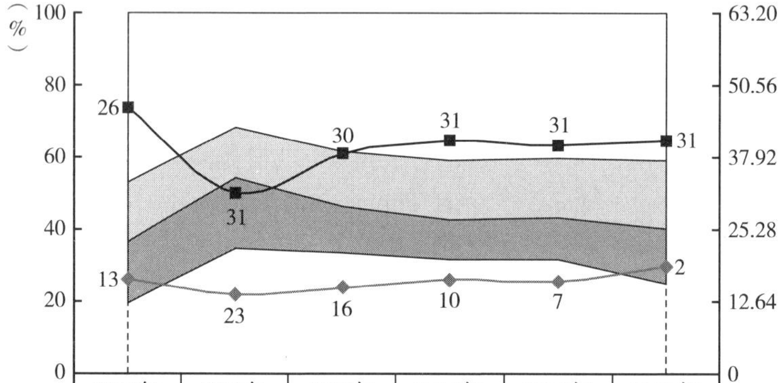

	2000年	2005年	2010年	2015年	2016年	2017年
劳动报酬人均	7809.09	11272.32	28140.30	43893.71	46256.60	48749.28
生产净税人均	2748.74	4991.26	11101.36	17896.11	18828.40	22460.71
资产折旧人均	2866.61	7038.98	9141.05	11720.04	13753.12	18261.06
营业盈余人均	3291.08	12480.43	24611.30	34450.22	36214.88	29472.51
报酬构成比	46.72	31.50	38.55	40.66	40.20	40.99
净税构成比	16.44	13.95	15.21	16.58	16.36	18.88

图 2　收入法产值构成子系统结构性检测

左轴面积：劳动者报酬、生产税净额、固定资产折旧、营业盈余人均值（元转换为%），其间呈直观比例，其和为收入法产值人均值。右轴曲线：劳动者报酬、生产税净额构成比（%）。标注报酬、净税构成比省域位次，正文表述另调用后台报酬人均值及地区差、折旧和盈余构成比位次，由此可看出各地居民、政府、企业部门在支出法当地产值中“获得”比重和绝对值位次。

1. 收入法结构产值

2000 ~ 2017 年，天津收入法结构产值总量由 1639. 36 亿元增长至 18549. 19 亿元，2017 年为 2000 年的 11. 31 倍。2000 年以来年均增长 15. 34%，其中 2005 年以来年均增长 14. 38%，2010 年以来年均增长

10.49%，2015年以来年均增长5.91%，上年以来年度增长3.71%。

收入法产值人均值由16715.52元增长至118943.57元，省域间人均值位次保持第3位，2017年为2000年的7.12倍。2000年以来年均增长12.24%，其中2005年以来年均增长10.53%，2010年以来年均增长7.22%，2015年以来年均增长4.96%，上年以来年度增长3.38%。

在此期间，天津收入法产值人均值地区差指数由2.1327缩小为1.9937，省域间地区差位次保持第29位。2000年以来缩减6.52%，其中“十五”期间扩增16.77%，“十一五”期间缩减5.07%，“十二五”以来缩减15.67%，意味着与全国人均值的距离减小，省域间人均值位次保持第3位。

2. 劳动者报酬增长及构成比动态

同期，天津收入法产值构成之劳动者报酬总量由765.87亿元增长至7602.43亿元，2017年为2000年的9.93倍。2000年以来年均增长14.46%，其中2005年以来年均增长16.92%，2010年以来年均增长11.46%，2015年以来年均增长6.33%，上年以来年度增长5.73%。

劳动者报酬人均值由7809.09元增长至48749.28元，省域间人均值位次保持第3位，2017年为2000年的6.24倍。2000年以来年均增长11.37%，其中2005年以来年均增长12.98%，2010年以来年均增长8.17%，2015年以来年均增长5.39%，上年以来年度增长5.39%。

在此期间，天津劳动者报酬人均值地区差指数由1.9391缩小为1.7200，省域间地区差位次保持第29位，缩减11.30%，其中“十五”期间缩减2.28%，“十一五”期间扩增6.86%，“十二五”以来缩减15.05%。劳动者报酬构成比由46.72%降低为40.99%，省域间构成比位次从第26位下降为第31位，降低5.73个百分点，其中“十五”期间降低15.22个百分点，“十一五”期间增高7.05个百分点，“十二五”以来增高2.44个百分点。

3. 生产税净额增长及构成比动态

同期，天津收入法产值构成之生产税净额总量由269.58亿元增长至3502.74亿元，2017年为2000年的12.99倍。2000年以来年均增长16.28%，其中2005年以来年均增长17.31%，2010年以来年均增长

13.96%，2015年以来年均增长13.03%，上年以来年度增长19.67%。

生产税净额人均值由2748.74元增长至22460.71元，2017年为2000年的8.17倍。2000年以来年均增长13.15%，其中2005年以来年均增长13.35%，2010年以来年均增长10.59%，2015年以来年均增长12.03%，上年以来年度增长19.29%。

在此期间，天津生产税净额人均值地区差指数由2.2770扩大为2.6530，扩增16.51%，其中“十五”期间扩增2.21%，“十一五”期间扩增1.36%，“十二五”以来扩增12.46%。生产税净额构成比由16.44%升高到18.88%，省域间构成比位次从第13位上升为第2位，增高2.44个百分点，其中“十五”期间降低2.49个百分点，“十一五”期间增高1.26个百分点，“十二五”以来增高3.67个百分点。

4. 固定资产折旧增长及构成比动态

同期，天津收入法产值构成之固定资产折旧总量由281.14亿元增长至2847.80亿元，2017年为2000年的10.13倍。2000年以来年均增长14.59%，其中2005年以来年均增长12.05%，2010年以来年均增长13.76%，2015年以来年均增长25.94%，上年以来年度增长33.20%。

资产折旧人均值由2866.61元增长至18261.06元，2017年为2000年的6.37倍。2000年以来年均增长11.51%，其中2005年以来年均增长8.27%，2010年以来年均增长10.39%，2015年以来年均增长24.82%，上年以来年度增长32.78%。

在此期间，天津资产折旧人均值地区差指数由2.5838缩小为2.2568，缩减12.66%，其中“十五”期间扩增34.32%，“十一五”期间缩减33.70%，“十二五”以来缩减1.93%。资产折旧构成比由17.15%降低为15.35%，省域间构成比位次从第5位下降为第10位，降低1.80个百分点，其中“十五”期间增高2.52个百分点，“十一五”期间降低7.15个百分点，“十二五”以来增高2.83个百分点。

5. 营业盈余增长及构成比动态

同期，天津收入法产值构成之营业盈余总量由322.77亿元增长至

4596.22 亿元，2017 年为 2000 年的 14.24 倍。2000 年以来年均增长 16.91%，其中 2005 年以来年均增长 11.17%，2010 年以来年均增长 5.74%，2015 年以来年均负增长 6.68%，上年以来年度负增长 18.36%。

营业盈余人均值由 3291.08 元增长至 29472.51 元，2017 年为 2000 年的 8.96 倍。2000 年以来年均增长 13.76%，其中 2005 年以来年均增长 7.42%，2010 年以来年均增长 2.61%，2015 年以来年均负增长 7.51%，上年以来年度负增长 18.62%。

在此期间，天津营业盈余人均值地区差指数由 2.2030 缩小为 1.9967，缩减 9.36%，其中“十五”期间扩增 33.40%，“十一五”期间扩增 0.92%，“十二五”以来缩减 32.68%。营业盈余构成比由 19.69% 升高到 24.78%，省域间构成比位次从第 11 位下降为第 13 位，增高 5.09 个百分点，其中“十五”期间增高 15.19 个百分点，“十一五”期间降低 1.16 个百分点，“十二五”以来降低 8.94 个百分点。

三　支出法产值构成子系统检测

2000 年以来天津支出法产值构成子系统结构性检测见图 3。

1. 支出法结构产值

2000～2017 年，天津支出法结构产值总量由 1639.36 亿元增长至 18549.19 亿元，2017 年为 2000 年的 11.31 倍。2000 年以来年均增长 15.34%，其中 2005 年以来年均增长 14.38%，2010 年以来年均增长 10.49%，2015 年以来年均增长 5.91%，上年以来年度增长 3.71%。

支出法产值人均值由 16715.52 元增长至 118943.57 元，省域间人均值位次保持第 3 位，2017 年为 2000 年的 7.12 倍。2000 年以来年均增长 12.24%，其中 2005 年以来年均增长 10.53%，2010 年以来年均增长 7.22%，2015 年以来年均增长 4.96%，上年以来年度增长 3.38%。

在此期间，天津支出法产值人均值地区差指数由 2.0985 缩小为 2.0307，省域间地区差位次保持第 29 位。2000 年以来缩减 3.23%，其中

“十五”期间扩增 17.50%，“十一五”期间缩减 3.58%，“十二五”以来缩减 14.58%，意味着与全国人均值的距离减小。

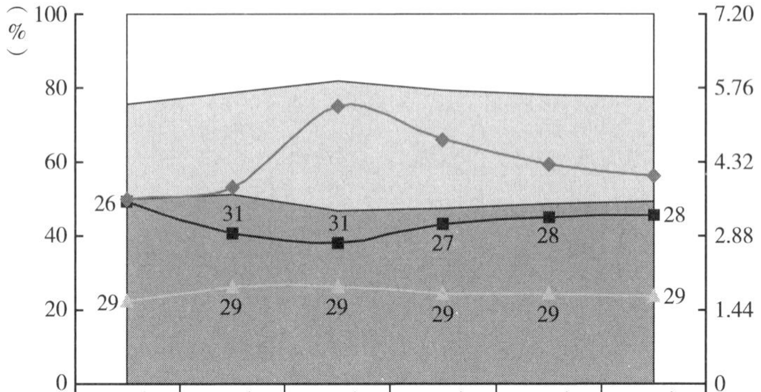

	2000年	2005年	2010年	2015年	2016年	2017年
（1）最终消费人均	8205.12	14582.83	27930.84	46711.62	51539.79	54018.58
（2）资本形成人均	8331.96	19049.29	54809.24	71801.38	68085.51	67119.04
（3）支出法产值人均	16715.52	35783.00	72994.32	107960.09	115053.00	118943.57
最终消费率	49.09	40.75	38.26	43.27	44.80	45.42
资本形成率	49.85	53.24	75.09	66.51	59.18	56.43
最终消费地区差	1.6272	1.8741	1.8776	1.7681	1.7768	1.7198

图 3　支出法产值构成子系统结构性检测

左轴面积：（1）最终消费支出、（2）资本形成、（3）支出法产值人均值（元转换为%），其间呈直观比例，（3）－（1）－（2）＝货物与服务净流出，由于国内统一市场，大部分省域净流出为负值，即（1）＋（2）＞（3），需变通取值制图，避开负值体现其中负值关系。左轴曲线：最终消费率、资本形成率（%）。右轴曲线：最终消费人均值地区差（指数，无差距＝1）。标注最终消费率、最终消费人均值地区差省域位次，正文表述另调用后台最终消费人均值、资本形成率位次。

2. 最终消费支出增长及构成比动态

同期，天津支出法产值构成之最终消费支出总量由 804.71 亿元增长至 8424.17 亿元，2017 年为 2000 年的 10.47 倍。2000 年以来年均增长 14.81%，其中 2005 年以来年均增长 15.42%，2010 年以来年均增长 13.23%，2015 年以来年均增长 8.50%，上年以来年度增长 5.14%。

最终消费人均值由 8205.12 元增长至 54018.58 元，省域间人均值位次保持第 3 位，2017 年为 2000 年的 6.58 倍。2000 年以来年均增长 11.72%，其中2005年以来年均增长11.53%，2010年以来年均增长9.88%，2015年以来年均增长7.54%，上年以来年度增长4.81%。

在此期间，天津最终消费人均值地区差指数由1.6272扩大为1.7198，省域间地区差位次保持第29位，扩增5.69%，其中“十五”期间扩增15.17%，“十一五”期间扩增0.19%，“十二五”以来缩减8.40%。最终消费率（消费率）由49.09%降低为45.42%，省域间比值位次从第26位下降为第28位，降低3.67个百分点，其中“十五”期间降低8.34个百分点，“十一五”期间降低2.49个百分点，“十二五”以来增高7.16个百分点。

3. 资本形成增长及构成比动态

同期，天津支出法产值构成之资本形成总额由817.15亿元增长至10467.18亿元，2017年为2000年的12.81倍。2000年以来年均增长16.18%，其中2005年以来年均增长14.94%，2010年以来年均增长6.08%，2015年以来年均负增长2.45%，上年以来年度负增长1.10%。

资本形成人均值由8331.96元增长至67119.04元，省域间人均值位次从第3位上升为第1位，2017年为2000年的8.06倍。2000年以来年均增长13.06%，其中2005年以来年均增长11.07%，2010年以来年均增长2.94%，2015年以来年均负增长3.32%，上年以来年度负增长1.42%。

在此期间，天津资本形成人均值地区差指数由3.0471缩小为2.5803，省域间地区差位次从第29位下降为第31位，缩减15.32%，其中“十五”期间扩增5.12%，“十一五”期间扩增16.40%，“十二五”以来缩减30.79%。资本形成率（投资率）由49.85%升高到56.43%，省域间比值位次从第6位下降为第15位，增高6.58个百分点，其中“十五”期间增高3.39个百分点，“十一五”期间增高21.85个百分点，“十二五”以来降低18.66个百分点。

四　初次分配收支综合子系统检测

2000年以来天津初次分配收支综合子系统结构性检测见图4。

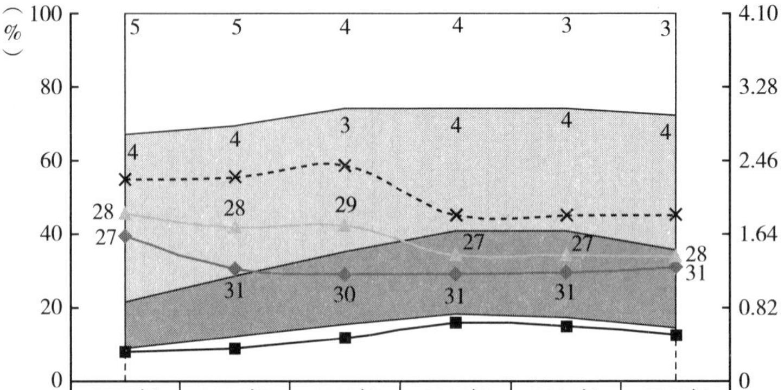

	2000年	2005年	2010年	2015年	2016年	2017年
居民总消费人均	4946.50	7986.47	14046.79	24213.80	26204.41	27911.30
居民收入人均	6854.16	10860.58	21216.71	31361.15	34177.30	37115.52
财政支出人均	1908.69	4277.90	10895.78	21100.54	23798.58	21048.67
财政收入人均	1363.34	3210.94	8458.15	17410.70	17520.38	14814.72
财政收入比	7.85	8.97	11.59	16.13	15.23	12.46
居民收入比	39.47	30.36	29.06	29.05	29.70	31.20
居民收入地区差	1.8611	1.7178	1.7268	1.4011	1.3996	1.3882
居民收入城乡比	2.2473	2.2650	2.4112	1.8451	1.8485	1.8515

图 4　初次分配收支综合子系统结构性检测

左轴面积：居民总消费、居民收入、财政支出、财政收入人均值（元转换为%），其间呈直观比例。左轴曲线：居民收入比、财政收入比（%）。右轴曲线：居民收入人均值地区差（无差距 =1）、城乡比（城镇对乡村倍数比，乡村 =1）。标注居民收入和总消费人均值、居民收入比、收入人均值地区差省域位次，正文表述另调用后台财政收支人均值、财政收入比及相应地区差、城乡比位次。

（一）公共经济生活

1. 财政收入增长及相对比值动态

2000～2017 年，天津财政收入总量由 133.61 亿元增长至 2310.36 亿元，2017 年为 2000 年的 17.29 倍。2000 年以来年均增长 18.25%，其中 2005 年以来年均增长 17.55%，2010 年以来年均增长 11.64%，2015 年以来年均负增长 6.93%，上年以来年度负增长 15.17%。

财政收入人均值由 1363.34 元增长至 14814.72 元，省域间人均值位次保持第3位，2017年为2000年的10.87倍。2000年以来年均增长15.07%，其中2005年以来年均增长13.59%，2010年以来年均增长8.34%，2015年以来年均负增长7.76%，上年以来年度负增长15.44%。

财政收入比由7.85%升高到12.46%，省域间比值位次从第6位下降为第7位。2000年以来明显增高4.61个百分点，其中“十五”期间增高1.12个百分点，“十一五”期间增高2.62个百分点，“十二五”以来增高0.87个百分点。

2. 财政支出增长及相对比值动态

2000~2017年，天津财政支出总量由187.05亿元增长至3282.54亿元，2017年为2000年的17.55倍。2000年以来年均增长18.36%，其中2005年以来年均增长18.18%，2010年以来年均增长13.21%，2015年以来年均增长0.77%，上年以来年度负增长11.27%。

财政支出人均值由1908.69元增长至21048.67元，省域间人均值位次从第4位下降为第5位，2017年为2000年的11.03倍。2000年以来年均增长15.17%，其中2005年以来年均增长14.20%，2010年以来年均增长9.86%，2015年以来年均负增长0.12%，上年以来年度负增长11.55%。

财政支出比由10.99%升高到17.70%，省域间比值位次从第22位下降为第26位。2000年以来明显增高6.71个百分点，其中“十五”期间增高0.97个百分点，“十一五”期间增高2.97个百分点，“十二五”以来增高2.77个百分点。

3. 财政收入、财政支出地区差变化

在此期间，天津财政收入人均值地区差指数由1.2851缩小为1.1900，省域间地区差位次从第2位下降为第4位。2000年以来缩减7.40%，其中“十五”期间扩增2.92%，“十一五”期间扩增2.95%，“十二五”以来缩减12.60%，地区均衡性有所增强。

财政支出人均值地区差指数由1.5170缩小为1.4369，省域间地区差位次从第21位下降为第27位。2000年以来缩减5.28%，其中“十五”期间扩增8.35%，“十一五”期间缩减1.33%，“十二五”以来缩减11.40%，地区均衡性有所增强。

（二）人民经济生活

1. 居民收入增长及相对比值动态

2000～2017年，天津居民收入总量由671.71亿元增长至5788.16亿元，2017年为2000年的8.62倍。2000年以来年均增长13.51%，其中2005年以来年均增长14.65%，2010年以来年均增长11.62%，2015年以来年均增长9.76%，上年以来年度增长8.95%。

城乡综合演算的居民收入人均值由6854.16元增长至37115.52元，省域间人均值位次保持第4位，2017年为2000年的5.42倍。2000年以来年均增长10.45%，其中2005年以来年均增长10.78%，2010年以来年均增长8.32%，2015年以来年均增长8.79%，上年以来年度增长8.60%。

还需要格外注意，天津居民收入比由39.47%降低为31.20%，省域间比值位次从第27位下降为第31位。2000年以来明显降低8.27个百分点，其中“十五”期间降低9.11个百分点，“十一五”期间降低1.30个百分点，“十二五”以来增高2.14个百分点。

2. 居民总消费增长及相对比值动态

2000～2017年，天津居民消费总量由484.76亿元增长至4352.77亿元，2017年为2000年的8.98倍。2000年以来年均增长13.78%，其中2005年以来年均增长14.86%，2010年以来年均增长13.67%，2015年以来年均增长8.33%，上年以来年度增长6.86%。

城乡综合演算的居民总消费人均值由4946.50元增长至27911.30元，省域间人均值位次从第5位上升为第3位，2017年为2000年的5.64倍。2000年以来年均增长10.71%，其中2005年以来年均增长10.99%，2010年以来年均增长10.31%，2015年以来年均增长7.36%，上年以来年度增长6.51%。

还需要格外注意，天津居民消费率由28.48%降低为23.47%，省域间比值位次从第28位下降为第30位。2000年以来明显降低5.01个百分点，其中“十五”期间降低6.16个百分点，“十一五”期间降低3.08个百分分点，“十二五”以来增高4.23个百分点。

3. 居民收入、总消费地区差、城乡比变化

在此期间，天津居民收入人均值地区差指数由1.8611缩小为1.3882，省域间地区差位次保持第28位。2000年以来缩减25.41%，其中“十五”期间缩减7.69%，“十一五”期间扩增0.52%，“十二五”以来缩减19.61%，地区均衡性有所增强。

居民收入人均值城乡比指数由2.2473缩小为1.8515，省域间城乡比位次从第4位上升为第1位。2000年以来缩减17.61%，其中“十五”期间扩增0.79%，“十一五”期间扩增6.45%，“十二五”以来缩减23.21%，城乡均衡性有所增强。

天津居民总消费人均值地区差指数由1.7346缩小为1.4870，省域间地区差位次从第27位下降为第29位。2000年以来缩减14.28%，其中“十五”期间缩减4.84%，“十一五”期间缩减2.96%，“十二五”以来缩减7.16%，地区均衡性有所增强。

居民总消费人均值地城乡比指数由3.0673缩小为1.8482，省域间城乡比位次从第18位上升为第5位。2000年以来缩减39.75%，其中“十五”期间扩增3.66%，“十一五”期间扩增5.51%，“十二五”以来缩减44.91%，城乡均衡性有所增强。

五　经济增长通用指标动态测评

2000～2017年天津经济增长结构优化综合检测结果见图5。

1. 2017年理想值横向检测

以假定全国及各地各类数据全面消除城乡差距、地区差距为理想值100，2017年无差距全国横向检测排行，天津此项指数为97.96。这表明与全国城乡、地区无差距理想值100相比，天津经济增长结构优化全量化检测结果达到97.96%，低于理想值2.04%，此项指数排名处于省域间第4位。

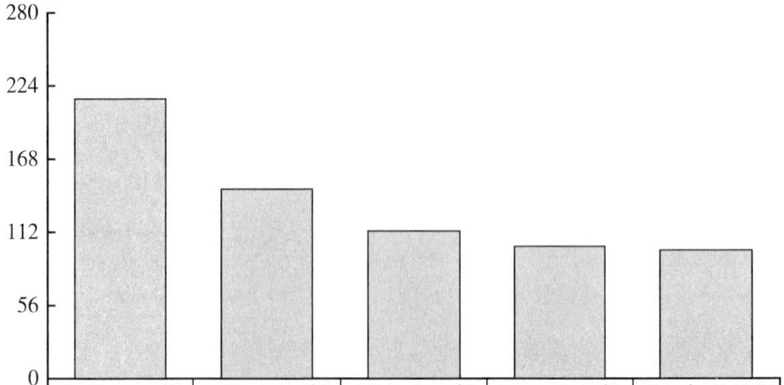

	2000~2017年自身纵向检测	2005~2017年自身纵向检测	2010~2017年自身纵向检测	2015~2017年自身纵向检测	2017年无差距全国横向检测
省域排行位次	24	23	21	23	4
□ 天津测评指数	214.38	145.61	112.20	101.45	97.96

图 5　2000～2017 年经济增长结构优化综合检测结果

数轴：共时性年度横向测评（全国城乡、地区无差距理想值 = 100），类似“不论年龄比当下高矮”，有利于发达地区；历时性阶段纵向测评（起点年自身基数值 = 100），类似“不论高矮比时段生长”，有利于后发加力地区，从左至右：（1）以 2000 年为起点，（2）以 2005 年为起点，（3）以 2010 年为起点，（4）以 2015 年为起点，多向度测评对应省域排行，检验不同阶段进展状况。

2. 2000年以来基数值纵向检测

以“全面小康”进程起点年“九五”末年 2000 年各类数据演算指标为基数值 100，2000～2017 年自身纵向检测排行，天津此项指数为 214. 38。这表明与 2000 年自身基数值 100 相比，天津经济增长结构优化全量化检测结果达到 214. 38%，高于基数值 114. 38%，此项指数提升程度处于省域间第 24 位。

3. 2005年以来基数值纵向检测

以“全面小康”进程第一个五年期“十五”末年 2005 年各类数据演算指标为基数值 100，2005～2017 年自身纵向检测排行，天津此项指数为 145. 61。这表明与 2005 年自身基数值 100 相比，天津经济增长结构优化全量化检测结果达到 145. 61%，高于基数值 45. 61%，此项指数提升程度处于省域间第 23 位。

4. 2010年以来基数值纵向检测

以“全面小康”进程第二个五年期“十一五”末年2010年各类数据演算指标为基数值100，2010～2017年自身纵向检测排行，天津此项指数为112.20。这表明与2010年自身基数值100相比，天津经济增长结构优化全量化检测结果达到112.20%，高于基数值12.20%，此项指数提升程度处于省域间第21位。

5. 2015年以来基数值纵向检测

以“全面小康”进程第三个五年期“十二五”末年2015年各类数据演算指标为基数值100，2015～2017年自身纵向检测排行，天津此项指数为101.45。这表明与2015年自身基数值100相比，天津经济增长结构优化全量化检测结果达到101.45%，高于基数值1.45%，此项指数提升程度处于省域间第23位。

E.14

湖北：2005～2017年经济发展指数提升第4位

蒋坤洋 *

摘　要： 2000～2017年，湖北地区生产总值构成中第二产业从59.90%下降为43.52%，第三产业从42.04%上升至46.53%；收入法产值构成中劳动者报酬从59.14%下降为47.83%，生产税净额从15.66%上升至16.19%，营业盈余从9.38%上升至22.89%；支出法产值构成中最终消费率从51.68%下降为48.40%，资本形成率从47.00%上升至58.78%；初次分配收支中财政收入比从6.05%上升至9.16%，居民收入比从59.54%下降为40.57%，居民消费率从46.47%下降为28.73%。产值、财政收入、支出人均值地区差缩小，但居民收入、总消费人均值地区差扩大；居民收入、总消费人均值城乡比均缩小。湖北经济增长结构优化评价排行：城乡、地区无差距理想值横向测评为省域第7位；2000年、2005年、2010年和2015年自身基数值纵向测评分别为省域第14位、第4位、第5位和第10位。

关键词： 湖北　经济增长　结构优化　检测评价

* 蒋坤洋，云南省社会科学院培训部助理研究员，主要从事民族法文化研究。

限于篇幅，三次产业结构主体子系统，收入法、支出法产值结构辅助子系统，面向公共经济生活、人民经济生活初次分配收支综合子系统分别设置为一图，难以充分展开。当地数据检测更多细节可参看技术报告、排行报告由不同侧面展开的各地纵向历时动态、横向共时静态对比分析。

一　三次产业产值构成子系统检测

2000 年以来湖北三次产业产值构成子系统结构性检测见图 1。

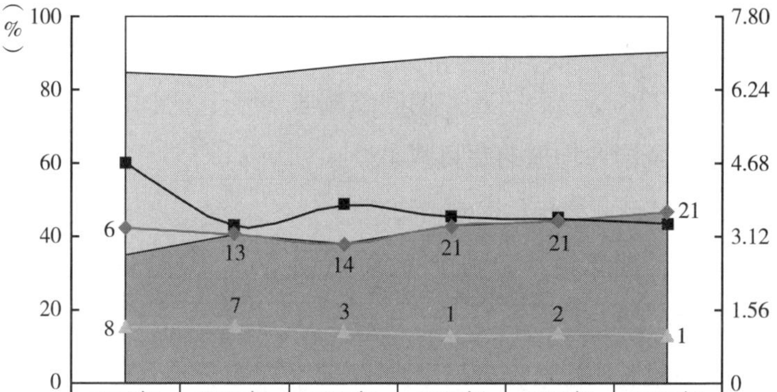

	2000年	2005年	2010年	2015年	2016年	2017年
一产产值人均	1175.57	1897.17	3752.23	5673.61	6235.86	5987.92
二产产值人均	3769.53	4926.46	13574.52	23147.30	24972.50	26201.46
三产产值人均	2645.29	4607.37	10579.25	21832.94	24456.65	28009.62
二产构成比	59.90	43.10	48.64	45.70	44.86	43.52
三产构成比	42.04	40.31	37.91	43.10	43.94	46.53
产值人均地区差	1.2076	1.2044	1.0962	1.0080	1.0321	1.0090

图 1　三次产业产值构成子系统结构性检测

左轴面积：一、二、三产产值人均值（元转换为%），其间呈直观比例，其和为三次产业产值人均值。左轴曲线：二、三产产值构成比（%）。右轴曲线：三次产业产值人均值地区差（无差距 =1）。限于制图空间，总量置于后台数据库同步演算，后同。标注三次产业产值人均值地区差、三产构成比省域位次，正文表述另调用后台各类产值人均值、一产和二产构成比位次。

1. 三次产业结构产值

2000～2017 年，湖北三次产业结构产值总量由 3545.39 亿元增长至

35478.09 亿元，2017 年为 2000 年的 10.01 倍。2000 年以来年均增长 14.51%，其中 2005 年以来年均增长 15.16%，2010 年以来年均增长 12.08%，2015 年以来年均增长 9.57%，上年以来年度增长 8.61%。

产值人均值由 6293.00 元增长至 60199.00 元，省域间位次（基于各地不同变化，后同）从第 16 位上升为第 11 位，2017 年为 2000 年的 9.57 倍。2000 年以来年均增长 14.21%（由于人口增长，人均值演算增长率略低于总量演算增长率），其中 2005 年以来年均增长 14.85%，2010 年以来年均增长 11.61%，2015 年以来年均增长 9.02%，上年以来年度增长 8.15%。

在此期间，湖北产值人均值地区差指数由 1.2076 缩小为 1.0090，省域间位次从第 8 位上升为第 1 位。2000 年以来缩减 16.45%，其中“十五”期间缩减 0.27%，“十一五”期间缩减 8.99%，“十二五”以来缩减 7.95%，意味着与全国人均值的距离减小。

2. 第一产业增长及构成比动态

同期，湖北第一产业产值总量由 662.30 亿元增长至 3528.96 亿元，2017 年为 2000 年的 5.33 倍。2000 年以来年均增长 10.34%，其中 2005 年以来年均增长 10.35%，2010 年以来年均增长 7.36%，2015 年以来年均增长 3.26%，上年以来年度负增长 3.56%。

第一产业产值人均值由 1175.57 元增长至 5987.92 元，省域间位次从第 18 位上升为第 5 位，2017 年为 2000 年的 5.09 倍。2000 年以来年均增长 10.05%，其中 2005 年以来年均增长 10.05%，2010 年以来年均增长 6.90%，2015 年以来年均增长 2.73%，上年以来年度负增长 3.98%。

在此期间，湖北第一产业产值人均值地区差指数由 1.0086 扩大为 1.2680，扩增 25.73%，其中“十五”期间扩增 12.46%，“十一五”期间扩增 12.43%，“十二五”以来缩减 0.56%。第一产业构成比由 18.68% 降低为 9.95%，省域间位次从第 16 位上升为第 12 位，降低 8.73 个百分点，其中“十五”期间降低 2.08 个百分点，“十一五”期间降低 3.15 个百分点，“十二五”以来降低 3.50 个百分点。

3. 第二产业增长及构成比动态

同期，湖北第二产业产值总量由 2123.70 亿元增长至 15441.75 亿元，2017 年为 2000 年的 7.27 倍。2000 年以来年均增长 12.38%，其中 2005 年以来年均增长 15.26%，2010 年以来年均增长 10.31%，2015 年以来年均增长 6.94%，上年以来年度增长 5.37%。

第二产业产值人均值由 3769.53 元增长至 26201.46 元，省域间位次从第 12 位上升为第 10 位，2017 年为 2000 年的 6.95 倍。2000 年以来年均增长 12.08%，其中 2005 年以来年均增长 14.94%，2010 年以来年均增长 9.85%，2015 年以来年均增长 6.39%，上年以来年度增长 4.92%。

在此期间，湖北第二产业产值人均值地区差指数由 1.0423 扩大为 1.0856，扩增 4.15%，其中“十五”期间扩增 21.93%，“十一五”期间缩减 17.19%，“十二五”以来扩增 3.15%。第二产业构成比由 59.90% 降低为 43.52%，省域间位次从第 1 位下降为第 14 位，降低 16.38 个百分点，其中“十五”期间降低 16.80 个百分点，“十一五”期间增高 5.54 个百分点，“十二五”以来降低 5.12 个百分点。

4. 第三产业增长及构成比动态

同期，湖北第三产业产值总量由 1490.32 亿元增长至 16507.38 亿元，2017 年为 2000 年的 11.08 倍。2000 年以来年均增长 15.20%，其中 2005 年以来年均增长 16.55%，2010 年以来年均增长 15.41%，2015 年以来年均增长 13.84%，上年以来年度增长 15.02%。

第三产业产值人均值由 2645.29 元增长至 28009.62 元，省域间位次从第 13 位上升为第 12 位，2017 年为 2000 年的 10.59 倍。2000 年以来年均增长 14.89%，其中 2005 年以来年均增长 16.23%，2010 年以来年均增长 14.92%，2015 年以来年均增长 13.27%，上年以来年度增长 14.53%。

在此期间，湖北第三产业产值人均值地区差指数由 1.1628 缩小为 1.0906，缩减 6.21%，其中“十五”期间扩增 5.28%，“十一五”期间缩减 0.13%，“十二五”以来缩减 10.79%。第三产业构成比由 42.04% 升高到 46.53%，省域间位次从第 6 位下降为第 21 位，增高 4.49 个百分点，其中“十五”期间降低 1.73 个百分点，“十一五”期间降低 2.40 个百分点，“十二五”以来增高 8.62 个百分点。

二　收入法产值构成子系统检测

2000 年以来湖北收入法产值构成子系统结构性检测见图 2。

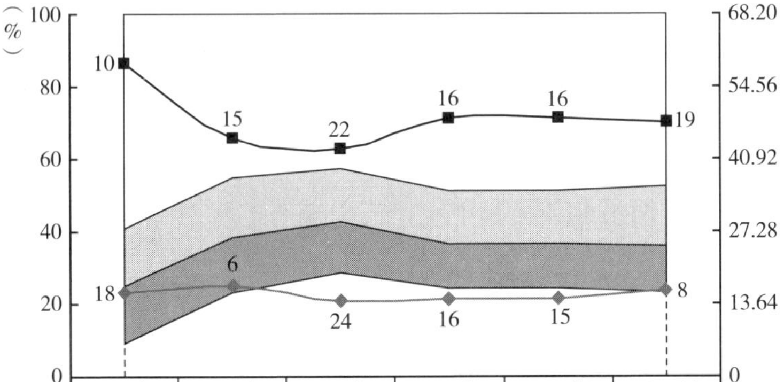

	2000年	2005年	2010年	2015年	2016年	2017年
劳动报酬人均	4488.68	5125.55	11932.78	24713.30	27047.34	28794.69
生产净税人均	1189.02	1926.73	3993.24	7472.36	8163.57	9746.71
资产折旧人均	1200.76	1700.59	3910.62	6065.16	6915.57	7877.43
营业盈余人均	711.93	2678.13	8069.36	12403.02	13538.52	13780.17
报酬构成比	59.14	44.84	42.76	48.79	48.59	47.83
净税构成比	15.66	16.86	14.31	14.75	14.67	16.19

图 2　收入法产值构成子系统结构性检测

左轴面积：劳动者报酬、生产税净额、固定资产折旧、营业盈余人均值（元转换为%），其间呈直观比例，其和为收入法产值人均值。右轴曲线：劳动者报酬、生产税净额构成比（%）。标注报酬、净税构成比省域位次，正文表述另调用后台报酬人均值及地区差、折旧和盈余构成比位次，由此可看出各地居民、政府、企业部门在支出法当地产值中“获得”比重和绝对值位次。

1. 收入法结构产值

2000～2017 年，湖北收入法结构产值总量由 4276.32 亿元增长至 35478.09 亿元，2017 年为 2000 年的 8.30 倍。2000 年以来年均增长 13.25%，其中 2005 年以来年均增长 15.16%，2010 年以来年均增长

12.08%，2015年以来年均增长9.57%，上年以来年度增长8.61%。

收入法产值人均值由7590.39元增长至60199.00元，省域间位次从第12位上升为第11位，2017年为2000年的7.93倍。2000年以来年均增长12.95%，其中2005年以来年均增长14.85%，2010年以来年均增长11.61%，2015年以来年均增长9.02%，上年以来年度增长8.15%。

在此期间，湖北收入法产值人均值地区差指数由1.0315缩小为1.0090，省域间位次从第2位上升为第1位。2000年以来缩减2.18%，其中“十五”期间扩增16.76%，“十一五”期间缩减8.99%，“十二五”以来缩减7.95%，意味着与全国人均值的距离减小。

2. 劳动者报酬增长及构成比动态

同期，湖北收入法产值构成之劳动者报酬总量由2528.86亿元增长至16970.06亿元，2017年为2000年的6.71倍。2000年以来年均增长11.85%，其中2005年以来年均增长15.78%，2010年以来年均增长13.89%，2015年以来年均增长8.49%，上年以来年度增长6.92%。

劳动者报酬人均值由4488.68元增长至28794.69元，省域间位次保持第10位，2017年为2000年的6.41倍。2000年以来年均增长11.55%，其中2005年以来年均增长15.47%，2010年以来年均增长13.41%，2015年以来年均增长7.94%，上年以来年度增长6.46%。

在此期间，湖北劳动者报酬人均值地区差指数由1.1146缩小为1.0160，省域间位次从第7位上升为第1位，缩减8.85%，其中“十五”期间扩增2.13%，“十一五”期间扩增0.26%，“十二五”以来缩减10.99%。劳动者报酬构成比由59.14%降低为47.83%，省域间位次从第10位下降为第19位，降低11.31个百分点，其中“十五”期间降低14.30个百分点，“十一五”期间降低2.08个百分点，“十二五”以来增高5.07个百分点。

3. 生产税净额增长及构成比动态

同期，湖北收入法产值构成之生产税净额总量由669.88亿元增长至5744.19亿元，2017年为2000年的8.57倍。2000年以来年均增长13.47%，其中2005年以来年均增长14.78%，2010年以来年均增长

14.08%，2015 年以来年均增长 14.79%，上年以来年度增长 19.91%。

生产税净额人均值由 1189.02 元增长至 9746.71 元，2017 年为 2000 年的 8.20 倍。2000 年以来年均增长 13.17%，其中 2005 年以来年均增长 14.46%，2010 年以来年均增长 13.60%，2015 年以来年均增长 14.21%，上年以来年度增长 19.39%。

在此期间，湖北生产税净额人均值地区差指数由 1.0150 扩大为 1.1512，扩增 13.42%，其中“十五”期间扩增 8.53%，“十一五”期间扩增 4.52%，“十二五”以来缩减 0.02%。生产税净额构成比由 15.66% 升高到 16.19%，省域间位次从第 18 位上升为第 8 位，增高 0.53 个百分点，其中“十五”期间增高 1.20 个百分点，“十一五”期间降低 2.55 个百分点，“十二五”以来增高 1.88 个百分点。

4. 固定资产折旧增长及构成比动态

同期，湖北收入法产值构成之固定资产折旧总量由 676.49 亿元增长至 4642.54 亿元，2017 年为 2000 年的 6.86 倍。2000 年以来年均增长 12.00%，其中 2005 年以来年均增长 13.94%，2010 年以来年均增长 10.99%，2015 年以来年均增长 14.55%，上年以来年度增长 14.40%。

资产折旧人均值由 1200.76 元增长至 7877.43 元，2017 年为 2000 年的 6.56 倍。2000 年以来年均增长 11.70%，其中 2005 年以来年均增长 13.63%，2010 年以来年均增长 10.52%，2015 年以来年均增长 13.96%，上年以来年度增长 13.91%。

在此期间，湖北资产折旧人均值地区差指数由 1.0823 缩小为 1.0265，缩减 5.16%，其中“十五”期间扩增 7.32%，“十一五”期间缩减 12.57%，“十二五”以来扩增 1.08%。资产折旧构成比由 15.82% 降低为 13.09%，省域间位次从第 6 位下降为第 23 位，降低 2.73 个百分点，其中“十五”期间降低 0.94 个百分点，“十一五”期间降低 0.87 个百分点，“十二五”以来降低 0.92 个百分点。

5. 营业盈余增长及构成比动态

同期，湖北收入法产值构成之营业盈余总量由 401.09 亿元增长至

8121.30亿元，2017年为2000年的20.25倍。2000年以来年均增长19.36%，其中2005年以来年均增长14.94%，2010年以来年均增长8.40%，2015年以来年均增长5.94%，上年以来年度增长2.22%。

营业盈余人均值由711.93元增长至13780.17元，2017年为2000年的19.36倍。2000年以来年均增长19.04%，其中2005年以来年均增长14.63%，2010年以来年均增长7.94%，2015年以来年均增长5.41%，上年以来年度增长1.78%。

在此期间，湖北营业盈余人均值地区差指数由1.5234缩小为1.0664，缩减30.00%，其中“十五”期间缩减10.11%，“十一五”期间缩减24.96%，“十二五”以来扩增3.78%。营业盈余构成比由9.38%升高到22.89%，省域间位次从第26位上升为第17位，增高13.51个百分点，其中“十五”期间增高14.05个百分点，“十一五”期间增高5.49个百分点，“十二五”以来降低6.03个百分点。

三　支出法产值构成子系统检测

2000年以来湖北支出法产值构成子系统结构性检测见图3。

1. 支出法结构产值

2000～2017年，湖北支出法结构产值总量由4153.90亿元增长至35478.09亿元，2017年为2000年的8.54倍。2000年以来年均增长13.45%，其中2005年以来年均增长15.16%，2010年以来年均增长11.87%，2015年以来年均增长6.59%，上年以来年度增长8.61%。

支出法产值人均值由7373.09元增长至60199.00元，省域间位次从第13位上升为第11位，2017年为2000年的8.16倍。2000年以来年均增长13.15%，其中2005年以来年均增长14.85%，2010年以来年均增长11.40%，2015年以来年均增长6.05%，上年以来年度增长8.15%。

在此期间，湖北支出法产值人均值地区差指数由1.0744缩小为1.0278，省域间位次从第4位上升为第2位。2000年以来缩减4.34%，其

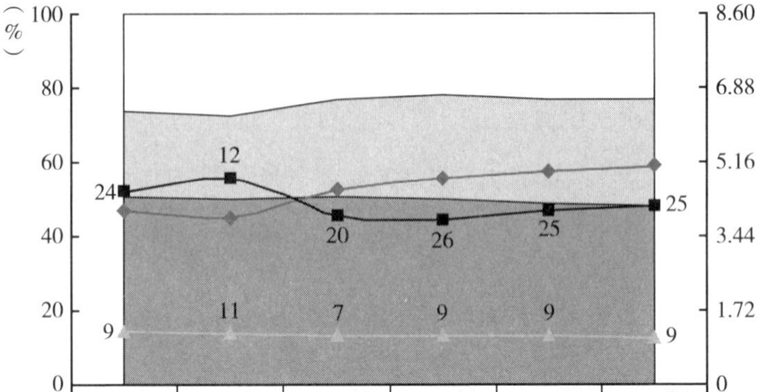

	2000年	2005年	2010年	2015年	2016年	2017年
（1）最终消费人均	3810.07	6391.60	12914.88	23654.94	25995.99	29136.95
（2）资本形成人均	3465.40	5160.64	14874.71	29857.98	32013.64	35384.21
（3）支出法产值人均	7373.09	11431.00	28281.21	53527.22	55665.03	60199.00
最终消费率	51.68	55.91	45.67	44.19	46.70	48.40
资本形成率	47.00	45.15	52.60	55.78	57.51	58.78
最终消费地区差	1.2444	1.1786	1.1318	1.1046	1.1038	1.0723

图3　支出法产值构成子系统结构性检测

左轴面积：（1）最终消费支出、（2）资本形成、（3）支出法产值人均值（元转换为%），其间呈直观比例，（3）－（1）－（2）＝货物与服务净流出，由于国内统一市场，大部分省域净流出为负值，即（1）＋（2）＞（3），需变通取值制图，避开负值体现其中负值关系。左轴曲线：最终消费率、资本形成率（%）。右轴曲线：最终消费人均值地区差（指数，无差距＝1）。标注最终消费率、最终消费人均值地区差省域位次，正文表述另调用后台最终消费人均值、资本形成率位次。

中“十五”期间扩增12.84%，“十一五”期间缩减11.01%，“十二五”以来缩减4.73%，意味着与全国人均值的距离减小。

2. 最终消费支出增长及构成比动态

同期，湖北支出法产值构成之最终消费支出总量由2146.54亿元增长至17171.77亿元，2017年为2000年的8.00倍。2000年以来年均增长13.01%，其中2005年以来年均增长13.79%，2010年以来年均增长12.80%，2015年以来年均增长11.55%，上年以来年度增长12.56%。

最终消费人均值由3810.07元增长至29136.95元，省域间位次从第13位下降为第17位，2017年为2000年的7.65倍。2000年以来年均增长

12.71%，其中 2005 年以来年均增长 13.48%，2010 年以来年均增长 12.33%，2015 年以来年均增长 10.98%，上年以来年度增长 12.08%。

在此期间，湖北最终消费人均值地区差指数由 1.2444 缩小为 1.0723，省域间位次保持第 9 位，缩减 13.83%，其中“十五”期间缩减 5.29%，“十一五”期间缩减 3.97%，“十二五”以来缩减 5.26%。最终消费率（消费率）由 51.68%降低为 48.40%，省域间位次从第 24 位下降为第 25 位，降低 3.28 个百分点，其中“十五”期间增高 4.23 个百分点，“十一五”期间降低 10.24 个百分点，“十二五”以来增高 2.73 个百分点。

3. 资本形成增长及构成比动态

同期，湖北支出法产值构成之资本形成总额由 1952.36 亿元增长至 20853.57 亿元，2017 年为 2000 年的 10.68 倍。2000 年以来年均增长 14.95%，其中 2005 年以来年均增长 17.72%，2010 年以来年均增长 13.66%，2015 年以来年均增长 9.42%，上年以来年度增长 11.00%。

资本形成人均值由 3465.40 元增长至 35384.21 元，省域间位次从第 11 位下降为第 16 位，2017 年为 2000 年的 10.21 倍。2000 年以来年均增长 14.65%，其中 2005 年以来年均增长 17.40%，2010 年以来年均增长 13.18%，2015 年以来年均增长 8.86%，上年以来年度增长 10.53%。

在此期间，湖北资本形成人均值地区差指数由 1.2673 扩大为 1.3603，省域间位次从第 12 位下降为第 15 位，扩增 7.34%，其中“十五”期间缩减 10.66%，“十一五”期间缩减 10.63%，“十二五”以来扩增 34.44%。资本形成率（投资率）由 47.00%升高到 58.78%，省域间位次从第 8 位下降为第 13 位，增高 11.78 个百分点，其中“十五”期间降低 1.85 个百分点，“十一五”期间增高 7.45 个百分点，“十二五”以来增高 6.18 个百分点。

四　初次分配收支综合子系统检测

2000 年以来湖北初次分配收支综合子系统结构性检测见图 4。

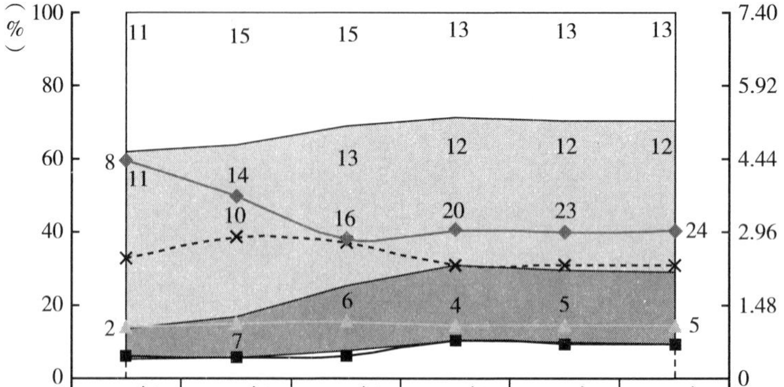

	2000年	2005年	2010年	2015年	2016年	2017年
居民总消费人均	2769.44	4276.98	7502.20	14523.02	16169.68	17293.11
居民收入人均	3548.07	5537.97	10572.02	20399.94	22301.08	24423.64
财政支出人均	619.89	1328.19	4370.06	10512.69	10945.31	11540.27
财政收入人均	360.30	640.49	1766.67	5151.97	5286.18	5511.69
财政收入比	6.05	5.76	6.33	10.17	9.50	9.16
居民收入比	59.54	49.80	37.90	40.27	40.06	40.57
居民收入地区差	1.0366	1.1240	1.1395	1.0886	1.0868	1.0865
居民收入城乡比	2.4352	2.8349	2.7534	2.2840	2.3093	2.3088

图4　初次分配收支综合子系统结构性检测

左轴面积：居民总消费、居民收入、财政支出、财政收入人均值（元转换为%），其间呈直观比例。左轴曲线：居民收入比、财政收入比（%）。右轴曲线：居民收入人均值地区差（无差距=1）、城乡比（城镇对乡村倍数比，乡村=1）。标注居民收入和总消费人均值、居民收入比、收入人均值地区差省域位次，正文表述另调用后台财政收支人均值、财政收入比及相应地区差、城乡比位次。

（一）公共经济生活

1. 财政收入增长及相对比值动态

2000~2017年，湖北财政收入总量由214.35亿元增长至3248.32亿元，2017年为2000年的15.15倍。2000年以来年均增长17.34%，其中2005年以来年均增长19.70%，2010年以来年均增长18.14%，2015年以来年均增长3.96%，上年以来年度增长4.71%。

财政收入人均值由360.30元增长至5511.69元，省域间位次从第18位

上升为第15位，2017年为2000年的15.30倍。2000年以来年均增长17.40%，其中2005年以来年均增长19.65%，2010年以来年均增长17.65%，2015年以来年均增长3.43%，上年以来年度增长4.27%。

财政收入比由6.05%升高到9.16%，省域间位次从第17位下降为第24位。2000年以来明显增高3.11个百分点，其中“十五”期间降低0.29个百分点，“十一五”期间增高0.57个百分点，“十二五”以来增高2.83个百分点。

2. 财政支出增长及相对比值动态

2000～2017年，湖北财政支出总量由368.77亿元增长至6801.26亿元，2017年为2000年的18.44倍。2000年以来年均增长18.70%，其中2005年以来年均增长19.79%，2010年以来年均增长15.36%，2015年以来年均增长5.31%，上年以来年度增长5.89%。

财政支出人均值由619.89元增长至11540.27元，省域间位次从第23位上升为第21位，2017年为2000年的18.62倍。2000年以来年均增长18.77%，其中2005年以来年均增长19.74%，2010年以来年均增长14.88%，2015年以来年均增长4.77%，上年以来年度增长5.44%。

财政支出比由10.40%升高到19.17%，省域间位次从第23位下降为第24位。2000年以来明显增高8.77个百分点，其中“十五”期间增高1.54个百分点，“十一五”期间增高3.73个百分点，“十二五”以来增高3.50个百分点。

3. 财政收入、财政支出地区差变化

在此期间，湖北财政收入人均值地区差指数由1.6604缩小为1.5573，省域间位次从第16位上升为第13位。2000年以来缩减6.21%，其中“十五”期间扩增4.56%，“十一五”期间缩减1.18%，“十二五”以来缩减9.23%，地区均衡性有所增强。

财政支出人均值地区差指数由1.5073缩小为1.2122，省域间位次从第19位上升为第13位。2000年以来缩减19.58%，其中“十五”期间缩减1.17%，“十一五”期间缩减9.41%，“十二五”以来缩减10.17%，地区均衡性有所增强。

（二）人民经济生活

1. 居民收入增长及相对比值动态

2000～2017 年，湖北居民收入总量由 2110.75 亿元增长至 14394.07 亿元，2017 年为 2000 年的 6.82 倍。2000 年以来年均增长 11.96%，其中 2005 年以来年均增长 13.21%，2010 年以来年均增长 13.18%，2015 年以来年均增长 9.98%，上年以来年度增长 9.99%。

城乡综合演算的居民收入人均值由 3548.07 元增长至 24423.64 元，省域间位次从第 11 位下降为第 12 位，2017 年为 2000 年的 6.88 倍。2000 年以来年均增长 12.02%，其中 2005 年以来年均增长 13.16%，2010 年以来年均增长 12.71%，2015 年以来年均增长 9.42%，上年以来年度增长 9.52%。

还需要格外注意，湖北居民收入比由 59.54% 降低为 40.57%，省域间位次从第 8 位下降为第 24 位。2000 年以来显著降低 18.97 个百分点，其中“十五”期间降低 9.74 个百分点，“十一五”期间降低 11.90 个百分点，“十二五”以来增高 2.67 个百分点。

2. 居民总消费增长及相对比值动态

2000～2017 年，湖北居民消费总量由 1647.54 亿元增长至 10191.69 亿元，2017 年为 2000 年的 6.19 倍。2000 年以来年均增长 11.31%，其中 2005 年以来年均增长 12.40%，2010 年以来年均增长 13.14%，2015 年以来年均增长 9.68%，上年以来年度增长 7.41%。

城乡综合演算的居民总消费人均值由 2769.44 元增长至 17293.11 元，省域间位次从第 11 位下降为第 13 位，2017 年为 2000 年的 6.24 倍。2000 年以来年均增长 11.38%，其中 2005 年以来年均增长 12.35%，2010 年以来年均增长 12.67%，2015 年以来年均增长 9.12%，上年以来年度增长 6.95%。

还需要格外注意，湖北居民消费率由 46.47% 降低为 28.73%，省域间位次从第 6 位下降为第 25 位。2000 年以来显著降低 17.74 个百分点，其中“十五”期间降低 8.01 个百分点，“十一五”期间降低 11.57 个百分点，

“十二五”以来增高1.84个百分点。

3. 居民收入、总消费地区差、城乡比变化

在此期间，湖北居民收入人均值地区差指数由1.0366扩大为1.0865，省域间位次从第2位下降为第5位。2000年以来扩增4.81%，其中“十五”期间扩增8.43%，“十一五”期间扩增1.38%，“十二五”以来缩减4.65%，地区均衡性继续减弱。

居民收入人均值城乡比指数由2.4352缩小为2.3088，省域间位次从第13位上升为第7位。2000年以来缩减5.19%，其中“十五”期间扩增16.41%，“十一五”期间缩减2.88%，“十二五”以来缩减16.15%，城乡均衡性有所增强。

湖北居民总消费人均值地区差指数由1.0288扩大为1.0787，省域间位次从第2位下降为第5位。2000年以来扩增4.85%，其中“十五”期间扩增8.48%，“十一五”期间扩增2.55%，“十二五”以来缩减5.75%，地区均衡性继续减弱。

居民总消费人均值城乡比指数由2.9856缩小为1.8290，省域间位次从第16位上升为第3位。2000年以来缩减38.74%，其中“十五”期间缩减7.15%，“十一五”期间扩增0.98%，“十二五”以来缩减34.66%，城乡均衡性有所增强。

五　经济增长通用指标动态测评

2000～2017年湖北经济增长结构优化综合检测结果见图5。

1. 2017年理想值横向检测

以假定全国及各地各类数据全面消除城乡差距、地区差距为理想值100，2017年无差距全国横向检测排行，湖北此项指数为96.01。这表明与全国城乡、地区无差距理想值100相比，湖北经济增长结构优化全量化检测结果达到96.01%，低于理想值3.99%，此项指数排名处于省域间第7位。

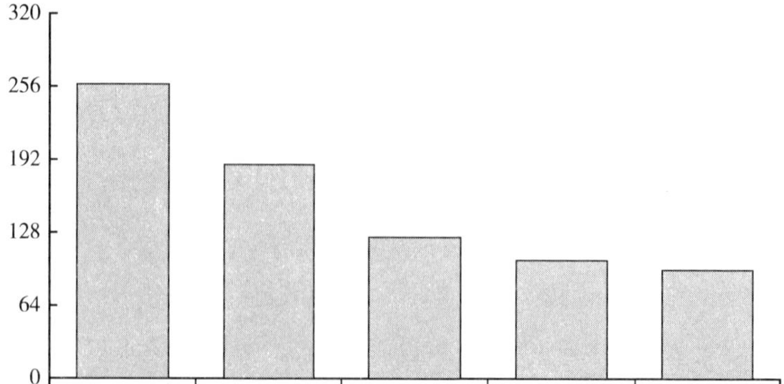

	2000~2017年自身纵向检测	2005~2017年自身纵向检测	2010~2017年自身纵向检测	2015~2017年自身纵向检测	2017年无差距全国横向检测
省域排行位次	14	4	5	10	7
▨ 湖北测评指数	257.45	186.87	123.34	104.29	96.01

图5　2000～2017 年经济增长结构优化综合检测结果

数轴：共时性年度横向测评（全国城乡、地区无差距理想值＝100），类似“不论年龄比当下高矮”，有利于发达地区；历时性阶段纵向测评（起点年自身基数值＝100），类似“不论高矮比时段生长”，有利于后发加力地区，从左至右：（1）以 2000 年为起点，（2）以 2005 年为起点，（3）以 2010 年为起点，（4）以 2015 年为起点，多向度测评对应省域排行，检验不同阶段进展状况。

2. 2000年以来基数值纵向检测

以“全面小康”进程起点年“九五”末年 2000 年各类数据演算指标为基数值 100，2000～2017 年自身纵向检测排行，湖北此项指数为 257. 45。这表明与 2000 年自身基数值 100 相比，湖北经济增长结构优化全量化检测结果达到 257. 45%，高于基数值 157. 45%，此项指数提升程度处于省域间第 14 位。

3. 2005年以来基数值纵向检测

以“全面小康”进程第一个五年期“十五”末年 2005 年各类数据演算指标为基数值 100，2005～2017 年自身纵向检测排行，湖北此项指数为 186. 87。这表明与 2005 年自身基数值 100 相比，湖北经济增长结构优化全量化检测结果达到 186. 87%，高于基数值 86. 87%，此项指数提升程度处于省域间第 4 位。

4. 2010年以来基数值纵向检测

以“全面小康”进程第二个五年期“十一五”末年2010年各类数据演算指标为基数值100，2010～2017年自身纵向检测排行，湖北此项指数为123.34。这表明与2010年自身基数值100相比，湖北经济增长结构优化全量化检测结果达到123.34%，高于基数值23.34%，此项指数提升程度处于省域间第5位。

5. 2015年以来基数值纵向检测

以“全面小康”进程第三个五年期“十二五”末年2015年各类数据演算指标为基数值100，2015～2017年自身纵向检测排行，湖北此项指数为104.29。这表明与2015年自身基数值100相比，湖北经济增长结构优化全量化检测结果达到104.29%，高于基数值4.29%，此项指数提升程度处于省域间第10位。

E.15

云南：2010～2017年经济发展指数提升第4位

宁发金*

摘　要： 2000～2017年，云南地区生产总值构成中第二产业从41.93%下降为37.89%，第三产业从33.59%上升至47.83%；收入法产值构成中劳动者报酬从44.35%上升至51.97%，生产税净额从14.69%上升至20.04%，营业盈余从16.31%上升至17.29%；支出法产值构成中最终消费率从75.79%下降为64.15%，资本形成率从37.07%上升至94.57%；初次分配收支中财政收入比从8.99%上升至11.52%，居民收入比从54.17%上升至57.15%，居民消费率从45.36%下降为38.92%。财政支出、居民收入人均值地区差缩小，但产值、财政收入、居民总消费人均值地区差扩大；居民收入、总消费人均值城乡比均缩小。云南经济增长结构优化评价排行：城乡、地区无差距理想值横向测评为省域第23位；2000年、2005年、2010年和2015年自身基数值纵向测评分别为省域第18位、第12位、第4位和第17位。

关键词： 云南　经济增长　结构优化　检测评价

* 宁发金，云南省社会科学院科研处副研究员，主要从事数据分析相关研究。

限于篇幅，三次产业结构主体子系统，收入法、支出法产值结构辅助子系统，面向公共经济生活、人民经济生活初次分配收支综合子系统分别设置为一图，难以充分展开。当地数据检测更多细节可参看技术报告、排行报告由不同侧面展开的各地纵向历时动态、横向共时静态对比分析。

一 三次产业产值构成子系统检测

2000年以来云南三次产业产值构成子系统结构性检测见图1。

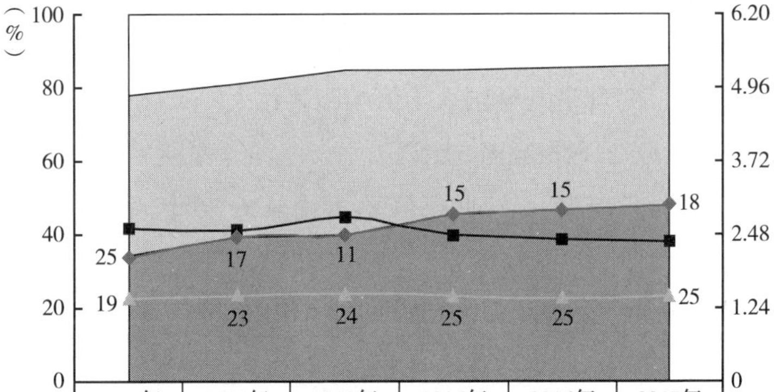

	2000年	2005年	2010年	2015年	2016年	2017年
一产产值人均	1034.47	1511.12	2416.77	4348.19	4615.27	4886.40
二产产值人均	1999.52	3232.37	7028.68	11455.67	11963.69	12966.28
三产产值人均	1601.98	3091.51	6306.55	13002.13	14514.03	16368.32
二产构成比	41.93	41.26	44.62	39.77	38.48	37.89
三产构成比	33.59	39.46	40.04	45.14	46.68	47.83
产值人均地区差	1.3995	1.4547	1.4898	1.4268	1.4235	1.4264

图1 三次产业产值构成子系统结构性检测

左轴面积：一、二、三产产值人均值（元转换为%），其间呈直观比例，其和为三次产业产值人均值。左轴曲线：二、三产产值构成比（%）。右轴曲线：三次产业产值人均值地区差（无差距=1）。限于制图空间，总量置于后台数据库同步演算，后同。标注三次产业产值人均值地区差、三产构成比省域位次，正文表述另调用后台各类产值人均值、一产和二产构成比位次。

1. 三次产业结构产值

2000～2017年，云南三次产业结构产值总量由2011.19亿元增长至

16376.34 亿元，2017 年为 2000 年的 8.14 倍。2000 年以来年均增长 13.13%，其中 2005 年以来年均增长 13.80%，2010 年以来年均增长 12.40%，2015 年以来年均增长 9.66%，上年以来年度增长 10.74%。

产值人均值由 4769.00 元增长至 34221.00 元，省域间人均值位次从第 27 位下降为第 30 位，2017 年为 2000 年的 7.18 倍。2000 年以来年均增长 12.29%，其中 2005 年以来年均增长 13.07%，2010 年以来年均增长 11.72%，2015 年以来年均增长 8.99%，上年以来年度增长 10.06%。

在此期间，云南产值人均值地区差指数由 1.3995 扩大为 1.4264，省域间地区差位次从第 19 位下降为第 25 位。2000 年以来扩增 1.92%，其中“十五”期间扩增 3.94%，“十一五”期间扩增 2.42%，“十二五”以来缩减 4.26%，意味着与全国人均值的距离拉大。

2. 第一产业增长及构成比动态

同期，云南第一产业产值总量由 436.26 亿元增长至 2338.37 亿元，2017 年为 2000 年的 5.36 倍。2000 年以来年均增长 10.38%，其中 2005 年以来年均增长 10.98%，2010 年以来年均增长 11.25%，2015 年以来年均增长 6.65%，上年以来年度增长 6.53%。

第一产业产值人均值由 1034.47 元增长至 4886.40 元，省域间人均值位次从第 20 位上升为第 11 位，2017 年为 2000 年的 4.72 倍。2000 年以来年均增长 9.56%，其中 2005 年以来年均增长 10.27%，2010 年以来年均增长 10.58%，2015 年以来年均增长 6.01%，上年以来年度增长 5.87%。

在此期间，云南第一产业产值人均值地区差指数由 1.1125 缩小为 1.0348，缩减 6.99%，其中“十五”期间缩减 1.43%，“十一五”期间扩增 7.49%，“十二五”以来缩减 12.21%。第一产业构成比由 21.69% 降低为 14.28%，省域间构成比位次从第 11 位上升为第 5 位，降低 7.41 个百分点，其中“十五”期间降低 2.40 个百分点，“十一五”期间降低 3.95 个百分点，“十二五”以来降低 1.06 个百分点。

3. 第二产业增长及构成比动态

同期，云南第二产业产值总量由 843.24 亿元增长至 6204.97 亿元，

2017 年为2000 年的7.36 倍。2000 年以来年均增长12.46%，其中2005 年以来年均增长12.99%，2010 年以来年均增长9.81%，2015 年以来年均增长7.03%，上年以来年度增长9.05%。

第二产业产值人均值由1999.52 元增长至12966.28 元，省域间人均值位次从第25 位下降为第28 位，2017 年为2000 年的6.48 倍。2000 年以来年均增长11.62%，其中2005 年以来年均增长12.27%，2010 年以来年均增长9.14%，2015 年以来年均增长6.39%，上年以来年度增长8.38%。

在此期间，云南第二产业产值人均值地区差指数由1.4471 扩大为1.4628，扩增1.08%，其中“十五”期间扩增5.15%，“十一五”期间缩减0.80%，“十二五”以来缩减3.08%。第二产业构成比由41.93%降低为37.89%，省域间构成比位次从第18 位下降为第26 位，降低4.04 个百分点，其中“十五”期间降低0.67 个百分点，“十一五”期间增高3.36 个百分点，“十二五”以来降低6.73 个百分点。

4. 第三产业增长及构成比动态

同期，云南第三产业产值总量由675.59 亿元增长至7833.00 亿元，2017 年为2000 年的11.59 倍。2000 年以来年均增长15.51%，其中2005 年以来年均增长15.64%，2010 年以来年均增长15.30%，2015 年以来年均增长12.88%，上年以来年度增长13.47%。

第三产业产值人均值由1601.98 元增长至16368.32 元，省域间人均值位次从第29 位下降为第30 位，2017 年为2000 年的10.22 倍。2000 年以来年均增长14.65%，其中2005 年以来年均增长14.90%，2010 年以来年均增长14.60%，2015 年以来年均增长12.20%，上年以来年度增长12.78%。

在此期间，云南第三产业产值人均值地区差指数由1.4930 缩小为1.4686，缩减1.64%，其中“十五”期间缩减0.91%，“十一五”期间扩增3.86%，“十二五”以来缩减4.42%。第三产业构成比由33.59%升高到47.83%，省域间构成比位次从第25 位上升为第18 位，增高14.24 个百分点，其中“十五”期间增高5.87 个百分点，“十一五”期间增高0.58 个百分点，“十二五”以来增高7.79 个百分点。

二　收入法产值构成子系统检测

2000 年以来云南收入法产值构成子系统结构性检测见图 2。

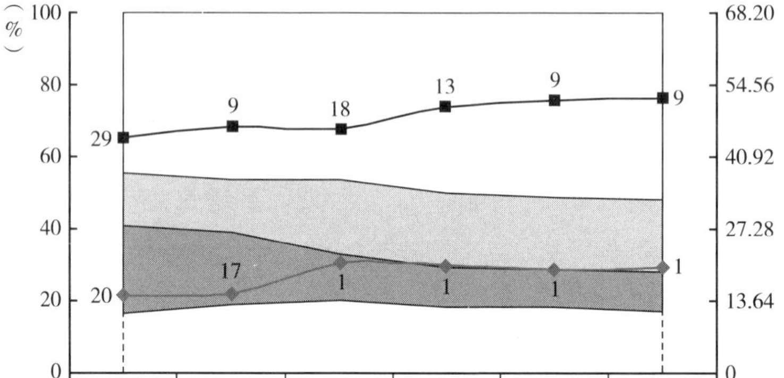

	2000年	2005年	2010年	2015年	2016年	2017年
劳动报酬人均	2055.95	3635.62	7291.59	14437.55	15987.50	17784.35
生产净税人均	680.80	1156.81	3270.07	5916.61	6135.29	6859.48
资产折旧人均	1143.29	1574.11	1979.31	3224.35	3302.16	3661.50
营业盈余人均	755.93	1468.46	3211.03	5227.49	5668.05	5915.66
报酬构成比	44.35	46.40	46.29	50.12	51.42	51.97
净税构成比	14.69	14.76	20.76	20.54	19.73	20.04

图 2　收入法产值构成子系统结构性检测

左轴面积：劳动者报酬、生产税净额、固定资产折旧、营业盈余人均值（元转换为%），其间呈直观比例，其和为收入法产值人均值。右轴曲线：劳动者报酬、生产税净额构成比（%）。标注报酬、净税构成比省域位次，正文表述另调用后台报酬人均值及地区差、折旧和盈余构成比位次，由此可看出各地居民、政府、企业部门在支出法当地产值中“获得”比重和绝对值位次。

1. 收入法结构产值

2000～2017 年，云南收入法结构产值总量由 1955.09 亿元增长至 16376.34 亿元，2017 年为 2000 年的 8.38 倍。2000 年以来年均增长 13.32%，其中 2005 年以来年均增长 13.80%，2010 年以来年均增长 12.40%，2015 年以来年均增长 9.66%，上年以来年度增长 10.74%。

收入法产值人均值由4635.97元增长至34221.00元，省域间人均值位次从第26位下降为第30位，2017年为2000年的7.38倍。2000年以来年均增长12.48%，其中2005年以来年均增长13.07%，2010年以来年均增长11.72%，2015年以来年均增长8.99%，上年以来年度增长10.06%。

在此期间，云南收入法产值人均值地区差指数由1.4085扩大为1.4264，省域间地区差位次从第18位下降为第25位。2000年以来扩增1.27%，其中“十五”期间扩增3.28%，“十一五”期间扩增2.42%，“十二五”以来缩减4.26%，意味着与全国人均值的距离拉大，省域间人均值位次从第26位下降为第30位。

2. 劳动者报酬增长及构成比动态

同期，云南收入法产值构成之劳动者报酬总量由867.04亿元增长至8510.64亿元，2017年为2000年的9.82倍。2000年以来年均增长14.38%，其中2005年以来年均增长14.88%，2010年以来年均增长14.28%，2015年以来年均增长11.66%，上年以来年度增长11.92%。

劳动者报酬人均值由2055.95元增长至17784.35元，省域间人均值位次保持第30位，2017年为2000年的8.65倍。2000年以来年均增长13.53%，其中2005年以来年均增长14.14%，2010年以来年均增长13.58%，2015年以来年均增长10.99%，上年以来年度增长11.24%。

在此期间，云南劳动者报酬人均值地区差指数由1.4895缩小为1.3725，省域间地区差位次从第26位上升为第23位，缩减7.85%，其中“十五”期间缩减6.76%，“十一五”期间扩增6.23%，“十二五”以来缩减6.97%。劳动者报酬构成比由44.35%升高到51.97%，省域间构成比位次从第29位上升为第9位，增高7.62个百分点，其中“十五”期间增高2.05个百分点，“十一五”期间降低0.11个百分点，“十二五”以来增高5.68个百分点。

3. 生产税净额增长及构成比动态

同期，云南收入法产值构成之生产税净额总量由287.11亿元增长至3282.58亿元，2017年为2000年的11.43倍。2000年以来年均增长15.41%，其中2005年以来年均增长16.73%，2010年以来年均增长

11.84%，2015年以来年均增长8.33%，上年以来年度增长12.49%。

生产税净额人均值由680.80元增长至6859.48元，2017年为2000年的10.08倍。2000年以来年均增长14.56%，其中2005年以来年均增长15.99%，2010年以来年均增长11.16%，2015年以来年均增长7.67%，上年以来年度增长11.80%。

在此期间，云南生产税净额人均值地区差指数由1.4360缩小为1.1898，缩减17.15%，其中“十五”期间扩增1.71%，“十一五”期间缩减10.65%，“十二五”以来缩减8.83%。生产税净额构成比由14.69%升高到20.04%，省域间构成比位次从第20位上升为第1位，增高5.35个百分点，其中“十五”期间增高0.07个百分点，“十一五”期间增高6.00个百分点，“十二五”以来降低0.72个百分点。

4. 固定资产折旧增长及构成比动态

同期，云南收入法产值构成之固定资产折旧总量由482.15亿元增长至1752.20亿元，2017年为2000年的3.63倍。2000年以来年均增长7.89%，其中2005年以来年均增长7.98%，2010年以来年均增长9.85%，2015年以来年均增长7.21%，上年以来年度增长11.56%。

资产折旧人均值由1143.29元增长至3661.50元，2017年为2000年的3.20倍。2000年以来年均增长7.09%，其中2005年以来年均增长7.29%，2010年以来年均增长9.19%，2015年以来年均增长6.56%，上年以来年度增长10.88%。

在此期间，云南资产折旧人均值地区差指数由1.0305扩大为1.5475，扩增50.17%，其中“十五”期间扩增18.76%，“十一五”期间扩增22.70%，“十二五”以来扩增3.05%。资产折旧构成比由24.66%降低为10.70%，省域间构成比位次从第1位下降为第30位，降低13.96个百分点，其中“十五”期间降低4.57个百分点，“十一五”期间降低7.52个百分点，“十二五”以来降低1.87个百分点。

5. 营业盈余增长及构成比动态

同期，云南收入法产值构成之营业盈余总量由318.79亿元增长至

2830.92 亿元，2017 年为 2000 年的 8.88 倍。2000 年以来年均增长 13.71%，其中 2005 年以来年均增长 13.03%，2010 年以来年均增长 9.79%，2015 年以来年均增长 7.02%，上年以来年度增长 5.01%。

营业盈余人均值由 755.93 元增长至 5915.66 元，2017 年为 2000 年的 7.83 倍。2000 年以来年均增长 12.87%，其中 2005 年以来年均增长 12.31%，2010 年以来年均增长 9.12%，2015 年以来年均增长 6.38%，上年以来年度增长 4.37%。

在此期间，云南营业盈余人均值地区差指数由 1.4940 扩大为 1.5992，扩增 7.04%，其中“十五”期间扩增 10.72%，“十一五”期间缩减 2.49%，“十二五”以来缩减 0.86%。营业盈余构成比由 16.31% 升高到 17.29%，省域间构成比位次从第 15 位下降为第 25 位，增高 0.98 个百分点，其中“十五”期间增高 2.43 个百分点，“十一五”期间增高 1.64 个百分点，“十二五”以来降低 3.09 个百分点。

三　支出法产值构成子系统检测

2000 年以来云南支出法产值构成子系统结构性检测见图 3。

1. 支出法结构产值

2000～2017 年，云南支出法结构产值总量由 1955.09 亿元增长至 16376.34 亿元，2017 年为 2000 年的 8.38 倍。2000 年以来年均增长 13.32%，其中 2005 年以来年均增长 13.80%，2010 年以来年均增长 12.40%，2015 年以来年均增长 9.66%，上年以来年度增长 10.74%。

支出法产值人均值由 4635.97 元增长至 34221.00 元，省域间人均值位次从第 27 位下降为第 30 位，2017 年为 2000 年的 7.38 倍。2000 年以来年均增长 12.48%，其中 2005 年以来年均增长 13.07%，2010 年以来年均增长 11.72%，2015 年以来年均增长 8.99%，上年以来年度增长 10.06%。

在此期间，云南支出法产值人均值地区差指数由 1.4180 缩小为 1.4157，省域间地区差位次从第 20 位下降为第 25 位。2000 年以来缩减

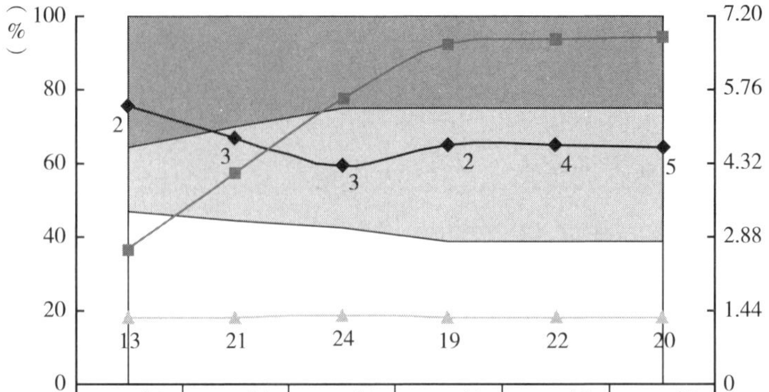

	2000年	2005年	2010年	2015年	2016年	2017年
（1）最终消费人均	3513.72	5237.98	9356.55	18729.97	20168.96	21954.08
（2）资本形成人均	1718.43	4489.37	12163.89	26665.00	29232.01	32362.48
（3）支出法产值	4635.97	7835.00	15752.04	28806.00	31093.00	34221.00
最终消费率	75.79	66.85	59.40	65.02	64.87	64.15
资本形成率	37.07	57.30	77.22	92.57	94.01	94.57
最终消费地区差	1.3032	1.3269	1.3710	1.2910	1.3047	1.3010

图3　支出法产值构成子系统结构性检测

左轴面积：（1）最终消费支出、（2）资本形成、（3）支出法产值人均值（元转换为%），其间呈直观比例，（3）－（1）－（2）＝货物与服务净流出，由于国内统一市场，大部分省域净流出为负值，即（1）＋（2）＞（3），需变通取值制图，避开负值体现其中负值关系。左轴曲线：最终消费率、资本形成率（%）。右轴曲线：最终消费人均值地区差（指数，无差距＝1）。标注最终消费率、最终消费人均值地区差省域位次，正文表述另调用后台最终消费人均值、资本形成率位次。

0.16%，其中“十五”期间扩增2.97%，“十一五”期间扩增1.84%，“十二五”以来缩减4.79%，意味着与全国人均值的距离减小。

2. 最终消费支出增长及构成比动态

同期，云南支出法产值构成之最终消费支出总量由1481.81亿元增长至10506.05亿元，2017年为2000年的7.09倍。2000年以来年均增长12.21%，其中2005年以来年均增长13.41%，2010年以来年均增长13.65%，2015年以来年均增长8.92%，上年以来年度增长9.52%。

最终消费人均值由3513.72元增长至21954.08元，省域间人均值位次从第16位下降为第25位，2017年为2000年的6.25倍。2000年以来年均增长 11.38%，其中 2005 年以来年均增长 12.68%，2010 年以来年均增长 12.96%，2015 年以来年均增长 8.27%，上年以来年度增长 8.85%。

在此期间，云南最终消费人均值地区差指数由 1.3032 缩小为 1.3010，省域间地区差位次从第 13 位下降为第 20 位，缩减 0.16%，其中“十五”期间扩增 1.82%，“十一五”期间扩增 3.33%，“十二五”以来缩减 5.11%。最终消费率（消费率）由 75.79%降低为 64.15%，省域间比值位次从第 2 位下降为第 5 位，降低 11.64 个百分点，其中“十五”期间降低 8.94 个百分点，“十一五”期间降低 7.45 个百分点，“十二五”以来增高 4.75 个百分点。

3. 资本形成增长及构成比动态

同期，云南支出法产值构成之资本形成总额由 724.70 亿元增长至 15486.95 亿元，2017 年为 2000 年的 21.37 倍。2000 年以来年均增长 19.74%，其中 2005 年以来年均增长 18.65%，2010 年以来年均增长 15.70%，2015 年以来年均增长 10.84%，上年以来年度增长 11.39%。

资本形成人均值由 1718.43 元增长至 32362.48 元，省域间人均值位次从第 29 位上升为第 19 位，2017 年为 2000 年的 18.83 倍。2000 年以来年均增长 18.85%，其中 2005 年以来年均增长 17.89%，2010 年以来年均增长 15.00%，2015 年以来年均增长 10.17%，上年以来年度增长 10.71%。

在此期间，云南资本形成人均值地区差指数由 1.3716 缩小为 1.2441，省域间地区差位次从第 21 位上升为第 10 位，缩减 9.29%，其中“十五”期间缩减 9.22%，“十一五”期间缩减 5.83%，“十二五”以来扩增 6.10%。资本形成率（投资率）由 37.07%升高到 94.57%，省域间比值位次从第 22 位上升为第 5 位，增高 57.50 个百分点，其中“十五”期间增高 20.23 个百分点，“十一五”期间增高 19.92 个百分点，“十二五”以来增高 17.35 个百分点。

四　初次分配收支综合子系统检测

2000 年以来云南初次分配收支综合子系统结构性检测见图 4。

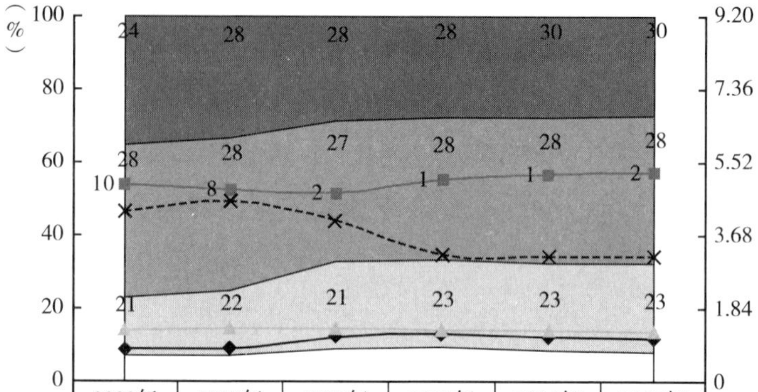

	2000年	2005年	2010年	2015年	2016年	2017年
居民总消费人均	2163.44	3291.61	6053.10	11442.71	12319.56	13316.37
居民收入人均	2583.63	4126.13	8141.32	15953.69	17675.52	19554.63
财政支出人均	982.11	1728.85	4983.81	9968.23	10551.80	11937.46
财政收入人均	428.66	705.36	1899.54	3824.47	3810.21	3941.22
财政收入比	8.99	9.00	12.06	13.28	12.25	11.52
居民收入比	54.17	52.66	51.69	55.38	56.85	57.15
居民收入地区差	1.2985	1.3474	1.3374	1.2873	1.2762	1.2686
居民收入城乡差	4.2775	4.5381	4.0649	3.1998	3.1720	3.1429

图4　初次分配收支综合子系统结构性检测

左轴面积：居民总消费、居民收入、财政支出、财政收入人均值（元转换为%），其间呈直观比例。左轴曲线：居民收入比、财政收入比（%）。右轴曲线：居民收入人均值地区差（无差距＝1）、城乡比（城镇对乡村倍数比，乡村＝1）。标注居民收入和总消费人均值、居民收入比、收入人均值地区差省域位次，正文表述另调用后台财政收支人均值、财政收入比及相应地区差、城乡比位次。

（一）公共经济生活

1. 财政收入增长及相对比值动态

2000～2017年，云南财政收入总量由180.75亿元增长至1886.17亿元，2017年为2000年的10.44倍。2000年以来年均增长14.79%，其中2005年以来年均增长16.16%，2010年以来年均增长11.67%，2015年以来年均增长2.13%，上年以来年度增长4.08%。

财政收入人均值由428.66元增长至3941.22元，省域间人均值位次从第13位下降为第27位，2017年为2000年的9.19倍。2000年以来年均增长13.94%，其中2005年以来年均增长15.42%，2010年以来年均增长10.99%，2015年以来年均增长1.51%，上年以来年度增长3.44%。

财政收入比由8.99%升高到11.52%，省域间比值位次从第3位下降为第12位。2000年以来较明显增高2.53个百分点，其中“十五”期间增高0.01个百分点，“十一五”期间增高3.06个百分点，“十二五”以来降低0.54个百分点。

2. 财政支出增长及相对比值动态

2000～2017年，云南财政支出总量由414.11亿元增长至5712.97亿元，2017年为2000年的13.80倍。2000年以来年均增长16.69%，其中2005年以来年均增长18.22%，2010年以来年均增长13.98%，2015年以来年均增长10.10%，上年以来年度增长13.83%。

财政支出人均值由982.11元增长至11937.46元，省域间人均值位次从第12位下降为第20位，2017年为2000年的12.15倍。2000年以来年均增长15.83%，其中2005年以来年均增长17.47%，2010年以来年均增长13.29%，2015年以来年均增长9.43%，上年以来年度增长13.13%。

财政支出比由20.59%升高到34.89%，省域间比值位次从第4位下降为第6位。2000年以来显著增高14.30个百分点，其中“十五”期间增高1.48个百分点，“十一五”期间增高9.57个百分点，“十二五”以来增高3.25个百分点。

3. 财政收入、财政支出地区差变化

在此期间，云南财政收入人均值地区差指数由1.5959扩大为1.6834，省域间地区差位次从第11位下降为第25位。2000年以来扩增5.48%，其中“十五”期间扩增7.11%，“十一五”期间缩减0.89%，“十二五”以来缩减0.64%，地区均衡性继续减弱。

财政支出人均值地区差指数由1.2194缩小为1.1851，省域间地区差位次从第8位下降为第12位。2000年以来缩减2.82%，其中“十五”期间扩增9.54%，“十一五”期间缩减5.81%，“十二五”以来缩减5.81%，地区均衡性有所增强。

（二）人民经济生活

1. 居民收入增长及相对比值动态

2000～2017 年，云南居民收入总量由 1089.39 亿元增长至 9358.36 亿元，2017 年为 2000 年的 8.59 倍。2000 年以来年均增长 13.49%，其中 2005 年以来年均增长 14.57%，2010 年以来年均增长 14.03%，2015 年以来年均增长 11.39%，上年以来年度增长 11.31%。

城乡综合演算的居民收入人均值由 2583.63 元增长至 19554.63 元，省域间人均值位次保持第 28 位，2017 年为 2000 年的 7.57 倍。2000 年以来年均增长 12.64%，其中 2005 年以来年均增长 13.84%，2010 年以来年均增长 13.34%，2015 年以来年均增长 10.71%，上年以来年度增长 10.63%。

还需要格外注意，云南居民收入比由 54.17% 升高到 57.15%，省域间比值位次从第 10 位上升为第 2 位。2000 年以来较明显增高 2.98 个百分点，其中“十五”期间降低 1.51 个百分点，“十一五”期间降低 0.97 个百分点，“十二五”以来增高 5.46 个百分点。

2. 居民总消费增长及相对比值动态

2000～2017 年，云南居民消费总量由 912.22 亿元增长至 6372.88 亿元，2017 年为 2000 年的 6.99 倍。2000 年以来年均增长 12.11%，其中 2005 年以来年均增长 13.07%，2010 年以来年均增长 12.60%，2015 年以来年均增长 8.54%，上年以来年度增长 8.76%。

城乡综合演算的居民总消费人均值由 2163.44 元增长至 13316.37 元，省域间人均值位次从第 24 位下降为第 30 位，2017 年为 2000 年的 6.16 倍。2000 年以来年均增长 11.28%，其中 2005 年以来年均增长 12.35%，2010 年以来年均增长 11.92%，2015 年以来年均增长 7.88%，上年以来年度增长 8.09%。

还需要格外注意，云南居民消费率由 45.36% 降低为 38.92%，省域间比值位次从第 9 位上升为第 2 位。2000 年以来明显降低 6.44 个百分点，其中“十五”期间降低 3.35 个百分点，“十一五”期间降低 3.58 个百分点，

“十二五”以来增高0.49个百分点。

3. 居民收入、总消费地区差、城乡比变化

在此期间，云南居民收入人均值地区差指数由1.2985缩小为1.2686，省域间地区差位次从第21位下降为第23位。2000年以来缩减2.30%，其中“十五”期间扩增3.76%，“十一五”期间缩减0.74%，“十二五”以来缩减5.14%，地区均衡性有所增强。

居民收入人均值城乡比指数由4.2775缩小为3.1429，省域间城乡比位次从第30位上升为第29位。2000年以来缩减26.52%，其中“十五”期间扩增6.09%，“十一五”期间缩减10.43%，“十二五”以来缩减22.68%，城乡均衡性有所增强。

云南居民总消费人均值地区差指数由1.2413扩大为1.2906，省域间地区差位次从第17位下降为第25位。2000年以来扩增3.97%，其中“十五”期间扩增6.31%，“十一五”期间缩减0.75%，“十二五”以来缩减1.47%，地区均衡性继续减弱。

居民总消费人均值地城乡比指数由4.0803缩小为2.4366，省域间城乡比位次从第30位上升为第27位。2000年以来缩减40.28%，其中“十五”期间缩减4.15%，“十一五”期间缩减16.68%，“十二五”以来缩减25.23%，城乡均衡性有所增强。

五　经济增长通用指标动态测评

2000～2017年云南经济增长结构优化综合检测结果见图5。

1. 2017年理想值横向检测

以假定全国及各地各类数据全面消除城乡差距、地区差距为理想值100，2017年无差距全国横向检测排行，云南此项指数为88.70。这表明与全国城乡、地区无差距理想值100相比，云南经济增长结构优化全量化检测结果达到88.70%，低于理想值11.30%，此项指数排名处于省域间第23位。

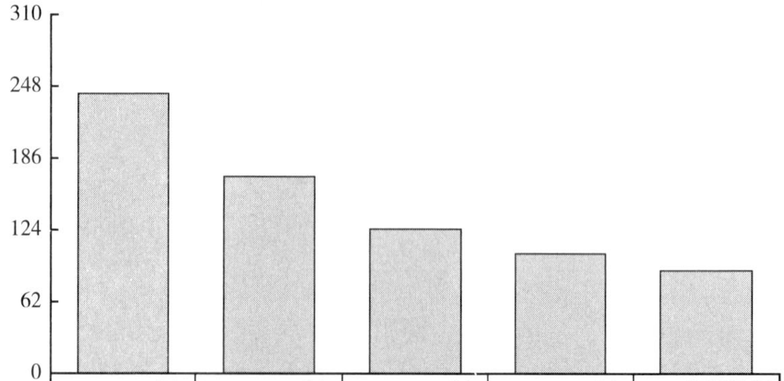

	2000~2017年自身纵向检测	2005~2017年自身纵向检测	2010~2017年自身纵向检测	2015~2017年自身纵向检测	2017年无差距全国横向检测
省域排行位次	18	12	4	17	23
云南测评指数	241.04	170.04	124.41	103.45	88.70

图5　2000～2017年经济增长结构优化综合检测结果

数轴：共时性年度横向测评（全国城乡、地区无差距理想值=100），类似“不论年龄比当下高矮”，有利于发达地区；历时性阶段纵向测评（起点年自身基数值=100），类似“不论高矮比时段生长”，有利于后发加力地区，从左至右：（1）以2000年为起点，（2）以2005年为起点，（3）以2010年为起点，（4）以2015年为起点，多向度测评对应省域排行，检验不同阶段进展状况。

2. 2000年以来基数值纵向检测

以“全面小康”进程起点年“九五”末年2000年各类数据演算指标为基数值100，2000～2017年自身纵向检测排行，云南此项指数为241.04。这表明与2000年自身基数值100相比，云南经济增长结构优化全量化检测结果达到241.04%，高于基数值141.04%，此项指数提升程度处于省域间第18位。

3. 2005年以来基数值纵向检测

以“全面小康”进程第一个五年期“十五”末年2005年各类数据演算指标为基数值100，2005～2017年自身纵向检测排行，云南此项指数为170.04。这表明与2005年自身基数值100相比，云南经济增长结构优化全量化检测结果达到170.04%，高于基数值70.04%，此项指数提升程度处于省域间第12位。

4. 2010年以来基数值纵向检测

以“全面小康”进程第二个五年期“十一五”末年2010年各类数据演算指标为基数值100，2010～2017年自身纵向检测排行，云南此项指数为124.41。这表明与2010年自身基数值100相比，云南经济增长结构优化全量化检测结果达到124.41%，高于基数值24.41%，此项指数提升程度处于省域间第4位。

5. 2015年以来基数值纵向检测

以“全面小康”进程第三个五年期“十二五”末年2015年各类数据演算指标为基数值100，2015～2017年自身纵向检测排行，云南此项指数为103.45。这表明与2015年自身基数值100相比，云南经济增长结构优化全量化检测结果达到103.45%，高于基数值3.45%，此项指数提升程度处于省域间第17位。

E.16

福建：2017年经济发展指数排名第5位

杨媛媛*

摘　要： 2000～2017年，福建地区生产总值构成中第二产业从45.45%上升至47.71%，第三产业从41.66%上升至45.41%；收入法产值构成中劳动者报酬从48.08%上升至52.29%，生产税净额从12.65%下降为12.42%，营业盈余从29.29%下降为24.25%；支出法产值构成中最终消费率从52.70%下降为40.86%，资本形成率从46.18%上升至57.51%；初次分配收支中财政收入比从6.22%上升至8.73%，居民收入比从44.08%下降为37.36%，居民消费率从33.22%下降为26.24%。产值、财政支出、居民收入、总消费人均值地区差缩小，但财政收入人均值地区差扩大；居民总消费人均值城乡比缩小，但居民收入人均值城乡比扩大。福建经济增长结构优化评价排行：城乡、地区无差距理想值横向测评为省域第5位；2000年、2005年、2010年和2015年自身基数值纵向测评分别为省域第22位、第16位、第15位和第6位。

关键词： 福建　经济增长　结构优化　检测评价

---

* 杨媛媛，云南省社会科学院财务部副主任、助理研究员，主要从事会计、财务相关研究。

限于篇幅，三次产业结构主体子系统，收入法、支出法产值结构辅助子系统，面向公共经济生活、人民经济生活初次分配收支综合子系统分别设置为一图，难以充分展开。当地数据检测更多细节可参看技术报告、排行报告由不同侧面展开的各地纵向历时动态、横向共时静态对比分析。

一　三次产业产值构成子系统检测

2000年以来福建三次产业产值构成子系统结构性检测见图1。

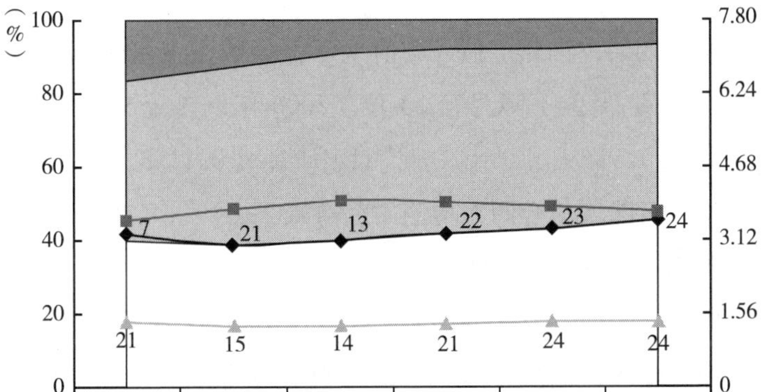

	2000年	2005年	2010年	2015年	2016年	2017年
一产产值人均	1904.76	2387.76	3703.63	5541.14	6127.93	5690.75
二产产值人均	5088.20	9083.98	20431.49	34178.73	36544.94	39445.75
三产产值人均	4663.52	7174.26	15889.88	28245.65	32034.14	37540.50
二产构成比	45.45	48.72	51.05	50.29	48.92	47.71
三产构成比	41.66	38.48	39.70	41.56	42.88	45.41
产值人均地区差	1.4095	1.2977	1.2963	1.3525	1.3851	1.3858

图1　三次产业产值构成子系统结构性检测

左轴面积：一、二、三产产值人均值（元转换为%），其间呈直观比例，其和为三次产业产值人均值。左轴曲线：二、三产产值构成比（%）。右轴曲线：三次产业产值人均值地区差（无差距=1）。限于制图空间，总量置于后台数据库同步演算，后同。标注三次产业产值人均值地区差、三产构成比省域位次，正文表述另调用后台各类产值人均值、一产和二产构成比位次。

1. 三次产业结构产值

2000～2017年，福建三次产业结构产值总量由3764.54亿元增长至

32182.09亿元，2017年为2000年的8.55倍。2000年以来年均增长13.45%，其中2005年以来年均增长14.16%，2010年以来年均增长11.80%，2015年以来年均增长11.30%，上年以来年度增长11.70%。

产值人均值由11194.00元增长至82677.00元，省域间位次（基于各地不同变化，后同）从第7位上升为第6位，2017年为2000年的7.39倍。2000年以来年均增长12.48%（由于人口增长，人均值演算增长率略低于总量演算增长率），其中2005年以来年均增长13.21%，2010年以来年均增长10.92%，2015年以来年均增长10.29%，上年以来年度增长10.67%。

在此期间，福建产值人均值地区差指数由1.4095缩小为1.3858，省域间位次从第21位下降为第24位。2000年以来缩减1.68%，其中“十五”期间缩减7.93%，“十一五”期间缩减0.11%，“十二五”以来扩增6.90%，意味着与全国人均值的距离减小。

2. 第一产业增长及构成比动态

同期，福建第一产业产值总量由640.57亿元增长至2215.13亿元，2017年为2000年的3.46倍。2000年以来年均增长7.57%，其中2005年以来年均增长8.40%，2010年以来年均增长7.18%，2015年以来年均增长2.26%，上年以来年度负增长6.27%。

第一产业产值人均值由1904.76元增长至5690.75元，省域间位次从第2位下降为第8位，2017年为2000年的2.99倍。2000年以来年均增长6.65%，其中2005年以来年均增长7.51%，2010年以来年均增长6.33%，2015年以来年均增长1.34%，上年以来年度负增长7.13%。

在此期间，福建第一产业产值人均值地区差指数由1.6342缩小为1.2051，缩减26.25%，其中“十五”期间缩减12.64%，“十一五”期间缩减11.83%，“十二五”以来缩减4.25%。第一产业构成比由17.02%降低为6.88%，省域间位次从第19位下降为第26位，降低10.14个百分点，其中“十五”期间降低4.21个百分点，“十一五”期间降低3.56个百分点，“十二五”以来降低2.37个百分点。

3. 第二产业增长及构成比动态

同期，福建第二产业产值总量由1711.16亿元增长至15354.29亿元，2017年为2000年的8.97倍。2000年以来年均增长13.78%，其中2005年以来年均增长13.96%，2010年以来年均增长10.73%，2015年以来年均增长8.41%，上年以来年度增长8.95%。

第二产业产值人均值由5088.20元增长至39445.75元，省域间位次从第8位上升为第4位，2017年为2000年的7.75倍。2000年以来年均增长12.80%，其中2005年以来年均增长13.02%，2010年以来年均增长9.85%，2015年以来年均增长7.43%，上年以来年度增长7.94%。

在此期间，福建第二产业产值人均值地区差指数由1.4069扩大为1.6343，扩增16.16%，其中“十五”期间缩减4.44%，“十一五”期间扩增6.08%，“十二五”以来扩增14.59%。第二产业构成比由45.45%升高到47.71%，省域间位次从第10位上升为第3位，增高2.26个百分点，其中“十五”期间增高3.27个百分点，“十一五”期间增高2.33个百分点，“十二五”以来降低3.34个百分点。

4. 第三产业增长及构成比动态

同期，福建第三产业产值总量由1568.34亿元增长至14612.67亿元，2017年为2000年的9.32倍。2000年以来年均增长14.03%，其中2005年以来年均增长15.75%，2010年以来年均增长13.97%，2015年以来年均增长16.34%，上年以来年度增长18.28%。

第三产业产值人均值由4663.52元增长至37540.50元，省域间位次从第5位下降为第7位，2017年为2000年的8.05倍。2000年以来年均增长13.05%，其中2005年以来年均增长14.79%，2010年以来年均增长13.07%，2015年以来年均增长15.29%，上年以来年度增长17.19%。

在此期间，福建第三产业产值人均值地区差指数由1.4759缩小为1.2188，缩减17.42%，其中“十五”期间缩减18.15%，“十一五”期间缩减3.34%，“十二五”以来扩增4.38%。第三产业构成比由41.66%升高到45.41%，省域间位次从第7位下降为第24位，增高3.75个百分点，其中“十五”期间降低 3.18 个百分点，“十一五”期间增高 1.22 个百分点，“十二五”以来增高 5.71 个百分点。

二　收入法产值构成子系统检测

2000 年以来福建收入法产值构成子系统结构性检测见图 2。

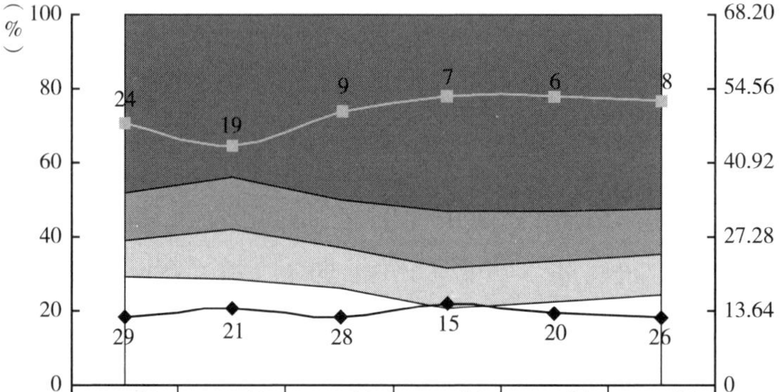

	2000年	2005年	2010年	2015年	2016年	2017年
劳动报酬人均	5604.67	8205.86	20097.97	36220.72	39801.33	43235.70
生产净税人均	1474.87	2609.53	5072.46	10161.99	10028.74	10267.36
资产折旧人均	1163.01	2458.30	4244.97	7575.02	8179.12	9127.64
营业盈余人均	3413.92	5372.31	10609.59	14007.80	16697.81	20046.30
报酬构成比	48.08	44.01	50.21	53.29	53.28	52.29
净税构成比	12.65	14.00	12.67	14.95	13.42	12.42

图 2　收入法产值构成子系统结构性检测

左轴面积：劳动者报酬、生产税净额、固定资产折旧、营业盈余人均值（元转换为%），其间呈直观比例，其和为收入法产值人均值。右轴曲线：劳动者报酬、生产税净额构成比（%）。标注报酬、净税构成比省域位次，正文表述另调用后台报酬人均值及地区差、折旧和盈余构成比位次，由此可看出各地居民、政府、企业部门在支出法当地产值中“获得”比重和绝对值位次。

1. 收入法结构产值

2000～2017 年，福建收入法结构产值总量由 3920.07 亿元增长至 32182.09 亿元，2017 年为 2000 年的 8.21 倍。2000 年以来年均增长 13.18%，其中 2005 年以来年均增长 14.16%，2010 年以来年均增长

11.80%，2015 年以来年均增长 11.30%，上年以来年度增长 11.70%。

收入法产值人均值由 11656.47 元增长至 82677.00 元，省域间位次保持第 6 位，2017 年为 2000 年的 7.09 倍。2000 年以来年均增长 12.21%，其中 2005 年以来年均增长 13.21%，2010 年以来年均增长 10.92%，2015 年以来年均增长 10.29%，上年以来年度增长 10.67%。

在此期间，福建收入法产值人均值地区差指数由 1.4872 缩小为 1.3858，省域间位次保持第 24 位。2000 年以来缩减 6.82%，其中“十五”期间缩减 12.74%，“十一五”期间缩减 0.11%，“十二五”以来扩增 6.90%，意味着与全国人均值的距离减小。

2. 劳动者报酬增长及构成比动态

同期，福建收入法产值构成之劳动者报酬总量由 1884.85 亿元增长至 16829.53 亿元，2017 年为 2000 年的 8.93 倍。2000 年以来年均增长 13.74%，其中 2005 年以来年均增长 15.81%，2010 年以来年均增长 12.45%，2015 年以来年均增长 10.25%，上年以来年度增长 9.64%。

劳动者报酬人均值由 5604.67 元增长至 43235.70 元，省域间位次从第 6 位上升为第 5 位，2017 年为 2000 年的 7.71 倍。2000 年以来年均增长 12.77%，其中 2005 年以来年均增长 14.85%，2010 年以来年均增长 11.56%，2015 年以来年均增长 9.26%，上年以来年度增长 8.63%。

在此期间，福建劳动者报酬人均值地区差指数由 1.3917 扩大为 1.5255，省域间位次从第 23 位下降为第 27 位，扩增 9.61%，其中“十五”期间缩减 0.88%，“十一五”期间扩增 4.84%，“十二五”以来扩增 5.49%。劳动者报酬构成比由 48.08% 升高到 52.29%，省域间位次从第 24 位上升为第 8 位，增高 4.21 个百分点，其中“十五”期间降低 4.07 个百分点，“十一五”期间增高 6.20 个百分点，“十二五”以来增高 2.08 个百分点。

3. 生产税净额增长及构成比动态

同期，福建收入法产值构成之生产税净额总量由 496.00 亿元增长至 3996.58 亿元，2017 年为 2000 年的 8.06 倍。2000 年以来年均增长 13.06%，其中 2005 年以来年均增长 13.03%，2010 年以来年均增长

11.48%，2015 年以来年均增长 1.43%，上年以来年度增长 3.34%。

生产税净额人均值由 1474.87 元增长至 10267.36 元，2017 年为 2000 年的 6.96 倍。2000 年以来年均增长 12.09%，其中 2005 年以来年均增长 12.09%，2010 年以来年均增长 10.60%，2015 年以来年均增长 0.52%，上年以来年度增长 2.38%。

在此期间，福建生产税净额人均值地区差指数由 1.2218 缩小为 1.2127，缩减 0.74%，其中“十五”期间缩减 0.41%，“十一五”期间缩减 11.41%，“十二五”以来扩增 12.51%。生产税净额构成比由 12.65%降低为 12.42%，省域间位次从第 29 位上升为第 26 位，降低 0.23 个百分点，其中“十五”期间增高 1.35 个百分点，“十一五”期间降低 1.33 个百分点，“十二五”以来降低 0.25 个百分点。

4. 固定资产折旧增长及构成比动态

同期，福建收入法产值构成之固定资产折旧总量由 391.12 亿元增长至 3552.94 亿元，2017 年为 2000 年的 9.08 倍。2000 年以来年均增长 13.86%，其中 2005 年以来年均增长 12.48%，2010 年以来年均增长 12.45%，2015 年以来年均增长 10.77%，上年以来年度增长 12.64%。

资产折旧人均值由 1163.01 元增长至 9127.64 元，2017 年为 2000 年的 7.85 倍。2000 年以来年均增长 12.88%，其中 2005 年以来年均增长 11.55%，2010 年以来年均增长 11.56%，2015 年以来年均增长 9.77%，上年以来年度增长 11.60%。

在此期间，福建资产折旧人均值地区差指数由 1.0483 扩大为 1.1280，扩增 7.61%，其中“十五”期间扩增 15.63%，“十一五”期间缩减 11.84%，“十二五”以来扩增 5.56%。资产折旧构成比由 9.98%升高到 11.04%，省域间位次从第 28 位下降为第 29 位，增高 1.06 个百分点，其中“十五”期间增高 3.20 个百分点，“十一五”期间降低 2.57 个百分点，“十二五”以来增高 0.43 个百分点。

5. 营业盈余增长及构成比动态

同期，福建收入法产值构成之营业盈余总量由 1148.10 亿元增长至

7803.04 亿元，2017 年为 2000 年的 6.80 倍。2000 年以来年均增长 11.93%，其中 2005 年以来年均增长 12.53%，2010 年以来年均增长 10.39%，2015 年以来年均增长 20.72%，上年以来年度增长 21.18%。

营业盈余人均值由 3413.92 元增长至 20046.30 元，2017 年为 2000 年的 5.87 倍。2000 年以来年均增长 10.97%，其中 2005 年以来年均增长 11.60%，2010 年以来年均增长 9.52%，2015 年以来年均增长 19.63%，上年以来年度增长 20.05%。

在此期间，福建营业盈余人均值地区差指数由 2.2853 缩小为 1.3581，缩减 40.57%，其中“十五”期间缩减 44.64%，“十一五”期间扩增 1.07%，“十二五”以来扩增 6.22%。营业盈余构成比由 29.29% 降低为 24.25%，省域间位次从第 1 位下降为第 15 位，降低 5.04 个百分点，其中“十五”期间降低 0.48 个百分点，“十一五”期间降低 2.30 个百分点，“十二五”以来降低 2.26 个百分点。

三　支出法产值构成子系统检测

2000 年以来福建支出法产值构成子系统结构性检测见图 3。

1. 支出法结构产值

2000～2017 年，福建支出法结构产值总量由 3894.17 亿元增长至 32182.09 亿元，2017 年为 2000 年的 8.26 倍。2000 年以来年均增长 13.23%，其中 2005 年以来年均增长 14.16%，2010 年以来年均增长 11.75%，2015 年以来年均增长 11.30%，上年以来年度增长 11.70%。

支出法产值人均值由 11579.46 元增长至 82677.00 元，省域间位次保持第 6 位，2017 年为 2000 年的 7.14 倍。2000 年以来年均增长 12.26%，其中 2005 年以来年均增长 13.21%，2010 年以来年均增长 10.86%，2015 年以来年均增长 10.29%，上年以来年度增长 10.67%。

在此期间，福建支出法产值人均值地区差指数由 1.4537 缩小为 1.4115，省域间位次保持第 24 位。2000 年以来缩减 2.90%，其中“十五”

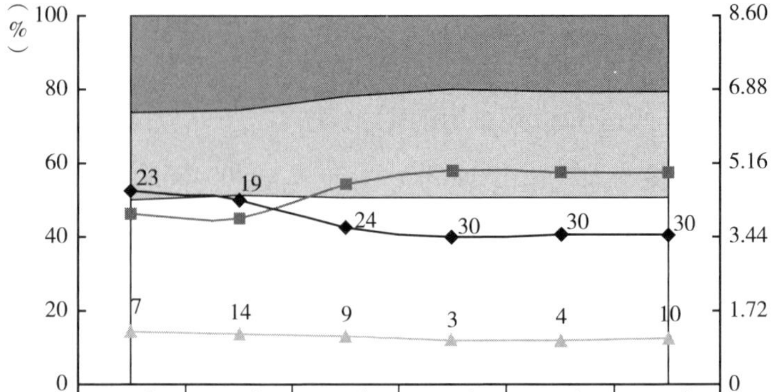

	2000年	2005年	2010年	2015年	2016年	2017年
（1）最终消费人均	6102.92	9354.46	17107.65	27021.32	30116.53	33785.18
（2）资本形成人均	5347.22	8355.59	21789.91	39614.96	43132.17	47551.11
（3）支出法产值人均	11579.46	18646.00	40169.70	67965.52	74707.00	82677.00
最终消费率	52.70	50.17	42.59	39.76	40.31	40.86
资本形成率	46.18	44.81	54.24	58.29	57.74	57.51
最终消费地区差	1.2103	1.2022	1.1500	1.0228	1.0383	1.0756

图3　支出法产值构成子系统结构性检测

左轴面积：（1）最终消费支出、（2）资本形成、（3）支出法产值人均值（元转换为%），其间呈直观比例，（3）－（1）－（2）＝货物与服务净流出，由于国内统一市场，大部分省域净流出为负值，即（1）＋（2）＞（3），需变通取值制图，避开负值体现其中负值关系。左轴曲线：最终消费率、资本形成率（%）。右轴曲线：最终消费人均值地区差（指数，无差距＝1）。标注最终消费率、最终消费人均值地区差省域位次，正文表述另调用后台最终消费人均值、资本形成率位次。

期间缩减11.61%，“十一五”期间扩增1.82%，“十二五”以来扩增7.89%，意味着与全国人均值的距离减小。

2. 最终消费支出增长及构成比动态

同期，福建支出法产值构成之最终消费支出总量由2052.41亿元增长至13150.91亿元，2017年为2000年的6.41倍。2000年以来年均增长11.55%，其中2005年以来年均增长12.22%，2010年以来年均增长11.09%，2015年以来年均增长12.84%，上年以来年度增长13.23%。

最终消费人均值由6102.92元增长至33785.18元，省域间位次从第6位下降为第8位，2017年为2000年的5.54倍。2000年以来年均增长

10.59%，其中2005年以来年均增长11.29%，2010年以来年均增长10.21%，2015年以来年均增长11.82%，上年以来年度增长12.18%。

在此期间，福建最终消费人均值地区差指数由1.2103缩小为1.0756，省域间位次从第7位下降为第10位，缩减11.13%，其中“十五”期间缩减0.67%，“十一五”期间缩减4.34%，“十二五”以来缩减6.47%。最终消费率（消费率）由52.70%降低为40.86%，省域间位次从第23位下降为第30位，降低11.84个百分点，其中“十五”期间降低2.53个百分点，“十一五”期间降低7.58个百分点，“十二五”以来降低1.73个百分点。

3. 资本形成增长及构成比动态

同期，福建支出法产值构成之资本形成总额由1798.27亿元增长至18509.31亿元，2017年为2000年的10.29倍。2000年以来年均增长14.70%，其中2005年以来年均增长16.56%，2010年以来年均增长12.68%，2015年以来年均增长10.56%，上年以来年度增长11.28%。

资本形成人均值由5347.22元增长至47551.11元，省域间位次保持第6位，2017年为2000年的8.89倍。2000年以来年均增长13.72%，其中2005年以来年均增长15.59%，2010年以来年均增长11.79%，2015年以来年均增长9.56%，上年以来年度增长10.25%。

在此期间，福建资本形成人均值地区差指数由1.9555缩小为1.8281，省域间位次保持第26位，缩减6.52%，其中“十五”期间缩减28.15%，“十一五”期间扩增5.50%，“十二五”以来扩增23.33%。资本形成率（投资率）由46.18%升高到57.51%，省域间位次从第13位下降为第14位，增高11.33个百分点，其中“十五”期间降低1.37个百分点，“十一五”期间增高9.43个百分点，“十二五”以来增高3.27个百分点。

四　初次分配收支综合子系统检测

2000年以来福建初次分配收支综合子系统结构性检测见图4。

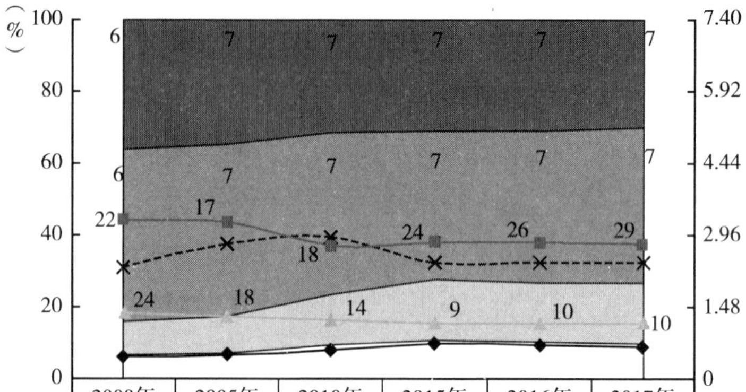

	2000年	2005年	2010年	2015年	2016年	2017年
居民总消费人均	3719.03	5863.77	10300.58	19150.94	20542.86	21693.01
居民收入人均	4934.26	8128.68	14877.80	25911.24	28260.18	30887.37
财政支出人均	963.97	1683.41	4631.40	10468.49	11086.22	12033.79
财政收入人均	696.12	1227.93	3146.15	6655.96	6884.04	7216.53
财政收入比	6.22	6.59	7.81	9.79	9.21	8.73
居民收入比	44.08	43.60	36.95	38.12	37.83	37.36
居民收入地区差	1.3398	1.2857	1.2109	1.1576	1.1573	1.1552
居民收入城乡比	2.3007	2.7686	2.9328	2.4125	2.4011	2.3876

图4　初次分配收支综合子系统结构性检测

左轴面积：居民总消费、居民收入、财政支出、财政收入人均值（元转换为%），其间呈直观比例。左轴曲线：居民收入比、财政收入比（%）。右轴曲线：居民收入人均值地区差（无差距=1）、城乡比（城镇对乡村倍数比，乡村=1）。标注居民收入和总消费人均值、居民收入比、收入人均值地区差省域位次，正文表述另调用后台财政收支人均值、财政收入比及相应地区差、城乡比位次。

（一）公共经济生活

1. 财政收入增长及相对比值动态

2000～2017年，福建财政收入总量由234.11亿元增长至2809.03亿元，2017年为2000年的12.00倍。2000年以来年均增长15.74%，其中2005年以来年均增长16.87%，2010年以来年均增长13.59%，2015年以来年均增长5.07%，上年以来年度增长5.81%。

财政收入人均值由696.12元增长至7216.53元，省域间位次从第7位

下降为第9位，2017年为2000年的10.37倍。2000年以来年均增长14.75%，其中2005年以来年均增长15.90%，2010年以来年均增长12.59%，2015年以来年均增长4.13%，上年以来年度增长4.83%。

财政收入比由6.22%升高到8.73%，省域间位次从第13位下降为第25位。2000年以来较明显增高2.51个百分点，其中“十五”期间增高0.37个百分点，“十一五”期间增高1.22个百分点，“十二五”以来增高0.92个百分点。

2. 财政支出增长及相对比值动态

2000～2017年，福建财政支出总量由324.18亿元增长至4684.15亿元，2017年为2000年的14.45倍。2000年以来年均增长17.01%，其中2005年以来年均增长18.79%，2010年以来年均增长15.63%，2015年以来年均增长8.19%，上年以来年度增长9.56%。

财政支出人均值由963.97元增长至12033.79元，省域间位次从第14位下降为第19位，2017年为2000年的12.48倍。2000年以来年均增长16.01%，其中2005年以来年均增长17.81%，2010年以来年均增长14.62%，2015年以来年均增长7.22%，上年以来年度增长8.55%。

财政支出比由8.61%升高到14.56%，省域间位次从第27位下降为第28位。2000年以来明显增高5.95个百分点，其中“十五”期间增高0.42个百分点，“十一五”期间增高2.47个百分点，“十二五”以来增高3.06个百分点。

3. 财政收入、财政支出地区差变化

在此期间，福建财政收入人均值地区差指数由1.3438扩大为1.4203，省域间位次从第5位下降为第7位。2000年以来扩增5.69%，其中“十五”期间扩增11.19%，“十一五”期间缩减0.04%，“十二五”以来缩减4.90%，地区均衡性继续减弱。

财政支出人均值地区差指数由1.2338缩小为1.1785，省域间位次从第10位下降为第11位。2000年以来缩减4.49%，其中“十五”期间扩增9.67%，“十一五”期间缩减3.15%，“十二五”以来缩减10.08%，地区均衡性有所增强。

（二）人民经济生活

1. 居民收入增长及相对比值动态

2000～2017 年，福建居民收入总量由 1659.39 亿元增长至 12022.91 亿元，2017 年为 2000 年的 7.25 倍。2000 年以来年均增长 12.35%，其中 2005 年以来年均增长 12.70%，2010 年以来年均增长 11.98%，2015 年以来年均增长 10.18%，上年以来年度增长 10.32%。

城乡综合演算的居民收入人均值由 4934.26 元增长至 30887.37 元，省域间位次从第 6 位下降为第 7 位，2017 年为 2000 年的 6.26 倍。2000 年以来年均增长 11.39%，其中 2005 年以来年均增长 11.77%，2010 年以来年均增长 11.00%，2015 年以来年均增长 9.18%，上年以来年度增长 9.30%。

还需要格外注意，福建居民收入比由 44.08% 降低为 37.36%，省域间位次从第 22 位下降为第 29 位。2000 年以来明显降低 6.72 个百分点，其中“十五”期间降低 0.48 个百分点，“十一五”期间降低 6.65 个百分点，“十二五”以来增高 0.41 个百分点。

2. 居民总消费增长及相对比值动态

2000～2017 年，福建居民消费总量由 1250.71 亿元增长至 8444.00 亿元，2017 年为 2000 年的 6.75 倍。2000 年以来年均增长 11.89%，其中 2005 年以来年均增长 12.45%，2010 年以来年均增长 12.21%，2015 年以来年均增长 7.40%，上年以来年度增长 6.58%。

城乡综合演算的居民总消费人均值由 3719.03 元增长至 21693.01 元，省域间位次从第 6 位下降为第 7 位，2017 年为 2000 年的 5.83 倍。2000 年以来年均增长 10.93%，其中 2005 年以来年均增长 11.52%，2010 年以来年均增长 11.23%，2015 年以来年均增长 6.43%，上年以来年度增长 5.60%。

还需要格外注意，福建居民消费率由 33.22% 降低为 26.24%，省域间位次从第 22 位下降为第 28 位。2000 年以来明显降低 6.98 个百分点，其中“十五”期间降低 1.77 个百分点，“十一五”期间降低 5.87 个百分点，“十二五”以来增高 0.66 个百分点。

3. 居民收入、总消费地区差、城乡比变化

在此期间，福建居民收入人均值地区差指数由 1.3398 缩小为 1.1552，省域间位次从第 24 位上升为第 10 位。2000 年以来缩减 13.77%，其中“十五”期间缩减 4.03%，“十一五”期间缩减 5.82%，“十二五”以来缩减 4.60%，地区均衡性有所增强。

居民收入人均值城乡比指数由 2.3007 扩大为 2.3876，省域间位次从第 9 位下降为第 11 位。2000 年以来扩增 3.78%，其中“十五”期间扩增 20.34%，“十一五”期间扩增 5.93%，“十二五”以来缩减 18.59%，城乡均衡性继续减弱。

福建居民总消费人均值地区差指数由 1.3042 缩小为 1.1557，省域间位次从第22 位上升为第 11 位。2000 年以来缩减 11.39%，其中“十五”期间缩减 7.08%，“十一五”期间缩减 3.08%，“十二五”以来缩减 1.61%，地区均衡性有所增强。

居民总消费人均值城乡比指数由 2.3400 缩小为 1.8553，省域间位次从第 5 位下降为第 6 位。2000 年以来缩减 20.71%，其中“十五”期间扩增 14.14%，“十一五”期间扩增 0.44%，“十二五”以来缩减 30.84%，城乡均衡性有所增强。

五　经济增长通用指标动态测评

2000～2017 年福建经济增长结构优化综合检测结果见图 5。

1. 2017年理想值横向检测

以假定全国及各地各类数据全面消除城乡差距、地区差距为理想值 100，2017 年无差距全国横向检测排行，福建此项指数为 97.44。这表明与全国城乡、地区无差距理想值 100 相比，福建经济增长结构优化全量化检测结果达到 97.44%，低于理想值 2.56%，此项指数排名处于省域间第 5 位。

2. 2000年以来基数值纵向检测

以“全面小康”进程起点年“九五”末年 2000 年各类数据演算指标为

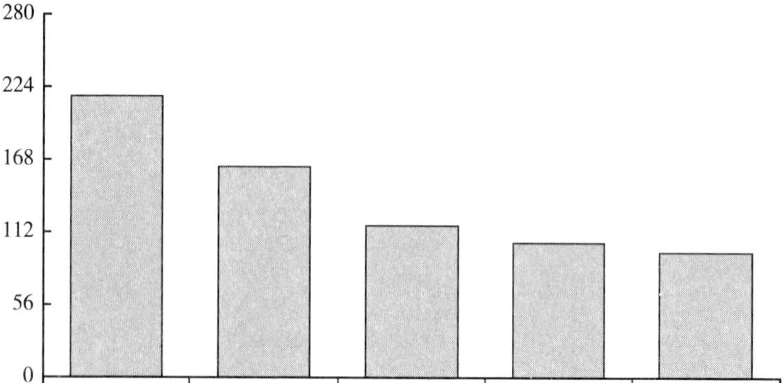

	2000~2017年自身纵向检测	2005~2017年自身纵向检测	2010~2017年自身纵向检测	2015~2017年自身纵向检测	2017年无差距全国横向检测
省域排行位次	22	16	15	6	5
▨ 福建测评指数	216.69	162.03	117.02	104.56	97.44

图5　2000～2017年经济增长结构优化综合检测结果

数轴：共时性年度横向测评（全国城乡、地区无差距理想值＝100），类似“不论年龄比当下高矮”，有利于发达地区；历时性阶段纵向测评（起点年自身基数值＝100），类似“不论高矮比时段生长”，有利于后发加力地区，从左至右：（1）以2000年为起点，（2）以2005年为起点，（3）以2010年为起点，（4）以2015年为起点，多向度测评对应省域排行，检验不同阶段进展状况。

基数值100，2000～2017年自身纵向检测排行，福建此项指数为216.69。这表明与2000年自身基数值100相比，福建经济增长结构优化全量化检测结果达到216.69%，高于基数值116.69%，此项指数提升程度处于省域间第22位。

3. 2005年以来基数值纵向检测

以“全面小康”进程第一个五年期“十五”末年2005年各类数据演算指标为基数值100，2005～2017年自身纵向检测排行，福建此项指数为162.03。这表明与2005年自身基数值100相比，福建经济增长结构优化全量化检测结果达到162.03%，高于基数值62.03%，此项指数提升程度处于省域间第16位。

4. 2010年以来基数值纵向检测

以“全面小康”进程第二个五年期“十一五”末年2010年各类数据演

算指标为基数值 100，2010～2017 年自身纵向检测排行，福建此项指数为 117.02。这表明与 2010 年自身基数值 100 相比，福建经济增长结构优化全量化检测结果达到 117.02%，高于基数值 17.02%，此项指数提升程度处于省域间第 15 位。

5. 2015年以来基数值纵向检测

以“全面小康”进程第三个五年期“十二五”末年 2015 年各类数据演算指标为基数值 100，2015～2017 年自身纵向检测排行，福建此项指数为 104.56。这表明与 2015 年自身基数值 100 相比，福建经济增长结构优化全量化检测结果达到 104.56%，高于基数值 4.56%，此项指数提升程度处于省域间第 6 位。

E.17

内蒙古：2000～2017年经济发展指数提升第5位

刘 兵*

摘 要： 2000～2017年，内蒙古地区生产总值构成中第二产业从36.14%上升至39.76%，第三产业从32.09%上升至49.99%；收入法产值构成中劳动者报酬从62.50%下降为48.05%，生产税净额从12.34%上升至16.93%，营业盈余从13.96%上升至21.67%；支出法产值构成中最终消费率从56.56%下降为52.58%，资本形成率从44.09%上升至63.98%；初次分配收支中财政收入比从6.17%上升至10.58%，居民收入比从51.36%下降为42.04%，居民消费率从39.81%下降为30.18%。产值、财政收入、居民收入、总消费人均值地区差缩小，但财政支出人均值地区差扩大；居民总消费人均值城乡比缩小，但居民收入人均值城乡比扩大。内蒙古经济增长结构优化评价排行：城乡、地区无差距理想值横向测评为省域第15位；2000年、2005年、2010年和2015年自身基数值纵向测评分别为省域第5位、第18位、第23位和第25位。

关键词： 内蒙古 经济增长 结构优化 检测评价

* 刘兵，云南省社会科学院民族文学研究所助理研究员，主要从事民族文化研究。

限于篇幅，三次产业结构主体子系统，收入法、支出法产值结构辅助子系统，面向公共经济生活、人民经济生活初次分配收支综合子系统分别设置为一图，难以充分展开。当地数据检测更多细节可参看技术报告、排行报告由不同侧面展开的各地纵向历时动态、横向共时静态对比分析。

一　三次产业产值构成子系统检测

2000年以来内蒙古三次产业产值构成子系统结构性检测见图1。

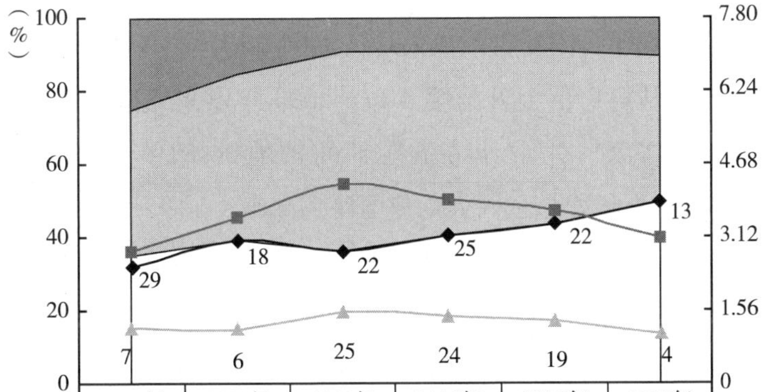

	2000年	2005年	2010年	2015年	2016年	2017年
一产产值人均	1481.95	2471.56	4442.96	6449.23	6509.06	6535.45
二产产值人均	2350.00	7433.69	25830.28	35888.49	34002.95	25351.88
三产产值人均	2086.60	6425.75	17073.72	28762.82	31552.00	31876.67
二产构成比	36.14	45.52	54.56	50.48	47.18	39.76
三产构成比	32.09	39.35	36.06	40.45	43.78	49.99
产值人均地区差	1.1813	1.1366	1.5335	1.4149	1.3361	1.0688

图1　三次产业产值构成子系统结构性检测

左轴面积：一、二、三产产值人均值（元转换为%），其间呈直观比例，其和为三次产业产值人均值。左轴曲线：二、三产产值构成比（%）。右轴曲线：三次产业产值人均值地区差（无差距=1）。限于制图空间，总量置于后台数据库同步演算，后同。标注三次产业产值人均值地区差、三产构成比省域位次，正文表述另调用后台各类产值人均值、一产和二产构成比位次。

1. 三次产业结构产值

2000～2017年，内蒙古三次产业结构产值总量由1539.12亿元增长至

16096.21 亿元，2017 年为 2000 年的 10.46 倍。2000 年以来年均增长 14.81%，其中 2005 年以来年均增长 12.55%，2010 年以来年均增长 4.70%，2015 年以来年均负增长 4.99%，上年以来年度负增长 11.21%。

产值人均值由 6502.00 元增长至 63764.00 元，省域间位次（基于各地不同变化，后同）从第 15 位上升为第 9 位，2017 年为 2000 年的 9.81 倍。2000 年以来年均增长 14.37%（由于人口增长，人均值演算增长率略低于总量演算增长率），其中 2005 年以来年均增长 12.02%，2010 年以来年均增长 4.34%，2015 年以来年均负增长 5.30%，上年以来年度负增长 11.52%。

在此期间，内蒙古产值人均值地区差指数由 1.1813 缩小为 1.0688，省域间位次从第 7 位上升为第 4 位。2000 年以来缩减 9.53%，其中“十五”期间缩减 3.78%，“十一五”期间扩增 34.91%，“十二五”以来缩减 30.30%，意味着与全国人均值的距离减小。

2. 第一产业增长及构成比动态

同期，内蒙古第一产业产值总量由 350.80 亿元增长至 1649.77 亿元，2017 年为 2000 年的 4.70 倍。2000 年以来年均增长 9.53%，其中 2005 年以来年均增长 8.95%，2010 年以来年均增长 6.03%，2015 年以来年均增长 1.00%，上年以来年度增长 0.76%。

第一产业产值人均值由 1481.95 元增长至 6535.45 元，省域间位次从第 5 位上升为第 3 位，2017 年为 2000 年的 4.41 倍。2000 年以来年均增长 9.12%，其中 2005 年以来年均增长 8.44%，2010 年以来年均增长 5.67%，2015 年以来年均增长 0.67%，上年以来年度增长 0.41%。

在此期间，内蒙古第一产业产值人均值地区差指数由 1.2714 扩大为 1.3840，扩增 8.85%，其中“十五”期间扩增 16.22%，“十一五”期间扩增 2.18%，“十二五”以来缩减 8.34%。第一产业构成比由 22.79% 降低为 10.25%，省域间位次从第 9 位下降为第 11 位，降低 12.54 个百分点，其中“十五”期间降低 7.66 个百分点，“十一五”期间降低 5.75 个百分点，“十二五”以来增高 0.87 个百分点。

3. 第二产业增长及构成比动态

同期，内蒙古第二产业产值总量由556.28亿元增长至6399.68亿元，2017年为2000年的11.50倍。2000年以来年均增长15.45%，其中2005年以来年均增长11.29%，2010年以来年均增长0.07%，2015年以来年均负增长15.68%，上年以来年度负增长25.18%。

第二产业产值人均值由2350.00元增长至25351.88元，省域间位次从第17位上升为第12位，2017年为2000年的10.79倍。2000年以来年均增长15.02%，其中2005年以来年均增长10.76%，2010年以来年均负增长0.27%，2015年以来年均负增长15.95%，上年以来年度负增长25.44%。

在此期间，内蒙古第二产业产值人均值地区差指数由1.3502缩小为1.0504，缩减22.21%，其中"十五"期间缩减18.51%，"十一五"期间扩增63.88%，"十二五"以来缩减41.75%。第二产业构成比由36.14%升高到39.76%，省域间位次从第26位上升为第22位，增高3.62个百分点，其中"十五"期间增高9.38个百分点，"十一五"期间增高9.04个百分点，"十二五"以来降低14.80个百分点。

4. 第三产业增长及构成比动态

同期，内蒙古第三产业产值总量由493.93亿元增长至8046.76亿元，2017年为2000年的16.29倍。2000年以来年均增长17.84%，其中2005年以来年均增长14.82%，2010年以来年均增长9.70%，2015年以来年均增长5.62%，上年以来年度增长1.38%。

第三产业产值人均值由2086.60元增长至31876.67元，省域间位次从第20位上升为第9位，2017年为2000年的15.28倍。2000年以来年均增长17.39%，其中2005年以来年均增长14.28%，2010年以来年均增长9.33%，2015年以来年均增长5.27%，上年以来年度增长1.03%。

在此期间，内蒙古第三产业产值人均值地区差指数由1.3396缩小为1.0349，缩减22.75%，其中"十五"期间缩减19.24%，"十一五"期间扩增15.96%，"十二五"以来缩减17.52%。第三产业构成比由32.09%升高到49.99%，省域间位次从第29位上升为第13位，增高17.90个百分点，其中“十五”期间增高 7.26 个百分点，“十一五”期间降低 3.29 个百分点，“十二五”以来增高 13.93 个百分点。

二　收入法产值构成子系统检测

2000 年以来内蒙古收入法产值构成子系统结构性检测见图 2。

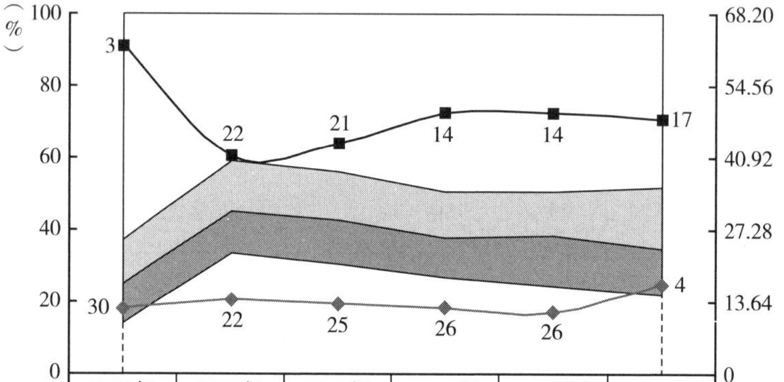

	2000年	2005年	2010年	2015年	2016年	2017年
劳动报酬人均	3699.26	6705.29	20632.29	35078.79	35681.50	30638.13
生产净税人均	730.63	2284.21	6329.29	8928.15	8496.06	10797.51
资产折旧人均	662.57	1816.11	5744.80	7868.98	10261.39	8512.68
营业盈余人均	826.10	5525.39	14498.64	19224.62	17625.05	13815.68
报酬构成比	62.50	41.06	43.58	49.34	49.51	48.05
净税构成比	12.34	13.99	13.37	12.56	11.79	16.93

图 2　收入法产值构成子系统结构性检测

左轴面积：劳动者报酬、生产税净额、固定资产折旧、营业盈余人均值（元转换为%），其间呈直观比例，其和为收入法产值人均值。右轴曲线：劳动者报酬、生产税净额构成比（%）。标注报酬、净税构成比省域位次，正文表述另调用后台报酬人均值及地区差、折旧和盈余构成比位次，由此可看出各地居民、政府、企业部门在支出法当地产值中“获得”比重和绝对值位次。

1. 收入法结构产值

2000～2017 年，内蒙古收入法结构产值总量由 1401.01 亿元增长至 16096.21 亿元，2017 年为 2000 年的 11.49 倍。2000 年以来年均增长 15.44%，其中 2005 年以来年均增长 12.55%，2010 年以来年均增长

4.70%，2015年以来年均负增长4.99%，上年以来年度负增长11.21%。

收入法产值人均值由5918.56元增长至63764.00元，省域间位次从第16位上升为第9位，2017年为2000年的10.77倍。2000年以来年均增长15.01%，其中2005年以来年均增长12.02%，2010年以来年均增长4.34%，2015年以来年均负增长5.30%，上年以来年度负增长11.52%。

在此期间，内蒙古收入法产值人均值地区差指数由1.2449缩小为1.0688，省域间位次从第8位上升为第4位。2000年以来缩减14.14%，其中“十五”期间缩减8.69%，“十一五”期间扩增34.91%，“十二五”以来缩减30.30%，意味着与全国人均值的距离减小。

2. 劳动者报酬增长及构成比动态

同期，内蒙古收入法产值构成之劳动者报酬总量由875.67亿元增长至7734.11亿元，2017年为2000年的8.83倍。2000年以来年均增长13.67%，其中2005年以来年均增长14.03%，2010年以来年均增长6.17%，2015年以来年均负增长6.24%，上年以来年度负增长13.83%。

劳动者报酬人均值由3699.26元增长至30638.13元，省域间位次从第15位上升为第9位，2017年为2000年的8.28倍。2000年以来年均增长13.24%，其中2005年以来年均增长13.50%，2010年以来年均增长5.81%，2015年以来年均负增长6.54%，上年以来年度负增长14.13%。

在此期间，内蒙古劳动者报酬人均值地区差指数由1.0814缩小为1.0810，省域间位次保持第5位，缩减0.04%，其中“十五”期间扩增4.23%，“十一五”期间扩增31.71%，“十二五”以来缩减27.19%。劳动者报酬构成比由62.50%降低为48.05%，省域间位次从第3位下降为第17位，降低14.45个百分点，其中“十五”期间降低21.44个百分点，“十一五”期间增高2.52个百分点，“十二五”以来增高4.47个百分点。

3. 生产税净额增长及构成比动态

同期，内蒙古收入法产值构成之生产税净额总量由172.95亿元增长至2725.66亿元，2017年为2000年的15.76倍。2000年以来年均增长17.61%，其中2005年以来年均增长14.36%，2010年以来年均增长

8.30%，2015 年以来年均增长 10.33%，上年以来年度增长 27.53%。

生产税净额人均值由 730.63 元增长至 10797.51 元，2017 年为 2000 年的 14.78 倍。2000 年以来年均增长 17.17%，其中 2005 年以来年均增长 13.82%，2010 年以来年均增长 7.93%，2015 年以来年均增长 9.97%，上年以来年度增长 27.09%。

在此期间，内蒙古生产税净额人均值地区差指数由 1.3948 缩小为 1.2754，缩减 8.56%，其中“十五”期间缩减 23.63%，“十一五”期间扩增 26.28%，“十二五”以来缩减 5.18%。生产税净额构成比由 12.34% 升高到 16.93%，省域间位次从第 30 位上升为第 4 位，增高 4.59 个百分点，其中“十五”期间增高 1.65 个百分点，“十一五”期间降低 0.62 个百分点，“十二五”以来增高 3.56 个百分点。

4. 固定资产折旧增长及构成比动态

同期，内蒙古收入法产值构成之固定资产折旧总量由 156.84 亿元增长至 2148.89 亿元，2017 年为 2000 年的 13.70 倍。2000 年以来年均增长 16.65%，其中 2005 年以来年均增长 14.28%，2010 年以来年均增长 6.14%，2015 年以来年均增长 4.35%，上年以来年度负增长 16.75%。

资产折旧人均值由 662.57 元增长至 8512.68 元，2017 年为 2000 年的 12.85 倍。2000 年以来年均增长 16.21%，其中 2005 年以来年均增长 13.74%，2010 年以来年均增长 5.78%，2015 年以来年均增长 4.01%，上年以来年度负增长 17.04%。

在此期间，内蒙古资产折旧人均值地区差指数由 1.4028 缩小为 1.0520，缩减 25.00%，其中“十五”期间缩减 21.26%，“十一五”期间扩增 30.93%，“十二五”以来缩减 27.25%。资产折旧构成比由 11.19% 升高到 13.35%，省域间位次从第 24 位上升为第 21 位，增高 2.16 个百分点，其中“十五”期间降低 0.07 个百分点，“十一五”期间增高 1.01 个百分点，“十二五”以来增高 1.22 个百分点。

5. 营业盈余增长及构成比动态

同期，内蒙古收入法产值构成之营业盈余总量由 195.55 亿元增长至

3487.55亿元，2017年为2000年的17.83倍。2000年以来年均增长18.47%，其中2005年以来年均增长8.45%，2010年以来年均负增长0.35%，2015年以来年均负增长14.95%，上年以来年度负增长21.34%。

营业盈余人均值由826.10元增长至13815.68元，2017年为2000年的16.72倍。2000年以来年均增长18.02%，其中2005年以来年均增长7.94%，2010年以来年均负增长0.69%，2015年以来年均负增长15.23%，上年以来年度负增长21.61%。

在此期间，内蒙古营业盈余人均值地区差指数由1.4470缩小为1.0640，缩减26.47%，其中“十五”期间缩减10.08%，“十一五”期间扩增34.29%，“十二五”以来缩减39.10%。营业盈余构成比由13.96%升高到21.67%，省域间位次从第21位上升为第20位，增高7.71个百分点，其中“十五”期间增高19.87个百分点，“十一五”期间降低3.21个百分点，“十二五”以来降低8.95个百分点。

三　支出法产值构成子系统检测

2000年以来内蒙古支出法产值构成子系统结构性检测见图3。

1. 支出法结构产值

2000～2017年，内蒙古支出法结构产值总量由1391.88亿元增长至16096.21亿元，2017年为2000年的11.56倍。2000年以来年均增长15.49%，其中2005年以来年均增长12.55%，2010年以来年均增长4.70%，2015年以来年均负增长4.99%，上年以来年度负增长11.21%。

支出法产值人均值由5879.99元增长至63764.00元，省域间位次从第16位上升为第9位，2017年为2000年的10.84倍。2000年以来年均增长15.05%，其中2005年以来年均增长12.02%，2010年以来年均增长4.34%，2015年以来年均负增长5.30%，上年以来年度负增长11.52%。

在此期间，内蒙古支出法产值人均值地区差指数由1.2618缩小为1.0886，省域间位次从第8位上升为第6位。2000年以来缩减13.72%，其

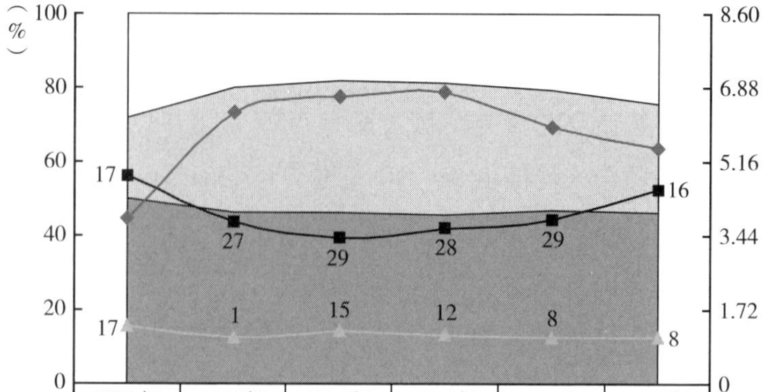

	2000年	2005年	2010年	2015年	2016年	2017年
（1）最终消费人均	3325.54	7185.13	18681.62	29717.03	31925.03	33527.16
（2）资本形成人均	2592.47	11927.12	36590.89	55968.42	50159.10	40796.07
（3）支出法产值人均	5879.99	16331.00	47347.00	71100.55	72064.00	63764.00
最终消费率	56.56	44.00	39.46	41.80	44.30	52.58
资本形成率	44.09	73.03	77.28	78.72	69.60	63.98
最终消费地区差	1.3405	1.0766	1.2558	1.1248	1.1006	1.0674

图3　支出法产值构成子系统结构性检测

左轴面积：（1）最终消费支出、（2）资本形成、（3）支出法产值人均值（元转换为%），其间呈直观比例，（3）－（1）－（2）＝货物与服务净流出，由于国内统一市场，大部分省域净流出为负值，即（1）＋（2）＞（3），需变通取值制图，避开负值体现其中负值关系。左轴曲线：最终消费率、资本形成率（%）。右轴曲线：最终消费人均值地区差（指数，无差距＝1）。标注最终消费率、最终消费人均值地区差省域位次，正文表述另调用后台最终消费人均值、资本形成率位次。

中“十五”期间缩减10.81%，“十一五”期间扩增37.03%，“十二五”以来缩减29.41%，意味着与全国人均值的距离减小。

2. 最终消费支出增长及构成比动态

同期，内蒙古支出法产值构成之最终消费支出总量由787.21亿元增长至8463.40亿元，2017年为2000年的10.75倍。2000年以来年均增长14.99%，其中2005年以来年均增长14.23%，2010年以来年均增长9.08%，2015年以来年均增长6.56%，上年以来年度增长5.39%。

最终消费人均值由3325.54元增长至33527.16元，省域间位次从第20位上升为第9位，2017年为2000年的10.08倍。2000年以来年均增长

14.56%，其中2005年以来年均增长13.70%，2010年以来年均增长8.71%，2015年以来年均增长6.22%，上年以来年度增长5.02%。

在此期间，内蒙古最终消费人均值地区差指数由1.3405缩小为1.0674，省域间位次从第17位上升为第8位，缩减20.37%，其中“十五”期间缩减19.68%，“十一五”期间扩增16.64%，“十二五”以来缩减15.00%。最终消费率（消费率）由56.56%降低为52.58%，省域间位次从第17位上升为第16位，降低3.98个百分点，其中“十五”期间降低12.56个百分点，“十一五”期间降低4.54个百分点，“十二五”以来增高13.12个百分点。

3. 资本形成增长及构成比动态

同期，内蒙古支出法产值构成之资本形成总额由613.68亿元增长至10298.32亿元，2017年为2000年的16.78倍。2000年以来年均增长18.05%，其中2005年以来年均增长11.32%，2010年以来年均增长1.91%，2015年以来年均负增长14.34%，上年以来年度负增长18.38%。

资本形成人均值由2592.47元增长至40796.07元，省域间位次从第17位上升为第10位，2017年为2000年的15.74倍。2000年以来年均增长17.60%，其中2005年以来年均增长10.79%，2010年以来年均增长1.57%，2015年以来年均负增长14.62%，上年以来年度负增长18.67%。

在此期间，内蒙古资本形成人均值地区差指数由1.0519扩大为1.5684，省域间位次从第2位下降为第22位，扩增49.10%，其中“十五”期间扩增90.66%，“十一五”期间扩增24.11%，“十二五”以来缩减36.99%。资本形成率（投资率）由44.09%升高到63.98%，省域间位次从第17位上升为第10位，增高19.89个百分点，其中“十五”期间增高28.94个百分点，“十一五”期间增高4.25个百分点，“十二五”以来降低13.30个百分点。

四　初次分配收支综合子系统检测

2000年以来内蒙古初次分配收支综合子系统结构性检测见图4。

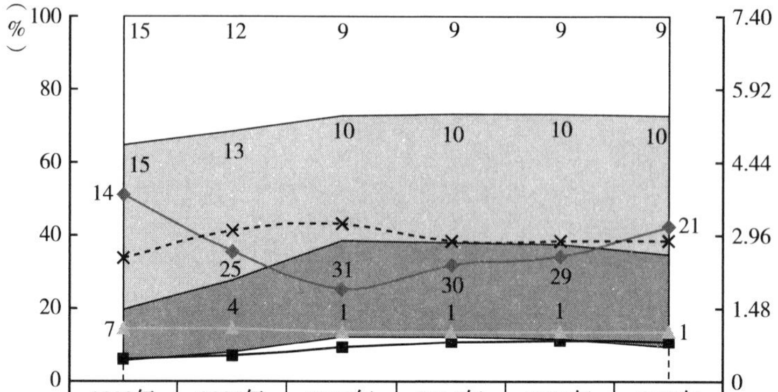

	2000年	2005年	2010年	2015年	2016年	2017年
居民总消费人均	2588.83	4541.42	9624.57	17370.22	18315.85	19240.33
居民收入人均	3339.74	5862.63	12120.39	22648.08	24587.91	26806.42
财政支出人均	1044.65	2859.02	9290.65	16958.08	17939.47	17943.85
财政收入人均	401.49	1163.33	4372.45	7833.09	8015.96	6746.72
财政收入比	6.17	7.12	9.17	11.02	11.12	10.58
居民收入比	51.36	35.89	25.41	31.85	34.12	42.04
居民收入地区差	1.0932	1.0727	1.0135	1.0118	1.0069	1.0026
居民收入城乡比	2.5164	3.0569	3.2006	2.8391	2.8405	2.8345

图 4　初次分配收支综合子系统结构性检测

左轴面积：居民总消费、居民收入、财政支出、财政收入人均值（元转换为%），其间呈直观比例。左轴曲线：居民收入比、财政收入比（%）。右轴曲线：居民收入人均值地区差（无差距 =1）、城乡比（城镇对乡村倍数比，乡村 =1）。标注居民收入和总消费人均值、居民收入比、收入人均值地区差省域位次，正文表述另调用后台财政收支人均值、财政收入比及相应地区差、城乡比位次。

（一）公共经济生活

1. 财政收入增长及相对比值动态

2000～2017 年，内蒙古财政收入总量由 95.03 亿元增长至 1703.21 亿元，2017 年为 2000 年的 17.92 倍。2000 年以来年均增长 18.50%，其中 2005 年以来年均增长 16.32%，2010 年以来年均增长 6.87%，2015 年以来年均负增长 6.89%，上年以来年度负增长 15.53%。

财政收入人均值由 401.49 元增长至 6746.72 元，省域间位次从第 14 位上升为第 10 位，2017 年为 2000 年的 16.80 倍。2000 年以来年均增长 18.05%，其中 2005 年以来年均增长 15.78%，2010 年以来年均增长 6.39%，2015 年以来年均负增长 7.19%，上年以来年度负增长 15.83%。

财政收入比由 6.17% 升高到 10.58%，省域间位次从第 15 位下降为第 16 位。2000 年以来明显增高 4.41 个百分点，其中“十五”期间增高 0.95 个百分点，“十一五”期间增高 2.05 个百分点，“十二五”以来增高 1.41 个百分点。

2. 财政支出增长及相对比值动态

2000～2017 年，内蒙古财政支出总量由 247.27 亿元增长至 4529.93 亿元，2017 年为 2000 年的 18.32 倍。2000 年以来年均增长 18.66%，其中 2005 年以来年均增长 17.09%，2010 年以来年均增长 10.35%，2015 年以来年均增长 3.20%，上年以来年度增长 0.38%。

财政支出人均值由 1044.65 元增长至 17943.85 元，省域间位次从第 10 位上升为第 8 位，2017 年为 2000 年的 17.18 倍。2000 年以来年均增长 18.21%，其中 2005 年以来年均增长 16.54%，2010 年以来年均增长 9.86%，2015 年以来年均增长 2.87%，上年以来年度增长 0.02%。

财政支出比由 16.07% 升高到 28.14%，省域间位次从第 7 位下降为第 10 位。2000 年以来显著增高 12.07 个百分点，其中“十五”期间增高 1.43 个百分点，“十一五”期间增高 1.98 个百分点，“十二五”以来增高 8.66 个百分点。

3. 财政收入、财政支出地区差变化

在此期间，内蒙古财政收入人均值地区差指数由 1.6216 缩小为 1.4581，省域间位次从第 12 位上升为第 8 位。2000 年以来缩减 10.08%，其中“十五”期间缩减 6.21%，“十一五”期间缩减 14.78%，“十二五”以来扩增 12.50%，地区均衡性有所增强。

财政支出人均值地区差指数由 1.1697 扩大为 1.2250，省域间位次从第 6 位下降为第 14 位。2000 年以来扩增 4.72%，其中“十五”期间缩减 6.09%，“十一五”期间扩增 25.89%，“十二五”以来缩减 11.42%，地区均衡性继续减弱。

（二）人民经济生活

1. 居民收入增长及相对比值动态

2000~2017 年，内蒙古居民收入总量由 790.52 亿元增长至 6767.28 亿元，2017 年为 2000 年的 8.56 倍。2000 年以来年均增长 13.46%，其中 2005 年以来年均增长 14.04%，2010 年以来年均增长 12.51%，2015 年以来年均增长 9.15%，上年以来年度增长 9.41%。

城乡综合演算的居民收入人均值由 3339.74 元增长至 26806.42 元，省域间位次从第 15 位上升为第 10 位，2017 年为 2000 年的 8.03 倍。2000 年以来年均增长 13.03%，其中 2005 年以来年均增长 13.50%，2010 年以来年均增长 12.01%，2015 年以来年均增长 8.79%，上年以来年度增长 9.02%。

还需要格外注意，内蒙古居民收入比由 51.36% 降低为 42.04%，省域间位次从第 14 位下降为第 21 位。2000 年以来明显降低 9.32 个百分点，其中“十五”期间降低 15.47 个百分点，“十一五”期间降低 10.48 个百分点，“十二五”以来增高 16.63 个百分点。

2. 居民总消费增长及相对比值动态

2000~2017 年，内蒙古居民消费总量由 612.78 亿元增长至 4857.22 亿元，2017 年为 2000 年的 7.93 倍。2000 年以来年均增长 12.95%，其中 2005 年以来年均增长 13.32%，2010 年以来年均增长 10.89%，2015 年以来年均增长 5.59%，上年以来年度增长 5.42%。

城乡综合演算的居民总消费人均值由 2588.83 元增长至 19240.33 元，省域间位次从第 15 位上升为第 9 位，2017 年为 2000 年的 7.43 倍。2000 年以来年均增长 12.52%，其中 2005 年以来年均增长 12.79%，2010 年以来年均增长 10.40%，2015 年以来年均增长 5.25%，上年以来年度增长 5.05%。

还需要格外注意，内蒙古居民消费率由 39.81% 降低为 30.18%，省域间位次从第 15 位下降为第 20 位。2000 年以来明显降低 9.63 个百分点，其中“十五”期间降低 12.01 个百分点，“十一五”期间降低 7.62 个百分点，“十二五”以来增高 10.00 个百分点。

3. 居民收入、总消费地区差、城乡比变化

在此期间，内蒙古居民收入人均值地区差指数由 1.0932 缩小为 1.0026，省域间位次从第 7 位上升为第 1 位。2000 年以来缩减 8.29%，其中"十五"期间缩减 1.88%，"十一五"期间缩减 5.52%，"十二五"以来缩减 1.08%，地区均衡性有所增强。

居民收入人均值城乡比指数由 2.5164 扩大为 2.8345，省域间位次从第 17 位下降为第 25 位。2000 年以来扩增 12.64%，其中"十五"期间扩增 21.48%，"十一五"期间扩增 4.70%，"十二五"以来缩减 11.44%，城乡均衡性继续减弱。

内蒙古居民总消费人均值地区差指数由 1.0922 缩小为 1.0250，省域间位次从第 7 位上升为第 2 位。2000 年以来缩减 6.15%，其中"十五"期间缩减 2.82%，"十一五"期间扩增 3.40%，"十二五"以来缩减 6.60%，地区均衡性有所增强。

居民总消费人均值城乡比指数由 2.4322 缩小为 1.9400，省域间位次从第 6 位下降为第 9 位。2000 年以来缩减 20.24%，其中"十五"期间扩增 16.46%，"十一五"期间扩增 10.76%，"十二五"以来缩减 38.16%，城乡均衡性有所增强。

五　经济增长通用指标动态测评

2000～2017 年内蒙古经济增长结构优化综合检测结果见图 5。

1. 2017年理想值横向检测

以假定全国及各地各类数据全面消除城乡差距、地区差距为理想值 100，2017 年无差距全国横向检测排行，内蒙古此项指数为 92.78。这表明与全国城乡、地区无差距理想值 100 相比，内蒙古经济增长结构优化全量化检测结果达到 92.78%，低于理想值 7.22%，此项指数排名处于省域间第 15 位。

2. 2000年以来基数值纵向检测

以"全面小康"进程起点年"九五"末年 2000 年各类数据演算指标为

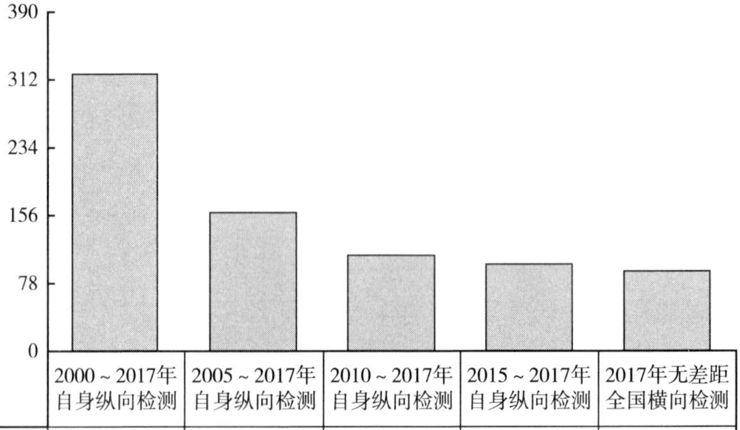

	2000～2017年自身纵向检测	2005～2017年自身纵向检测	2010～2017年自身纵向检测	2015～2017年自身纵向检测	2017年无差距全国横向检测
省域排行位次	5	18	23	25	15
□内蒙古测评指数	317.95	158.40	111.06	100.83	92.78

图5　2000～2017年经济增长结构优化综合检测结果

数轴：共时性年度横向测评（全国城乡、地区无差距理想值＝100），类似“不论年龄比当下高矮”，有利于发达地区；历时性阶段纵向测评（起点年自身基数值＝100），类似“不论高矮比时段生长”，有利于后发加力地区，从左至右：（1）以2000年为起点，（2）以2005年为起点，（3）以2010年为起点，（4）以2015年为起点，多向度测评对应省域排行，检验不同阶段进展状况。

基数值100，2000～2017年自身纵向检测排行，内蒙古此项指数为317.95。这表明与2000年自身基数值100相比，内蒙古经济增长结构优化全量化检测结果达到317.95%，高于基数值217.95%，此项指数提升程度处于省域间第5位。

3. 2005年以来基数值纵向检测

以“全面小康”进程第一个五年期“十五”末年2005年各类数据演算指标为基数值100，2005～2017年自身纵向检测排行，内蒙古此项指数为158.40。这表明与2005年自身基数值100相比，内蒙古经济增长结构优化全量化检测结果达到158.40%，高于基数值58.40%，此项指数提升程度处于省域间第18位。

4. 2010年以来基数值纵向检测

以“全面小康”进程第二个五年期“十一五”末年2010年各类数据演

算指标为基数值100，2010～2017年自身纵向检测排行，内蒙古此项指数为111.06。这表明与2010年自身基数值100相比，内蒙古经济增长结构优化全量化检测结果达到111.06%，高于基数值11.06%，此项指数提升程度处于省域间第23位。

5. 2015年以来基数值纵向检测

以“全面小康”进程第三个五年期“十二五”末年2015年各类数据演算指标为基数值100，2015～2017年自身纵向检测排行，内蒙古此项指数为100.83。这表明与2015年自身基数值100相比，内蒙古经济增长结构优化全量化检测结果达到100.83%，高于基数值0.83%，此项指数提升程度处于省域间第25位。

E.18

安徽：2015 ~2017年经济发展指数提升第5位

代　丽*

摘　要： 2000 ~ 2017 年，安徽地区生产总值构成中第二产业从 44.67% 上升至 47.52%，第三产业从 34.79% 上升至 42.92%；收入法产值构成中劳动者报酬从 53.62% 下降为 46.25%，生产税净额从 14.25% 上升至 15.07%，营业盈余从 17.97% 上升至 25.23%；支出法产值构成中最终消费率从 64.05% 下降为 49.96%，资本形成率从 36.00% 上升至 50.79%；初次分配收支中财政收入比从 6.16% 上升至 10.41%，居民收入比从 61.41% 下降为 52.35%，居民消费率从 45.56% 下降为 37.30%。产值、财政收入、支出、居民收入、总消费人均值地区差均缩小；居民收入、总消费人均值城乡比也均缩小。安徽经济增长结构优化评价排行：城乡、地区无差距理想值横向测评为省域第 24 位；2000 年、2005 年、2010 年和 2015 年自身基数值纵向测评分别为省域第 12 位、第 6 位、第 8 位和第 5 位。

关键词： 安徽　经济增长　结构优化　检测评价

---

* 代丽，云南省社会科学院信息中心网站编辑部主任、助理研究员，主要从事发展社会学、社会福利与社会保障、文化消费研究。

限于篇幅，三次产业结构主体子系统，收入法、支出法产值结构辅助子系统，面向公共经济生活、人民经济生活初次分配收支综合子系统分别设置为一图，难以充分展开。当地数据检测更多细节可参看技术报告、排行报告由不同侧面展开的各地纵向历时动态、横向共时静态对比分析。

一　三次产业产值构成子系统检测

2000 年以来安徽三次产业产值构成子系统结构性检测见图 1。

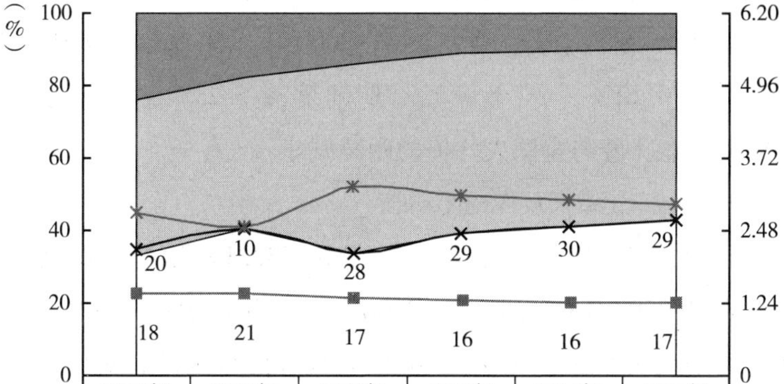

	2000年	2005年	2010年	2015年	2016年	2017年
一产产值人均	1205.73	1558.94	2922.15	4018.63	4161.88	4148.12
二产产值人均	2134.69	3582.72	10878.27	17906.70	19160.96	20623.24
三产产值人均	1662.77	3528.35	7087.57	14071.24	16238.16	18629.99
二产构成比	44.67	41.32	52.08	49.75	48.43	47.52
三产构成比	34.79	40.70	33.93	39.09	41.05	42.92
产值人均地区差	1.3983	1.3966	1.3235	1.2837	1.2665	1.2725

图 1　三次产业产值构成子系统结构性检测

左轴面积：一、二、三产产值人均值（元转换为%），其间呈直观比例，其和为三次产业产值人均值。左轴曲线：二、三产产值构成比（%）。右轴曲线：三次产业产值人均值地区差（无差距 =1）。限于制图空间，总量置于后台数据库同步演算，后同。标注三次产业产值人均值地区差、三产构成比省域位次，正文表述另调用后台各类产值人均值、一产和二产构成比位次。

1. 三次产业结构产值

2000～2017 年，安徽三次产业结构产值总量由 2902.09 亿元增长至

27018.00 亿元，2017 年为 2000 年的 9.31 倍。2000 年以来年均增长 14.02%，其中 2005 年以来年均增长 14.40%，2010 年以来年均增长 11.82%，2015 年以来年均增长 10.81%，上年以来年度增长 10.69%。

产值人均值由 4779.00 元增长至 43401.36 元，省域间位次（基于各地不同变化，后同）从第 26 位上升为第 24 位，2017 年为 2000 年的 9.08 倍。2000 年以来年均增长 13.86%（由于人口增长，人均值演算增长率略低于总量演算增长率），其中 2005 年以来年均增长 14.36%，2010 年以来年均增长 11.01%，2015 年以来年均增长 9.80%，上年以来年度增长 9.71%。

在此期间，安徽产值人均值地区差指数由 1.3983 缩小为 1.2725，省域间位次从第 18 位上升为第 17 位。2000 年以来缩减 8.99%，其中“十五”期间缩减 0.12%，“十一五”期间缩减 5.23%，“十二五”以来缩减 3.85%，意味着与全国人均值的距离减小。

2. 第一产业增长及构成比动态

同期，安徽第一产业产值总量由 732.19 亿元增长至 2582.27 亿元，2017 年为 2000 年的 3.53 倍。2000 年以来年均增长 7.70%，其中 2005 年以来年均增长 8.53%，2010 年以来年均增长 5.90%，2015 年以来年均增长 2.52%，上年以来年度增长 0.57%。

第一产业产值人均值由 1205.73 元增长至 4148.12 元，省域间位次从第 12 位下降为第 19 位，2017 年为 2000 年的 3.44 倍。2000 年以来年均增长 7.54%，其中 2005 年以来年均增长 8.50%，2010 年以来年均增长 5.13%，2015 年以来年均增长 1.60%，上年以来年度负增长 0.33%。

在此期间，安徽第一产业产值人均值地区差指数由 1.0344 扩大为 1.1216，扩增 8.42%，其中“十五”期间扩增 3.24%，“十一五”期间缩减 5.72%，“十二五”以来扩增 11.38%。第一产业构成比由 25.23% 降低为 9.56%，省域间位次从第 5 位下降为第 13 位，降低 15.67 个百分点，其中“十五”期间降低 7.25 个百分点，“十一五”期间降低 3.99 个百分点，“十二五”以来降低 4.43 个百分点。

3. 第二产业增长及构成比动态

同期，安徽第二产业产值总量由1296.31亿元增长至12838.28亿元，2017年为2000年的9.90倍。2000年以来年均增长14.44%，其中2005年以来年均增长15.74%，2010年以来年均增长10.37%，2015年以来年均增长8.30%，上年以来年度增长8.60%。

第二产业产值人均值由2134.69元增长至20623.24元，省域间位次从第23位上升为第20位，2017年为2000年的9.66倍。2000年以来年均增长14.27%，其中2005年以来年均增长15.70%，2010年以来年均增长9.57%，2015年以来年均增长7.32%，上年以来年度增长7.63%。

在此期间，安徽第二产业产值人均值地区差指数由1.4097缩小为1.1455，缩减18.74%，其中“十五”期间扩增4.25%，“十一五”期间缩减15.59%，“十二五”以来缩减7.66%。第二产业构成比由44.67%升高到47.52%，省域间位次从第14位上升为第4位，增高2.85个百分点，其中“十五”期间降低3.35个百分点，“十一五”期间增高10.76个百分点，“十二五”以来降低4.56个百分点。

4. 第三产业增长及构成比动态

同期，安徽第三产业产值总量由1009.73亿元增长至11597.45亿元，2017年为2000年的11.49倍。2000年以来年均增长15.44%，其中2005年以来年均增长14.91%，2010年以来年均增长15.64%，2015年以来年均增长16.11%，上年以来年度增长15.76%。

第三产业产值人均值由1662.77元增长至18629.99元，省域间位次从第28位上升为第26位，2017年为2000年的11.20倍。2000年以来年均增长15.27%，其中2005年以来年均增长14.87%，2010年以来年均增长14.80%，2015年以来年均增长15.06%，上年以来年度增长14.73%。

在此期间，安徽第三产业产值人均值地区差指数由1.4738缩小为1.3952，缩减5.33%，其中“十五”期间缩减4.61%，“十一五”期间扩增5.21%，“十二五”以来缩减5.68%。第三产业构成比由34.79%升高到42.92%，省域间位次从第20位下降为第29位，增高8.13个百分点，其中

“十五”期间增高 5.91 个百分点，“十一五”期间降低 6.77 个百分点，“十二五”以来增高 8.99 个百分点。

二 收入法产值构成子系统检测

2000 年以来安徽收入法产值构成子系统结构性检测见图 2。

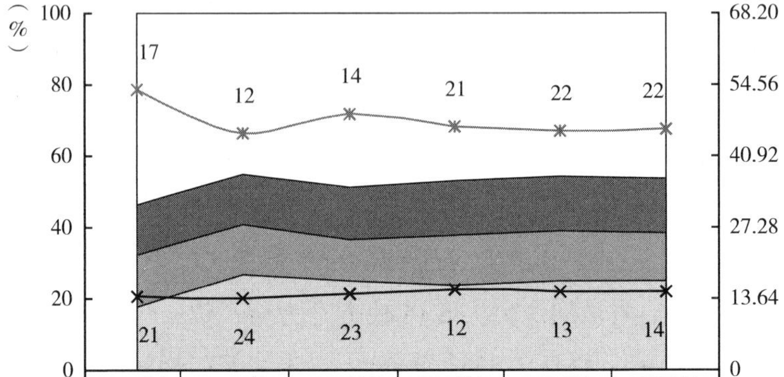

	2000年	2005年	2010年	2015年	2016年	2017年
劳动报酬人均	2682.55	3927.83	10239.29	16809.32	18156.45	20074.19
生产净税人均	713.15	1190.79	3008.02	5603.14	5847.53	6540.48
资产折旧人均	708.20	1205.90	2374.96	5128.00	5697.51	5838.12
营业盈余人均	899.30	2345.48	5265.72	8456.11	9859.50	10948.57
报酬构成比	53.62	45.30	49.02	46.70	45.89	46.25
净税构成比	14.25	13.73	14.40	15.57	14.78	15.07

图 2　收入法产值构成子系统结构性检测

左轴面积：劳动者报酬、生产税净额、固定资产折旧、营业盈余人均值（元转换为%），其间呈直观比例，其和为收入法产值人均值。右轴曲线：劳动者报酬、生产税净额构成比（%）。标注报酬、净税构成比省域位次，正文表述另调用后台报酬人均值及地区差、折旧和盈余构成比位次，由此可看出各地居民、政府、企业部门在支出法当地产值中“获得”比重和绝对值位次。

1. 收入法结构产值

2000～2017 年，安徽收入法结构产值总量由 3038.24 亿元增长至 27018.00 亿元，2017 年为 2000 年的 8.89 倍。2000 年以来年均增长 13.72%，其中 2005 年以来年均增长 14.40%，2010 年以来年均增长

11.82%，2015年以来年均增长10.81%，上年以来年度增长10.69%。

收入法产值人均值由5003.20元增长至43401.36元，省域间位次从第23位下降为第24位，2017年为2000年的8.67倍。2000年以来年均增长13.55%，其中2005年以来年均增长14.36%，2010年以来年均增长11.01%，2015年以来年均增长9.80%，上年以来年度增长9.71%。

在此期间，安徽收入法产值人均值地区差指数由1.3616缩小为1.2725，省域间位次从第15位下降为第17位。2000年以来缩减6.55%，其中“十五”期间扩增2.57%，“十一五”期间缩减5.23%，“十二五”以来缩减3.85%，意味着与全国人均值的距离减小。

2. 劳动者报酬增长及构成比动态

同期，安徽收入法产值构成之劳动者报酬总量由1629.00亿元增长至12496.49亿元，2017年为2000年的7.67倍。2000年以来年均增长12.73%，其中2005年以来年均增长14.60%，2010年以来年均增长10.90%，2015年以来年均增长10.28%，上年以来年度增长11.56%。

劳动者报酬人均值由2682.55元增长至20074.19元，省域间位次从第27位下降为第28位，2017年为2000年的7.48倍。2000年以来年均增长12.57%，其中2005年以来年均增长14.56%，2010年以来年均增长10.09%，2015年以来年均增长9.28%，上年以来年度增长10.56%。

在此期间，安徽劳动者报酬人均值地区差指数由1.3339缩小为1.2917，省域间位次从第20位下降为第21位，缩减3.16%，其中“十五”期间扩增0.44%，“十一五”期间缩减5.71%，“十二五”以来扩增2.26%。劳动者报酬构成比由53.62%降低为46.25%，省域间位次从第17位下降为第22位，降低7.37个百分点，其中“十五”期间降低8.32个百分点，“十一五”期间增高3.72个百分点，“十二五”以来降低2.77个百分点。

3. 生产税净额增长及构成比动态

同期，安徽收入法产值构成之生产税净额总量由433.07亿元增长至4071.54亿元，2017年为2000年的9.40倍。2000年以来年均增长14.09%，其中2005年以来年均增长15.29%，2010年以来年均增长

12.55%，2015 年以来年均增长 9.03%，上年以来年度增长 12.86%。

生产税净额人均值由 713.15 元增长至 6540.48 元，2017 年为 2000 年的 9.17 倍。2000 年以来年均增长 13.92%，其中 2005 年以来年均增长 15.25%，2010 年以来年均增长 11.74%，2015 年以来年均增长 8.04%，上年以来年度增长 11.85%。

在此期间，安徽生产税净额人均值地区差指数由 1.4092 缩小为 1.2275，缩减 12.90%，其中“十五”期间扩增 2.52%，“十一五”期间缩减 5.81%，“十二五”以来缩减 9.80%。生产税净额构成比由 14.25% 升高到 15.07%，省域间位次从第 21 位上升为第 14 位，增高 0.82 个百分点，其中“十五”期间降低 0.52 个百分点，“十一五”期间增高 0.67 个百分点，“十二五”以来增高 0.67 个百分点。

4. 固定资产折旧增长及构成比动态

同期，安徽收入法产值构成之固定资产折旧总量由 430.06 亿元增长至 3634.32 亿元，2017 年为 2000 年的 8.45 倍。2000 年以来年均增长 13.38%，其中 2005 年以来年均增长 14.08%，2010 年以来年均增长 14.54%，2015 年以来年均增长 7.67%，上年以来年度增长 3.39%。

资产折旧人均值由 708.20 元增长至 5838.12 元，2017 年为 2000 年的 8.24 倍。2000 年以来年均增长 13.21%，其中 2005 年以来年均增长 14.05%，2010 年以来年均增长 13.71%，2015 年以来年均增长 6.70%，上年以来年度增长 2.47%。

在此期间，安徽资产折旧人均值地区差指数由 1.3617 缩小为 1.2785，缩减 6.11%，其中“十五”期间扩增 3.21%，“十一五”期间缩减 0.23%，“十二五”以来缩减 8.82%。资产折旧构成比由 14.15% 降低为 13.45%，省域间位次从第 12 位下降为第 19 位，降低 0.70 个百分点，其中“十五”期间降低 0.24 个百分点，“十一五”期间降低 2.54 个百分点，“十二五”以来增高 2.08 个百分点。

5. 营业盈余增长及构成比动态

同期，安徽收入法产值构成之营业盈余总量由 546.11 亿元增长至

6815.65亿元，2017年为2000年的12.48倍。2000年以来年均增长16.01%，其中2005年以来年均增长13.74%，2010年以来年均增长11.83%，2015年以来年均增长14.82%，上年以来年度增长12.05%。

营业盈余人均值由899.30元增长至10948.57元，2017年为2000年的12.17倍。2000年以来年均增长15.84%，其中2005年以来年均增长13.70%，2010年以来年均增长11.02%，2015年以来年均增长13.79%，上年以来年度增长11.05%。

在此期间，安徽营业盈余人均值地区差指数由1.3980缩小为1.2582，缩减10.00%，其中“十五”期间扩增3.55%，“十一五”期间缩减5.68%，“十二五”以来缩减7.85%。营业盈余构成比由17.97%升高到25.23%，省域间位次从第13位上升为第10位，增高7.26个百分点，其中“十五”期间增高9.08个百分点，“十一五”期间降低1.84个百分点，“十二五”以来增高0.02个百分点。

三　支出法产值构成子系统检测

2000年以来安徽支出法产值构成子系统结构性检测见图3。

1. 支出法结构产值

2000～2017年，安徽支出法结构产值总量由3041.24亿元增长至27018.00亿元，2017年为2000年的8.88倍。2000年以来年均增长13.71%，其中2005年以来年均增长14.40%，2010年以来年均增长11.82%，2015年以来年均增长10.81%，上年以来年度增长10.69%。

支出法产值人均值由5008.15元增长至43401.36元，省域间位次从第22位下降为第24位，2017年为2000年的8.67倍。2000年以来年均增长13.54%，其中2005年以来年均增长14.36%，2010年以来年均增长11.01%，2015年以来年均增长9.80%，上年以来年度增长9.71%。

在此期间，安徽支出法产值人均值地区差指数由1.3713缩小为1.2590，省域间位次从第14位下降为第17位。2000年以来缩减8.19%，

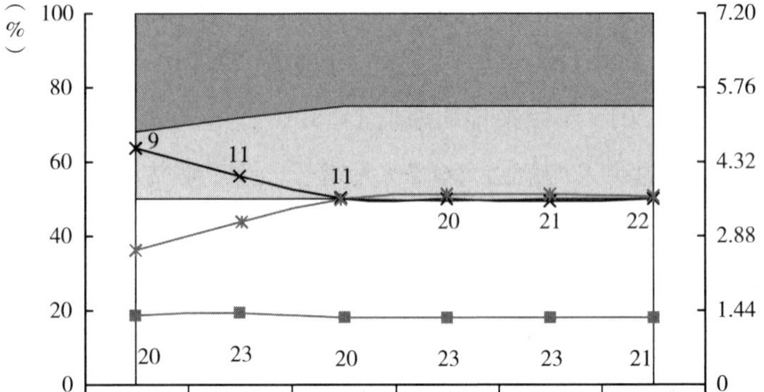

	2000年	2005年	2010年	2015年	2016年	2017年
(1)最终消费人均	3207.49	4872.35	10500.68	17945.42	19632.95	21684.39
(2)资本形成人均	1803.13	3814.73	10430.20	18504.58	20273.14	22045.16
(3)支出法产值人均	5008.15	8670.00	20887.95	35996.56	39561.00	43401.36
最终消费率	64.05	56.20	50.27	49.85	49.63	49.96
资本形成率	36.00	44.00	49.93	51.41	51.25	50.79
最终消费地区差	1.3639	1.3738	1.2941	1.3207	1.3232	1.3096

图3　支出法产值构成子系统结构性检测

左轴面积：（1）最终消费支出、（2）资本形成、（3）支出法产值人均值（元转换为%），其间呈直观比例，（3）－（1）－（2）＝货物与服务净流出，由于国内统一市场，大部分省域净流出为负值，即（1）＋（2）＞（3），需变通取值制图，避开负值体现其中负值关系。左轴曲线：最终消费率、资本形成率（%）。右轴曲线：最终消费人均值地区差（指数，无差距＝1）。标注最终消费率、最终消费人均值地区差省域位次，正文表述另调用后台最终消费人均值、资本形成率位次。

其中“十五”期间扩增2.28%，“十一五”期间缩减5.91%，“十二五”以来缩减4.60%，意味着与全国人均值的距离减小。

2. 最终消费支出增长及构成比动态

同期，安徽支出法产值构成之最终消费支出总量由1947.78亿元增长至13498.86亿元，2017年为2000年的6.93倍。2000年以来年均增长12.06%，其中2005年以来年均增长13.29%，2010年以来年均增长11.72%，2015年以来年均增长10.93%，上年以来年度增长11.44%。

最终消费人均值由3207.49元增长至21684.39元，省域间位次从第23位下降为第26位，2017年为2000年的6.76倍。2000年以来年均增长

11.90%，其中2005年以来年均增长13.25%，2010年以来年均增长10.91%，2015年以来年均增长9.93%，上年以来年度增长10.45%。

在此期间，安徽最终消费人均值地区差指数由1.3639缩小为1.3096，省域间位次从第20位下降为第21位，缩减3.98%，其中“十五”期间扩增0.73%，“十一五”期间缩减5.80%，“十二五”以来扩增1.20%。最终消费率（消费率）由64.05%降低为49.96%，省域间位次从第9位下降为第22位，降低14.09个百分点，其中“十五”期间降低7.85个百分点，“十一五”期间降低5.93个百分点，“十二五”以来降低0.31个百分点。

3. 资本形成增长及构成比动态

同期，安徽支出法产值构成之资本形成总额由1094.97亿元增长至13723.44亿元，2017年为2000年的12.53倍。2000年以来年均增长16.04%，其中2005年以来年均增长15.78%，2010年以来年均增长12.09%，2015年以来年均增长10.14%，上年以来年度增长9.72%。

资本形成人均值由1803.13元增长至22045.16元，省域间位次从第25位下降为第26位，2017年为2000年的12.23倍。2000年以来年均增长15.87%，其中2005年以来年均增长15.74%，2010年以来年均增长11.28%，2015年以来年均增长9.15%，上年以来年度增长8.74%。

在此期间，安徽资本形成人均值地区差指数由1.3406缩小为1.1525，省域间位次从第17位上升为第6位，缩减14.03%，其中“十五”期间扩增1.34%，“十一五”期间缩减5.01%，“十二五”以来缩减10.69%。资本形成率（投资率）由36.00%升高到50.79%，省域间位次从第27位上升为第20位，增高14.79个百分点，其中“十五”期间增高8.00个百分点，“十一五”期间增高5.93个百分点，“十二五”以来增高0.86个百分点。

四　初次分配收支综合子系统检测

2000年以来安徽初次分配收支综合子系统结构性检测见图4。

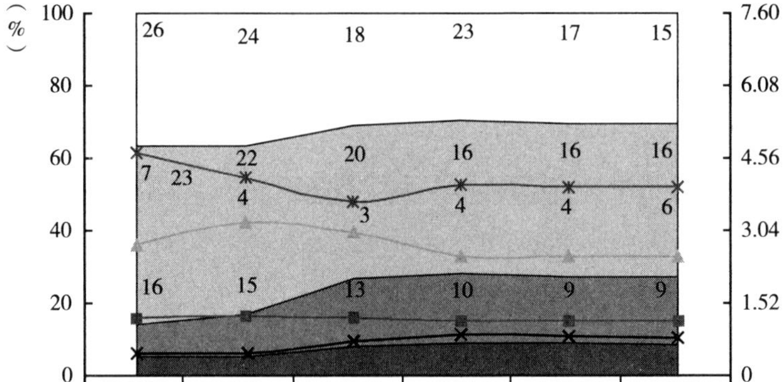

	2000年	2005年	2010年	2015年	2016年	2017年
居民总消费人均	2111.68	3642.18	7233.39	13090.19	15063.09	16187.48
居民收入人均	2846.20	4661.72	9795.03	18850.58	20655.85	22717.31
财政支出人均	516.61	1133.56	4281.40	8569.93	8951.59	9965.16
财政收入人均	285.42	530.99	1901.76	4014.72	4332.05	4517.63
财政收入比	6.16	6.21	9.30	11.15	10.95	10.41
居民收入比	61.41	54.56	47.90	52.37	52.21	52.35
居民收入地区差	1.2272	1.2626	1.2028	1.1578	1.1541	1.1503
居民收入城乡比	2.7363	3.2074	2.9873	2.4893	2.4876	2.4800

图4　初次分配收支综合子系统结构性检测

左轴面积：居民总消费、居民收入、财政支出、财政收入人均值（元转换为%），其间呈直观比例。左轴曲线：居民收入比、财政收入比（%）。右轴曲线：居民收入人均值地区差（无差距＝1）、城乡比（城镇对乡村倍数比，乡村＝1）。标注居民收入和总消费人均值、居民收入比、收入人均值地区差省域位次，正文表述另调用后台财政收支人均值、财政收入比及相应地区差、城乡比位次。

（一）公共经济生活

1. 财政收入增长及相对比值动态

2000～2017年，安徽财政收入总量由178.72亿元增长至2812.45亿元，2017年为2000年的15.74倍。2000年以来年均增长17.60%，其中2005年以来年均增长19.43%，2010年以来年均增长13.64%，2015年以来年均增长7.05%，上年以来年度增长5.23%。

财政收入人均值由285.42元增长至4517.63元，省域间位次从第23位

上升为第 21 位，2017 年为 2000 年的 15.83 倍。2000 年以来年均增长 17.64%，其中 2005 年以来年均增长 19.53%，2010 年以来年均增长 13.16%，2015 年以来年均增长 6.08%，上年以来年度增长 4.28%。

财政收入比由 6.16% 升高到 10.41%，省域间位次从第 16 位下降为第 17 位。2000 年以来明显增高 4.25 个百分点，其中“十五”期间增高 0.05 个百分点，“十一五”期间增高 3.09 个百分点，“十二五”以来增高 1.11 个百分点。

2. 财政支出增长及相对比值动态

2000～2017 年，安徽财政支出总量由 323.47 亿元增长至 6203.81 亿元，2017 年为 2000 年的 19.18 倍。2000 年以来年均增长 18.98%，其中 2005 年以来年均增长 19.76%，2010 年以来年均增长 13.31%，2015 年以来年均增长 8.82%，上年以来年度增长 12.33%。

财政支出人均值由 516.61 元增长至 9965.16 元，省域间位次从第 30 位上升为第 28 位，2017 年为 2000 年的 19.29 倍。2000 年以来年均增长 19.02%，其中 2005 年以来年均增长 19.86%，2010 年以来年均增长 12.83%，2015 年以来年均增长 7.83%，上年以来年度增长 11.32%。

财政支出比由 11.15% 升高到 22.96%，省域间位次从第 20 位上升为第 18 位。2000 年以来显著增高 11.81 个百分点，其中“十五”期间增高 2.12 个百分点，“十一五”期间增高 7.67 个百分点，“十二五”以来增高 2.02 个百分点。

3. 财政收入、财政支出地区差变化

在此期间，安徽财政收入人均值地区差指数由 1.7310 缩小为 1.6371，省域间位次从第 21 位上升为第 19 位。2000 年以来缩减 5.42%，其中“十五”期间扩增 2.91%，“十一五”期间缩减 4.91%，“十二五”以来缩减 3.35%，地区均衡性有所增强。

财政支出人均值地区差指数由 1.5894 缩小为 1.3197，省域间位次从第 27 位上升为第 22 位。2000 年以来缩减 16.97%，其中“十五”期间缩减 1.57%，“十一五”期间缩减 12.90%，“十二五”以来缩减 3.15%，地区均衡性有所增强。

（二）人民经济生活

1. 居民收入增长及相对比值动态

2000～2017 年，安徽居民收入总量由 1782.15 亿元增长至 14142.66 亿元，2017 年为 2000 年的 7.94 倍。2000 年以来年均增长 12.96%，其中 2005 年以来年均增长 14.01%，2010 年以来年均增长 13.25%，2015 年以来年均增长 10.78%，上年以来年度增长 10.97%。

城乡综合演算的居民收入人均值由 2846.20 元增长至 22717.31 元，省域间位次从第 23 位上升为第 16 位，2017 年为 2000 年的 7.98 倍。2000 年以来年均增长 13.00%，其中 2005 年以来年均增长 14.11%，2010 年以来年均增长 12.77%，2015 年以来年均增长 9.78%，上年以来年度增长 9.98%。

还需要格外注意，安徽居民收入比由 61.41% 降低为 52.35%，省域间位次从第 7 位上升为第 6 位。2000 年以来明显降低 9.06 个百分点，其中“十五”期间降低 6.85 个百分点，“十一五”期间降低 6.66 个百分点，“十二五”以来增高 4.45 个百分点。

2. 居民总消费增长及相对比值动态

2000～2017 年，安徽居民消费总量由 1322.23 亿元增长至 10077.52 亿元，2017 年为 2000 年的 7.62 倍。2000 年以来年均增长 12.69%，其中 2005 年以来年均增长 13.14%，2010 年以来年均增长 12.67%，2015 年以来年均增长 12.22%，上年以来年度增长 8.43%。

城乡综合演算的居民总消费人均值由 2111.68 元增长至 16187.48 元，省域间位次从第 26 位上升为第 15 位，2017 年为 2000 年的 7.67 倍。2000 年以来年均增长 12.73%，其中 2005 年以来年均增长 13.24%，2010 年以来年均增长 12.20%，2015 年以来年均增长 11.20%，上年以来年度增长 7.46%。

还需要格外注意，安徽居民消费率由 45.56% 降低为 37.30%，省域间位次从第 8 位上升为第 6 位。2000 年以来明显降低 8.26 个百分点，其中“十五”期间降低 2.94 个百分点，“十一五”期间降低 7.25 个百分点，“十二五”以来增高 1.93 个百分点。

3. 居民收入、总消费地区差、城乡比变化

在此期间，安徽居民收入人均值地区差指数由 1.2272 缩小为 1.1503，省域间位次从第 16 位上升为第 9 位。2000 年以来缩减 6.26%，其中“十五”期间扩增 2.89%，“十一五”期间缩减 4.74%，“十二五”以来缩减 4.36%，地区均衡性有所增强。

居民收入人均值城乡比指数由 2.7363 缩小为 2.4800，省域间位次从第 19 位上升为第 14 位。2000 年以来缩减 9.37%，其中“十五”期间扩增 17.22%，“十一五”期间缩减 6.86%，“十二五”以来缩减 16.98%，城乡均衡性有所增强。

安徽居民总消费人均值地区差指数由 1.2595 缩小为 1.1376，省域间位次从第 20 位上升为第 8 位。2000 年以来缩减 9.68%，其中“十五”期间缩减 0.97%，“十一五”期间缩减 5.78%，“十二五”以来缩减 3.20%，地区均衡性有所增强。

居民总消费人均值城乡比指数由 3.2032 缩小为 1.8675，省域间位次从第 20 位上升为第 7 位。2000 年以来缩减 41.70%，其中“十五”期间缩减 9.48%，“十一五”期间缩减 1.06%，“十二五”以来缩减 34.90%，城乡均衡性有所增强。

五 经济增长通用指标动态测评

2000～2017 年安徽经济增长结构优化综合检测结果见图 5。

1. 2017年理想值横向检测

以假定全国及各地各类数据全面消除城乡差距、地区差距为理想值 100，2017 年无差距全国横向检测排行，安徽此项指数为 88.53。这表明与全国城乡、地区无差距理想值 100 相比，安徽经济增长结构优化全量化检测结果达到 88.53%，低于理想值 11.47%，此项指数排名处于省域间第 24 位。

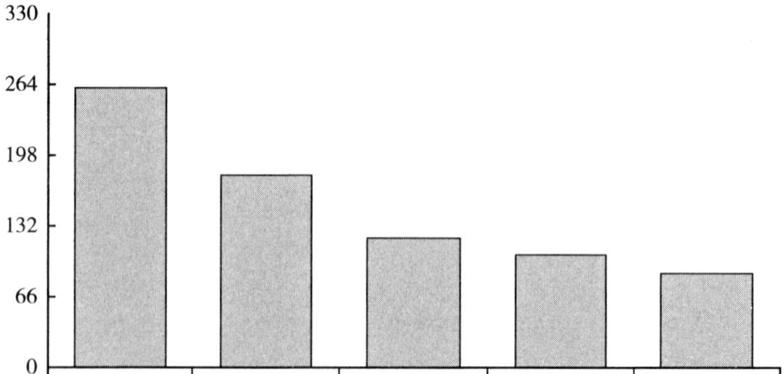

	2000～2017年自身纵向检测	2005～2017年自身纵向检测	2010～2017年自身纵向检测	2015～2017年自身纵向检测	2017年无差距全国横向检测
省域排行位次	12	6	8	5	24
安徽测评指数	261.00	180.52	120.34	104.77	88.53

图5　2000～2017年经济增长结构优化综合检测结果

数轴：共时性年度横向测评（全国城乡、地区无差距理想值=100），类似“不论年龄比当下高矮”，有利于发达地区；历时性阶段纵向测评（起点年自身基数值=100），类似“不论高矮比时段生长”，有利于后发加力地区，从左至右：（1）以2000年为起点，（2）以2005年为起点，（3）以2010年为起点，（4）以2015年为起点，多向度测评对应省域排行，检验不同阶段进展状况。

2. 2000年以来基数值纵向检测

以“全面小康”进程起点年“九五”末年2000年各类数据演算指标为基数值100，2000～2017年自身纵向检测排行，安徽此项指数为261.00。这表明与2000年自身基数值100相比，安徽经济增长结构优化全量化检测结果达到261.00%，高于基数值161.00%，此项指数提升程度处于省域间第12位。

3. 2005年以来基数值纵向检测

以“全面小康”进程第一个五年期“十五”末年2005年各类数据演算指标为基数值100，2005～2017年自身纵向检测排行，安徽此项指数为180.52。这表明与2005年自身基数值100相比，安徽经济增长结构优化全量化检测结果达到180.52%，高于基数值80.52%，此项指数提升程度处于省域间第6位。

4. 2010年以来基数值纵向检测

以“全面小康”进程第二个五年期“十一五”末年2010年各类数据演算指标为基数值100，2010～2017年自身纵向检测排行，安徽此项指数为120.34。这表明与2010年自身基数值100相比，安徽经济增长结构优化全量化检测结果达到120.34%，高于基数值20.34%，此项指数提升程度处于省域间第8位。

5. 2015年以来基数值纵向检测

以“全面小康”进程第三个五年期“十二五”末年2015年各类数据演算指标为基数值100，2015～2017年自身纵向检测排行，安徽此项指数为104.77。这表明与2015年自身基数值100相比，安徽经济增长结构优化全量化检测结果达到104.77%，高于基数值4.77%，此项指数提升程度处于省域间第5位。

E.19

山东：2017年经济发展指数排名第11位

秦瑞婧*

摘　要： 2000～2017年，山东地区生产总值构成中第二产业从50.91%下降为45.35%，第三产业从36.34%上升至47.99%；收入法产值构成中劳动者报酬从47.79%下降为45.68%，生产税净额从18.93%下降为13.19%，营业盈余从19.15%上升至26.91%；支出法产值构成中最终消费率从47.99%上升至48.44%，资本形成率从49.17%上升至50.13%；初次分配收支中财政收入比从5.56%上升至8.40%，居民收入比从43.63%下降为38.57%，居民消费率从31.82%下降为24.66%。财政收入、支出、居民收入人均值地区差缩小，但产值、居民总消费人均值地区差扩大；居民收入、总消费人均值城乡比均缩小。山东经济增长结构优化评价排行：城乡、地区无差距理想值横向测评为省域第11位；2000年、2005年、2010年和2015年自身基数值纵向测评分别为省域第21位、第21位、第18位和第20位。

关键词： 山东　经济增长　结构优化　检测评价

---

* 秦瑞婧，云南省社会科学院助理研究员，主要从事周边国情和文化产业研究。

限于篇幅，三次产业结构主体子系统，收入法、支出法产值结构辅助子系统，面向公共经济生活、人民经济生活初次分配收支综合子系统分别设置为一图，难以充分展开。当地数据检测更多细节可参看技术报告、排行报告由不同侧面展开的各地纵向历时动态、横向共时静态对比分析。

一　三次产业产值构成子系统检测

2000 年以来山东三次产业产值构成子系统结构性检测见图 1。

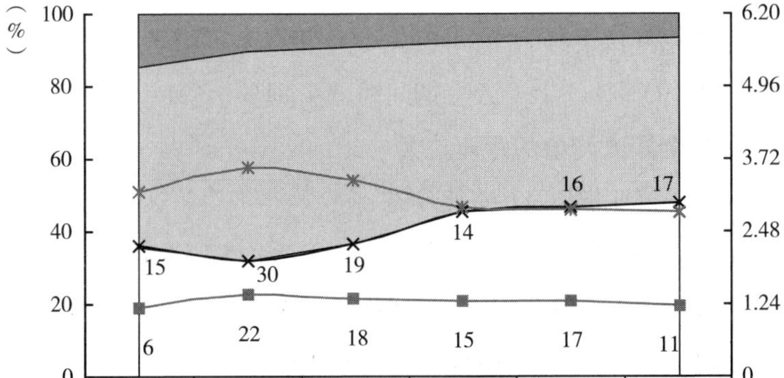

	2000年	2005年	2010年	2015年	2016年	2017年
一产产值人均	1418.98	2130.96	3765.64	5071.23	4980.47	4844.22
二产产值人均	4747.64	11535.04	22288.26	30031.59	31670.13	33021.30
三产产值人均	3388.66	6430.01	15052.09	29065.48	32082.40	34941.62
二产构成比	50.91	57.40	54.22	46.80	46.08	45.35
三产构成比	36.34	32.00	36.62	45.30	46.68	47.99
产值人均地区差	1.1743	1.3987	1.3313	1.2770	1.2744	1.2204

图 1　三次产业产值构成子系统结构性检测

左轴面积：一、二、三产产值人均值（元转换为%），其间呈直观比例，其和为三次产业产值人均值。左轴曲线：二、三产产值构成比（%）。右轴曲线：三次产业产值人均值地区差（无差距 = 1）。限于制图空间，总量置于后台数据库同步演算，后同。标注三次产业产值人均值地区差、三产构成比省域位次，正文表述另调用后台各类产值人均值、一产和二产构成比位次。

1. 三次产业结构产值

2000 ~ 2017 年，山东三次产业结构产值总量由 8337.47 亿元增长至

72634.15亿元，2017年为2000年的8.71倍。2000年以来年均增长13.58%，其中2005年以来年均增长12.06%，2010年以来年均增长9.22%，2015年以来年均增长7.37%，上年以来年度增长6.78%。

产值人均值由9326.00元增长至72807.14元，省域间位次（基于各地不同变化，后同）从第9位上升为第8位，2017年为2000年的7.81倍。2000年以来年均增长12.85%（由于人口增长，人均值演算增长率略低于总量演算增长率），其中2005年以来年均增长11.32%，2010年以来年均增长8.51%，2015年以来年均增长6.52%，上年以来年度增长5.93%。

在此期间，山东产值人均值地区差指数由1.1743扩大为1.2204，省域间位次从第6位下降为第11位。2000年以来扩增3.93%，其中“十五”期间扩增19.11%，“十一五”期间缩减4.81%，“十二五”以来缩减8.33%，意味着与全国人均值的距离拉大。

2. 第一产业增长及构成比动态

同期，山东第一产业产值总量由1268.57亿元增长至4832.71亿元，2017年为2000年的3.81倍。2000年以来年均增长8.19%，其中2005年以来年均增长7.79%，2010年以来年均增长4.35%，2015年以来年均负增长1.48%，上年以来年度负增长1.96%。

第一产业产值人均值由1418.98元增长至4844.22元，省域间位次从第7位下降为第12位，2017年为2000年的3.41倍。2000年以来年均增长7.49%，其中2005年以来年均增长7.08%，2010年以来年均增长3.66%，2015年以来年均负增长2.26%，上年以来年度负增长2.74%。

在此期间，山东第一产业产值人均值地区差指数由1.2174缩小为1.0258，缩减15.73%，其中“十五”期间扩增4.65%，“十一五”期间扩增0.45%，“十二五”以来缩减19.84%。第一产业构成比由15.22%降低为6.65%，省域间位次从第23位下降为第27位，降低8.57个百分点，其中“十五”期间降低4.62个百分点，“十一五”期间降低1.44个百分点，“十二五”以来降低2.51个百分点。

3. 第二产业增长及构成比动态

同期，山东第二产业产值总量由4244.40亿元增长至32942.84亿元，2017年为2000年的7.76倍。2000年以来年均增长12.81%，其中2005年以来年均增长9.89%，2010年以来年均增长6.47%，2015年以来年均增长5.70%，上年以来年度增长5.10%。

第二产业产值人均值由4747.64元增长至33021.30元，省域间位次从第10位上升为第7位，2017年为2000年的6.96倍。2000年以来年均增长12.09%，其中2005年以来年均增长9.16%，2010年以来年均增长5.78%，2015年以来年均增长4.86%，上年以来年度增长4.27%。

在此期间，山东第二产业产值人均值地区差指数由1.3127扩大为1.3681，扩增4.22%，其中“十五”期间扩增30.05%，“十一五”期间缩减8.87%，“十二五”以来缩减12.07%。第二产业构成比由50.91%降低为45.35%，省域间位次从第5位下降为第9位，降低5.56个百分点，其中“十五”期间增高6.49个百分点，“十一五”期间降低3.18个百分点，“十二五”以来降低8.87个百分点。

4. 第三产业增长及构成比动态

同期，山东第三产业产值总量由3029.47亿元增长至34858.60亿元，2017年为2000年的11.51倍。2000年以来年均增长15.45%，其中2005年以来年均增长15.91%，2010年以来年均增长13.53%，2015年以来年均增长10.52%，上年以来年度增长9.79%。

第三产业产值人均值由3388.66元增长至34941.62元，省域间位次从第9位上升为第8位，2017年为2000年的10.31倍。2000年以来年均增长14.71%，其中2005年以来年均增长15.15%，2010年以来年均增长12.78%，2015年以来年均增长9.64%，上年以来年度增长8.91%。

在此期间，山东第三产业产值人均值地区差指数由1.0724扩大为1.1344，扩增5.78%，其中“十五”期间扩增0.96%，“十一五”期间扩增2.16%，“十二五”以来扩增2.56%。第三产业构成比由36.34%升高到47.99%，省域间位次从第15位下降为第17位，增高11.65个百分点，其中“十五”期间降低 4.34 个百分点，“十一五”期间增高 4.62 个百分点，“十二五”以来增高 11.37 个百分点。

二　收入法产值构成子系统检测

2000 年以来山东收入法产值构成子系统结构性检测见图 2。

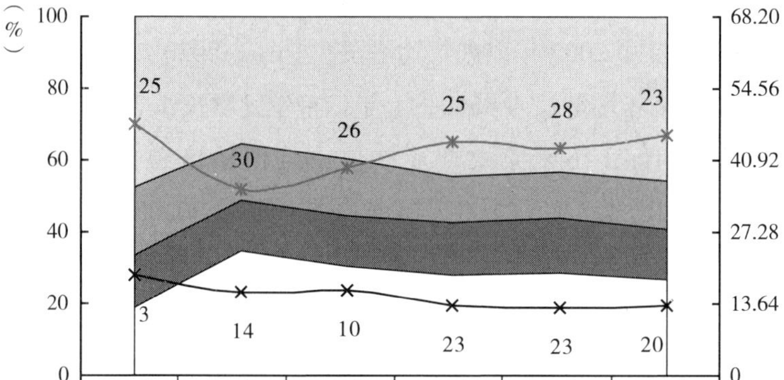

	2000年	2005年	2010年	2015年	2016年	2017年
劳动报酬人均	4566.22	7085.91	16221.01	28518.74	29843.97	33258.75
生产净税人均	1808.34	3190.75	6584.34	8415.86	8911.85	9602.68
资产折旧人均	1350.82	2862.72	5650.50	9216.67	10418.62	10351.46
营业盈余人均	1829.89	6956.63	12650.15	18017.03	19558.57	19594.24
报酬构成比	47.79	35.26	39.46	44.44	43.42	45.68
净税构成比	18.93	15.88	16.02	13.12	12.97	13.19

图 2　收入法产值构成子系统结构性检测

左轴面积：劳动者报酬、生产税净额、固定资产折旧、营业盈余人均值（元转换为%），其间呈直观比例，其和为收入法产值人均值。右轴曲线：劳动者报酬、生产税净额构成比（%）。标注报酬、净税构成比省域位次，正文表述另调用后台报酬人均值及地区差、折旧和盈余构成比位次，由此可看出各地居民、政府、企业部门在支出法当地产值中“获得”比重和绝对值位次。

1. 收入法结构产值

2000～2017 年，山东收入法结构产值总量由 8542.44 亿元增长至 72634.15 亿元，2017 年为 2000 年的 8.50 倍。2000 年以来年均增长 13.42%，其中 2005 年以来年均增长 12.06%，2010 年以来年均增长

9.22%，2015年以来年均增长7.37%，上年以来年度增长6.78%。

收入法产值人均值由9555.27元增长至72807.14元，省域间位次从第9位上升为第8位，2017年为2000年的7.62倍。2000年以来年均增长12.69%，其中2005年以来年均增长11.32%，2010年以来年均增长8.51%，2015年以来年均增长6.52%，上年以来年度增长5.93%。

在此期间，山东收入法产值人均值地区差指数由1.2192扩大为1.2204，省域间位次从第7位下降为第11位。2000年以来扩增0.10%，其中“十五”期间扩增14.72%，“十一五”期间缩减4.81%，“十二五”以来缩减8.33%，意味着与全国人均值的距离拉大。

2. 劳动者报酬增长及构成比动态

同期，山东收入法产值构成之劳动者报酬总量由4082.21亿元增长至33179.73亿元，2017年为2000年的8.13倍。2000年以来年均增长13.12%，其中2005年以来年均增长14.51%，2010年以来年均增长11.53%，2015年以来年均增长8.86%，上年以来年度增长12.34%。

劳动者报酬人均值由4566.22元增长至33258.75元，省域间位次从第9位上升为第8位，2017年为2000年的7.28倍。2000年以来年均增长12.39%，其中2005年以来年均增长13.75%，2010年以来年均增长10.80%，2015年以来年均增长7.99%，上年以来年度增长11.44%。

在此期间，山东劳动者报酬人均值地区差指数由1.1339扩大为1.1735，省域间位次从第9位下降为第10位，扩增3.49%，其中“十五”期间扩增5.06%，“十一五”期间缩减2.01%，“十二五”以来扩增0.54%。劳动者报酬构成比由47.79%降低为45.68%，省域间位次从第25位上升为第23位，降低2.11个百分点，其中“十五”期间降低12.53个百分点，“十一五”期间增高4.20个百分点，“十二五”以来增高6.22个百分点。

3. 生产税净额增长及构成比动态

同期，山东收入法产值构成之生产税净额总量由1616.66亿元增长至9579.87亿元，2017年为2000年的5.93倍。2000年以来年均增长11.03%，其中2005年以来年均增长10.34%，2010年以来年均增长

6.23%，2015 年以来年均增长 7.67%，上年以来年度增长 8.62%。

生产税净额人均值由 1808.34 元增长至 9602.68 元，2017 年为 2000 年的 5.31 倍。2000 年以来年均增长 10.32%，其中 2005 年以来年均增长 9.62%，2010 年以来年均增长 5.54%，2015 年以来年均增长 6.82%，上年以来年度增长 7.75%。

在此期间，山东生产税净额人均值地区差指数由 1.4980 缩小为 1.1342，缩减 24.28%，其中“十五”期间缩减 0.68%，“十一五”期间缩减 5.96%，“十二五”以来缩减 18.94%。生产税净额构成比由 18.93% 降低为 13.19%，省域间位次从第 3 位下降为第 20 位，降低 5.74 个百分点，其中“十五”期间降低 3.05 个百分点，“十一五”期间增高 0.14 个百分点，“十二五”以来降低 2.83 个百分点。

4. 固定资产折旧增长及构成比动态

同期，山东收入法产值构成之固定资产折旧总量由 1207.64 亿元增长至 10326.87 亿元，2017 年为 2000 年的 8.55 倍。2000 年以来年均增长 13.46%，其中 2005 年以来年均增长 12.05%，2010 年以来年均增长 9.75%，2015 年以来年均增长 6.83%，上年以来年度增长 0.15%。

资产折旧人均值由 1350.82 元增长至 10351.46 元，2017 年为 2000 年的 7.66 倍。2000 年以来年均增长 12.73%，其中 2005 年以来年均增长 11.31%，2010 年以来年均增长 9.03%，2015 年以来年均增长 5.98%，上年以来年度负增长 0.64%。

在此期间，山东资产折旧人均值地区差指数由 1.2176 扩大为 1.2793，扩增 5.07%，其中“十五”期间扩增 15.93%，“十一五”期间扩增 0.78%，“十二五”以来缩减 10.06%。资产折旧构成比由 14.14% 升高到 14.22%，省域间位次保持第 13 位，增高 0.08 个百分点，其中“十五”期间增高 0.11 个百分点，“十一五”期间降低 0.50 个百分点，“十二五”以来增高 0.47 个百分点。

5. 营业盈余增长及构成比动态

同期，山东收入法产值构成之营业盈余总量由 1635.93 亿元增长至

19547.68亿元，2017年为2000年的11.95倍。2000年以来年均增长15.71%，其中2005年以来年均增长9.74%，2010年以来年均增长7.15%，2015年以来年均增长5.12%，上年以来年度增长0.99%。

营业盈余人均值由1829.89元增长至19594.24元，2017年为2000年的10.71倍。2000年以来年均增长14.97%，其中2005年以来年均增长9.01%，2010年以来年均增长6.45%，2015年以来年均增长4.29%，上年以来年度增长0.18%。

在此期间，山东营业盈余人均值地区差指数由1.2249扩大为1.3275，扩增8.37%，其中“十五”期间扩增33.73%，“十一五”期间缩减6.94%，“十二五”以来缩减12.92%。营业盈余构成比由19.15%升高到26.91%，省域间位次从第12位上升为第7位，增高7.76个百分点，其中“十五”期间增高15.47个百分点，“十一五”期间降低3.85个百分点，“十二五”以来降低3.86个百分点。

三　支出法产值构成子系统检测

2000年以来山东支出法产值构成子系统结构性检测见图3。

1. 支出法结构产值

2000~2017年，山东支出法结构产值总量由8542.44亿元增长至72634.15亿元，2017年为2000年的8.50倍。2000年以来年均增长13.42%，其中2005年以来年均增长12.06%，2010年以来年均增长9.22%，2015年以来年均增长7.37%，上年以来年度增长6.78%。

支出法产值人均值由9555.27元增长至72807.14元，省域间位次从第9位上升为第8位，2017年为2000年的7.62倍。2000年以来年均增长12.69%，其中2005年以来年均增长11.32%，2010年以来年均增长8.51%，2015年以来年均增长6.52%，上年以来年度增长5.93%。

在此期间，山东支出法产值人均值地区差指数由1.1996扩大为1.2430，省域间位次从第7位下降为第14位。2000年以来扩增3.62%，其

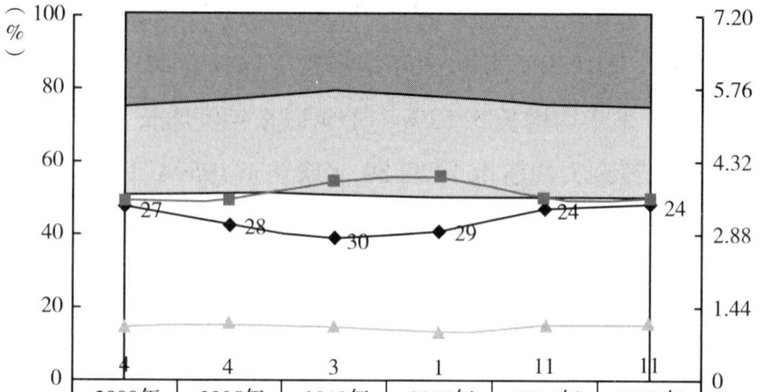

	2000年	2005年	2010年	2015年	2016年	2017年
（1）最终消费人均	4585.82	8632.83	16088.99	26628.27	32484.53	35269.71
（2）资本形成人均	4698.65	10075.41	22561.96	36246.02	34998.02	36499.29
（3）支出法产值人均	9555.27	20096.00	41105.98	64168.30	68733.00	72807.14
最终消费率	47.99	42.96	39.14	41.50	47.26	48.44
资本形成率	49.17	50.14	54.89	56.49	50.92	50.13
最终消费地区差	1.0905	1.1094	1.0815	1.0079	1.1199	1.1229

图3 支出法产值构成子系统结构性检测

左轴面积：（1）最终消费支出、（2）资本形成、（3）支出法产值人均值（元转换为%），其间呈直观比例，（3）－（1）－（2）＝货物与服务净流出，由于国内统一市场，大部分省域净流出为负值，即（1）＋（2）＞（3），需变通取值制图，避开负值体现其中负值关系。左轴曲线：最终消费率、资本形成率（%）。右轴曲线：最终消费人均值地区差（指数，无差距＝1）。标注最终消费率、最终消费人均值地区差省域位次，正文表述另调用后台最终消费人均值、资本形成率位次。

中“十五”期间扩增15.44%，“十一五”期间缩减3.32%，“十二五”以来缩减7.16%，意味着与全国人均值的距离拉大。

2. 最终消费支出增长及构成比动态

同期，山东支出法产值构成之最终消费支出总量由4099.74亿元增长至35185.91亿元，2017年为2000年的8.58倍。2000年以来年均增长13.48%，其中2005年以来年均增长13.19%，2010年以来年均增长12.60%，2015年以来年均增长16.01%，上年以来年度增长9.44%。

最终消费人均值由4585.82元增长至35269.71元，省域间位次从第11位上升为第7位，2017年为2000年的7.69倍。2000年以来年均增长

12.75%，其中2005年以来年均增长12.44%，2010年以来年均增长11.87%，2015年以来年均增长15.09%，上年以来年度增长8.57%。

在此期间，山东最终消费人均值地区差指数由1.0905扩大为1.1229，省域间位次从第4位下降为第11位，扩增2.97%，其中“十五”期间扩增1.73%，“十一五”期间缩减2.51%，“十二五”以来扩增3.83%。最终消费率（消费率）由47.99%升高到48.44%，省域间位次从第27位上升为第24位，增高0.45个百分点，其中“十五”期间降低5.03个百分点，“十一五”期间降低3.82个百分点，“十二五”以来增高9.30个百分点。

3. 资本形成增长及构成比动态

同期，山东支出法产值构成之资本形成总额由4200.61亿元增长至36412.57亿元，2017年为2000年的8.67倍。2000年以来年均增长13.55%，其中2005年以来年均增长12.06%，2010年以来年均增长7.82%，2015年以来年均增长1.15%，上年以来年度增长5.13%。

资本形成人均值由4698.65元增长至36499.29元，省域间位次从第7位下降为第14位，2017年为2000年的7.77倍。2000年以来年均增长12.82%，其中2005年以来年均增长11.32%，2010年以来年均增长7.11%，2015年以来年均增长0.35%，上年以来年度增长4.29%。

在此期间，山东资本形成人均值地区差指数由1.7183缩小为1.4032，省域间位次从第25位上升为第17位，缩减18.34%，其中“十五”期间缩减1.41%，“十一五”期间缩减9.41%，“十二五”以来缩减8.57%。资本形成率（投资率）由49.17%升高到50.13%，省域间位次从第7位下降为第22位，增高0.96个百分点，其中“十五”期间增高0.97个百分点，“十一五”期间增高4.75个百分点，“十二五”以来降低4.76个百分点。

四　初次分配收支综合子系统检测

2000年以来山东初次分配收支综合子系统结构性检测见图4。

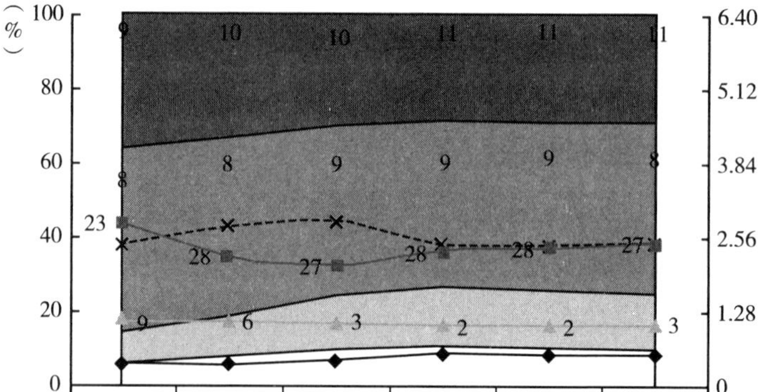

	2000年	2005年	2010年	2015年	2016年	2017年
居民总消费人均	2966.95	4827.14	8857.98	14968.51	16467.60	17954.93
居民收入人均	4068.62	6948.87	13304.79	23357.12	25591.74	28077.79
财政支出人均	685.73	1591.30	4349.94	8402.69	8846.26	9280.29
财政收入人均	518.63	1164.67	2885.30	5631.66	5921.12	6113.05
财政收入比	5.56	5.80	7.02	8.78	8.61	8.40
居民收入比	43.63	34.58	32.37	36.40	37.23	38.57
居民收入地区差	1.1047	1.0991	1.0829	1.0435	1.0480	1.0502
居民收入城乡比	2.4406	2.7337	2.8534	2.4396	2.4374	2.4336

图4　初次分配收支综合子系统结构性检测

左轴面积：居民总消费、居民收入、财政支出、财政收入人均值（元转换为%），其间呈直观比例。左轴曲线：居民收入比、财政收入比（%）。右轴曲线：居民收入人均值地区差（无差距＝1）、城乡比（城镇对乡村倍数比，乡村＝1）。标注居民收入和总消费人均值、居民收入比、收入人均值地区差省域位次，正文表述另调用后台财政收支人均值、财政收入比及相应地区差、城乡比位次。

（一）公共经济生活

1. 财政收入增长及相对比值动态

2000～2017年，山东财政收入总量由463.68亿元增长至6098.63亿元，2017年为2000年的13.15倍。2000年以来年均增长16.37%，其中2005年以来年均增长15.58%，2010年以来年均增长12.05%，2015年以来年均增长5.02%，上年以来年度增长4.07%。

财政收入人均值由518.63元增长至6113.05元，省域间位次从第9位

下降为第12位，2017年为2000年的11.79倍。2000年以来年均增长15.62%，其中2005年以来年均增长14.82%，2010年以来年均增长11.32%，2015年以来年均增长4.19%，上年以来年度增长3.24%。

财政收入比由5.56%升高到8.40%，省域间位次从第24位下降为第27位。2000年以来较明显增高2.84个百分点，其中“十五”期间增高0.24个百分点，“十一五”期间增高1.22个百分点，“十二五”以来增高1.38个百分点。

2. 财政支出增长及相对比值动态

2000~2017年，山东财政支出总量由613.08亿元增长至9258.40亿元，2017年为2000年的15.10倍。2000年以来年均增长17.32%，其中2005年以来年均增长16.60%，2010年以来年均增长12.17%，2015年以来年均增长5.94%，上年以来年度增长5.75%。

财政支出人均值由685.73元增长至9280.29元，省域间位次从第21位下降为第29位，2017年为2000年的13.53倍。2000年以来年均增长16.56%，其中2005年以来年均增长15.83%，2010年以来年均增长11.43%，2015年以来年均增长5.09%，上年以来年度增长4.91%。

财政支出比由7.35%升高到12.75%，省域间位次从第29位下降为第30位。2000年以来明显增高5.40个百分点，其中“十五”期间增高0.57个百分点，“十一五”期间增高2.66个百分点，“十二五”以来增高2.17个百分点。

3. 财政收入、财政支出地区差变化

在此期间，山东财政收入人均值地区差指数由1.5111缩小为1.5090，省域间位次从第7位下降为第10位。2000年以来缩减0.14%，其中“十五”期间扩增0.60%，“十一五”期间扩增1.00%，“十二五”以来缩减1.73%，地区均衡性有所增强。

财政支出人均值地区差指数由1.4550缩小为1.3665，省域间位次从第17位下降为第23位。2000年以来缩减6.08%，其中“十五”期间缩减4.57%，“十一五”期间缩减2.60%，“十二五”以来扩增1.03%，地区均衡性有所增强。

（二）人民经济生活

1. 居民收入增长及相对比值动态

2000~2017 年，山东居民收入总量由 3637.55 亿元增长至 28011.56 亿元，2017 年为 2000 年的 7.70 倍。2000 年以来年均增长 12.76%，其中 2005 年以来年均增长 13.09%，2010 年以来年均增长 11.99%，2015 年以来年均增长 10.52%，上年以来年度增长 10.59%。

城乡综合演算的居民收入人均值由 4068.62 元增长至 28077.79 元，省域间位次保持第 8 位，2017 年为 2000 年的 6.90 倍。2000 年以来年均增长 12.03%，其中 2005 年以来年均增长 12.34%，2010 年以来年均增长 11.26%，2015 年以来年均增长 9.64%，上年以来年度增长 9.71%。

还需要格外注意，山东居民收入比由 43.63% 降低为 38.57%，省域间位次从第 23 位下降为第 27 位。2000 年以来明显降低 5.06 个百分点，其中"十五"期间降低 9.05 个百分点，"十一五"期间降低 2.21 个百分点，"十二五"以来增高 6.20 个百分点。

2. 居民总消费增长及相对比值动态

2000~2017 年，山东居民消费总量由 2652.60 亿元增长至 17912.58 亿元，2017 年为 2000 年的 6.75 倍。2000 年以来年均增长 11.89%，其中 2005 年以来年均增长 12.31%，2010 年以来年均增长 11.35%，2015 年以来年均增长 10.40%，上年以来年度增长 9.91%。

城乡综合演算的居民总消费人均值由 2966.95 元增长至 17954.93 元，省域间位次从第 9 位下降为第 11 位，2017 年为 2000 年的 6.05 倍。2000 年以来年均增长 11.17%，其中 2005 年以来年均增长 11.57%，2010 年以来年均增长 10.62%，2015 年以来年均增长 9.52%，上年以来年度增长 9.03%。

还需要格外注意，山东居民消费率由 31.82% 降低为 24.66%，省域间位次从第 24 位下降为第 29 位。2000 年以来明显降低 7.16 个百分点，其中"十五"期间降低 7.80 个百分点，"十一五"期间降低 2.47 个百分点，"十二五"以来增高 3.11 个百分点。

3. 居民收入、总消费地区差、城乡比变化

在此期间，山东居民收入人均值地区差指数由1.1047缩小为1.0502，省域间位次从第9位上升为第3位。2000年以来缩减4.94%，其中“十五”期间缩减0.51%，“十一五”期间缩减1.48%，“十二五”以来缩减3.02%，地区均衡性有所增强。

居民收入人均值城乡比指数由2.4406缩小为2.4336，省域间位次从第14位上升为第13位。2000年以来缩减0.29%，其中“十五”期间扩增12.01%，“十一五”期间扩增4.38%，“十二五”以来缩减14.71%，城乡均衡性有所增强。

山东居民总消费人均值地区差指数由1.0404扩大为1.0434，省域间位次从第5位上升为第3位。2000年以来扩增0.29%，其中“十五”期间缩减3.66%，“十一五”期间扩增0.77%，“十二五”以来扩增3.30%，地区均衡性继续减弱。

居民总消费人均值城乡比指数由2.8361缩小为2.2309，省域间位次从第13位下降为第23位。2000年以来缩减21.34%，其中“十五”期间缩减3.89%，“十一五”期间扩增0.11%，“十二五”以来缩减18.25%，城乡均衡性有所增强。

五　经济增长通用指标动态测评

2000～2017年山东经济增长结构优化综合检测结果见图5。

1. 2017年理想值横向检测

以假定全国及各地各类数据全面消除城乡差距、地区差距为理想值100，2017年无差距全国横向检测排行，山东此项指数为94.99。这表明与全国城乡、地区无差距理想值100相比，山东经济增长结构优化全量化检测结果达到94.99%，低于理想值5.01%，此项指数排名处于省域间第11位。

2. 2000年以来基数值纵向检测

以“全面小康”进程起点年“九五”末年2000年各类数据演算指标为

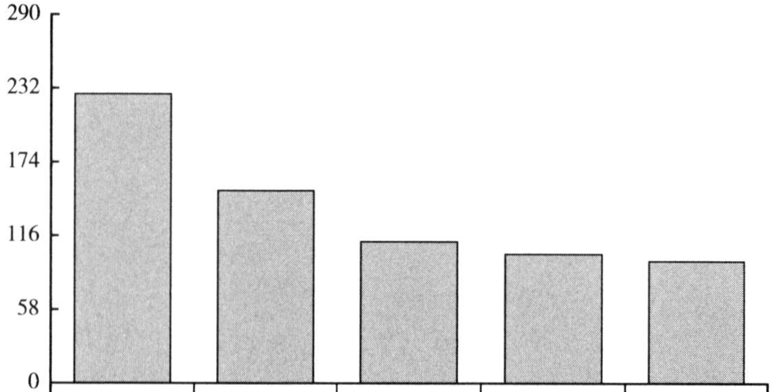

	2000~2017年自身纵向检测	2005~2017年自身纵向检测	2010~2017年自身纵向检测	2015~2017年自身纵向检测	2017年无差距全国横向检测
省域排行位次	21	21	18	20	11
▨ 山东测评指数	227.71	151.57	113.11	102.32	94.99

图5　2000 ~ 2017 年经济增长结构优化综合检测结果

数轴：共时性年度横向测评（全国城乡、地区无差距理想值 = 100），类似“不论年龄比当下高矮”，有利于发达地区；历时性阶段纵向测评（起点年自身基数值 = 100），类似“不论高矮比时段生长”，有利于后发加力地区，从左至右：（1）以 2000 年为起点，（2）以 2005 年为起点，（3）以 2010 年为起点，（4）以 2015 年为起点，多向度测评对应省域排行，检验不同阶段进展状况。

基数值 100，2000 ~ 2017 年自身纵向检测排行，山东此项指数为 227.71。这表明与 2000 年自身基数值 100 相比，山东经济增长结构优化全量化检测结果达到 227.71%，高于基数值 127.71%，此项指数提升程度处于省域间第 21 位。

3. 2005年以来基数值纵向检测

以“全面小康”进程第一个五年期“十五”末年 2005 年各类数据演算指标为基数值 100，2005 ~ 2017 年自身纵向检测排行，山东此项指数为 151.57。这表明与 2005 年自身基数值 100 相比，山东经济增长结构优化全量化检测结果达到 151.57%，高于基数值 51.57%，此项指数提升程度处于省域间第 21 位。

4. 2010年以来基数值纵向检测

以“全面小康”进程第二个五年期“十一五”末年 2010 年各类数据演

算指标为基数值 100，2010 ~ 2017 年自身纵向检测排行，山东此项指数为 113. 11。这表明与 2010 年自身基数值 100 相比，山东经济增长结构优化全量化检测结果达到 113. 11%，高于基数值 13. 11%，此项指数提升程度处于省域间第 18 位。

5. 2015年以来基数值纵向检测

以“全面小康”进程第三个五年期“十二五”末年 2015 年各类数据演算指标为基数值 100，2015 ~ 2017 年自身纵向检测排行，山东此项指数为 102. 32。这表明与 2015 年自身基数值 100 相比，山东经济增长结构优化全量化检测结果达到 102. 32%，高于基数值 2. 32%，此项指数提升程度处于省域间第 20 位。

E.20
辽宁：2017年经济发展指数排名第16位

范　华*

摘　要： 2000～2017年，辽宁地区生产总值构成中第二产业从50.21%下降为39.30%，第三产业从39.01%上升至52.57%；收入法产值构成中劳动者报酬从44.96%下降为42.59%，生产税净额从16.62%下降为14.35%，营业盈余从24.05%上升至26.98%；支出法产值构成中最终消费率从55.42%上升至58.85%，资本形成率从31.52%上升至43.26%；初次分配收支中财政收入比从6.33%上升至10.22%，居民收入比从35.50%上升至52.45%，居民消费率从28.19%上升至38.54%。产值、居民收入、总消费人均值地区差缩小，但财政收入、支出人均值地区差扩大；居民总消费人均值城乡比缩小，但居民收入人均值城乡比扩大。辽宁经济增长结构优化评价排行：城乡、地区无差距理想值横向测评为省域第16位；2000年、2005年、2010年和2015年自身基数值纵向测评分别为省域第30位、第29位、第30位和第31位。

关键词： 辽宁　经济增长　结构优化　检测评价

* 范华，云南省社会科学院办公室机要档案科副科长，主要从事经济学、文化旅游研究。

限于篇幅，三次产业结构主体子系统，收入法、支出法产值结构辅助子系统，面向公共经济生活、人民经济生活初次分配收支综合子系统分别设置为一图，难以充分展开。当地数据检测更多细节可参看技术报告、排行报告由不同侧面展开的各地纵向历时动态、横向共时静态对比分析。

一　三次产业产值构成子系统检测

2000 年以来辽宁三次产业产值构成子系统结构性检测见图 1。

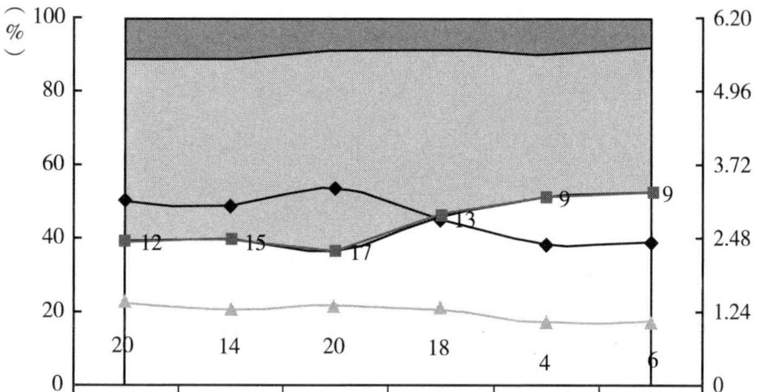

	2000年	2005年	2010年	2015年	2016年	2017年
一产产值人均	1205.15	2052.82	3742.94	5434.68	4961.23	4349.68
二产产值人均	5612.08	9196.83	22894.40	29730.71	19649.24	21035.90
三产产值人均	4359.68	7382.35	15717.66	30189.02	26180.53	28141.07
二产构成比	50.21	49.36	54.05	45.49	38.69	39.30
三产构成比	39.01	39.62	37.11	46.19	51.55	52.57
产值人均地区差	1.4073	1.2968	1.3718	1.3006	1.0583	1.1028

图 1　三次产业产值构成子系统结构性检测

左轴面积：一、二、三产产值人均值（元转换为%），其间呈直观比例，其和为三次产业产值人均值。左轴曲线：二、三产产值构成比（%）。右轴曲线：三次产业产值人均值地区差（无差距 =1）。限于制图空间，总量置于后台数据库同步演算，后同。标注三次产业产值人均值地区差、三产构成比省域位次，正文表述另调用后台各类产值人均值、一产和二产构成比位次。

1. 三次产业结构产值

2000 ~ 2017 年，辽宁三次产业结构产值总量由 4669. 10 亿元增长至

23409.24 亿元，2017 年为 2000 年的 5.01 倍。2000 年以来年均增长 9.95%，其中 2005 年以来年均增长 9.35%，2010 年以来年均增长 3.45%，2015 年以来年均负增长 9.64%，上年以来年度增长 5.22%。

产值人均值由 11177.00 元增长至 53526.65 元，省域间位次（基于各地不同变化，后同）从第 8 位下降为第 14 位，2017 年为 2000 年的 4.79 倍。2000 年以来年均增长 9.65%（由于人口增长，人均值演算增长率略低于总量演算增长率），其中 2005 年以来年均增长 9.19%，2010 年以来年均增长 3.40%，2015 年以来年均负增长 9.50%，上年以来年度增长 5.39%。

在此期间，辽宁产值人均值地区差指数由 1.4073 缩小为 1.1028，省域间位次从第 20 位上升为第 6 位。2000 年以来缩减 21.64%，其中“十五”期间缩减 7.86%，“十一五”期间扩增 5.78%，“十二五”以来缩减 19.61%，意味着与全国人均值的距离减小。

2. 第一产业增长及构成比动态

同期，辽宁第一产业产值总量由 503.44 亿元增长至 1902.28 亿元，2017 年为 2000 年的 3.78 倍。2000 年以来年均增长 8.13%，其中 2005 年以来年均增长 6.61%，2010 年以来年均增长 2.22%，2015 年以来年均负增长 10.67%，上年以来年度负增长 12.46%。

第一产业产值人均值由 1205.15 元增长至 4349.68 元，省域间位次从第 13 位下降为第 15 位，2017 年为 2000 年的 3.61 倍。2000 年以来年均增长 7.84%，其中 2005 年以来年均增长 6.46%，2010 年以来年均增长 2.17%，2015 年以来年均负增长 10.54%，上年以来年度负增长 12.33%。

在此期间，辽宁第一产业产值人均值地区差指数由 1.0339 扩大为 1.0789，扩增 4.35%，其中“十五”期间扩增 18.70%，“十一五”期间扩增 3.64%，“十二五”以来缩减 15.18%。第一产业构成比由 10.78% 降低为 8.13%，省域间位次从第 31 位上升为第 21 位，降低 2.65 个百分点，其中“十五”期间增高 0.24 个百分点，“十一五”期间降低 2.18 个百分点，“十二五”以来降低 0.71 个百分点。

3. 第二产业增长及构成比动态

同期，辽宁第二产业产值总量由2344.40亿元增长至9199.80亿元，2017年为2000年的3.92倍。2000年以来年均增长8.37%，其中2005年以来年均增长7.29%，2010年以来年均负增长1.15%，2015年以来年均负增长16.01%，上年以来年度增长6.89%。

第二产业产值人均值由5612.08元增长至21035.90元，省域间位次从第7位下降为第17位，2017年为2000年的3.75倍。2000年以来年均增长8.08%，其中2005年以来年均增长7.14%，2010年以来年均负增长1.20%，2015年以来年均负增长15.88%，上年以来年度增长7.06%。

在此期间，辽宁第二产业产值人均值地区差指数由1.5518缩小为1.1285，缩减27.28%，其中“十五”期间缩减12.28%，“十一五”期间扩增17.41%，“十二五”以来缩减29.39%。第二产业构成比由50.21%降低为39.30%，省域间位次从第7位下降为第23位，降低10.91个百分点，其中“十五”期间降低0.85个百分点，“十一五”期间增高4.69个百分点，“十二五”以来降低14.75个百分点。

4. 第三产业增长及构成比动态

同期，辽宁第三产业产值总量由1821.22亿元增长至12307.16亿元，2017年为2000年的6.76倍。2000年以来年均增长11.90%，其中2005年以来年均增长11.96%，2010年以来年均增长8.73%，2015年以来年均负增长3.60%，上年以来年度增长7.32%。

第三产业产值人均值由4359.68元增长至28141.07元，省域间位次从第7位下降为第11位，2017年为2000年的6.45倍。2000年以来年均增长11.59%，其中2005年以来年均增长11.80%，2010年以来年均增长8.68%，2015年以来年均负增长3.45%，上年以来年度增长7.49%。

在此期间，辽宁第三产业产值人均值地区差指数由1.3797缩小为1.0864，缩减21.26%，其中“十五”期间缩减9.91%，“十一五”期间缩减7.08%，“十二五”以来缩减5.94%。第三产业构成比由39.01%升高到52.57%，省域间位次从第12位上升为第9位，增高13.56个百分点，其中

“十五”期间增高 0. 61 个百分点，“十一五”期间降低 2. 51 个百分点，“十二五”以来增高 15. 46 个百分点。

二　收入法产值构成子系统检测

2000 年以来辽宁收入法产值构成子系统结构性检测见图 2。

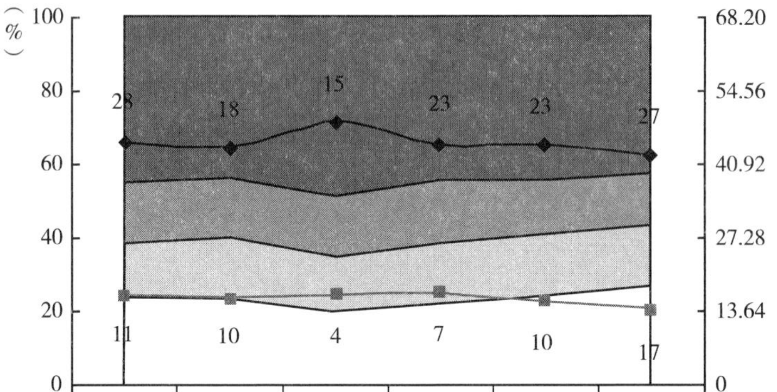

	2000年	2005年	2010年	2015年	2016年	2017年
劳动报酬人均	5025.04	8200.28	20611.62	29193.89	22589.00	22797.61
生产净税人均	1857.77	2996.59	7105.26	11178.86	7822.90	7678.96
资产折旧人均	1605.73	2948.94	6161.98	10745.78	8655.81	8606.66
营业盈余人均	2688.36	4486.19	8476.13	14235.90	11723.28	14443.43
报酬构成比	44.96	44.01	48.66	44.47	44.67	42.59
净税构成比	16.62	16.08	16.78	17.10	15.40	14.35

图 2　收入法产值构成子系统结构性检测

左轴面积：劳动者报酬、生产税净额、固定资产折旧、营业盈余人均值（元转换为%），其间呈直观比例，其和为收入法产值人均值。右轴曲线：劳动者报酬、生产税净额构成比（%）。标注报酬、净税构成比省域位次，正文表述另调用后台报酬人均值及地区差、折旧和盈余构成比位次，由此可看出各地居民、政府、企业部门在支出法当地产值中“获得”比重和绝对值位次。

1. 收入法结构产值

2000～2017 年，辽宁收入法结构产值总量由 4669. 06 亿元增长至 23409. 24 亿元，2017 年为 2000 年的 5. 01 倍。2000 年以来年均增长 9. 95%，其中 2005 年以来年均增长 9. 35%，2010 年以来年均增长 3. 45%，

2015年以来年均负增长9.64%，上年以来年度增长5.22%。

收入法产值人均值由11176.90元增长至53526.65元，省域间位次从第8位下降为第14位，2017年为2000年的4.79倍。2000年以来年均增长9.65%，其中2005年以来年均增长9.19%，2010年以来年均增长3.40%，2015年以来年均负增长9.50%，上年以来年度增长5.39%。

在此期间，辽宁收入法产值人均值地区差指数由1.4261缩小为1.1028，省域间位次从第22位上升为第6位。2000年以来缩减22.67%，其中“十五”期间缩减9.07%，“十一五”期间扩增5.78%，“十二五”以来缩减19.61%，意味着与全国人均值的距离减小。

2. 劳动者报酬增长及构成比动态

同期，辽宁收入法产值构成之劳动者报酬总量由2099.17亿元增长至9970.26亿元，2017年为2000年的4.75倍。2000年以来年均增长9.60%，其中2005年以来年均增长9.05%，2010年以来年均增长1.50%，2015年以来年均负增长11.77%，上年以来年度增长0.77%。

劳动者报酬人均值由5025.04元增长至22797.61元，省域间位次从第8位下降为第21位，2017年为2000年的4.54倍。2000年以来年均增长9.30%，其中2005年以来年均增长8.89%，2010年以来年均增长1.45%，2015年以来年均负增长11.63%，上年以来年度增长0.92%。

在此期间，辽宁劳动者报酬人均值地区差指数由1.2478缩小为1.1956，省域间位次从第13位下降为第14位，缩减4.18%，其中“十五”期间扩增10.48%，“十一五”期间扩增7.59%，“十二五”以来缩减19.39%。劳动者报酬构成比由44.96%降低为42.59%，省域间位次从第28位上升为第27位，降低2.37个百分点，其中“十五”期间降低0.95个百分点，“十一五”期间增高4.65个百分点，“十二五”以来降低6.07个百分点。

3. 生产税净额增长及构成比动态

同期，辽宁收入法产值构成之生产税净额总量由776.07亿元增长至3358.30亿元，2017年为2000年的4.33倍。2000年以来年均增长9.00%，其中2005年以来年均增长8.31%，2010年以来年均增长1.17%，2015年以来年均负增长 17.25%，上年以来年度负增长 1.99%。

生产税净额人均值由 1857.77 元增长至 7678.96 元，2017 年为 2000 年的4.13 倍。2000 年以来年均增长 8.71%，其中 2005 年以来年均增长 8.16%，2010 年以来年均增长 1.12%，2015 年以来年均负增长 17.12%，上年以来年度负增长 1.84%。

在此期间，辽宁生产税净额人均值地区差指数由 1.5390 缩小为 1.0930，缩减 28.98%，其中“十五”期间缩减 9.21%，“十一五”期间扩增 8.06%，“十二五”以来缩减 27.61%。生产税净额构成比由 16.62% 降低为 14.35%，省域间位次从第 11 位下降为第 17 位，降低 2.27 个百分点，其中“十五”期间降低 0.54 个百分点，“十一五”期间增高 0.70 个百分点，“十二五”以来降低 2.43 个百分点。

4. 固定资产折旧增长及构成比动态

同期，辽宁收入法产值构成之固定资产折旧总量由 670.78 亿元增长至 3764.02 亿元，2017 年为 2000 年的 5.61 倍。2000 年以来年均增长 10.68%，其中 2005 年以来年均增长 9.49%，2010 年以来年均增长 4.94%，2015 年以来年均负增长 10.64%，上年以来年度负增长 0.72%。

资产折旧人均值由 1605.73 元增长至 8606.66 元，2017 年为 2000 年的 5.36 倍。2000 年以来年均增长 10.38%，其中 2005 年以来年均增长 9.34%，2010 年以来年均增长 4.89%，2015 年以来年均负增长 10.51%，上年以来年度负增长 0.57%。

在此期间，辽宁资产折旧人均值地区差指数由 1.4473 缩小为 1.0637，缩减 26.51%，其中“十五”期间扩增 0.46%，“十一五”期间扩增 6.69%，“十二五”以来缩减 31.43%。资产折旧构成比由 14.37% 升高到 16.08%，省域间位次从第 10 位上升为第 6 位，增高 1.71 个百分点，其中“十五”期间增高 1.46 个百分点，“十一五”期间降低 1.28 个百分点，“十二五”以来增高 1.53 个百分点。

5. 营业盈余增长及构成比动态

同期，辽宁收入法产值构成之营业盈余总量由 1123.04 亿元增长至

6316.66亿元，2017年为2000年的5.62倍。2000年以来年均增长10.69%，其中2005年以来年均增长10.39%，2010年以来年均增长7.97%，2015年以来年均增长0.57%，上年以来年度增长23.01%。

营业盈余人均值由2688.36元增长至14443.43元，2017年为2000年的5.37倍。2000年以来年均增长10.40%，其中2005年以来年均增长10.23%，2010年以来年均增长7.91%，2015年以来年均增长0.73%，上年以来年度增长23.20%。

在此期间，辽宁营业盈余人均值地区差指数由1.7996缩小为1.0215，缩减43.24%，其中“十五”期间缩减41.30%，“十一五”期间缩减3.31%，“十二五”以来持平。营业盈余构成比由24.05%升高到26.98%，省域间位次保持第6位，增高2.93个百分点，其中“十五”期间增高0.03个百分点，“十一五”期间降低4.07个百分点，“十二五”以来增高6.97个百分点。

三　支出法产值构成子系统检测

2000年以来辽宁支出法产值构成子系统结构性检测见图3。

1. 支出法结构产值

2000～2017年，辽宁支出法结构产值总量由4669.06亿元增长至23409.24亿元，2017年为2000年的5.01倍。2000年以来年均增长9.95%，其中2005年以来年均增长9.35%，2010年以来年均增长3.45%，2015年以来年均负增长9.64%，上年以来年度增长5.22%。

支出法产值人均值由11176.90元增长至53526.65元，省域间位次从第8位下降为第14位，2017年为2000年的4.79倍。2000年以来年均增长9.65%，其中2005年以来年均增长9.19%，2010年以来年均增长3.40%，2015年以来年均负增长9.50%，上年以来年度增长5.39%。

在此期间，辽宁支出法产值人均值地区差指数由1.4032缩小为1.0861，省域间位次从第18位上升为第5位。2000年以来缩减22.59%，

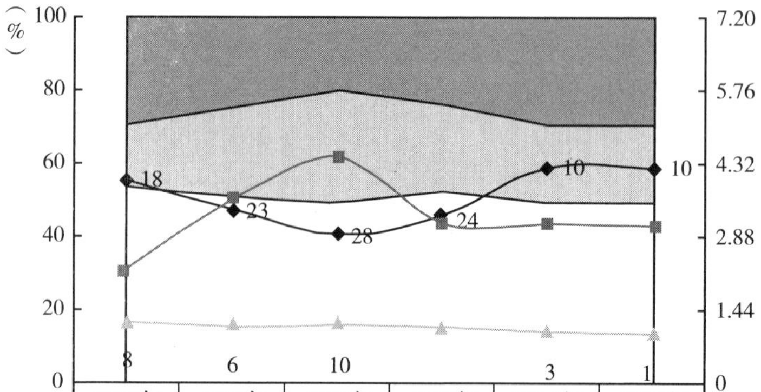

	2000年	2005年	2010年	2015年	2016年	2017年
（1）最终消费人均	6194.07	8893.63	17150.80	29679.47	30021.12	31502.64
（2）资本形成人均	3522.77	9320.97	26244.71	28735.96	22104.65	23157.10
（3）支出法产值人均	11176.90	18632.00	42355.07	65354.42	50791.00	53526.65
最终消费率	55.42	47.73	40.49	45.41	59.11	58.85
资本形成率	31.52	50.03	61.96	43.97	43.52	43.26
最终消费地区差	1.2284	1.1429	1.1529	1.1234	1.0350	1.0030

图3　支出法产值构成子系统结构性检测

左轴面积：（1）最终消费支出、（2）资本形成、（3）支出法产值人均值（元转换为%），其间呈直观比例，（3）－（1）－（2）＝货物与服务净流出，由于国内统一市场，大部分省域净流出为负值，即（1）＋（2）＞（3），需变通取值制图，避开负值体现其中负值关系。左轴曲线：最终消费率、资本形成率（%）。右轴曲线：最终消费人均值地区差（指数，无差距＝1）。标注最终消费率、最终消费人均值地区差省域位次，正文表述另调用后台最终消费人均值、资本形成率位次。

其中“十五”期间缩减8.50%，“十一五”期间扩增7.45%，“十二五”以来缩减21.27%，意味着与全国人均值的距离减小。

2. 最终消费支出增长及构成比动态

同期，辽宁支出法产值构成之最终消费支出总量由2587.52亿元增长至13777.30亿元，2017年为2000年的5.32倍。2000年以来年均增长10.34%，其中2005年以来年均增长11.27%，2010年以来年均增长9.13%，2015年以来年均增长2.87%，上年以来年度增长4.77%。

最终消费人均值由6194.07元增长至31502.64元，省域间位次从第5位下降为第10位，2017年为2000年的5.09倍。2000年以来年均增长

10.04%，其中2005年以来年均增长11.11%，2010年以来年均增长9.07%，2015年以来年均增长3.03%，上年以来年度增长4.93%。

在此期间，辽宁最终消费人均值地区差指数由1.2284缩小为1.0030，省域间位次从第8位上升为第1位，缩减18.35%，其中“十五”期间缩减6.96%，“十一五”期间扩增0.87%，“十二五”以来缩减13.00%。最终消费率（消费率）由55.42%升高到58.85%，省域间位次从第18位上升为第10位，增高3.43个百分点，其中“十五”期间降低7.69个百分点，“十一五”期间降低7.24个百分点，“十二五”以来增高18.36个百分点。

3. 资本形成增长及构成比动态

同期，辽宁支出法产值构成之资本形成总额由1471.61亿元增长至10127.48亿元，2017年为2000年的6.88倍。2000年以来年均增长12.02%，其中2005年以来年均增长8.03%，2010年以来年均负增长1.72%，2015年以来年均负增长10.37%，上年以来年度增长4.60%。

资本形成人均值由3522.77元增长至23157.10元，省域间位次从第10位下降为第25位，2017年为2000年的6.57倍。2000年以来年均增长11.71%，其中2005年以来年均增长7.88%，2010年以来年均负增长1.77%，2015年以来年均负增长10.23%，上年以来年度增长4.76%。

在此期间，辽宁资本形成人均值地区差指数由1.2883缩小为1.1097，省域间位次从第14位上升为第5位，缩减13.86%，其中“十五”期间扩增21.66%，“十一五”期间扩增13.91%，“十二五”以来缩减37.84%。资本形成率（投资率）由31.52%升高到43.26%，省域间位次从第30位上升为第29位，增高11.74个百分点，其中“十五”期间增高18.51个百分点，“十一五”期间增高11.93个百分点，“十二五”以来降低18.70个百分点。

四　初次分配收支综合子系统检测

2000年以来辽宁初次分配收支综合子系统结构性检测见图4。

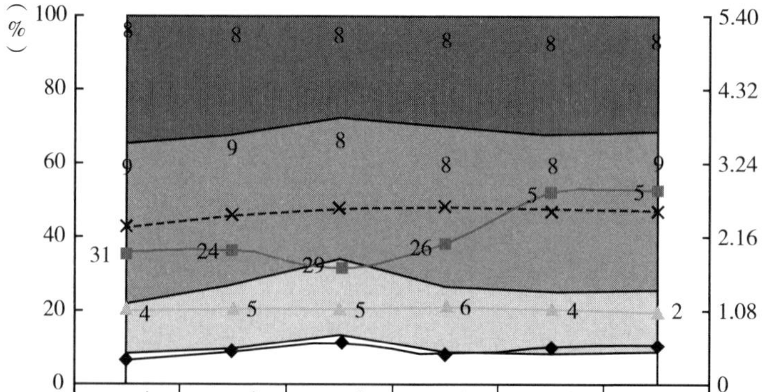

	2000年	2005年	2010年	2015年	2016年	2017年
居民总消费人均	3150.68	5464.35	9813.82	17396.39	20085.94	20626.77
居民收入人均	3967.28	6846.13	13452.18	24871.12	26349.60	28073.36
财政支出人均	1240.18	2854.62	7351.86	10216.36	10450.37	11156.79
财政收入人均	707.67	1600.56	4612.05	4849.64	5023.72	5471.05
财政收入比	6.33	8.43	10.86	7.42	9.89	10.22
居民收入比	35.50	36.06	31.68	38.06	51.88	52.45
居民收入地区差	1.0772	1.0829	1.0949	1.1111	1.0790	1.0500
居民收入城乡比	2.2745	2.4680	2.5641	2.5816	2.5524	2.5456

图 4　初次分配收支综合子系统结构性检测

左轴面积：居民总消费、居民收入、财政支出、财政收入人均值（元转换为%），其间呈直观比例。左轴曲线：居民收入比、财政收入比（%）。右轴曲线：居民收入人均值地区差（无差距 =1）、城乡比（城镇对乡村倍数比，乡村 =1）。标注居民收入和总消费人均值、居民收入比、收入人均值地区差省域位次，正文表述另调用后台财政收支人均值、财政收入比及相应地区差、城乡比位次。

（一）公共经济生活

1. 财政收入增长及相对比值动态

2000～2017 年，辽宁财政收入总量由 295.63 亿元增长至 2392.77 亿元，2017 年为 2000 年的 8.09 倍。2000 年以来年均增长 13.09%，其中 2005 年以来年均增长 11.12%，2010 年以来年均增长 2.56%，2015 年以来年均增长 6.05%，上年以来年度增长 8.74%。

财政收入人均值由 707.67 元增长至 5471.05 元，省域间位次从第 6 位下降为第16位，2017年为2000年的7.73倍。2000年以来年均增长12.78%，其中2005年以来年均增长10.79%，2010年以来年均增长2.47%，2015年以来年均增长6.21%，上年以来年度增长8.90%。

财政收入比由6.33%升高到10.22%，省域间位次从第11位下降为第18位。2000年以来明显增高3.89个百分点，其中“十五”期间增高2.10个百分点，“十一五”期间增高2.43个百分点，“十二五”以来降低0.64个百分点。

2. 财政支出增长及相对比值动态

2000~2017年，辽宁财政支出总量由518.08亿元增长至4879.42亿元，2017年为2000年的9.42倍。2000年以来年均增长14.10%，其中2005年以来年均增长12.37%，2010年以来年均增长6.23%，2015年以来年均增长4.34%，上年以来年度增长6.60%。

财政支出人均值由1240.18元增长至11156.79元，省域间位次从第7位下降为第22位，2017年为2000年的9.00倍。2000年以来年均增长13.79%，其中2005年以来年均增长12.03%，2010年以来年均增长6.14%，2015年以来年均增长4.50%，上年以来年度增长6.76%。

财政支出比由11.10%升高到20.84%，省域间位次保持第21位。2000年以来明显增高9.74个百分点，其中“十五”期间增高3.94个百分点，“十一五”期间增高2.27个百分点，“十二五”以来增高3.53个百分点。

3. 财政收入、财政支出地区差变化

在此期间，辽宁财政收入人均值地区差指数由1.3329扩大为1.5605，省域间位次从第4位下降为第14位。2000年以来扩增17.07%，其中“十五”期间扩增0.58%，“十一五”期间缩减6.20%，“十二五”以来扩增24.10%，地区均衡性继续减弱。

财政支出人均值地区差指数由1.0143扩大为1.2384，省域间位次从第1位下降为第15位。2000年以来扩增22.09%，其中“十五”期间扩增8.14%，“十一五”期间缩减0.23%，“十二五”以来扩增13.16%，地区均衡性继续减弱。

（二）人民经济生活

1. 居民收入增长及相对比值动态

2000～2017 年，辽宁居民收入总量由 1657.33 亿元增长至 12277.89 亿元，2017 年为 2000 年的 7.41 倍。2000 年以来年均增长 12.50%，其中 2005 年以来年均增长 12.82%，2010 年以来年均增长 11.18%，2015 年以来年均增长 6.08%，上年以来年度增长 6.38%。

城乡综合演算的居民收入人均值由 3967.28 元增长至 28073.36 元，省域间位次保持第 9 位，2017 年为 2000 年的 7.08 倍。2000 年以来年均增长 12.20%，其中 2005 年以来年均增长 12.48%，2010 年以来年均增长 11.08%，2015 年以来年均增长 6.24%，上年以来年度增长 6.54%。

还需要格外注意，辽宁居民收入比由 35.50% 升高到 52.45%，省域间位次从第 31 位上升为第 5 位。2000 年以来显著增高 16.95 个百分点，其中“十五”期间增高 0.56 个百分点，“十一五”期间降低 4.38 个百分点，“十二五”以来增高 20.77 个百分点。

2. 居民总消费增长及相对比值动态

2000～2017 年，辽宁居民消费总量由 1316.19 亿元增长至 9021.12 亿元，2017 年为 2000 年的 6.85 倍。2000 年以来年均增长 11.99%，其中 2005 年以来年均增长 12.04%，2010 年以来年均增长 11.29%，2015 年以来年均增长 8.73%，上年以来年度增长 2.54%。

城乡综合演算的居民总消费人均值由 3150.68 元增长至 20626.77 元，省域间位次保持第 8 位，2017 年为 2000 年的 6.55 倍。2000 年以来年均增长 11.69%，其中 2005 年以来年均增长 11.71%，2010 年以来年均增长 11.19%，2015 年以来年均增长 8.89%，上年以来年度增长 2.69%。

还需要格外注意，辽宁居民消费率由 28.19% 升高到 38.54%，省域间位次从第 29 位上升为第 3 位。2000 年以来显著增高 10.35 个百分点，其中“十五”期间增高 0.60 个百分点，“十一五”期间降低 5.68 个百分点，“十二五”以来增高 15.43 个百分点。

3. 居民收入、总消费地区差、城乡比变化

在此期间，辽宁居民收入人均值地区差指数由1.0772缩小为1.0500，省域间位次从第4位上升为第2位。2000年以来缩减2.53%，其中“十五”期间扩增0.53%，“十一五”期间扩增1.11%，“十二五”以来缩减4.10%，地区均衡性有所增强。

居民收入人均值城乡比指数由2.2745扩大为2.5456，省域间位次从第6位下降为第16位。2000年以来扩增11.92%，其中“十五”期间扩增8.51%，“十一五”期间扩增3.89%，“十二五”以来缩减0.72%，城乡均衡性继续减弱。

辽宁居民总消费人均值地区差指数由1.1049缩小为1.0989，省域间位次从第8位上升为第6位。2000年以来缩减0.54%，其中“十五”期间扩增2.22%，“十一五”期间缩减0.91%，“十二五”以来缩减1.80%，地区均衡性有所增强。

居民总消费人均值城乡比指数由2.4842缩小为2.3527，省域间位次从第9位下降为第26位。2000年以来缩减5.29%，其中“十五”期间扩增5.72%，“十一五”期间扩增12.63%，“十二五”以来缩减20.46%，城乡均衡性有所增强。

五　经济增长通用指标动态测评

2000~2017年辽宁经济增长结构优化综合检测结果见图5。

1. 2017年理想值横向检测

以假定全国及各地各类数据全面消除城乡差距、地区差距为理想值100，2017年无差距全国横向检测排行，辽宁此项指数为92.22。这表明与全国城乡、地区无差距理想值100相比，辽宁经济增长结构优化全量化检测结果达到92.22%，低于理想值7.78%，此项指数排名处于省域间第16位。

2. 2000年以来基数值纵向检测

以“全面小康”进程起点年“九五”末年2000年各类数据演算指标为

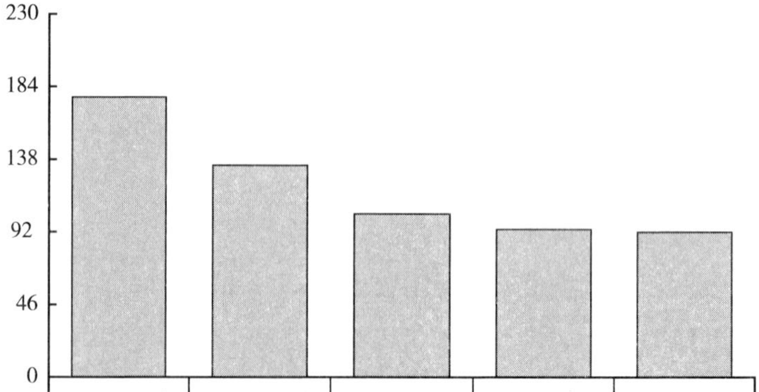

	2000~2017年自身纵向检测	2005~2017年自身纵向检测	2010~2017年自身纵向检测	2015~2017年自身纵向检测	2017年无差距全国横向检测
□省域排行位次	30	29	30	31	16
▨辽宁测评指数	178.35	134.03	104.06	94.40	92.22

图5　2000~2017年经济增长结构优化综合检测结果

数轴：共时性年度横向测评（全国城乡、地区无差距理想值=100），类似“不论年龄比当下高矮”，有利于发达地区；历时性阶段纵向测评（起点年自身基数值=100），类似“不论高矮比时段生长”，有利于后发加力地区，从左至右：（1）以2000年为起点，（2）以2005年为起点，（3）以2010年为起点，（4）以2015年为起点，多向度测评对应省域排行，检验不同阶段进展状况。

基数值100，2000~2017年自身纵向检测排行，辽宁此项指数为178.35。这表明与2000年自身基数值100相比，辽宁经济增长结构优化全量化检测结果达到178.35%，高于基数值78.35%，此项指数提升程度处于省域间第30位。

3. 2005年以来基数值纵向检测

以“全面小康”进程第一个五年期“十五”末年2005年各类数据演算指标为基数值100，2005~2017年自身纵向检测排行，辽宁此项指数为134.03。这表明与2005年自身基数值100相比，辽宁经济增长结构优化全量化检测结果达到134.03%，高于基数值34.03%，此项指数提升程度处于省域间第29位。

4. 2010年以来基数值纵向检测

以“全面小康”进程第二个五年期“十一五”末年2010年各类数据演

算指标为基数值 100，2010～2017 年自身纵向检测排行，辽宁此项指数为 104.06。这表明与 2010 年自身基数值 100 相比，辽宁经济增长结构优化全量化检测结果达到 104.06%，高于基数值 4.06%，此项指数提升程度处于省域间第 30 位。

5. 2015年以来基数值纵向检测

以“全面小康”进程第三个五年期“十二五”末年 2015 年各类数据演算指标为基数值 100，2015～2017 年自身纵向检测排行，辽宁此项指数为 94.40。这表明与 2015 年自身基数值 100 相比，辽宁经济增长结构优化全量化检测结果达到 94.40%，低于基数值 5.60%，此项指数提升程度处于省域间第 31 位。

Abstract

From 2000 to 2017, in the countrywide composition of gross domestic product, the secondary industry decreased from 45.54% to 40.46%, and the tertiary industry increased from 39.79% to 51.63%; in that of income approach components of gross domestic product, the compensation of employees (resident sector) decreased from 51.38% to 47.51%, the net taxes on production (government sector) decreased from 15.40% to 14.19%, and the operating surplus (enterprise sector) increased from 19.06% to 24.74%; in that of gross domestic product by expenditure approach, the final consumption rate decreased from 63.30% to 53.62%, and the capital formation rate increased from 34.33% to 44.41%; in that of income and expenditure by primary distribution, the revenue rate of public finance increased from 13.36% to 20.87%, the household income rate decreased from 46.37% to 44.82%, and the household consumption rate decreased from 35.91% to 31.46%. The regional gaps of the gross domestic product, total revenue of government finance, total expenditure of government finance, household income and total consumption in per capita value were all reduced; and the urban-rural per capita ratio of the household income and total consumption were all also reduced; thus "the unbalanced and inadequate development" improved a lot. The evaluation of the countrywide structure optimization of the economic growth: the lateral evaluation of the ideal ideal value without urban-rural and regional gap was 92.21; the vertical evaluation of self-base value was 230.10, 161.72, 117.96 and 103.81 respectively in 2000, 2005, 2010 and 2015. Compared with the ideal lateral value, there was still a gap, and from the longitudinal view of the every five-year period, the progresses were made obviously.

In the comprehensive measurement of the Measuring System of the General Indexes of the Economic Growth of China, the proportions of the Composition

Subsystem of Gross Domestic Product by Thrice Industry, the Composition Subsystem of Income Approach Components of Gross Domestic Product, the Composition Subsystem of Gross Domestic Product by Expenditure Approach and the Comprehensive Subsystem of the Income and Expenditure by Primary Distribution are 40%, 30%, 20% and 10% respectively. By the comprehensive weighted measurement of the predicted evaluation of the four independent subsystems, the final rankings of the structure optimization of the economic growth are as follows: Jiangsu, Shanghai, Beijing, Tianjin and Fujian ranked top five in the "2017 annual economy development index leaders"; Guizhou, Tibet, Shaanxi, Chongqing and Inner Mongolia ranked top five in the "2000 - 2017 economy development index runners-up"; Guizhou, Shaanxi, Chongqing, Hubei and Ningxia ranked top five in the "2005 - 2017 economy development index runners-up"; Guizhou, Chongqing, Tibet, Yunnan and Hubei ranked top five in the "2010 - 2017 economy development index runners-up"; Guizhou, Tibet, Sichuan, Chongqing and Anhui ranked top five in the "2015 - 2017 economy development index runners-up".

By the original and initiative method of the test index reverse deduction, the reasonable realistic gap and the expected goals are measured as follows: (1) If the current countrywide per capita compensation of employees as the composition of income approach components of gross domestic product bridge the regional gap, and the per capita household consumption as the composition of gross domestic product by expenditure approach bridge the urban-rural ratio, will be 113.70% and 135.50% respectively of the current value respectively; and thus, the income approach components of gross domestic product and the gross domestic product by expenditure approach will be 113.42% and 125.98% respectively of the current value. If the current countrywide household income rate and the household consumption rate reach the best ratio in the past years, the household income and consumption will be 105.20% and 115.17% respectively of the current value. (2) If the countrywide gross domestic product by thrice industry achieves the lowest regional gap in per capita value of the past years to 2020, the average annual growth will reach 12.80% respectively by 2020; and so that the composition ratio of the primary, secondary and tertiary industries will be 7.10%, 38.84% and

54.06% respectively. If the countrywide revenue of government finance and expenditure of government finance achieve the lowest regional gaps in per capita value of the past years to 2020, the average annual growth will reach 19.40% and 15.37% respectively by 2020. (3) If the countrywide household income rate and the household consumption rate reach the best ratio in the past years to 2035, the average annual growth will reach 12.92% and 13.49% respectively by 2035. If the countrywide per capita compensation of employees and households consumption bridge the regional gaps to 2035, the average annual growth of the income approach components of gross domestic product and the gross domestic product by expenditure approach will reach 12.05% and 13.19% respectively by 2035. The realistic gap and the expected target of 31 provinces in the four regions are measured simultaneously.

Contents

Ⅰ General Report

Abstract: From 2000 to 2017, in the countrywide composition of gross domestic product, the secondary industry decreased from 45.54% to 40.46%, and the tertiary industry increased from 39.79% to 51.63%; in that of income approach components of gross domestic product, the compensation of employees (resident sector) decreased from 51.38% to 47.51%, the net taxes on production (government sector) decreased from 15.40% to 14.19%, and the operating surplus (enterprise sector) increased from 19.06% to 24.74%; in that of gross domestic product by expenditure approach, the final consumption rate decreased from 63.30% to 53.62%, and the capital formation rate increased from 34.33% to 44.41%; in that of income and expenditure by primary distribution, the revenue rate of public finance increased from 13.36% to 20.87%, the household income rate decreased from 46.37% to 44.82%, and the household consumption rate decreased from 35.91% to 31.46%. The regional gaps of the gross domestic product, total revenue of government finance, total expenditure of government finance, household income and total consumption in per capita value were all reduced; and the urban-rural per capita ratio of the household income and total consumption were all also reduced; thus "the unbalanced and inadequate development" improved a lot. The evaluation of the countrywide structure optimization of the economic growth: the lateral evaluation of the ideal ideal value without urban-rural and regional gap was 92.21; the vertical evaluation of self-base value was 230.10, 161.72, 117.96 and 103.81 respectively in 2000, 2005, 2010 and 2015. Compared with the ideal lateral value, there was still a gap, and from the longitudinal view of the every five-year period, the progresses were made obviously.

Keywords: Countrywide Area; Economic Growth; Structure Optimization; Measurement and Evaluation

Ⅱ Technical Report and Comprehensive Analysis

Abstract: The Measuring System of the General Indexes of the Economic

Growth of China consists of 4 subsystems, namely, the Composition System of Gross Domestic Product by Thrice Industry under the current national statistical system as one main subsystem, the Composition System of Income Approach Components of Gross Domestic Product and the Composition System of Gross Domestic Product by Expenditure Approach following the established international rules as two auxiliary subsystems, and the Comprehensive Subsystem of the Income and Expenditure by Primary Distribution for public and people's economic life as one additional subsystem. The whole measurement system is composed of 4 first-class indexes (subsystem), 40 second-class indexes (category item) and 196 third-class indexes (calculated item), including the weighted measurement indexes of the growth relevancy among various types of data and the growth relevancy among urban and rural data in the same category; however, the correlation measurement indexes of regional gap are not included. In the comprehensive measurement of the whole system, the proportions of the composition subsystem of GDP by thrice industry, the composition subsystem of income approach components of GDP, the composition subsystem of GDP by expenditure approach and the comprehensive subsystem of the income and expenditure by primary distribution are 40%, 30%, 20% and 10% respectively.

Keywords: Economic Growth; Structure Optimization; General Indexes; Correlation Analysis

Abstract: In the comprehensive measurement of the Measuring System of the General Indexes of the Economic Growth of China, the proportions of the

Composition Subsystem of Gross Domestic Product by Thrice Industry, the Composition Subsystem of Income Approach Components of Gross Domestic Product, the Composition Subsystem of Gross Domestic Product by Expenditure Approach and the Comprehensive Subsystem of the Income and Expenditure by Primary Distribution are 40% , 30% , 20% and 10% respectively. By the comprehensive weighted measurement of the predicted evaluation of the four independent subsystems, the final rankings of the structure optimization of the economic growth are as follows: Jiangsu, Shanghai, Beijing, Tianjin and Fujian ranked top five in the "2017 annual economy development index leaders"; Guizhou, Tibet, Shaanxi, Chongqing and Inner Mongolia ranked top five in the "2000 – 2017 economy development index runners-up"; Guizhou, Shaanxi, Chongqing, Hubei and Ningxia ranked top five in the "2005 –2017 economy development index runners-up"; Guizhou, Chongqing, Tibet, Yunnan and Hubei ranked top five in the "2010 –2017 economy development index runners-up"; Guizhou, Tibet, Sichuan, Chongqing and Anhui ranked top five in the "2015 –2017 economy development index runners-up".

Keywords: Countrywide Various Provinces; Economic Growth; Structure Optimization; Measuring and Ranking

Abstract: By the original and initiative method of the test index reverse deduction, the reasonable realistic gap and the expected goals are measured as follows: (1) If the current countrywide per capita compensation of employees as the composition of income approach components of gross domestic product bridge the regional gap, and the per capita household consumption as the composition of gross domestic product by expenditure approach bridge the urban-rural ratio, will be 113.70% and 135.50% respectively of the current value respectively; and thus, the income approach components of gross domestic product and the gross domestic product by expenditure approach will be 113.42% and 125.98% respectively of the current value. If the current countrywide household income rate and the household consumption rate reach the best ratio in the past years, the household income and consumption will be 105.20% and 115.17% respectively of the current value. (2) If the countrywide gross domestic product by thrice industry achieves the lowest regional gap in per capita value of the past years to 2020, the average annual growth will reach 12.80% respectively by 2020; and so that the composition ratio of the primary, secondary and tertiary industries will be 7.10%, 38.84% and 54.06% respectively. If the countrywide revenue of government finance and expenditure of government finance achieve the lowest regional gaps in per capita value of the past years to 2020, the average annual growth will reach 19.40% and 15.37% respectively by 2020. (3) If the countrywide household income rate and the household consumption rate reach the best ratio in the past years to 2035, the average annual growth will reach 12.92% and 13.49% respectively by 2035. If the countrywide per capita compensation of employees and households consumption bridge the regional gaps to 2035, the average annual growth of the income approach components of gross domestic product and the gross domestic product by expenditure approach will reach 12.05% and 13.19% respectively by 2035. The realistic gap and the expected target of 31 provinces in the four regions are measured simultaneously.

Keywords: Countrywide Various Provinces; Economic Growth; Structure Optimization; Gap Measurement; Target Prediction

Ⅲ Provincial Reports

E. 5 Jiangsu: Ranked the 1st in the 2017 Annual Economic Development Index Leaders

Wang Ya'nan / 132

Abstract: From 2000 to 2017, in the Jiangsu's composition of gross regional product, the secondary industry decreased from 51. 86% to 45. 02%, and the tertiary industry increased from 36. 42% to 50. 27%; in that of income approach components of gross regional product, the compensation of employees decreased from 49. 66% to 43. 58%, the net taxes on production decreased from 15. 18% to 12. 89%, and the operating surplus increased from 23. 19% to 29. 91%; in that of gross regional product by expenditure approach, the final consumption rate increased from 43. 74% to 50. 10%, and the capital formation rate decreased from 46. 50% to 43. 50%; in that of the income and expenditure by primary distribution, the revenue rate of government finance increased from 5. 24% to 9. 52%, the household income rate decreased from 41. 58% to 33. 46%, and the household consumption rate decreased from 30. 14% to 22. 29%. The regional gaps of the total revenue of government finance, total expenditure of government finance in per capita value were reduced; but that of the gross regional product, household income and total consumption in per capita value were extended. The urban-rural per capita ratio of the total household consumption was reduced; but that of the household income was extended. The ranking of the structure optimization of the economic growth: in the provincial lateral evaluation of ideal value without urban-rural and regional gap, Jiangsu ranked the 1st; in the provincial vertical evaluation of self-base value in 2000, 2005, 2010 and 2015, Jiangsu ranked the 13th, 15th, 14th and 12th respectively.

Keywords: Jiangsu; Economic Growth; Structure Optimization; Measurement and Evaluation

Abstract: From 2000 to 2017, in the Guizhou's composition of gross regional product, the secondary industry increased from 37. 66% to 40. 09%, and the tertiary industry increased from 32. 50% to 44. 90%; in that of income approach components of. gross regional product, the compensation of employees decreased from 60. 85% to 54. 71%, the net taxes on production increased from 12. 96% to 16. 77%, and the operating surplus increased from 7. 71% to 15. 59%; in that of gross regional product by expenditure approach, the final consumption rate decreased from 78. 03% to 55. 44%, and the capital formation rate increased from 49. 91% to 69. 10%; in that of the income and expenditure by primary distribution, the revenue rate of government finance increased from 8. 28% to 11. 92%, the household income rate decreased from 81. 50% to 47. 38%, and the household consumption rate decreased from 66. 65% to 36. 18%. The regional gaps of the gross regional product, total revenue of government finance, total expenditure of government finance, household income and total consumption in per capita value were all reduced. The urban-rural per capita ratio of the household income and total consumption were all also reduced. The ranking of the structure optimization of the economic growth: in the provincial lateral evaluation of ideal value without urban-rural and regional gap, Guizhou ranked the 21st; in the provincial vertical evaluation of self-base value in 2000, 2005, 2010 and 2015, Guizhou ranked the 1st, 1st, 1st and 1st respectively.

Keywords: Guizhou; Economic Growth; Structure Optimization; Measurement and Evaluation

Abstract: From 2000 to 2017, in the Shanghai's composition of gross regional product, the secondary industry decreased from 45. 35% to 30. 46% , and the tertiary industry increased from 48. 30% to 69. 18% ; in that of income approach components of gross regional product, the compensation of employees increased from 34. 99% to 44. 42% , the net taxes on production increased from 13. 97% to 17. 35% , and the operating surplus increased from 26. 71% to 26. 91% ; in that of gross regional product by expenditure approach, the final consumption rate increased from 42. 78% to 57. 29% , and the capital formation rate decreased from 46. 54% to 39. 80% ; in that of the income and expenditure by primary distribution, the revenue rate of government finance increased from 10. 17% to 21. 68% , the household income rate increased from 35. 83% to 46. 08% , and the household consumption rate increased from 27. 07% to 31. 07% . The regional gaps of the gross regional product, total revenue of government finance, total expenditure of government finance, household income and total consumption in per capita value were all reduced. The urban-rural per capita ratio of the household income and total consumption were all extended. The ranking of the structure optimization of the economic growth: in the provincial lateral evaluation of ideal value without urban-rural and regional gap, Shanghai ranked the 2nd; in the provincial vertical evaluation of self-base value in 2000, 2005, 2010 and 2015, Shanghai ranked the 31st, 31st, 27th and 9th respectively.

Keywords: Shanghai; Economic Growth; Structure Optimization; Measurement and Evaluation

E. 8 Tibet: Ranked the 2nd in the 2000 −2017 Economic Development Index Runners-Up *Zhao Juan* / 180

Abstract: From 2000 to 2017, in the Tibet's composition of gross regional product, the secondary industry increased from 23. 10% to 39. 18% , and the tertiary industry increased from 45. 78% to 51. 46% ; in that of income approach components of gross regional product, the compensation of employees decreased from 67. 94% to 62. 77% , the net taxes on production decreased from 24. 56%

to 7. 90%, and the operating surplus increased from 2. 27% to 16. 47%; in that of gross regional product by expenditure approach, the final consumption rate increased from 55. 29% to 79. 73%, and the capital formation rate increased from 38. 03% to 104. 97%; in that of the income and expenditure by primary distribution, the revenue rate of government finance increased from 4. 57% to 14. 18%, the household income rate decreased from 53. 73% to 41. 99%, and the household consumption rate decreased from 42. 34% to 28. 14%. The regional gaps of the gross regional product, total revenue of government finance in per capita value were reduced; but that of the total expenditure of government finance, household income and total consumption in per capita value were extended. The urban-rural per capita ratio of the household income and total consumption were all reduced. The ranking of the structure optimization of the economic growth: in the provincial lateral evaluation of ideal value without urban-rural and regional gap, Tibet ranked the 27th; in the provincial vertical evaluation of self-base value in 2000, 2005, 2010 and 2015, Tibet ranked the 2nd, 13th, 3rd and 2nd respectively.

Keywords: Tibet; Economic Growth; Structure Optimization; Measurement and Evaluation

Abstract: From 2000 to 2017, in the Shaanxi's composition of gross regional product, the secondary industry increased from 40. 57% to 49. 70%, and the tertiary industry increased from 36. 03% to 42. 35%; in that of income approach components of gross regional product, the compensation of employees decreased from 59. 76% to 42. 52%, the net taxes on production increased from 16. 09% to 16. 85%, and the operating surplus increased from 9. 21% to 24. 91%; in that of gross regional product by expenditure approach, the final consumption rate decreased from 57. 59% to 44. 18%, and the capital formation rate increased from 51. 28% to 65. 82% ; in that of the income and expenditure by primary distribution, the revenue rate of government finance increased from 6. 37% to 9. 16% , the household income rate decreased from 52. 46% to 38. 04% , and the household consumption rate decreased from 44. 42% to 27. 10% . The regional gaps of the gross regional product, total revenue of government finance, total expenditure of government finance, household income and total consumption in per capita value were all reduced. The urban-rural per capita ratio of the household income and total consumption were all also reduced. The ranking of the structure optimization of the economic growth: in the provincial lateral evaluation of ideal value without urban-rural and regional gap, Shaanxi ranked the 9th; in the provincial vertical evaluation of self-base value in 2000, 2005, 2010 and 2015, Shaanxi ranked the 3rd, 2nd, 6th and 8th respectively.

Keywords: Shaanxi; Economic Growth; Structure Optimization; Measurement and Evaluation

Abstract: From 2000 to 2017, in the Chongqing's composition of gross regional product, the secondary industry increased from 41. 01% to 44. 19% , and the tertiary industry increased from 40. 47% to 49. 24% ; in that of income approach components of gross regional product, the compensation of employees decreased from 54. 23% to 41. 67% , the net taxes on production decreased from 16. 45% to 16. 01% , and the operating surplus increased from 15. 98% to 28. 75% ; in that of gross regional product by expenditure approach, the final consumption rate decreased from 62. 25% to 47. 83% , and the capital formation rate increased from 43. 23% to 53. 44% ; in that of the income and expenditure by primary distribution, the revenue rate of government finance increased from 5. 44% to 11. 60% , the household income rate decreased from 63. 70% to 39. 44% , and the household consumption rate decreased from 52. 84% to

29. 04% . The regional gaps of the gross regional product, total revenue of government finance, total expenditure of government finance, household income and total consumption in per capita value were all reduced. The urban-rural per capita ratio of the household income and total consumption were all also reduced. The ranking of the structure optimization of the economic growth: in the provincial lateral evaluation of ideal value without urban-rural and regional gap, Chongqing ranked the 8th; in the provincial vertical evaluation of self-base value in 2000, 2005, 2010 and 2015, Chongqing ranked the 4th, 3rd, 2nd and 4th respectively.

Keywords: Chongqing; Economic Growth; Structure Optimization; Measurement and Evaluation

Abstract: From 2000 to 2017, in the Beijing's composition of gross regional product, the secondary industry decreased from 29. 85% to 19. 01% , and the tertiary industry increased from 45. 72% to 80. 56% ; in that of income approach components of gross regional product, the compensation of employees increased from 45. 63% to 52. 71% , the net taxes on production decreased from 17. 38% to 13. 05% , and the operating surplus decreased from 24. 72% to 20. 96% ; in that of gross regional product by expenditure approach, the final consumption rate increased from 49. 27% to 60. 12% , and the capital formation rate decreased from 61. 22% to 39. 07% ; in that of the income and expenditure by primary distribution, the revenue rate of government finance increased from 10. 91% to 19. 39% , the household income rate increased from 37. 35% to 44. 39% , and the household consumption rate decreased from 30. 32% to 29. 02% . The regional gaps of the gross regional product, total revenue of government finance, total expenditure of government finance, household income and total consumption in per capita value were all reduced. The urban-rural per capita ratio of the total household consumption was reduced; but that of the household income was extended. The ranking of the structure optimization of the economic growth: in the provincial lateral evaluation of ideal value without urban-rural and regional gap, Beijing ranked the 3rd; in the provincial vertical evaluation of self-base value in 2000, 2005, 2010 and 2015, Beijing ranked the 28th, 30th, 28th and 19th respectively.

Keywords: Beijing; Economic Growth; Structure Optimization; Measurement and Evaluation

Abstract: From 2000 to 2017, in the Sichuan's composition of gross regional product, the secondary industry decreased from 43. 29% to 38. 75% , and the tertiary industry increased from 34. 73% to 49. 73% ; in that of income approach components of gross regional product, the compensation of employees decreased from 56. 44% to 47. 88% , the net taxes on production decreased from 16. 02% to 15. 33% , and the operating surplus increased from 15. 85% to 22. 23% ; in that of gross regional product by expenditure approach, the final consumption rate decreased from 62. 91% to 52. 37% , and the capital formation rate increased from 37. 04% to 48. 73% ; in that of the income and expenditure by primary distribution, the revenue rate of government finance increased from 5. 95% to 9. 68% , the household income rate decreased from 64. 25% to 48. 10% , and the household consumption rate decreased from 51. 58% to 37. 39% . The regional gaps of the gross regional product, total revenue of government finance, total expenditure of government finance, household income and total consumption in per capita value were all reduced. The urban-rural per capita ratio of the household income and total consumption were all also reduced. The ranking of the structure optimization of the economic growth: in the provincial lateral evaluation of ideal value without urban-rural and regional gap, Sichuan ranked the 19th; in the provincial vertical evaluation of self-base value in 2000, 2005, 2010 and 2015, Sichuan ranked the 10th, 8th, 10th and 3rd respectively.

Keywords: Sichuan; Economic Growth; Structure Optimization; Measurement and Evaluation

Abstract: From 2000 to 2017, in the Tianjin's composition of gross regional product, the secondary industry decreased from 48.19% to 40.94%, and the tertiary industry increased from 43.81% to 58.15%; in that of income approach components of gross regional product, the compensation of employees decreased from 46.72% to 40.99%, the net taxes on production increased from 16.44% to 18.88%, and the operating surplus increased from 19.69% to 24.78%; in that of gross regional product by expenditure approach, the final consumption rate decreased from 49.09% to 45.42%, and the capital formation rate increased from 49.85% to 56.43%; in that of the income and expenditure by primary distribution, the revenue rate of government finance increased from 7.85% to 12.46%, the household income rate decreased from 39.47% to 31.20%, and the household consumption rate decreased from 28.48% to 23.47%. The regional gaps of the gross regional product, total revenue of government finance, total expenditure of government finance, household income and total consumption in per capita value were all reduced. The urban-rural per capita ratio of the household income and total consumption were all also reduced. The ranking of the structure optimization of the economic growth: in the provincial lateral evaluation of ideal value without urban-rural and regional gap, Tianjin ranked the 4th; in the provincial vertical evaluation of self-base value in 2000, 2005, 2010 and 2015, Tianjin ranked the 24th, 23rd, 21st and 23rd respectively.

Keywords: Tianjin; Economic Growth; Structure Optimization; Measurement and Evaluation

E. 14 Hubei: Ranked the 4th in the 2005 –2017 Economic Development Index Runners-Up

Jiang Kunyang / 276

Abstract: From 2000 to 2017, in the Hubei's composition of gross regional product, the secondary industry decreased from 59.90% to 43.52%, and the tertiary industry increased from 42.04% to 46.53%; in that of income approach components of gross regional product, the compensation of employees decreased from 59.14% to 47.83%, the net taxes on production increased from 15.66% to 16.19%, and the operating surplus increased from 9.38% to 22.89%; in that of gross regional product by expenditure approach, the final consumption rate decreased from 51.68% to 48.40%, and the capital formation rate increased from 47.00% to 58.78%; in that of the income and expenditure by primary distribution, the revenue rate of government finance increased from 6.05% to 9.16%, the household income rate decreased from 59.54% to 40.57%, and the household consumption rate decreased from 46.47% to 28.73%. The regional gaps of the gross regional product, total revenue of government finance, total expenditure of government finance in per capita value were reduced; but that of the household income and total consumption in per capita value were extended. The urban-rural per capita ratio of the household income and total consumption were all reduced. The ranking of the structure optimization of the economic growth: in the provincial lateral evaluation of ideal value without urban-rural and regional gap, Hubei ranked the 7th; in the provincial vertical evaluation of self-base value in 2000, 2005, 2010 and 2015, Hubei ranked the 14th, 4th, 5th and 10th respectively.

Keywords: Hubei; Economic Growth; Structure Optimization; Measurement and Evaluation

E. 15 Yunnan: Ranked the 4th in the 2010 –2017 Economic Development Index Runners-Up

Ning Fajin / 292

Abstract: From 2000 to 2017, in the Yunnan's composition of gross regional product, the secondary industry decreased from 41. 93% to 37. 89% , and the tertiary industry increased from 33. 59% to 47. 83% ; in that of income approach components of gross regional product, the compensation of employees increased from 44. 35% to 51. 97% , the net taxes on production increased from 14. 69% to 20. 04% , and the operating surplus increased from 16. 31% to 17. 29% ; in that of gross regional product by expenditure approach, the final consumption rate decreased from 75. 79% to 64. 15% , and the capital formation rate increased from 37. 07% to 94. 57% ; in that of the income and expenditure by primary distribution, the revenue rate of government finance increased from 8. 99% to 11. 52% , the household income rate increased from 54. 17% to 57. 15% , and the household consumption rate decreased from 45. 36% to 38. 92% . The regional gaps of the total expenditure of government finance, household income in per capita value were reduced; but that of the gross regional product, total revenue of government finance, total household consumption in per capita value were extended. The urban-rural per capita ratio of the household income and total consumption were all reduced. The ranking of the structure optimization of the economic growth: in the provincial lateral evaluation of ideal value without urban-rural and regional gap, Yunnan ranked the 23rd; in the provincial vertical evaluation of self-base value in 2000, 2005, 2010 and 2015, Yunnan ranked the 18th, 12th, 4th and 17th respectively.

Keywords: Yunnan; Economic Growth; Structure Optimization; Measurement and Evaluation

Abstract: From 2000 to 2017, in the Fujian's composition of gross regional product, the secondary industry increased from 45. 45% to 47. 71% , and the tertiary industry increased from 41. 66% to 45. 41% ; in that of income approach components of gross regional product, the compensation of employees increased from 48. 08% to 52. 29% , the net taxes on production decreased from 12. 65% to 12. 42% , and the operating surplus decreased from 29. 29% to 24. 25% ; in that of gross regional product by expenditure approach, the final consumption rate decreased from 52. 70% to 40. 86% , and the capital formation rate increased from 46. 18% to 57. 51% ; in that of the income and expenditure by primary distribution, the revenue rate of government finance increased from 6. 22% to 8. 73% , the household income rate decreased from 44. 08% to 37. 36% , and the household consumption rate decreased from 33. 22% to 26. 24% . The regional gaps of the gross regional product, total expenditure of government finance, household income and total consumption in per capita value were reduced; but that of the total revenue of government finance in per capita value was extended. The urban-rural per capita ratio of the total household consumption was reduced; but that of the household income was extended. The ranking of the structure optimization of the economic growth: in the provincial lateral evaluation of ideal value without urban–rural and regional gap, Fujian ranked the 5th; in the provincial vertical evaluation of self-base value in 2000, 2005, 2010 and 2015, Fujian ranked the 22nd, 16th, 15th and 6th respectively.

Keywords: Fujian; Economic Growth; Structure Optimization; Measurement and Evaluation

E. 17 Inner Mongolia: Ranked the 5th in the 2000 −2017 Economic Development Index Runners-Up

Liu Bing / 324

Abstract: From 2000 to 2017, in the Inner Mongolia's composition of gross regional product, the secondary industry increased from 36. 14% to 39. 76% , and the tertiary industry increased from 32. 09% to 49. 99% ; in that of income approach components of gross regional product, the compensation of employees decreased from 62. 50% to 48. 05% , the net taxes on production increased from 12. 34% to 16. 93% , and the operating surplus increased from 13. 96% to 21. 67% ; in that of gross regional product by expenditure approach, the final consumption rate decreased from 56. 56% to 52. 58% , and the capital formation rate increased from 44. 09% to 63. 98% ; in that of the income and expenditure by primary distribution, the revenue rate of government finance increased from 6. 17% to 10. 58% , the household income rate decreased from 51. 36% to 42. 04% , and the household consumption rate decreased from 39. 81% to 30. 18% . The regional gaps of the gross regional product, total revenue of government finance, household income and total consumption in per capita value were reduced; but that of the total expenditure of government finance in per capita value was extended. The urban-rural per capita ratio of the total household consumption was reduced; but that of the household income was extended. The ranking of the structure optimization of the economic growth: in the provincial lateral evaluation of ideal value without urban-rural and regional gap, Inner Mongolia ranked the 15th; in the provincial vertical evaluation of self-base value in 2000, 2005, 2010 and 2015, Inner Mongolia ranked the 5th, 18th, 23rd and 25th respectively.

Keywords: Inner Mongolia; Economic Growth; Structure Optimization; Measurement and Evaluation

Abstract: From 2000 to 2017, in the Anhui's composition of gross regional product, the secondary industry increased from 44. 67% to 47. 52% , and the tertiary industry increased from 34. 79% to 42. 92% ; in that of income approach components of gross regional product, the compensation of employees decreased from 53. 62% to 46. 25% , the net taxes on production increased from 14. 25% to 15. 07% , and the operating surplus increased from 17. 97% to 25. 23% ; in that of gross regional product by expenditure approach, the final consumption rate decreased from 64. 05% to 49. 96% , and the capital formation rate increased from 36. 00% to 50. 79% ; in that of the income and expenditure by primary distribution, the revenue rate of government finance increased from 6. 16% to 10. 41% , the household income rate decreased from 61. 41% to 52. 35% , and the household consumption rate decreased from 45. 56% to 37. 30% . The regional gaps of the gross regional product, total revenue of government finance, total expenditure of government finance, household income and total consumption in per capita value were all reduced. The urban-rural per capita ratio of the household income and total consumption were all also reduced. The ranking of the structure optimization of the economic growth: in the provincial lateral evaluation of ideal value without urban-rural and regional gap, Anhui ranked the 24th; in the provincial vertical evaluation of self-base value in 2000, 2005, 2010 and 2015, Anhui ranked the 12th, 6th, 8th and 5th respectively.

Keywords: Anhui; Economic Growth; Structure Optimization; Measurement and Evaluation

Abstract: From 2000 to 2017, in the Shandong's composition of gross regional product, the secondary industry decreased from 50. 91% to 45. 35% , and the tertiary industry increased from 36. 34% to 47. 99% ; in that of income approach components of gross regional product, the compensation of employees decreased from 47. 79% to 45. 68% , the net taxes on production decreased from 18. 93% to 13. 19% , and the operating surplus increased from 19. 15% to 26. 91% ; in that of gross regional product by expenditure approach, the final consumption rate increased from 47. 99% to 48. 44% , and the capital formation rate increased from 49. 17% to 50. 13% ; in that of the income and expenditure by primary distribution, the revenue rate of government finance increased from 5. 56% to 8. 40% , the household income rate decreased from 43. 63% to 38. 57% , and the household consumption rate decreased from 31. 82% to 24. 66% . The regional gaps of the total revenue of government finance, total expenditure of government finance, household income in per capita value were reduced; but that of the gross regional product, total household consumption in per capita value were extended. The urban-rural per capita ratio of the household income and total consumption were all reduced. The ranking of the structure optimization of the economic growth: in the provincial lateral evaluation of ideal value without urban-rural and regional gap, Shandong ranked the 11th; in the provincial vertical evaluation of self-base value in 2000, 2005, 2010 and 2015, Shandong ranked the 21st, 21st, 18th and 20th respectively.

Keywords: Shandong; Economic Growth; Structure Optimization; Measurement and Evaluation

Abstract: From 2000 to 2017, in the Liaoning's composition of gross regional product, the secondary industry decreased from 50. 21% to 39. 30% , and the tertiary industry increased from 39. 01% to 52. 57% ; in that of income approach components of gross regional product, the compensation of employees decreased from 44. 96% to 42. 59% , the net taxes on production decreased from 16. 62% to 14. 35% , and the operating surplus increased from 24. 05% to 26. 98% ; in that of gross regional product by expenditure approach, the final consumption rate increased from 55. 42% to 58. 85% , and the capital formation rate increased from 31. 52% to 43. 26% ; in that of the income and expenditure by primary distribution, the revenue rate of government finance increased from 6. 33% to 10. 22% , the household income rate increased from 35. 50% to 52. 45% , and the household consumption rate increased from 28. 19% to 38. 54%. The regional gaps of the gross regional product, household income and total consumption in per capita value were reduced; but that of the total revenue of government finance, total expenditure of government finance in per capita value were extended. The urban-rural per capita ratio of the total household consumption was reduced; but that of the household income was extended. The ranking of the structure optimization of the economic growth: in the provincial lateral evaluation of ideal value without urban-rural and regional gap, Liaoning ranked the 16th; in the provincial vertical evaluation of self-base value in 2000, 2005, 2010 and 2015, Liaoning ranked the 30th, 29th, 30th and 31st respectively.

Keywords: Liaoning; Economic Growth; Structure Optimization; Measurement and Evaluation

图书在版编目(CIP)数据

中国经济发展结构优化检测报告. 2019 / 王亚南主编. --北京：社会科学文献出版社，2019.7
（全面发展检测丛书）
ISBN 978 -7 -5201 -5197 -9

Ⅰ. ①中… Ⅱ. ①王… Ⅲ. ①中国经济 - 经济结构 - 研究报告 - 2019 Ⅳ. ①F121

中国版本图书馆 CIP 数据核字（2019）第 150509 号

全面发展检测丛书
中国经济发展结构优化检测报告（2019）

主　编 / 王亚南
副 主 编 / 段　涛　魏海燕

出 版 人 / 谢寿光
责任编辑 / 张　超

出　版 / 社会科学文献出版社 · 皮书出版分社（010）59367127
地址：北京市北三环中路甲 29 号院华龙大厦　邮编：100029
网址：www. ssap. com. cn
发　行 / 市场营销中心（010）59367081　59367083
印　装 / 三河市龙林印务有限公司

规　格 / 开 本：787mm × 1092mm　1/16
印 张：26.5　字 数：405 千字
版　次 / 2019 年 7 月第 1 版　2019 年 7 月第 1 次印刷
书　号 / ISBN 978 -7 -5201 -5197 -9
定　价 / 128.00 元